東洋古典譯註叢書 141

譯註 管子 1

著者 管仲　編者 劉向　註 房玄齡

책임번역 李錫明　공동번역 金帝蘭

전통문화연구회

東洋古典譯註叢書를 발간하면서

우리의 古典國譯事業은 민족문화 진흥의 기초사업으로 1960년대부터 政府 支援으로 古文獻 現代化 작업을 추진하여 많은 成果를 거두었다. 당시 이 사업 추진의 先行課題로 東洋古典이라 일컬어지는 중국의 基本古典을 먼저 飜譯하여야 한다는 學界의 주장이 있었음에도 불구하고 우리 고전이 아니라는 일부의 偏狹한 視角과 財政 事情 등으로 인하여 배제되어 왔다.

전통적으로 중국의 기본고전은 우리 歷史와 함께 숨쉬며 각종 교육기관의 教科書로 활용됨은 물론이고 지식인들의 必讀書가 되어 왔으며, 우리 文化의 基底에 자리잡고 거의 모든 방면의 體系와 根幹을 형성하여 왔다. 그래서 학문연구의 기본서 역할을 해 왔을 뿐만 아니라 오늘날에도 우리의 國學徒 및 東洋學 研究者들에게 같은 역할을 하고 있음은 주지의 사실이다. 그럼에도 불구하고 中國古典은 우리 것이 아니라 하여 專門機關의 飜譯對象에 포함하지 않음으로써, 대부분 原典에서의 직접 번역이 아닌 重譯이나 拔萃譯의 방식이 주를 이루면서 教養水準으로 出版되어 왔다.

오늘날 東洋 三國 중에서 우리의 東洋學 연구가 가장 부진한 이유는, 東洋基本古典에 대한 폭넓은 이해의 부족과 漢文古典 讀解力의 저하에 기인함을 우리는 솔직히 인정하여야 한다. 따라서 이들 중국고전에 대한 신뢰할 만한 國譯이 이루어지는 것이 한국학 연구를 촉진시키는 시급한 先行課題라 할 수 있다.

이에 韓國學 및 東洋學의 연구와 古典現代化의 基盤構築을 위해서는, 전문기관으로 하여금 동양고전을 단기간에 각 분야의 專門 研究者와 漢學者가 상호 협동하여 연구번역하여 飜譯의 傳統性과 效率性, 研究의 專門性을 높일 수 있도록 政策的 配慮가 있어야 한다.

이에 本會에서는 元老 및 中堅 漢學者와 斯界의 專攻者로 하여금 協同硏究飜譯하여 공부하는 사람들이 믿고 引用하거나 깊이 있는 註釋 등을 활용할 수 있게 하고, 知識人들의 敎養을 증진시켜 줄 수 있는 東洋古典의 國譯書 간행을 지속적으로 추진해 왔다. 근래에 다행히 이 사업에 대하여 각계 지도층의 폭넓은 이해와 지원에 힘입어 2001년도부터 國庫補助를 받아 東洋古典譯註叢書를 간행하게 되었다. 이를 계기로 우리 先學의 註釋과 見解를 반영하는 등 국역사업의 內實을 기하게 되었음을 이 자리를 빌어 衷心으로 감사드리며, 아울러 國譯에 參與하신 관계자 여러분의 勞苦에 깊은 謝意를 표한다.

끝으로 우리의 이러한 작업은 오랜 역사 위에 축적된 先賢들의 業績과 現代學問을 이어주는 튼튼한 架橋와 礎石이 되어 진정한 韓國學과 東洋學 발전에 기여할 것을 굳게 믿으며, 21세기를 우리 文化의 世紀로 열어 가는 밑거름이 되도록 우리의 力量을 本 事業에 경주하고자 한다. 江湖諸賢의 부단한 관심과 지원을 기대해 마지않는다.

社團法人 傳統文化硏究會 理事長 李啓晃

凡 例

1. 본서는 ≪譯註 管子≫의 제1책이다.
2. 본서는 국립중앙도서관 소장(古古1-48-3) 二十二子本 ≪管子≫(房玄齡 註)를 저본으로 삼았다. 二十二子本 ≪管子≫는 趙用賢 ≪管韓合刻≫本을 飜刻하였고, 光緖 2년(1876) 浙江書局에서 출간되었다.
3. 본서는 원전의 傳統性과 번역의 現代性을 구현하기 위해 노력하였다.
4. 原文은 우리나라 전통 방식으로 懸吐하였다.
5. 原註인 房玄齡 註는 본문 아래 '①, ②……'의 형식으로 달았다.
6. 讀音이 특수하거나 僻字인 경우에는 ( ) 속에 한글로 音을 달아주었다.
7. 각 篇마다 간략한 해설을 달아 독자의 이해를 돕고자 하였다.
8. 飜譯은 原義에 충실하게 하되, 이해가 어려운 부분은 意譯 또는 補充譯을 하였다.
9. 飜譯文은 한글과 漢字를 混用하였으며, 맞춤법과 띄어쓰기는 한글 맞춤법과 표준어 규정을 따르는 것을 원칙으로 하였다.
10. 校勘은 원문의 衍字, 誤字, 脫字, 倒文 등을 대상으로 하였다.
11. 본서의 校勘에 사용된 符號는 다음과 같다.
    - ( )〔 〕: (저본의 誤字)〔교감한 正字〕
    - 〔 〕: 저본의 脫字 보충
    - ( ): 저본의 衍字 삭제
12. 본서에 사용된 주요 符號는 다음과 같다.
    - " ": 對話, 각종 引用
    - ' ': " " 안에서 再引用, 强調
    - 「 」: ' ' 안에서 再引用, 强調
    - ( ): 원문에서는 讀音이 다른 글자나 僻字의 音
번역문에서는 간단한 譯註
    - 〔 〕: 번역문의 이해를 돕기 위한 原文의 漢字나 句節
譯註에서 인용한 原文
疏에서 설명 대상으로 제시한 經이나 傳의 단어나 구절
    - ≪ ≫: 書名이나 典據
    - 〈 〉: 篇章名, 作品名, 補充譯

目 次

管子 4卷

管子 5卷

〔附 錄〕

解 題

李錫明*)

1. 管仲의 시대와 생애

전통적인 관점에 의하면 ≪管子≫는 춘추시대 중기에 활동하였던 管子 즉 管仲의 著作으로 알려져 있다. 물론 현재의 연구에 의하면 ≪管子≫는 관중의 단독 저술이 아니다. 오히려 관중 본인의 글은 지극히 일부에 지나지 않고, 대부분은 관중 후인들의 글이나 후대에 새롭게 첨가된 글이다. 그러나 어쨌든 ≪管子≫를 여는 길잡이는 관중 자신이었으므로 일단 관중에 대해 알아볼 필요가 있다.

우선 시대적 배경을 살펴보면, 管仲이 살았던 시대는 봉건제로 대표되는 周나라 초기의 문물과 제도가 붕괴되어 가던 어지러운 시대로 새로운 질서의 정립이 시급한 때였다. 한편 그가 살았던 齊나라는 姜太公 呂尙이 봉해진 나라로, 呂尙은 현실주의적 노선을 취하여 상공업을 장려하고 漁業과 製鹽을 중시하였다. 이러한 시대적 요인과 환경적인 상황 때문에 管仲은 국가 질서의 유지에서 도덕보다는 경제를 중시하는 현실주의적 면모를 보였다. ≪管子≫에서 가장 널리 알려지고 자주 인용되는, "곡식 창고가 가득 차면 예절을 알고, 입고 먹는 게 풍족하면 영광과 욕됨을 안다."는 바로 그의 이러한 면모를 잘 보여준다.

管仲

管仲의 이름은 夷吾이고, 字는 仲이며, 諡號는 敬이다. 그의 생애는 ≪春秋左氏傳≫, ≪國語≫, ≪史記≫의 〈齊太公世家〉·〈管晏列傳〉 및 ≪管子≫의 〈大匡〉·〈中匡〉·〈小匡〉 등에 실린 자료들을 통해 고찰할 수 있다. ≪史記≫의 〈管晏列傳〉에 의하면 그의 출생지는 穎上 즉 오늘날 安徽省의 穎水 근처로 생각된다. 태어난 해는 정확히 알 수 없지만 대략 기원전 725년 전

*) 강원대 초빙교수

후로 추정된다. 그리고 그의 사망 연대는 周나라 襄王 7년 즉 기원전 645년이 된다. 젊은 시절에 鮑叔牙와 의기투합하여 친하게 교제를 맺고, 그의 만년에 "나를 낳아 주신 분은 부모님이지만, 나를 알아 준 사람은 鮑子이다."라고 했다는 이야기는 유명하다.

관중은 본래 귀족의 후예[1)]였으나 그가 세상에 태어날 무렵에 이미 집안은 몰락한 상태였다. 따라서 관중은 어려서부터 생계를 위해 천하를 떠돌며 장사에 종사하였다고 한다. 이 과정에서 그는 중국 각지의 풍속과 문화, 그리고 경제와 정치 상황들에 대한 다양한 지식을 얻고 견문을 넓힐 수 있었다. 이러한 다양한 지식과 경험은 훗날 그가 중국 역사상 위대한 정치가의 반열에 올라서는 데 중요한 밑거름이 되었을 것이다. 그는 장사를 하면서 벼슬길에 들어설 기회를 엿보았는데, 여러 번의 실패 끝에 마침내 齊나라 僖公의 눈에 띄게 되었다. 이때 친구 鮑叔牙도 그와 함께하였는데, 희공은 그의 아들 糾와 小白을 각각 관중과 포숙아에게 맡겨 후견인이 되도록 하였다.

그 후 희공이 죽고 그의 장남이 襄公으로 즉위하였지만, 얼마 지나지 않아 내란이 일어나 양공은 신하인 公孫無知에게 시해를 당한다. 이때 僖公의 차남 糾는 신변의 위험을 느끼고 어머니의 고향인 노나라로 망명하였고, 삼남 小白은 산동의 莒에 도피해 있었다. 제나라에서 공손무지가 살해되자, 소백이 먼저 거로부터 귀국했다. 이때 노나라는 제나라를 공격하여 규를 제나라에 들여 보내고자 하였으니, 소백과 규가 齊나라의 군주 자리를 두고 서로 치열한 다툼을 벌이게 되었다. 당시 관중은 召忽과 함께 규를 따르고 있었는데, 전투 과정에 小白에게 활을 쏘아 화살이 소백의 허리띠 쇠〔帶金〕를 적중시키기도 하였다. 그러나 결국은 노나라 군대가 패하고 小白이 즉위하여 桓公이 되었다. 때는 기원전 685년이다. 이리하여 노나라의 계획은 실패로 끝났다. 이에 규는 노나라 땅에서 살해되고, 소홀은 규의 뒤를 따라 자살하였으며 管仲은 포로의 몸이 되었다.

齊나라 桓公이 된 小白은 포숙아를 재상의 자리에 앉히려고 하였다. 그러나 포숙아는 완곡히 사양하면서 환공에게 관중을 추천하였다. 이때 포숙아는 다음과 같이 말하였다. "나라를 반드시 잘 다스리는 일은 제가 할 수 없고 오직 管夷吾만 할 수 있습니다. 제가 관이오만 못한 것이 다섯 가지 있습니다. 백성에게 관대하게 은혜를 베풀어 사랑하는 것은 제가 관이오만 못합니다. 나라를 다스리는 데 기강을 잡는 일은 제가 관이오만 못합니다. 충성과 신의로 제후들과 동맹을 맺는 일은 제가 관이오만 못합니다. 예의를 제

1) 관중은……후예 : 기록에 의하면 관중의 조상은 姬姓으로, 周나라 武王의 동생 管叔의 후손이라고 한다.

정하여 천하에서 본받게 하는 것은 제가 관이오만 못합니다. 갑옷을 입고 북채를 잡고서 軍門에 서서 백성들 모두 용맹하게 하는 것은 제가 관이오만 못합니다. 관이오는 백성의 부모와 같은 자입니다. '자식'을 다스리려면 '부모'를 버려두어서는 안 됩니다."[2)]

이와 같은 포숙아의 강력한 천거에 의해 관중은 마침내 제나라의 재상이 되었다. 재상이 된 관중은 桓公을 보좌하면서 국내외의 정책에 수완을 발휘함으로써 환공이 천하에 패업을 달성할 수 있도록 하였다. 그는 농업을 진흥시키고 상공업을 활성화함으로써 나라를 부유하게 만들었고, 인재를 등용함에 있어 신분의 고하를 가리지 않고 능력 위주로 선발함으로써 국가체제를 공고히 하였다. 또한 제나라를 중심으로 중원의 여러 제후국들을 하나로 단결시킴으로써 외부 오랑캐들로부터 중원문화를 지킬 수 있었다. 그러므로 공자도 관중을 높이 평가하여, "관중은 환공을 도와 제후들을 재패하여 온 천하를 바로잡았으니, 백성들이 오늘날까지 그 은택을 입고 있다. 관중이 아니었더라면 아마도 나는 머리를 풀어 헤치고 옷자락을 왼쪽으로 여미는 오랑캐의 풍습을 따르고 있었을 것이다."[3)]라고 말하였다. 심지어 공자는 관중의 仁을 인정하기도 하였다. "환공이 제후들을 아홉 번 소집하였을 때 무력으로 하지 않았으니, 이는 관중의 힘이다. 누가 그와 같이 仁할 것인가! 누가 그와 같이 仁할 것인가!"[4)]

2. ≪管子≫의 성립과 구성

중국 고대 典籍들 중 ≪管子≫의 존재를 가장 먼저 언급하는 문헌은 ≪韓非子≫다. ≪韓非子≫ 〈五蠹〉에는 "이제 경내의 백성이 모두 다스림을 말하는데, 관중과 상앙의 법을 소장하는 자가 집집마다 있다."[5)]라는 말이 나온다. 그리고 賈誼의 ≪新書≫에서는 현행본 ≪管子≫의 일부 어구를 인용하면서 '管子曰'이라고 표시하고 있다. 이는 전국 말기에서 漢代

2) 나라를……안 됩니다 : ≪管子≫ 〈小匡〉의 "若必治國家 則非臣之所能也 其唯管夷吾乎 臣之所不如管夷吾者五 惠愛民 臣不如也 治國不失秉 臣不如也 忠信可結于諸侯 臣不如也 制禮義可法于四方 臣不如也 介胄執枹 立于軍門 使百姓皆加勇 臣不如也 夫管仲 民之父母也 將欲治其子 不可棄其父母"의 구절이다.

3) 관중은……것이다 : ≪논어≫ 〈憲問〉의 "管仲相桓公 霸諸侯 一匡天下 民到于今受其賜 微管仲 吾其被髮左衽矣"의 구절이다.

4) 환공이……것이다 : ≪논어≫ 〈憲問〉의 "桓公九合諸侯 不以兵車 管仲之力也 如其仁 如其仁"의 구절이다.

5) 이제……있다 : "今境內之民皆言治 藏管商之法者家有之"의 구절이다.

초기에 이미 다양한 형태의 ≪管子≫가 널리 전해지고 있음을 말해준다. 한편 최초로 '管子書'를 명확히 언급하고 제기하는 것은 ≪淮南子≫이지만,[6] 기원전 1세기 이전에 존재했던 ≪관자≫의 구체적 내용에 대해 실질적인 정보를 제공하는 것은 司馬遷이다. 그는 ≪管子≫의 몇 가지 편명을 제시하였는데, 그중 두 편(1, 2편)은 현행본의 일부분으로 확정할 수 있다. 따라서 늦어도 기원전 2세기까지에는 최소한 ≪管子≫의 앞부분은 세상에 존재했었다는 점을 알 수 있다. 그러면 현재와 같은 형태의 ≪管子≫는 언제 어떤 과정을 통해 완성되었을까?

1) ≪管子≫의 성립 과정

현행 ≪管子≫의 성립 과정에 대해서는 여러 異見들이 있다. 여기에는 저자의 문제, 성립 시기의 문제 등이 포함된다.

첫 번째로 제기되는 문제는 ≪管子≫의 저자가 누구인가 하는 문제다. 중국 고전의 전통적인 작명법에 의하면 ≪孟子≫는 맹자, ≪荀子≫는 순자의 著作으로 보듯이, ≪管子≫는 관자, 즉 춘추시대 齊나라의 재상이었던 管仲의 저술로 보아야 한다. 그러나 현재 이것을 사실로 믿는 사람은 아무도 없다. 이미 여러 학자들의 연구에 의해 밝혀졌듯이, ≪管子≫는 어느 한 개인의 저술이 아니라 수많은 저자들이 참여한 '集體 저작'으로 알려져 있기 때문이다. 과거 이 문제에 대해 傅玄[7]과 黃震은 다음과 같이 말하였다.

> ≪管子≫라는 책은 그 절반이 후세의 好事家들이 첨가한 것이니, 〈輕重〉은 특히 鄙俗하다.[8]

> ≪管子≫라는 책은 누가 모은 것인지 알지 못한다. 그러나 방대하고 잡다하면서 중복되어 있으니 한사람의 손에서 나오지 않은 듯하다. 〈心術〉과 〈白心〉 등의 편은 모두 道家에 의지하여 해당 편의 위상을 높였고, 〈侈靡〉와 〈宙合〉 등의 편은 모두 수수께끼와 같은 말을 새겨 놓아 기괴하게 만들었다. 管子는 실질을 추

6) 최초로……이지만 : 〈道應〉편에 "此所謂筦子 梟飛而準繩者"라는 말이 나오며, 〈要略〉편에 "欲以存亡繼絶 崇天子之位 廣文武之業 故管子之書生焉"라는 말이 나온다.

7) 傅玄 : 217~278. 字는 休奕이다. 魏晉時期의 문학자이자 사상가이다.

8) 管子라는……鄙俗하다 : 傅玄은 "管子之書 半是後之好事者所加 輕重篇 尤鄙俗"라고 하였는데, 이 글은 王應麟의 ≪漢書藝文志考證≫ 권6과 ≪困學紀聞≫ 권10 〈諸子〉에 인용되어 있다.

구하는 정치가이니 어찌 허황하고 과장된 말이 있겠는가?[9)]

위의 학자들이 지적하였듯이 ≪管子≫는 다수의 저자들이 참여하였고, 따라서 그 내용도 잡다하고 방만하다. ≪管子≫의 실질적 저자群에는 管仲 자신을 비롯하여 관중의 제자들과 전국시대의 여러 학자들, 심지어는 漢代 초의 사람들까지 포함된다. 어쨌든 ≪管子≫에는 管仲 이후의 역사와 사상적 자료가 다량 포함되어 있는 것으로 볼 수 있다.

그리고 이 방대한 문집의 補綴 과정은 劉向이 생존했던 시기까지 줄곧 지속되었을 가능성이 크다. '管子解'와 대부분의 '輕重'편들(제 68~86편)은 분명히 후기에 속할 것이다. 또한 ≪管子≫에는 楚나라 사람의 작품일 가능성이 있는 몇 편이 있는데, 이들은 淮南王 劉安의 수집을 통해 궁중의 도서관에 들어갔을 것이다.[10)] ≪淮南子≫에는 ≪管子≫와 유사한 단락들이 있는데, 운율의 사용에서도 서로 같은 곳이 있는 점이 이를 방증한다.

이처럼 ≪管子≫에 異質性이 있는 이상 매 편의 시대와 작자에 대해 개별적으로 정리할 필요가 있게 된다. 현재로서는 羅根澤이 유일하게 그의 ≪管子探源≫(中華書局, 1931)에서 이러한 시도를 하였다. 즉 그는 ≪管子≫에 들어 있는 개별적 篇들이 성립된 시기와 저자에 대해 일목요연하게 정리해 놓았다. 개별 篇章에 대한 그의 평가에는 일부 문제가 있을 수 있지만, 현재 다수의 학자들은 그의 기본적 결론을 수용하고 있다. 즉 ≪管子≫의 모든 篇章들은 전국시대 이전에 유래한 것이 아니며, 대부분 전국 말기 혹은 漢代에 생산되었다는 견해를 보편적으로 수용한다. 따라서 ≪管子≫의 성립 시기는 B.C. 4세기~B.C. 1세기가 된다. 여기서 나근택의 전체적 정리를 간략히 소개하면 다음과 같다.

(1) 經言 九篇

〈牧民〉: 戰國시대의 정치사상가, 〈形勢〉: 戰國시대의 정치사상가, 〈權修〉: 秦漢시대의 정치사상가, 〈立政〉: 戰國말기의 정치사상가, 〈乘馬〉: 戰國말기의 정치사상가, 〈七

9) 管子라는……있겠는가 : ≪黃氏日抄≫ 권55의 "管子書 不知誰所集 乃龐雜重複 似不出一人之手 心術內業等篇 皆影附道家以篇高 侈靡宙合等篇 皆刻斲隱語以爲怪 管子責實之政 安有虛浮之語"라는 구절이다.

10) 管子에는……것이다 : 劉安과 그 문하의 일부 학자들은 고대의 楚문화에 대해 관심을 가졌으므로, 管仲이 潁水 부근 사람(潁水 주위는 楚나라에 속한다)인 이상 ≪管子≫도 유안의 주목을 받았을 것이다.

法〉: 戰國말기의 孫吳申韓 계열의 학자, 〈版法〉: 戰國시대의 인물(?), 〈幼官〉: 秦漢시대의 병가 겸 음양가, 〈幼官圖〉: 漢代의 인물

(2) 外言 八篇

〈五輔〉: 戰國시대의 정치사상가, 〈宙合〉: 戰國말기의 陰陽家, 〈樞言〉: 戰國말기의 법가 겸 도가, 〈八觀〉: 西漢 文景시대 이후의 정치사상가, 〈法禁〉: 戰國시대의 법가, 〈重令〉: 秦末漢初의 정치사상가, 〈法法〉: 戰國시대의 法家, 〈兵法〉: 秦漢시대의 兵家

(3) 內言 九篇

〈大匡〉: 戰國시대의 인물, 〈中匡〉: 戰國시대의 인물(?), 〈小匡〉: 漢初의 인물, 〈王言〉: (亡失) 戰國 중기 이후의 인물(?), 〈霸形〉: 戰國 중기 이후의 정치사상가, 〈霸言〉: 戰國 중기 이후의 정치사상가, 〈問〉: 戰國시대의 정치사상가, 〈謀失〉: (亡失) 알수 없음, 〈戒〉: 戰國말기의 儒道조화론자

(4) 短語 十八篇

〈地圖〉: 전국 중기의 인물, 〈參患〉: 漢 文景 이후의 인물, 〈制分〉: 戰國말기의 병가(?), 〈君臣 上〉: 戰國말기의 정치사상가, 〈君臣 下〉: 戰國말기의 정치사상가, 〈小稱〉: 戰國시대의 儒家, 〈四稱〉: 戰國시대의 인물(?), 〈正言〉: 亡失 알 수 없음, 〈侈靡〉: 戰國말기의 陰陽家, 〈心術 上〉·〈心術 下〉·〈白心〉: 戰國중기 이후의 道家, 〈水地〉: 漢初의 醫家, 〈四時〉·〈五行〉: 戰國말기의 陰陽家, 〈勢〉: 戰國말기의 兵陰陽家, 〈正〉: 戰國말기의 雜家, 〈九變〉: 戰國시대 이후의 인물(?)

(5) 區言 五篇

〈任法〉〈明法〉: 戰國시대 중기 이후의 法家, 〈正世〉·〈治國〉: 漢 文景 이후의 정치사상가, 〈內業〉: 戰國 중기 이후의 儒道混合

(6) 雜篇 十三篇

〈封禪〉: 漢나라 司馬遷, 〈小問〉: 戰國시대 管仲傳說의 집성, 〈七臣七主〉: 戰國말기

의 정치사상가, 〈禁藏〉: 戰國말기에서 漢初의 雜家, 〈入國〉·〈九守〉·〈桓公問〉: 戰國말기의 인물(?), 〈度地〉: 漢初의 인물, 〈地員〉: 漢初의 인물(?), 〈弟子職〉: 漢初의 儒家(?), 〈言昭〉·〈脩身〉·〈問霸〉: (亡失) 알 수 없음

(7) 管子解 五篇

戰國말기에서 秦漢統一 이전의 雜家

(8) 輕重 十九篇

漢代 武昭시기의 理財學家

2) ≪管子≫의 체제와 구성

漢代 초기에 읽혔던 ≪管子≫는 본래 564편의 방대한 典籍이었다고 한다. 그리고 당시의 典籍은 서로 중복되고 겹치는 부분들이 다수 포함되어 일정한 체계가 없었다. 이에 劉向이 왕명을 받아 체계적으로 정리하였으며, 정리 작업을 마친 후 그는 다음과 같이 보고하였다.

> 대조하면서 오류를 교정하였던 궁중의 ≪管子≫의 書는 389편이고, 太中大夫[11]인 卜圭[12]의 書는 27편이며, 신하 富參의 書는 41편이고, 射聲校尉[13]인 立의 書는 11편이며, 太史[14]의 書는 96편으로, 궁중과 외부의 書는 모두 564편입니다. 대조하여 중복되는 484편을 제거하여 86편의 저서로 확정하고 완성하니 책을 편집할 수 있게 되었습니다.[15]

11) 太中大夫: 大中大夫라고도 한다. 秦에서 설치하고 西漢에서 따른 관직으로, 여러 大夫들 중 으뜸이다.

12) 蔔圭: ?~?. 劉向과 함께 校書에 참여하였다.

13) 射聲校尉: 漢 武帝가 설치한 관직으로 八校尉의 하나이다.

14) 太史: 漢나라에서 太常에 속하고, 天文曆法을 관장하는 관명이다.

15) 대조하면서……되었습니다: "所校讎 中管子書 三百八十九篇 太中大夫卜圭書 二十七篇 臣富參書 四十一篇 射聲校尉立書 十一篇 太史書 九十六篇 凡中外書 五百六十四 以校除復重四百八十四篇 定著八十六篇殺青 而書可繕寫也"의 구절이다.

劉向은 당시 유포되던 ≪管子≫ 문헌 564편을 수집한 후 중복되는 484편을 제외하고 ≪管子≫ 86편으로 편집하였다는 것이다. 이것이 ≪漢書≫ 〈藝文志〉에 수록된 ≪管子≫ 86편이다. 그 후 宋代에 이르면 그중 10편이 사라지고 단지 편명만이 남아 현행본은 76편으로 되어 있다.

한편, 유향은 ≪管子≫를 총 86편으로 편집하면서 이것을 다시 '經言'·'外言'·'內言'·'短語'·'樞言'·'雜篇'·'管子解'·'輕重' 등 8部로 구분하였다. 그런데 유향이 ≪管子≫ 86편을 이렇게 8部로 구분하는 기준은 명확하지 않다. 다만 개략적인 내용에서 보면 '경언'·'외언'·'내언' 부분은 대체로 관중의 정책이나 행적을 중심으로 기술하고 있다는 특징을 보인다. 특히 '경언'으로 분류된 서두의 편들은 그 이름이 나타내듯이 이 책의 중추를 이루는 것으로 볼 수 있다. 반면에 '단언' 이하의 편들은 후학의 무리에 의한 발전적인 논설 또는 해설적인 기술이라는 경향이 농후하다. 일반적으로 '경중'의 여러 편들은 그 구체적인 시책이 한나라 초기의 실정에 합치하고 있는 것으로 보이지만, 연구자들에 따라 管仲과 이후 제나라의 정책으로 간주하는 경우도 있다.

선진 문헌의 일반적 형태에 비추면, 서두의 '경언'에 속하는 〈목민〉·〈형세〉·〈권수〉·〈입정〉·〈승마〉·〈칠법〉·〈판법〉·〈유관〉·〈유관해〉의 9편이 가장 오래되고 관중의 사상을 잘 반영하고 있는 것으로 여겨지지만, 부분적으로는 전국시대의 사조가 혼입되어 있으므로 이들이 과연 관중 자신이 저술한 것이냐에 대해서는 異論이 많다. 다만 전국시대부터 한대에 걸쳐 여러 책에 인용되어 있는 관자의 발언이 '경언'에서 나오는 것이 많다. 따라서 ≪회남자≫·≪한비자≫·≪사기≫ 등에 보이는 이른바 '管子書'는 이 '경언' 부분과 깊이 관련 있다고 추측된다.

한편 ≪管子≫에서 다루어지는 주제는 크게 다섯 가지로 볼 수 있다. 黎翔鳳은 그의 ≪管子校注≫의 序論에서 ≪管子≫가 다루는 주제를 政治, 法令, 經濟, 軍事, 文化의 다섯 가지로 분류하고 있는데 그 구체적 내용은 다음과 같다.

(1) 政治

〈牧民〉이 중심이고, 〈治國〉·〈權修〉·〈山權數〉·〈山至數〉·〈揆度〉·〈禁藏〉·〈霸言〉·〈霸形〉·〈立政〉·〈正世〉·〈入國〉·〈度地〉·〈九守〉·〈輕重乙〉·〈問〉·〈版法〉·〈七主七臣〉·〈君臣 上〉·〈君臣 下〉 등이 보조 자료이다.

(2) 法令

〈法禁〉·〈任法〉·〈明法〉·〈重令〉이 중심이고, 〈四時〉·〈正〉·〈正世〉·〈版法〉 등이 보조자료이다.

(3) 經濟

〈國蓄〉이 중심이고, 〈山國軌〉·〈乘馬〉·〈(臣)〔巨〕乘馬〉·〈乘馬數〉·〈輕重甲〉·〈輕重乙〉·〈輕重丙〉(亡)·〈輕重丁〉·〈輕重戊〉 등이 보조자료다. 그 외〈海王〉과 〈地數〉는 鹽鐵에 관한 전문 논저이고, 〈地員〉은 농업에 관한 전문 논저이다.

(4) 軍事

〈參患〉과 〈七法〉이 중심이고, 〈地圖〉·〈八觀〉·〈制分〉·〈九變〉·〈勢〉·〈山國軌〉 등이 보조자료다.

(5) 文化

〈幼官〉과 〈水地〉가 중심이고, 〈侈靡〉·〈心術 上〉·〈心術 下〉·〈白心〉·〈內業〉·〈四時〉〈五行〉 등이 보조자료이다.

이상의 분류에 속하지 않는 것으로 '樞言'類는 自序인 듯하다. 그리고 별도로 故事와 관련된 것들이 있는데 〈小匡〉이 중심을 이루고, 〈大匡〉·〈中匡〉·〈戒〉·〈四稱〉·〈封禪〉·〈桓公問〉·〈問〉·〈事語〉 등이 보조자료이다.

3. ≪管子≫의 전승과 註釋本

唐代에는 ≪管子≫가 나름대로 중시되었는데, 이는 발췌본의 출현을 통해 확인된다. 예컨대 魏徵의 ≪管子治要≫ 1권과 杜佑의 ≪管子指略≫ 2권이 그것이다. 그러나 당대에 가장 중요하고 영향력이 있는 판본은 최초의 주석서이기도 한 房玄齡의 주석본이다. 다만 이 주석의 실질적 저자에 대해서는 여전히 학계에서 논쟁이 있다. 현재 이것을 尹知章의 주석으로 보는 견해도 적지 않기 때문이다.

劉向이 ≪관자≫를 86편으로 확정하였는데, 이후에 여러 편들을 합하여 卷으로 만들었으며, 적어도 梁代에는 이미 18권본으로 流傳된다. 그러나 ≪隋書≫〈經籍志〉와 ≪新唐書≫〈藝文志〉에 모두 19권으로 著錄된 것은 序文을 더했기 때문이다. 房玄齡의 주석(혹은 尹知章의 주석) 이후 卷帙이 증가하여 ≪新唐書≫〈藝文志〉에서는 "尹知章注 ≪管子≫ 三十卷"이라고 하였는데, 이 주석은 도중에 亡失되어 송대에는 〈形勢解〉 이하가 없어지고 19권만 남는다. 이를 보충하고자 사람들이 亡失된 〈形勢解〉에서 〈輕重庚〉까지의 5권을 白文本에서 보충해 나머지 19권과 합하여 24권을 만들었는데, 이후 ≪管子≫는 24권의 형식으로 고정된다.

송대에는 인쇄술이 본격적으로 발전하여, ≪管子≫도 여러 刻本이 나타나지만 현재 파악되는 宋刻本은 楊枕本과 蔡潛道墨寶堂刊本이다. 현존하는 최초의 각본인 楊枕本의 간행연대는 여러 견해가 있지만 대체로 南宋本으로 여겨진다. 다만 오늘날의 楊枕本은 남송의 張嵲이 校訂한 판본이다. 楊枕本은 두 종류가 전해지는데, 하나는 光緖 5년(1870) 張瑛의 冶城山房書局 影刻本이며, 다른 하나는 民國 8년(1919) 涵芬樓影印本 즉 ≪四部叢刊≫本이다. 한편 蔡潛道 墨寶堂刊本은 남송 紹興年間에 간행되었다. 후대의 ≪管子≫판본은 楊枕飜刻本(張嵲校訂本)과 墨寶堂刊本의 두 계통에서 유래한다.

현재까지 ≪管子≫의 元代 간행 기록이나 현존 판본은 확인되지 않는다. 그러나 明代에 이르면 註釋本·補注本·白文本·評點本 등 다양한 판본이 출현하는데, 크게 두 계통으로 구분된다. 劉績의 ≪管子補注≫本 계통과 趙用賢의 ≪管韓合刻≫本 계통인데, 후자가 더욱 완비되고 영향도 크며 광범위하게 유행한 판본이다. 먼저 劉績은 字가 用熙, 號는 蘆泉이며 弘治 庚戌(1490)의 진사이다. 그의 註釋은 補注의 형식이지만 房玄齡(尹知章)注 이후 최초의 ≪管子≫注로 의의가 크다. 萬曆 7년(1579)에 간행된 朱東光의 ≪中都四子≫本은 劉績本 계통의 주요 판본이다. 다음으로 趙用賢(1535~1596)은 명대의 저명한 학자이자 장서가로 號는 定宇이며 江蘇 常熟人이다. 萬曆 10년(1577)에 간행된 그의 ≪管韓合刻≫은 楊枕本을 기초로 교정하고 劉績 ≪管子補注≫의 성과를 흡수해 이를 眉端에 보존하고 있다. 이후 朱長春의 ≪管子榷≫을 비롯한 명대의 많은 刻本들이 趙用賢本에서 유래한다. 또한 명대에 다수 출간된 評點本도 기본적으로 ≪管韓合刻≫本을 근거로 한다. 이처럼 明代의 ≪管子≫ 板本은 가장 빠른 劉績의 ≪管子補注≫本 계통과 가장 완비되고 영향력이 큰 趙用賢의 ≪管韓合刻≫本 계통의 두 가지로 구별된다.

淸代 이후가 되면 전통적 刻本 이외에 影印本, 石印本, 排印本 등 새로운 기술을 사용한 다양한 판본이 나타난다. 또한 고증학의 대두로 批校本과 校釋 관련서가 다수 등장한

다. 다만 판본의 계통은 크게 楊枕本과 ≪管韓合刻≫本의 두 계통으로 구분된다. 楊枕本 계통은 이미 언급한 冶城山房書局本과 ≪四部叢刊≫本 두 가지이다. 한편 ≪管韓合刻≫本 계통의 판본으로는 姑蘇 聚文堂刊 ≪十子全書≫本, 浙江書局 ≪二十二子≫本, 中華書局 ≪四部備要≫本, 宋哲元影印本 등이 있다.

청대의 판본들 중에서 浙江書局 ≪二十二子≫本은 善本으로 알려져 있으며, 본 번역에서도 底本으로 사용하고 있다. 따라서 이에 대해 간략히 언급하고자 한다. ≪二十二子≫本은 光緖二年(1876) 浙江書局이 線裝本 80여 책으로 輯刊한 것인데, 이후 일본의 中文出版社가 民國 9년(1920) 浙江圖書館 補刻本을 4책으로 影印하였으며, 上海古籍出版社는 1985년에 1책으로 縮印出版한 바 있다. ≪二十二子≫는 先秦에서 魏晉에 이르는 諸子書 22종을 수록하는데, 그 書目은 ≪老子≫·≪莊子≫·≪管子≫·≪列子≫·≪墨子≫·≪荀子≫·≪尸子≫·≪孫子≫·≪孔子集語≫·≪晏子春秋≫·≪呂氏春秋≫·≪賈誼新書≫·≪春秋繁露≫·≪揚子法言≫·≪文子纘義≫·≪黃帝內經≫·≪竹書紀年統箋≫·≪商君書≫·≪韓非子≫·≪淮南子≫·≪文中子中說≫·≪山海經≫ 등이다. ≪二十二子≫本은 역대 학자들이 諸子書를 考訂하고 注釋한 성과, 특히 청대 학자들의 정리와 연구를 흡수하는 것을 중시하면서 역대의 刊本에서 대표적인 교감과 주석의 성과를 수집하였다. 대상 선정이 긴요하고 刻印이 정확하여 그 당시에 다수 출간된 諸子書의 彙刻本에서는 최고의 성과라고 할 수 있다.

또한 ≪二十二子≫本 ≪管子≫는 趙用賢 ≪管韓合刻≫本을 飜刻하였으며 교감이 치밀하다. 먼저 趙用賢의 序言 즉 〈管子書序〉를, 이어서 劉向의 〈管子書錄〉 그리고 〈管子凡例〉가 나오고, 다음으로 역대 학자의 管子에 대한 평가를 수록하는 〈管子文評〉이 있으며 다시 〈管子目錄〉이 있다. 매 卷마다 해당 篇名, 版本, 著者가 표기되어 있는데, 가령 卷第一의 서두는 다음과 같다. "明吳郡趙氏本 唐司空房玄齡注 : 〈牧民〉第一 〈形勢〉第二 〈權修〉第三 〈立政〉第四 〈乘馬〉第五" 매 卷마다 끝에는 總校者와 分校者가 표기되어 있다. 總校者는 黃以周이고, 分校者는 許誦禾, 吳承志, 沈琮寶, 馮一梅, 孫瑛, 陳鈷 등 여섯 명이다. ≪二十二子≫本은 ≪管韓合刻≫本을 飜刻하였지만, 校改가 치밀하여 그와 별도의 善本을 형성한다. 일본의 대표적인 번역서 新釋漢文大系 ≪管子≫도 이를 底本으로 사용하고 있다.

4. ≪管子≫의 학술사적 배경

≪漢書≫ 〈藝文志〉에서 '道家'로 분류되었던 ≪관자≫는 ≪隋書≫ 〈經籍志〉 이후 '法家'로 분류하는 것이 일반적이다. 이런 학파 분류에 대한 이견, 그리고 거기에 포함된 다양한 주제와 내용은 ≪관자≫의 이해에 장애가 되는 난점들이다. 따라서 우리는 ≪관자≫의 성립에 작용한 학술사적 배경에 관심을 갖을 필요가 있다. 그리고 여기서 주목되는 되는 것이 바로 稷下學과 黃老學이다.

1) 稷下學

≪管子≫ 의 최초 원천은 齊 宣王 시기 도성 臨淄에서 한차례 흥성했던 稷下學宮의 학자들에게서 찾아볼 수 있다. 稷下學宮이 운영되었던 3~4세기 동안 천하의 賢士 수백 명이 이곳을 방문하였다고 하는데, 그들은 사상, 사회, 정치, 문학 등 각종 경향을 대표하였다. 稷下學士들이 찬술한 저작의 대부분은 모두 秦代와 漢代 초기에 이미 亡佚되었지만, 개중에는 ≪管子≫ 속에 편입된 경우가 적지 않은 듯하다.

稷下學은 齊나라의 수도 臨淄의 稷門 부근에 설치되었던 齊의 학술아카데미 稷下學宮에서 진행되었던 학술활동을 종합해서 부르는 명칭이다. 현재 일반적으로 稷下學宮은 田氏의 齊나라 즉 田齊의 齊 桓公 시기에 건립되어 齊 宣王 시기에 최고로 번성했을 것이라고 본다. 稷下學宮은 전국 중후기 학술의 중심지였으며 전성기에는 수백 명 이상의 학자가 운집하고 있었다.

≪史記≫와 ≪鹽鐵論≫의 관련 기록에 의하면, 稷下學宮의 학자들은 관직을 맡지 않고 학술과 정사를 議論하였다. 또 제나라 정부는 학술 활동에 간섭하지 않았기 때문에 학자들은 거의 자유롭게 토론하고 논의할 수 있었다. 뿐만아니라 제나라는 그들에게 "커다란 집을 지어 주고", "上大夫의 봉록"을 주는 등, 경제적으로도 매우 우대하였다. 齊宣王 때는 騶衍, 淳于髡, 田駢, 接予, 愼到, 環淵, 宋鈃, 尹文 등 많은 뛰어난 학자들이 稷下學宮에서 활동했다. 그리고 시기적으로는 차이가 나지만 전국시대의 가장 중요한 유학자였던 孟子와 荀子 역시 여기서 활동한 학자들이다.

경제적으로 풍족한 대우와 충분한 언론의 자유라는 토대 위에서 직하학궁의 학술과 사상은 눈부신 발전을 할 수 있었다. 직하학궁의 활동은 정치적 기능과 학술적 기능의 두 양상이 연계되어 있었다고 할 수 있다. 정치적 기능은 첫째 議政과 자문, 둘째 인재의 배양과 관리의 추천, 셋째 사신으로서 해외 파견, 넷째 정치적 여론의 조성이다. 특히 제나라의 '稱帝'는 정치적 여론의 조성이라는 직하학궁의 정치적 기능을 잘 보여주는 사례이다. 직하의 학술활동은 첫째 저술과 이론 활동이고, 둘째 강학과 전수이며, 셋째 정기적인 학술 논쟁이었다.

직하학궁의 학자들은 동서남북의 여러 나라에서 왔으며, 이에 따라 학궁의 학술과 사상이 종합적으로 발전하고 번영할 수 있었다. 齊문화를 대표하는 제나라 본토 학자로는 淳于髡, 田駢, 騶衍, 尹文, 接予, 鄒奭, 田巴, 魯仲連 등이 있었다. 초나라 출신으로는 愼到와 荀子가 있었고, 송나라 출신으로는 宋鈃과 兒說이 있었으며, 초나라 출신으로는 環淵이 있었고, 그 외 鄒나라 출신으로 孟子도 있다. 百花齊放한 그들의 논쟁과 그에 따른 융합이 稷下學을 형성했다고 할 수 있다.

한편, 稷下에서 활동한 학자들을 학파별로 보면 다음과 같다. 도가로는 田駢, 愼到, 彭蒙, 接予, 環淵 등이 있었고, 유가로는 孟子, 荀子, 顔斶, 魯仲連 등이 있었으며, 묵가로는 告子, 宋鈃 등이 있었고, 명가로는 尹文, 兒說, 田巴 등이 있었으며, 陰陽家로는 鄒衍, 鄒奭 등이 있었다. 법가에는 특별히 저명한 인물은 없었지만, 인원수가 제일 많고 영향력도 가장 큰 중심 세력이었다.

이러한 문화적 사상적 배경을 바탕으로 형성된 직하학에서는 광범위한 학술과 사상의 융합이 진행되었다. 서로 다른 지역들에서 온 다양한 유형의 사상과 이론이 직하에서 접촉하면서 충돌이 일어나고 상호 교류와 영향이 생겨났다. 그 결과 자기 학파의 사상과 이론을 중심으로 다른 학파를 흡수하는 학문의 융합 현상이 일어나게 되었다. 또한 각 학파가 장기간의 공존과 교류에 의해 남의 장점을 취하여 자신의 단점을 보완하는 창조가 발생하였다. 이런 배경하에서 黃帝와 老子가 결합하고 도와 법이 결합하며, 제자백가를 두루 채용하는 황로학은 직하학술의 중대한 공헌이었다. 그 결과 직하학은 선진시기의 학술과 사상의 번영을 촉진하였고, 고대 학술사상사의 중요한 고리로서 역사 문화 철학 등에 중대한 영향을 끼치게 되었다. 그리고 이러한 직하학은 바로 현행 ≪管子≫의 중요한 학술적 원천이 되었다.

2) 黃老學

'黃老'라는 말은 司馬遷의 ≪史記≫에 처음 보인다. 사마천은 ≪사기≫의 약 20여 곳에서 '黃老' 또는 '黃帝老子'라는 말을 사용하고 있다. ≪사기≫ 외에도 ≪漢書≫와 ≪論

衡≫ 등에서도 '黃老'라는 용어가 종종 사용되고 있다. 이렇게 볼 때 '黃老'라는 말은 漢代에 널리 사용된 개념임을 알 수 있다. 그러나 황로사상의 실질적인 출현은 이미 전국시대부터 있었던 것으로 보인다. 학자들에 따라 의견이 다르기는 하지만, 황로학은 늦어도 전국 중후기에는 나타나 전국말에 세력을 크게 확대하고 漢代 초기에 널리 유행하였다고 볼 수 있다.

'黃老'에서 '黃'은 黃帝를 가리키고, '老'는 老子를 가리킨다. 이 점은 王充의 ≪論衡≫에 나오는 다음과 같은 말을 통해 확인할 수 있다. "현명한 자 가운데 지극한 사람들이 바로 黃老이다. '黃'이란 黃帝를 말하고 '老'란 老子를 가리킨다."[16) 따라서 황로사상의 내용은 黃帝사상과 老子사상이 결합되어 성립되었다는 것을 알 수 있다. 이들 중 노자사상은 ≪노자≫에서 그 면모를 찾아볼 수 있다. 그러면 황제사상은 어떤가? 황제사상은 황제의 사상이 따로 전한다기보다는, 고대인들이 황제에 의탁해 저술한 문헌들에서 그 내용을 찾아볼 수 있을 뿐이다. ≪漢書≫에는 이른바 '黃帝書'가 총 12類 26種이 기록되어 있다. 그 중 道家類에 속하는 것이 5種으로 분류된다. 즉 ≪黃帝四經≫4편, ≪黃帝銘≫6편, ≪黃帝君臣≫10편, ≪雜黃帝≫58편, ≪力牧≫22편이다. 그러나 이들 대부분은 실전되고, 현존하는 문헌은 근래 漢代의 古墳에서 발굴된 ≪黃帝四經≫뿐이다. 따라서 우리는 ≪黃帝四經≫을 통해 황제사상의 일부 면모를 엿볼 수 있다. ≪黃帝四經≫은 노자의 우주본체론을 바탕으로 하여 諸家의 사상들을 폭넓게 수용하고 있다. 특히 그것은 法家의 法사상을 강하게 수용 발휘하고 있음으로 인해 일부 학자들은 '道法家'로 부르기도 한다.

이러한 황로학의 발생은 전국 말기라는 시대적 배경을 안고 있다. 전국 말기는 오랜 세월 동안 지속된 天下大亂의 戰國時代를 마감하고 천하 통일의 기운이 강하게 무르익던 시기에 해당한다. 또한 백성들은 혼란의 상황이 하루빨리 종식되고 休養生殖할 수 있기를 간절히 염원하였다. 이러한 사회 정치적 배경을 바탕으로, 사상 방면에서도 기존의 百家爭鳴에서 벗어나 百家合流의 경향이 강하게 작동하였다. 따라서 전국 말기에는 이른바 '儒家와 墨家를 겸하고, 名家와 法家를 합하는' 雜家들이 출현하게 되었다. 그리고 이러한 雜家들의 중심적 위치에 황로학이 자리잡고 있는 것이다.

한편, 황로학의 발생지를 따져보면 齊나라와 밀접한 연관이 있다. 본래 齊나라는 姜太公 呂尙의 후손들이 대대로 지배해왔던 나라였다. 그러나 춘추 말기에 陳成子가 簡公

16) 현명한……가리킨다 : 黃暉이 撰한 ≪論衡校釋≫ 〈自然〉의 "賢之純者 黃老是也 黃者 黃帝也 老者 老子也"의 구절이다.

을 시해하고 정권을 탈취한 이후 田氏의 齊나라가 되었다. 전씨는 제나라 정권을 장악한 후 자신의 정권을 공고히 만들고자 전씨가 姜氏를 대체한 것이 宗法的인 합리성을 갖추었다고 해명하였다. 즉 전씨는 본래 陳나라의 公族으로서 姬氏였던 黃帝의 후예인 반면, 姜氏는 강씨였던 炎帝의 후예라는 것이다. 따라서 전씨 제나라의 통치자들은 자신이 황제의 후손이라고 공언하면서, 황제의 후손인 자신들이 齊나라를 지배하는 것이 마땅하다고 주장하였다. 그 결과 춘추시대부터 流轉하던 '黃帝의 말'이 제나라에서 널리 퍼지게 되었고, 그것이 老子 학설과 결합되면서 黃老學이 크게 발전하게 되었다.

田氏 제나라는 變法을 늦게 시작하였지만, 이론적 준비가 충실하였다. 그들은 이른바 '道法結合'을 내세우는데, 이는 직하학자들의 깊은 이론적 축적 그리고 제나라의 특수한 역사적 문화적 조건과 관계가 있다. 제나라는 管仲의 사회 개혁 조치를 법가의 선구로 여겼으며, 춘추 말기 초기 도가의 중요 인물인 范蠡가 제나라에 들어와 도가 사상을 전하였다. 또한 직하학궁 건립 이후에는 남방의 楚나라와 陳 지역의 도가 학설이 제나라에서 빠르게 발전하였다. 이런 경향은 제나라의 본토박이 관중학파가 관중에게 의탁하여 편집한 ≪관자≫에서 뚜렷하게 나타난다.

5. 사상

1) 정치사상

≪管子≫는 다양한 제자백가의 유파를 수용하고 있지만 정치사상에서는 法家가 중심이라고 할 수 있다. 다만 三晉의 法家와 달리 도가를 매개로 儒家·陰陽家·墨家 등도 포용하고 있다는 점이 중요한 특색이다. 이는 ≪管子≫의 정치 이론이 天地人의 총체적 관계를 출발점으로 삼는 점에서도 나타난다. 즉 "하늘의 때에 순응하고, 땅의 마땅함을 얻으며, 사람의 화합에 합치해야한다."고 한다. 이처럼 天地人의 총체적 관계가 정치의 출발점이기 때문에, 입법을 할 때에도 天道에 순응하고 시대 변화에 따르며 사람의 性情에 기인하고 事理를 좇으며 가능성을 헤아려야 한다는 점을 강조한다. '천도'란 천지·음양·사시 등 자연 현상의 개괄인데, 자연계의 운동에는 道·常·則·節·度·數·時·序 등으로 불리는 일정한 규율이 있으며, 입법은 이러한 자연의 법칙에 따라야 한다는 것이다. 사물은 부단히 변화하므로 법령도 시대에 따라 변화해야 한다. 따라서 성인은

바로 시대 변화에 따라 입법을 하는 존재가 된다. 또한 '이익을 좋아함'〔好利〕이 인간의 본성이므로 정령과 정책은 물질적 이익의 기초 위에 수립되어야 한다고 본다.

한편 ≪管子≫에서는 법의 정의, 본질, 기능 등을 논의하며 법의 보편성과 필요성을 논증한다. 〈心術上〉에 나오는 다양한 논의를 종합하면, 법이란 관련 사물의 일반적이고 보편적인 규정이다. 따라서 강제성을 지니게 된다. 법은 사회의 공동 규범이기 때문에 계급질서를 수호하지만, 그 준법에서는 평등을 요구하여 사사로움을 혁파하고 공적인 것을 숭상한다.

또한 ≪管子≫에서는 백성의 중요성을 강조한다. 패업과 왕업이 시작되는 곳은 사람을 근본으로 하며, 민심을 얻는 것이 천하에서 가장 중요한 일이기 때문이다. 따라서 위정자는 民力을 중시해야 할 뿐만 아니라 民心도 충분히 중시해야 한다. 그러므로 〈牧民〉에서는 "정치가 잘 되는 길은 민심을 따르는 데 있고, 정치가 망하는 길은 민심을 역행하는 데 있다."[17]라고 말한다. 백성은 근심과 수고를 싫어하니 그들을 편안하고 즐겁게 해야 하고, 가난함과 미천함을 싫어하니 부유하고 귀하게 만들어 주어야 하며, 위험에 떨어지는 것을 싫어하니 보호하고 안전하게 해주어야 하고, 후손이 끊어지는 것을 싫어하니 잘 길러주어야 한다는 것이다. 그러면 백성은 군주를 위해 근심하고 수고할 것이고, 가난과 미천함을 감수할 것이며, 위험에 떨어짐을 감당할 것이고, 기꺼이 목숨을 바칠 것이라고 주장한다.

2) 경제사상

일반적으로 ≪管子≫에서 가장 친숙한 명언은 〈牧民〉에서 언급되는 "곡식 창고가 가득 차면 예절을 알고, 입고 먹는 것이 풍족하면 영광과 욕됨을 안다."는 발언일 것이다. 이는 ≪管子≫가 경제의 중요성을 잘 인식하고 있음을 보여준다. 아울러 한대 초기의 문헌에서 인용되는 ≪管子≫의 여러 편들도 경제에 관련된 내용이 대부분이라는 점도 이를 방증한다. 특히 주목할 것은 〈輕重〉의 편들이 중국은 물론 세계적으로도 매우 이른 시기의 경제 정책 관련 전문 논저라는 점이다.

≪管子≫에서는 경제 발전을 중시하며 그것을 국가 통치와 연결시킨다. 즉 "나라에 재물이 많으면 멀리 있는 자들도 찾아오고, 토지가 잘 개간되면 백성들이 한 곳에 머물러 산다."[18]라고 말한다. 뿐만 아니라 천하의 패권을 장악하기 위해서도 경제 발전이 중요

---

17) 정치가……있다 : 〈牧民〉의 "政之所行 在順民心 政之所廢 在逆民心"의 구절이다.

하다고 보고 富國과 富民을 강조한다. 이는 富國을 강조하는 法家나 富民을 강조하는 儒家와 다른 ≪管子≫만의 중요한 특색이다.

≪管子≫는 부민과 부국을 위해서 반드시 토지와 농업을 근본으로 해야 한다고 여긴다. 그러므로 〈乘馬〉에서는, "토지는 政事의 근본이고", "토지가 고르고 적절하게 정리되어 있지 않으면 政事를 바르게 할 수 없다."라고 말한다. 따라서 토지의 長短과 大小를 모두 바르게 해야 백성들에게 토지를 고르게 나누어 줄 수 있다고 주장한다. 또한 끊임없이 토지를 개간하고, 경지면적을 확대해야 생산이 비로소 발전하게 된다는 점을 강조한다. 즉 〈權修〉에서 말하듯이 "토지가 넓은데도 나라가 가난한 것은 들판이 개발되지 않았기 때문이고"[19], "들판이 개발되지 않고 백성을 독려하지 않으면, 밖으로는 외적에 대응할 수 없고 안으로는 나라를 굳게 지킬 수 없다."[20]라고 보기 때문이다. 한편 주목할 점은 이처럼 농업과 토지를 그 무엇보다 중시하지만, 공업과 상업도 경시하지 않는다는 점이다. 공업과 상업은 농사를 위해 자금을 제공할 수 있고 농산물자를 유통시키는 데 중요한 역할을 한다고 보기 때문이다. 따라서 공업과 상업에 종사하는 사람도 농민과 마찬가지로 국가의 중요한 바탕으로 보고, 공인과 상인을 농민과 士와 병렬하여 '四民'으로 칭한다.

한편 ≪管子≫에는 주로 경제 사상을 다루는 '輕重' 학설이 들어있다는 점이 주목할만하다. 이와 관련된 것들은 본래 19편이었는데 그 중 〈問乘馬〉·〈輕重丙〉·〈輕重庚〉이 소실되어 현재에는 16편만 남아 있다. 이들 '輕重'의 편들에서는 재정과 경제의 문제를 전문적으로 해명하고 있다. 그들은 객관적인 가격 법칙의 작용과 그 영향을 인식하고 있으며, 생산 노동과 물가 사이의 밀접한 관계를 자각하고 있다. 또한 군주는 가격 법칙을 인식하고 운용하여 시장을 통제하여, 풍년이면 높은 가격으로 값싼 물자를 사들이고 흉년이면 시장 가격보다 싼값으로 비축한 재물을 방출해 물가의 균형을 유지하여 민심을 안정시키고 정권을 공고하게 만들어야 한다고 주장한다.

가격의 법칙을 운용하는 데에는 두 가지 요점이 있다고 본다. 첫째 유통 수단을 장악하여 생산을 촉진해야 한다. 즉 黃金과 刀幣의 유통수단을 장악해 民力을 동원하고 생산을 촉진해야 한다는 것이다. 생산이 발전되어야 재정의 원활한 운영이 가능하다고 보기

---

18) 나라에……산다 : 〈牧民〉의 "國多財 則遠者來 地辟擧 則民留處"의 구절이다.

19) 토지가……때문이고 : 〈權修〉의 "地博而國貧者 野不辟也"의 구절이다.

20) 들판이……없다 : 〈權修〉의 "野不辟 民無取 外不可以應敵 內不可以固守"의 구절이다.

때문이다. 둘째 중요한 물자를 장악해야 한다. 생활을 유지하고 생산을 확대하는 데 불가결한 양식, 소금, 철은 국가가 통일적으로 장악해야 한다는 것이다. 국가는 財利와 資源과 화폐 발행을 장악해야만 유통을 효율적으로 통제할 수 있고, 시장의 물가를 통제해야 세금을 걷지 않고도 재정이 충족된다고 보기 때문이다.

3) 군사사상

管仲의 생애에서 주목할 점은 그가 위대한 정치가이면서 동시에 뛰어난 군사 전략가라는 것이다. 桓公은 재위 기간에 20여 차례나 참전하였는데, 관중은 兵農合一 및 軍政一致의 개혁을 통해 환공이 春秋五霸의 선구가 될 수 있게 하였다. 이를 반영하듯 ≪管子≫에서 군사를 언급하는 편이 〈七法〉·〈幼官〉·〈重令〉·〈法法〉·〈兵法〉·〈地圖〉·〈參患〉·〈制分〉·〈勢〉·〈九變〉·〈小問〉·〈禁藏〉·〈輕重甲〉 등으로 적지 않다.

우선 ≪管子≫는 군대의 중요성을 강조한다. 그러므로 〈參患〉에서 "군주가 비천하거나 존귀해 보이는 까닭과 나라가 안정되거나 위태로운 이유는 군대보다 중요한 것이 없다.……군대는 밖으로는 포악함을 처벌할 수 있고, 안으로는 사악함을 금지할 수 있다. 그러므로 군대는 군주를 높이고 나라를 안정시키는 법도가 되기 때문에 폐지할 수 없다."[21)]라고 말한다. 나아가 ≪管子≫는 전쟁에서 정의의 중요성을 강조한다. 그러므로 〈七法〉에서는 "공을 완성하고 일을 세우기 위해서는 반드시 禮와 義를 따라야 하고"[22)], "禮가 없으면 천하에서 승리하지 못하고, 義에 합당하지 않으면 사람들을 복종시키지 못한다."[23)]라고 말한다. 이는 전쟁이 "군주를 높이고 나라를 안정시키며", "포악함을 처벌하고", "사악함을 금지하는" 데 필요한 수단이기 때문이다. 그러나 전쟁은 반드시 신중히 사용해야 한다고 강조한다. "한 번 군대를 일으키는 경비는 10년 동안 축적한 경비를 쓰는 것이고, 한 번 전쟁하는 경비는 몇 세대 동안 축적한 노력을 다 쓰는 것"[24)]이기 때문이다. 이처럼 ≪管子≫에서는 治民과 强兵을 연계시킨다.

한편 ≪管子≫에서는 용병에서 책략의 중요성을 강조하는데, 다음과 같은 여덟 가지 책략을 제시한다. 첫째, 재화를 많이 모으는 것〔聚財〕이다. 둘째, 뛰어난 기술자를 선발

---

21) 군주가……없다 : 〈參患〉의 "君之所以卑尊 國之所以安危者 莫要於兵……兵者 外以誅暴 內以禁邪 故兵者 尊主安國之經也 不可廢也"의 구절이다.

22) 공을……하고 : 〈七法〉의 "成功立事 必順於禮義"의 구절이다.

23) 禮가……못한다 : 〈七法〉의 "不禮不勝天下 不義不勝人"의 구절이다.

24) 한 번……쓰는 것 : 〈參患〉의 "一期之師 十年之蓄積殫 一戰之費 累代之功盡"의 구절이다.

하는 것〔論工〕이다. 셋째, 뛰어난 병기를 제작하는 것〔制器〕이다. 넷째, 우수한 병사를 선발하는 것〔選士〕이다. 다섯째, 군대 내의 명령체계를 확립하는 것〔政教〕이다. 여섯째, 무예를 숙달시키는 것〔服習〕이다. 일곱째, 천하의 사정들을 두루 아는 것〔遍知天下〕이다. 여덟째, 機數를 밝게 아는 것〔明於機數〕이다.

이처럼 ≪管子≫의 군사사상은 전쟁과 정치, 군대의 중요성, 전쟁에서 정의, 군대 운용의 책략, 총사령관의 역할 등 다방면에 걸쳐 종합적으로 고찰하고 있다. 그리고 이러한 고찰의 궁극적인 목적은 霸業과 王業의 달성을 위한 것이었다.

참고문헌

- 郭沫若, ≪管子集校(全4冊)/郭沫若全集・歷史編 第5冊~第8冊≫, 人民出版社, 1984.
- 黎翔鳳, ≪管子校注(上・中・下)/新編諸子集成≫, 中華書局, 2004.
- 湯孝純, ≪新譯管子讀本(上・下)≫, 三民書局, 1995.
- 鞏曰國, ≪管子版本硏究≫, 齊魯書社, 2016.
- 郭 麗, ≪管子文獻學硏究≫, 中國海洋大學出版社, 2007.
- 袁 闖, ≪管子與中國文化/元典文化叢書≫, 河南大學出版社, 1998.
- 陳鼓應, ≪管子四篇詮釋 : 稷下道家代表作解析≫, 商務印書館, 2006.
- 姜國柱, ≪中國歷代思想史 先秦卷≫, 文津出版社, 1993.
- 김필수 외, ≪관자 : 경세의 바이블 한국 최초 완역 관자≫, 소나무, 2006.
- 류웨이화 외, 곽신환 옮김, ≪직하철학 : 직하학사≫, 철학과현실사, 1995.
- 류쩌화, 장현근 옮김, ≪중국정치사상사 1 : 선진≫, 글항아리, 2019.
- 바이시, 이임찬 옮김, ≪직하학 연구 : 중국 고대의 사상적 자유와 백가쟁명≫, 소나무, 2013.
- 이석명, ≪노자와 황로학≫, 소와당, 2010.
- 정원명, 최대우・이경환 옮김, ≪중국황로학≫, 부크크, 2018.
- 金谷治, ≪管子の硏究 : 中國古代思想史の一面≫, 岩波書店, 1987.
- 遠藤哲夫, ≪管子(上・中・下)/新釋漢文大系≫, 明治書院, 1989~1992.
- Michael Loewe ed, Early Chinese Texts : A Bibliographical Guide, Institute of East Asian Studies, 1994.
- Allyn Rickett, Guanzi : Political, Economic, and Philosophical Essays from Early China, 2 vols, Princeton University Press, 1998

譯註 管子 1

管子書序

≪管子≫의 옛 책은 모두 389편이었는데 漢나라의 劉向[1)]이 교감하면서 그 중복된 것들을 제거하고 86篇으로 확정하였으나 지금은 10편이 없어졌다. 近世에 전래되는 것은 흔히 뒤섞이고 혼란스러워 읽을 수 없을 정도에 이르렀다. 그래서 내가 오래된 善本을 찾으러 다니면서 이를 구하고자 하였는데, 거의 12년이 되어서야 비로소 友人 秦汝立[2)]에게서 이를 얻었다. 그 전체적인 문장은 겨우 정리되었으나 문구와 문자에 뒤섞인 것이 많아, 그 빠지고 잘못된 것을 바로잡은 것이 3만자가 넘지만, 의심스럽지만 고찰할 수 없는 것을 빼둔 것이 여전히 열에 둘은 되었다. 이렇게 한 후에 ≪管子≫가 거의 온전한 책이 되었다.

管子舊書는 **凡三百八十九篇**이니 **漢劉向**이 **校除其重複**하여 **定著爲八十六篇**이나 **今亡十篇**이요 **近世所傳**은 **往往淆亂**하여 **至不可讀**이라 **余行求古善本**하여 **庶幾遇之者 幾二十年**에 **始得之友人秦汝立氏**라 **其大章僅完整**이나 **而句字復多糺錯**하여 **乃爲正其脫誤者 逾三萬言**이나 **而闕其疑不可考者 尙十之二然後管子幾爲全書**라

무릇 五伯[3)] 중에서 桓公[4)]보다 번성한 자가 없었으며 管仲은 특별히 그를 보좌

---

1) 劉向 : B.C. 77?~B.C. 6. 중국 前漢 시대의 경학자이자 목록학자로, 패군(沛郡 : 지금의 江蘇省에 있음) 출신이다. 陰陽災異說을 가지고 정치적인 상황의 득실을 추론했으며, 외척과 환관의 전횡을 탄핵하다가 2차례의 옥고를 치렀다. 成帝가 즉위한 후 다시 등용되어 이름을 '向'으로 바꾸었다. 光祿大夫로 승진되었으며, 나중에 中壘校尉를 지내기도 했다. 여러 서적을 교열하여 ≪別錄≫ 20권을 완성하기도 하였다. 수많은 저술을 남겼으나 ≪洪範五行傳≫ · ≪新序≫ · ≪說苑≫ · ≪列女傳≫ 등이 현존하여 전해지고 있다.

2) 秦汝立 : 明나라 시대 無錫사람 秦柱이다. 字가 汝立, 室名은 綉石書堂, 萬曆 五年의 貢生이다. 유명한 藏書家 가문이었다.

3) 五伯 : 중국 춘추시대 제후들 중 강력한 힘과 권위로 천자를 대신해 제후들을 통제하였던 다섯 명의 霸者를 말한다. 일반적으로 齊 桓公, 宋 襄公, 晉 文公, 秦 穆公, 楚 莊王 등을 말하며, 이들은 春秋五霸 또는 五侯伯으로 불려지기도 하였다.

4) 桓公 : 중국 춘추시대 齊나라 군주(재위 B.C. 685~B.C. 643)로 춘추오패 중의 한 사람이

하였다. 그러나 그의 일을 聖門에서 언급하는 것을 수치로 여기면서부터 그의 발언이 모두 배척되었고, 〈그의 사상은〉 권모술수와 이익을 좇는 것으로 여겨 학자들이 이를 언급하는 것이 드물었다.[5] 내가 이 책을 읽기에 이르러 그 연고를 깊이 생각해 보았다. 그런 뒤에 王者의 法은 周公에서 구비되지 않은 것이 없고 周公의 法을 잘 바꾼 사람은 管子보다 정미한 자가 없음을 알게 되었다. 〈이는〉 어떤 이유인가?

夫五伯은 **莫盛於桓公**이요 **而管仲特爲之佐**로되 **自其事羞稱於聖門**으로 **而其言悉見絀**하고 **以爲權謀功利**하여 **學者鮮能道之**라 **及余讀是書**하여 **而深惟其故**하고 **然後知王者之法**이 **莫備於周公**이오 **而善變周公之法者**는 **莫精於管子**라 **何者**오

周公

바야흐로 周나라가 흥성할 때에는, 융성했던 고대의 깊고 은미한 풍습과 〈시대적〉 거리가 멀지 않았고, 后稷[6]과 公劉[7]의 그 깊은 사랑과 두터운 은택이 또한 수백 년의 오랜 기간에 배양되어 있었다. 대개 풍조가 이미 계발되고 문명이 이미 융성할 때 周公이 일어나 禮樂을 제작하는 임무를 담당하였으니, 그 法制의 치밀

다. 내란으로 형 襄公이 살해된 후, 이복동생 糾를 몰아내고 즉위하였다. 鮑叔牙의 진언으로 규의 옛 신하인 管仲을 재상으로 기용하여 상업과 수공업을 육성하고 군사강국이 되어 당시의 霸者로 행세하였다. 그러나 만년에 관중의 유언을 무시하고 易牙, 豎貂, 開方과 같은 간신들을 등용함으로써 결국에는 그들에게 권력을 빼앗기고 굶어 죽었다.

5) 그의……드물다 : "제 선왕이 물었다. '제 환공과 진 문공의 일을 들어볼 수 있습니까?' 맹자가 대답하였다. '仲尼의 무리들은 제 환공과 진 문공의 일에 대해 언급하지 않았습니다. 그 이후로 그들의 일은 전해지지 않았으니, 저는 들어본 적이 없습니다.〔齊宣王問曰 齊桓晉文之事可得聞乎 孟子對曰 仲尼之徒無道桓文之事者 是以後世無傳焉 臣未之聞也〕"(≪孟子≫ 〈梁惠王上〉)

6) 后稷 : ?~?. 周나라의 시조로 여겨지는 전설상의 인물로 姓은 姬, 이름은 棄다. 后는 長官, 稷은 농사를 관장하는 관리라는 의미이다. 모친 姜嫄이 거인의 발자국을 밟고 感應해 임신하였다. 이를 불길하다고 여겨 버렸으나 그때마다 여러 도움을 받아 길러졌다. 그의 이름 역시 버려졌다고 하여 '棄'라고 붙여졌다. 어려서부터 농사를 좋아했고 커서 帝堯의 農師가 되었으며 帝舜에 의해 邰에 봉해졌다.

7) 公劉 : ?~?. 后稷의 曾孫으로 鞠의 아들이다. 戎狄 사이에 살면서 다시 農耕에 힘썼다. 그가 죽자 아들 慶節이 즉위하고 豳에 도읍을 정하여 주나라 발전의 기틀을 정비하였다.

함과 文章의 세세함으로 인해 그가 경영하고 계획한 바가 모두 명확하게 시행되었다. 그리고 天下가 장차 방대하고 도탑고 안정된 풍속에 의해 法度가 뚜렷하게 된 이후의 상황에 대해 이로움을 누리게 되었다. 따라서 그 法이 비록 치밀하였지만, 이에 익숙해진 자들은 또한 이를 편안히 여기고 거스르지 않았다.

方周之興에 **去隆古沕穆**[8]**之風**이 **未遠**이요 **而后稷公劉其深仁厚澤**이 **又培之於數百年之久**이라 **蓋風會既启**하고 **而文明猶鬱**에 **周公起而當制作之任**하니 **其法制之綢繆**와 **文章之繁猥**로 **諸所經畫**이 **莫不犁然具擧**요 **而天下且以鴻龐淳固之俗**으로 **始嚮利於憲度著明之後**라 **故其法雖密**이나 **而其服習者**도 **亦能安之而不悖**라

周왕실이 쇠퇴하자 제후들은 날마다 干戈를 찾고,[9] 謀臣과 詧士(찰사)[10]는 다투어 그 智力을 내면서 반드시 서로 이기고자 기필하면서도, 先王의 규제를 삼가 근신하여 이를 고집하여 바뀌지 않았으니, 形勢에는 제한되는 바가 있고 그 술책에는 반드시 궁핍한 바가 있어 시대를 구제하기에 마땅한 것이 아니었다.

周室既衰하니 **諸侯日尋於干戈**하고 **謀臣詧士**는 **競出其智力**하여 **以相勝苟必**하나 **兢兢於先王之約束**하고 **而執不移等**하니 **則勢有所格**하고 **而其術必有所窮**이니 **非救時之宜矣**라

管子는 진실로 天下의 인재이다. 어찌 그 지혜가 이에 미치지 못하겠는가. 이런 까닭에 그가 관직에 나아가 계책을 세울 즈음에 〈그가 행한 것은,〉 옛 법을 살펴서 그중 좋은 것들을 선택하여 이를 따르는 것에서 벗어나지 않았다. 또한 그 요체는 政事에 있어 명령을 은밀히 하고 군사의 일을 일반 政務에 끼워 넣어 제후들이 나의 실정을 헤아리지 못하게 하고, 나 홀로 나라를 안정시키고 백성을 부유하게 하여 천하에서 가득 취하는 것이었다.

---

8) 沕穆 : 深微한 모습이다. ≪史記≫ 〈屈原賈生列傳〉에 나오는 "沕穆無窮兮 胡可勝言"에 대한 주석에서, 司馬貞은 "≪索隱≫에 '沕穆 深微之貌'라고 되어 있다."라고 하였다.

9) 干戈를 찾았으며 : '干戈'는 방패와 창을 의미하니, '干戈를 찾았다'는 것은 곧 전쟁을 일삼았다는 의미가 된다.

10) 謀臣과 詧士 : 모두 明察之士 즉 자잘한 지혜에 밝은 사람들을 의미한다. '詧'은 '察'의 이체자이다. ≪장자≫ 〈徐無鬼〉에는 '知士'·'辯士'·'察士' 등으로 표현되고 있다.

管子는 **固天下才也**라 **豈其智不及此乎**리오 **是故當其謀之於垂纓下衽**[11]**之日者**는 **不過審舊法**하여 **擇其善者而從之**요 **又其要**는 **則在事可以隱令**하고 **可以寄政**[12]하여 **使諸侯不吾虞**하고 **而吾獨安國富民**하여 **以取盈於天下**라

따라서 그의 글 예컨대 〈牧民〉·〈乘馬〉·〈幼官〉·〈輕重〉과 같은 편들은 대체로 ≪周官≫을 크게 벗어나지 않고 그 운용을 조절하였으며, 또한 전적으로 ≪周官≫에 국한되지 않고 적절히 변통하였다. 이제 그의 학설들을 살펴보니, 이른바 나라를 3등분하여 三軍을 두는 것은 곧 伍·兩·卒·旅[13]의 옛 제도이고, 벌금으로 기물과 비용을 갖추는 것은 바로 兩造[14]와 兩劑[15]의 유산이며, 인재를 선발할 때 배우기를 좋아하는 사람과 부모에게 효도하는 사람을 우선으로 뽑고 또 용맹하고 팔다리의 힘이 튼실한 사람을 뽑는 것도 현명한 사람을 추천했던 옛 제도이고, 화폐를 주조할 때 黃金과 刀布[16]를 기준으로 삼고 아울러 魚鹽과 鍼鐵까지 이르는 것 역시 圜府[17]의 옛 제도이다. 그 외에 五勢[18]와 三准[19]과 같은 주장들은, 여분을 축적하고 잉여물을 보관하여 나라에 비축해 둠으로써 '諸侯가 복종하지 않으면 나는 전쟁을 할 수 있고, 諸侯가 복종하면 나는 仁義를 행할 수 있다.'라는 것에 지나지 않는다.

---

11) 垂纓下衽 : '갓끈을 드리우고 옷깃을 내리다'는 의미인데, 고대의 臣下가 군주를 알현할 때 복장이다. 이후 官職에 나가는 것을 비유한다.

12) 寄政 : 軍令을 일반 정사 안에 끼워 넣는 것을 말한다.

13) 伍……旅 : 모두 고대의 군대 인원 편성 단위이다. ≪周禮≫ 〈地官司徒〉에 의하면 다섯 사람이 모여 伍가 되고, 다섯 伍가 모여 兩이 되며, 네 兩이 모여 卒이 되고, 다섯 卒이 모여 旅가 된다.

14) 兩造 : 소송의 원고와 피고 쌍방을 말한다.

15) 兩劑 : 소송의 쌍방이 내세우는 문서를 말한다.

16) 黃金과 刀布 : ≪管子≫에 의하면 珠玉이 고급 화폐, 黃金이 중급 화폐, 刀布가 하급 화폐이다.

17) 圜府 : 고대에 화폐와 금융을 관장하던 기구이다.

18) 五勢 : 나라의 다섯 가지 자연 지리적 형세를 말한다. 〈山至數〉에서는 '산의 구릉에 있는 나라'〔山處之國〕, '축축하고 물이 많은 곳에 있는 나라'〔氾下多水之國〕, '산과 평원에 걸쳐 있는 나라'〔山地分之國〕, '물이 넘치는 곳에 있는 나라'〔水泆之國〕, '물이 스며드는 땅에 있는 나라'〔漏壤之國〕 등 다섯 가지 형세를 말하고 있다.

19) 三准 : 물가의 높낮이를 조절하고, 독점한 재물을 나누어주며, 비축한 양식을 방출하는 세 가지 항목의 조절 정책을 말한다.

故其書如牧民・乘馬・幼官・輕重諸篇은 大抵不離周官以制用하며 而亦不盡局於周官以通其變이라 今考其說컨대 所謂參國爲三軍者는 卽伍兩卒旅之舊也오 因罰備器用者는 卽兩造兩劑之遺也요 選士首以好學慈孝하고 而且及於拳勇股肱도 亦興賢之故典也요 鑄弊藉以黃金刀布하여 而竝及於魚鹽鍼鐵도 亦圜府之舊章也라 它如五勢三准諸說도 不過積餘藏羨하여 待之於國하여 諸侯不服이면 吾可以戰이오 諸侯賓服이면 吾可以行仁義라

무릇 周公의 法은 복잡해도 체계가 잘 잡힌 것인데, 그 요체는 백성을 善으로 이끄는 것이다. 管仲은 곧바로 周公의 뜻을 스승으로 삼아 따랐으나 그것을 그대로 답습하지는 않았으니, 이를 한번 개정하여 확연히 간명하게 만들어 백성을 전쟁에 동원하였다. 따라서 그는 말하였다. "때를 잘 살피는 사람은 적은 날짜를 들여도 〈산출되는〉 공은 많다."[20] 또한 이렇게 말하였다. "내가 卒伍를 정돈하고 甲兵을 정비하고자 하면 大國도 장차 이들을 정비할 것이고, 나에게 공격하고 정벌하는 무기가 있으면 제후들에게도 수비하고 방어하는 대비가 있을 것이다. 이렇게 되면 나의 뜻을 빨리 얻기 어렵다."[21] 이것이 管仲이 법을 세운 의도이다. 그리고 周公의 法을 잘 바꾼 사람은 管子보다 더 정미한 자가 없었다. 어째서 그런가?

蓋周公之法은 其樊然結約者이니 要以率民於善이라 仲直師其意하나 不襲其故하니 一更之爲하고 截然夷易하여 而作民於戰이라 故其言曰 精時者는 少日而功多라 又曰 吾欲正卒伍修甲兵하면 而大國亦將修之요 吾有攻伐之器면 而諸侯有守禦之備라 是難以速得志니 此仲之所以立法意也라 而善變周公之法者는 莫精於管子라 何者오

무릇 예리한 칼날이 가슴을 막아서면 눈은 날아드는 화살을 보지 못하고, 치켜든 창끝이 머리를 노리면 열 손가락이 잘려도 거부하지 못한다. 이는 무엇을 먼저 대처하고 나중에 대처해야 할지, 그 선후를 밝게 알기 때문이다. 만약 管仲이 諸侯

---

20) 때를……많다 : 〈霸言〉에 "聖人은 때를 잘 도와서 때를 어기지 않는다. 지혜로운 사람은 잘 도모하나 때에 합당하게 행동하는 것만 못하다. 때를 잘 살피는 사람은 날짜는 적게 들여도 〈산출되는〉 공은 많다.〔聖人能輔時 不能違時 知者善謀 不如當時 精時者 日少而功多〕"라고 하였다.

21) 내가……어렵다 : 〈小匡〉에 이와 관련된 내용이 나온다.

들이 총력을 다해 공격해 오는 상황에 직면하고서도, 반드시 王制를 실행하고자 하여 자기 백성에게 井田을 시행하고, 자기 법률에 象刑[22]을 적용하며, 용맹한 사람을 부르지 않고, 鹽鐵을 전매하지 않았다면, 머지않아 나라가 적에게 잡아먹혔을 것이다. 〈그랬더라면 관중이〉 어찌 보잘것없는 齊나라로 渤海와 泰山 사이에 위엄을 펼치고, 〈어지러운〉 天下를 하나로 바로잡는 업적을 이루었겠는가!

夫白刃捍胸이 **則目不見流矢**하고 **拔戟加首**면 **則十指不辭斷**은 **明緩急之有所先也**라 **使仲當諸侯力攻之日**하여 **必欲擧王制**하여 **而井田吾民**하고 **象刑吾法**하며 **毋招權勇**하고 **毋搉鹽鐵**이면 **不踰時**에 **而國且餉於敵矣**라 **安能以區區之齊**로 **伸威海岱**[23]하여 **而成其一匡之績哉**리오

泰山

예전에 蘇軾[24]이 管仲의 變法을 개괄해 논하면서 이렇게 말했다. "王者의 군대는 승리를 추구하지 않는다. 그러므로 그 法이 번다하면서도 자세하다. 霸者의 군

22) 象刑 : 신체에 형벌을 가하지 않고 복식을 달리하게 하여 모욕을 주는 고대의 형벌이다.

23) 海岱 : '海'는 渤海이며 '岱'는 泰山이다. 오늘날 山東省과 渤海에서 泰山에 이르는 중간 지대에 해당한다.

24) 蘇軾 : 1037~1101. 중국 북송 시대의 시인이자 문장가, 학자, 정치가이다. 字는 子瞻이고 호는 東坡居士이며, 흔히 蘇東坡로 부른다. 오늘날의 四川省 眉山縣 출생으로, 唐宋八大家의 한 사람이다.

대는 확실한 승리를 추구한다. 그러므로 그 法이 단순하고 명쾌하다."[25] 그렇다면 管仲이 법을 운용하는 것이 周公의 뜻과 다르다고 말하는 것은 타당하지만, 그의 법이 모두 周公의 뜻에 위배된다고 말하는 것은 타당하지 못하다. 그러므로 말한다. "古今이 변하니 도리는 시대를 따라 달라지며, 王道와 覇道가 번갈아 일어나니 정치는 풍속에 말미암아 變革된다."

蘇軾

昔者에 蘇軾氏蓋論仲之變法而曰 王者之兵은 非以求勝이라 故其法繁而曲하고 覇者之兵은 求以決勝이라 故其法簡而直이라 然則謂仲之用法이 異於周公之意則可이나 而謂其法之盡詭於周公則不可라 故曰 古今遞遷에 道隨時降하며 王覇迭興에 政由俗革이라

내가 생각하기에, 周公이 〈나라의〉 典章制度를 크게 갖추었던 것은 대체로 王道의 마지막을 완성하기 위한 것이었으며, 管子가 常道를 변화시켜 궁함을 통하게 하였던 것 또한 覇道의 처음을 정립하기 위한 것이었다. 〈관자가 이렇게 한 것은〉 무릇 時勢가 나아가는 바가 부득이하여 그러한 것이다. 비록 그렇기는 하지만 管仲이 周公을 어기는 것을 가볍게 여긴 것은 아니다.

吾以爲周公經制之大備는 蓋所以成王道之終이며 管子能變其常而通其窮은 亦所以基伯道之始라 夫亦勢之所趨에 有不得不然者乎져 雖然이나 非仲之輕於悖周也라

太公[26]이 齊나라를 다스리게 되었는데 다섯 달이 지난 후 정사를 보고하였다. "저는 그 풍속을 따르고 그 예법을 간략히 하였습니다."[27] 伯禽[28]는 3년이 지난 후 정

25) 王者의……직선적이다 : ≪蘇東坡全集≫ 〈管仲論〉에 나오는 구절이다.

26) 太公 : ?~?. '太公望'이라고 한다. 周나라의 개국 공신이자 齊나라의 시조이다. 그의 본래 姓은 姜인데 선조의 거주지에 근거해 呂를 姓으로 했다고 한다. 그의 이름은 尙이므로 일반적으로 呂尙으로 불리며 師尙父로 존칭된다. 太公望이란 이름은 그가 渭水에서 낚시를 하고 있을 때 文王이 그를 보고 선왕인 太公(古公亶父)이 기다리고 바라던 賢者라고 한 고사에서 유래한다. 그는 姜族을 이끌고 文王과 武王을 섬겨 軍師로서 공헌했다고 한다. 周나라의 개국 후 營丘에 봉해져 齊나라의 시조가 되었다.

27) 저는……하였습니다 : ≪史記≫ 〈齊太公世家〉에 나오는 太公의 말이다.

사를 보고하였는데 周公이 그를 꾸짖으면서 말하였다. "무릇 정사는 간단하고 쉽지 않으면 백성들이 알지 못하니, 魯나라는 결국 北面하며 齊나라를 섬기게 될 것이다."[29] 생각컨대 太公의 다스림에는 周나라 제도를 완전히 따르지 않는 것이 있다. 그러나 역사에서는 그가 상업을 유통시킨 정책이 魚鹽의 이익을 편하게 하여 人民이 齊나라로 귀의하게 되었다고 말한다. 齊나라가 大國이라고 불린 것은 아마 太公부터일 것이며, 그리고 齊나라는 이런 이유로 여러 나라들에게 부강한 나라로 이름을 날렸다. 管仲은 특별히 이러한 齊나라의 옛 전통에 말미암아 과업을 수행하였을 뿐이지, 모방하고 따른 것이 하나도 없이 완전히 새롭게 창조해 낸 것이 아니다.

當太公之治齊하여 **五月而報政曰 吾因其俗**하고 **簡其禮**니이다 **至三年而伯禽之報政**에 **周公且訾之曰 夫政**은 **不簡不易**이면 **民不有近**이니 **魯終北面而事齊矣**라 **意者 太公之治有不盡倣於周官**이나 **而史蓋稱其通商賣之策**이 **便魚鹽之利**하여 **人民歸齊**라 **齊稱大國**은 **蓋自太公而齊故以富彊名於列國**이라 **仲特因齊之故而修業耳**요 **非一無所昉襲而創爲之者也**라

세상에서 의론하는 자들은 이렇게 말한다. "帝道가 쇠퇴하여 王道가 되었고 王道가 쇠퇴하여 覇道가 되었다. 管仲의 학설이 유행하면서부터 풍습이 변하여 과장되고 기만하는 풍습으로 빠져들게 되었는데, 그 말단은 秦나라 商鞅[30]에서 극에 달하여 先王의 전적을 모두 없애고 천하에 해독을 끼치게 되었으며, 마침내 管仲과 商鞅을 功利의 으뜸으로 여기게 되었다." 무릇 商君은 너무나 참혹하고 은덕이 부족하여 결국은 秦나라에서 惡名을 받았다. 그러나 管仲의 정사는 四維[31]를 정돈하고 六親을 공고히 하였다. 그의 책에서 白心과 內業[32]을 논하고 있으니, 그를 聖人

---

28) 伯禽 : ?~?. 周公의 장남이다. 아버지 주공이 魯나라의 제후로 봉해졌으나, 周 成王을 보좌하기 위해서 주나라의 수도인 鎬京에 남고 대신 그의 아들인 백금이 노나라로 보내져 魯公이 되었다. 시호는 太公이며, 통칭으로는 公伯禽, 또는 魯公 姬伯禽로도 불려진다.

29) 무릇……것이다 : ≪史記≫ 〈魯周公世家〉에 나오는 周公의 말이다.

30) 商鞅 : ?~B.C. 338. 전국시대의 정치가로 衛나라 출신이다. 姓은 公孫, 이름은 鞅이다. 商과 於에 봉해져 商鞅 또는 商君으로 불려진다. 秦나라 孝公을 섬기면서 變法을 실행하여 富國强兵에 힘쓰고, 秦에 의한 천하통일의 기초를 정비하였다.

31) 四維 : 나라를 유지하는 네 가지 강령 즉 禮·義·廉·恥를 말한다.

32) 白心과 內業 : '白心'과 '內業'은 ≪관자≫의 편명들로, 심오한 철학적 이치에 대해 기술하고 있다.

의 道를 조금도 엿보지도 못하고 단지 商君처럼 엄한 형벌로 백성을 억압한 자라고 할 수가 없다. 따라서 우리 夫子께서도 그의 공적을 크게 평가하면서 "누가 그와 같이 仁할 것인가!"[33]라고 결론지었으니, 어찌 管仲을 商鞅과 같은 자로 여길 수 있겠는가!

世之譚者曰 帝降而王이오 **王降而霸**라 **自仲之說行**으로 **一變而入於誇詐之習**하니 **其末極於秦鞅**하여 **盡去先王之籍而流毒天下**하여 **遂以管商爲功利之首**라 **夫商君**은 **慘礉少恩**하여 **卒受惡名於秦**이나 **而仲之政**은 **飾四維固六親**이라 **其論白心內業**이니 **不可謂無窺於聖人之道**하고 **而徒以刀鋸繩民如商君者**라 **故雖吾夫子**도 **亦且大其功**하사 **而以如其仁歸之**하시니 **柰何躋鞅於仲也**리오

나는 이 책을 읽는 사람들이 관중이 정치를 행하고 공적을 이룬 근원을 헤아리지 못하고 단지 權謀와 功利로 그를 욕함으로써, 管子가 周公을 잘 활용한 방법이 天下에 밝게 드러나지 않을까 두려워하였다. 따라서 이를 위해 그 책을 간행하고, 다시 그 大略을 篇首에 이처럼 논의하고 저술하였다.

余懼夫讀是書者 不揆其修政立事之原하고 **而徒辱之以權謀功利**하여 **使管子之所以善用周公者 其道不明於天下也**라 **故爲之梓其書**하고 **而復論著其大略於篇首云**이라

萬歷 壬午年[34] 봄 三月에 전 史官인 吳郡[35]의 趙用賢[36]이 짓다.

萬歷壬午 春三月에 **前史官 吳郡趙用賢 撰**이라

---

33) 누가……것인가 : 管仲에 대한 공자의 평가이다. 그 본문은 다음과 같다. "공자께서 말씀하셨다. '환공이 제후들을 아홉 번 소집하였을 때 무력으로 하지 않았으니, 이는 관중의 힘이다. 누가 그와 같이 仁할 것인가! 누가 그와 같이 仁할 것인가!'〔子曰 桓公九合諸侯 不以兵車 管仲之力也 如其仁 如其仁〕"라고 하였다.(≪論語≫ 〈憲問〉)

34) 萬歷 壬午年 : '萬歷'은 明나라 14대 神宗의 年號이다. '壬午'는 재위 10년인 1582년이다.

35) 吳郡 : 後漢에서 唐나라까지 있던 郡으로, 그 명칭은 春秋시대 吳나라에서 유래하였다. 그 중심지는 吳縣이며, 그 관할은 오늘날의 江蘇省 浙江省 上海市에 걸쳐 있다.

36) 趙用賢 : 1535~1596. 자는 汝師이고, 호는 定宇이다. 常熟(오늘날 江蘇) 사람으로 명나라의 정치가이다. 張居正의 '奪情'을 간언한 것으로 유명하다.

管子序

護左都水使者이자 光祿大夫인 臣 劉向은 다음과 같이 말씀드립니다.

護左都水使者 光祿大夫 臣向 言하노이다

대조하면서 오류를 교정하였던 궁중의 ≪管子≫의 書는 389편이고, 太中大夫[1)]인 卜圭[2)]의 書는 27편이며, 신하 富參의 書는 41편이고, 射聲校尉[3)]인 立의 書는 11편이며, 太史[4)]의 書는 96편으로, 궁중과 외부의 書는 모두 564편입니다. 대조하여 중복되는 484편을 제거하고 86편으로 결정하고 완성하여 글을 편집할 수 있게 되었습니다.

所校讎中 管子書는 **三百八十九篇**이요 **太中大夫卜圭書**는 **二十七篇**이며 **臣富參書**는 **四十一篇**이요 **射聲校尉立書**는 **十一篇**이며 **太史書**는 **九十六篇**으로 **凡中外書 五百六十四**이니이다 **以校除復重四百八十四篇**하여 **定著八十六篇殺靑**[5)]**而書可繕寫也**이니이다

관자는 潁水[6)] 유역의 사람입니다. 이름은 夷吾이며 號는 仲父입니다. 젊은 시절 일찍이 鮑叔牙와 교유하였는데 鮑叔은 그가 현명함을 알았습니다. 管子는 빈곤하여 항상 鮑叔牙를 속였으나 叔牙는 끝까지 그를 잘 대하였습니다.

---

1) 太中大夫 : 大中大夫라고도 한다. 秦에서 설치하고 西漢에서 따른 관직으로, 여러 大夫들 중 으뜸이다.

2) 蔔圭 : ?~?. 劉向과 함께 校書에 참여하였다.

3) 射聲校尉 : 漢 武帝가 설치한 관직으로 八校尉의 하나이다.

4) 太史 : 漢나라에서 太常에 속하고, 天文曆法을 관장하는 관명이다.

5) 殺靑 : 본래 먹으로 쓰기 편하게 대나무 표면을 불에 쬐어 수분을 없애고 푸른 껍질을 제거하는 작업이다. 이후 '完工'이라는 의미로도 쓰였다.

6) 潁水 : 河南省 登封縣 서쪽의 潁谷에서 나와 河南 및 安徽를 지나 淮河로 흘러 들어가는 하천이다.

管子者는 **潁上人也**이니이다 **名夷吾**요 **號仲父**이니이다 **少時**에 **嘗與鮑叔牙游**하여 **鮑叔知其賢**이니이다 **管子貧困**하여 **常欺叔牙**로되 **叔牙終善之**이니이다

鮑叔은 齊나라의 公子 小白을 섬겼고 管子는 公子 糾를 섬겼습니다. 小白이 즉위하여 桓公이 되자, 子糾는 죽고 管仲은 감옥에 갇혔는데 鮑叔이 管仲을 천거하였습니다. 管仲이 齊나라에서 정사를 맡게 되자, 齊나라 桓公은 霸者가 되어 諸侯들과 아홉 번 회합하고 天下를 바로잡았으니, 그것은 管仲의 지혜와 계책이었습니다.

鮑叔은 **事齊公子小白**하고 **管子**는 **事公子糾**러니 **及小白立爲桓公**하여 **子糾死**하고 **管仲囚**어늘 **鮑叔薦管仲**하니 **管仲旣任政於齊**에 **齊桓公以霸**하여 **九合諸侯**하고 **一匡天下**하니 **管仲之謀也**이니이다

齊 桓公

그러므로 管仲은 이렇게 말하였습니다. "예전에 내가 곤궁하였을 때, 鮑叔과 재물을 나누면서 내가 많이 가졌으나 鮑叔은 나를 탐욕스럽다고 여기지 않았으니, 내가 가난하다는 것을 알았기 때문이다. 일찍이 鮑叔을 위해 사업을 도모했었는데 사업이 더욱 곤궁해졌지만 鮑叔은 나를 어리석다고 여기지 않았으니, 나에게 유리함과 불리함이 있는 것을 알았기 때문이다. 公子 糾가 패하자 召忽은 그를 위해 죽었지만 나는 감옥에 갇혀 모욕을 당했으나 鮑叔은 내가 수치심이 없다고 여기지 않았으니, 내가 작은 절개를 수치로 여기지 않고 천하에 공명이 드러나지 않음을 수치로 여긴다는 것을 알았기 때문이다. 나를 낳은 사람은 부모이지만 나를 아는 사람은 鮑叔이다."[7)]

故管仲曰 吾始困時에 **與鮑叔分財**하여 **多自予**나 **鮑叔不以我爲貪**하니 **知吾貧也**라 **嘗爲鮑叔謀事**하여 **而更窮困**이나 **鮑叔不以我爲愚**하니 **知吾有利有不利也**라 **公子糾敗**하여 **召忽死之**하고 **吾**

7) 예전에……鮑叔이다 : ≪史記≫ 〈管晏列傳〉에 나오는 管仲의 말이다.

幽囚受辱하나 鮑叔不以我爲無恥하니 知吾不羞小節하고 而恥功名不顯于天下也라 生我者父母나 知我者鮑叔이라

鮑叔은 管仲을 천거하고서 자신은 그의 아래가 되었습니다. 子孫이 齊나라에서 대대로 녹을 받았으며 封邑을 지녔던 것이 10여 世였으며 항상 명망이 있는 大夫였습니다.

鮑叔既進管仲하고 而己下之이니이다 子孫世祿於齊하여 有封邑者 十餘世며 常爲名大夫이니이다

管子는 재상이 된 뒤, 바닷가에 위치해 있던 미미한 齊나라를 경영하여, 재화를 유통하고 재물을 축적하여 富國强兵을 이루었으며, 세속 사람들과 그 좋아함과 싫어함을 같이 하였습니다. 그러므로 그의 책에서는 이렇게 말합니다. "곡식 창고가 가득 차야 예절을 알고, 입고 먹는 게 풍족하여야 영광과 욕됨을 알며, 윗사람이 예의 법도를 잘 실천하면 六親이 굳게 결속된다.", "四維가 베풀어지지 않으면 나라는 곧 망한다.", "명령을 내릴 때는 물이 근원에서 흘러가듯이 하여 명령이 民心을 거스르지 않는다."[8] 따라서 그 이론이 평이하고 실행하기 쉬웠으니, 세상 사람들이 바라는 것은 그들의 바람에 근거해 이루어 주었고, 세상 사람들이 거부하는 것은 그들의 바람에 근거해 제거해 주었습니다.

管子既相에 以區區之齊在海濱으로 通貨積財하고 富國彊兵하며 與俗同好醜이니이다 故其書稱曰 倉廩實而知禮節하고 衣食足而知榮辱하며 上服度則六親固하고 四維不張이면 國乃滅亡이라 下令猶流水之原하여 令順人心이라 故論卑而易行하니 俗所欲을 因予之하고 俗所否를 因去之니이다

그는 정사를 행함에 있어, 화에 근거해 복을 만들고 실패를 바꾸어 성공으로 만드는 것을 잘하였으며, 일의 경중을 중시하고 득실의 저울질에 신중하였습니다. 桓公이 少姬 때문에 노하여 남쪽으로 蔡나라를 습격하자, 管仲은 이를 기회로 楚나라를 정벌하였고,[9] 包茅[10]를 周나라 王室에 공물로 바치지 않았음을 책망하였

---

8) 곡식……않는다 : 이상은 ≪管子≫ 〈牧民〉에 나오는 말들이다.

9) 桓公이……정벌하였고 : 少姬는 桓公의 부인으로 蔡나라 繆侯의 누이동생이다. 蔡나라에서

습니다. 桓公이 북쪽으로 山戎[11]을 침공하자, 管仲은 이를 기회로 燕나라에게 召公[12]의 정치를 실천하게 하였습니다.

其爲政也에 **善因禍爲福轉敗爲功**하며 **貴輕重 愼權衡**이니이다 **桓公怒少姬**하여 **南襲蔡**에 **管仲因伐楚**하여 **責包茅不入貢於周室**하고 **桓公北征山戎**에 **管仲因而令燕修召公之政**이니이다

柯[13]의 회합에서 桓公은 曹沫과의 盟約[14]을 배반하려고 했으나 管仲은 이를 기회로 桓公에게 신의를 부여하였으니 제후들이 그에게 귀의하였습니다. 管仲은 周나라에 초빙되었으나 감히 上卿의 임명을 받지 않고 高國에게 양보하였습니다. 이때 諸侯들이 管仲을 위해 穀에 성을 쌓고 이를 乘邑으로 만들었는데, ≪春秋≫에 이를 기록하였으니 그의 어짊을 표창한 것입니다. 管仲은 그 부유함이 公室에 맞먹어 三歸[15]와 反坫[16]을 두었지만 齊나라 사람들은 사치하다고 여기지 않았습니다. 管子가 죽어서도

온 여인이므로 '蔡姬'라고 불려지기도 하였다. ≪史記≫ 〈齊太公世家〉 및 〈管蔡世家〉에는 이와 관련된 다음과 같은 이야기가 실려 있다. 桓公과 그의 부인 蔡姬가 뱃놀이를 하고 있었는데, 채희가 장난으로 배를 흔들어 환공을 놀라게 하였다. 환공이 채희에게 흔드는 것을 멈추라고 말하였으나 채희는 듣지 않고 계속 흔들어 댔다. 이에 화가 난 환공은 채희를 친정인 채나라로 돌려보냈다. 채나라에서도 화가 나 쫓겨 온 채희를 다른 사람에게 시집을 보냈다. 이 사실을 안 환공은 군대를 이끌고 채나라를 멸망시키고, 채나라의 후원자였던 초나라에까지 쳐들어가게 된다.

10) 包茅 : 楚나라의 특산물이다. 참억새로 만든 제사용품으로 '苞茅'라고도 한다. 옛날 제사 때에 제사 술을 부어 찌꺼기를 거르는 데 사용하였다.

11) 山戎 : 부족의 명칭으로 北戎이라고도 한다. 춘추시대에는 오늘의 河北省 북부에 있었다.

12) 召公 : ?~?. 燕나라 시조인 姬奭으로, 采邑이 召에 있어서 召公 또는 召伯으로 불리었다.

13) 柯 : 오늘날 山東省 東阿縣 서남쪽으로 당시에는 齊나라 땅이었다. 桓公이 여기서 魯나라 莊公과 회합하였다.

14) 曹沫과의 盟約 : 曹沫은 魯나라 장수로서 齊나라와 싸웠는데 세 번 싸워 모두 패하였다. 그럼에도 불구하고 장공은 그를 장군으로 계속 두었다. 형세에 불리함을 느낀 노나라 장공이 제나라 환공과 柯에서 화친을 하기로 했다. 두 나라 군주가 단상에서 맹약을 맺고 있을 때 조말이 단상으로 뛰어 올라가 비수를 잡고 환공을 위협하였다. 어쩔 수 없이 환공이 조말에게 노나라부터 빼앗는 땅을 모두 돌려주겠다고 약속하였다. 나중에 환공은 그 약속을 파기하려고 하였으나, 관중의 충고에 따라 이 약속을 그대로 지킴으로써, 이후 제후들의 신뢰를 얻게 되었다.

15) 三歸 : 이것에 대해서는 여러 가지 설이 있지만, 여기서는 異姓의 세 여자를 아내로 거느리는 것을 의미한다.

16) 反坫 : 제후들이 會盟하여 獻酬의 예를 행하고 나서 빈 잔을 엎어두는 받침대이다. 당시

齊나라는 그의 정치를 준수하였으니, 〈그의 영향력이〉 항상 제후보다 강하였습니다.

柯之會에 **桓公背曹沫之盟**이나 **管仲因而信之**하니 **諸侯歸之**이니이다 **管仲聘於周**나 **不敢受上卿之命**하고 **以讓高國**하니이다 **是時諸侯爲管仲城穀**하고 **以爲之乘邑**한데 **春秋書之**하니 **褒賢也**이니이다 **管仲富擬公室**하여 **有三歸反坫**이나 **齊人不以爲侈**하니이다 **管子卒**이나 **齊國遵其政**하니 **常彊於諸侯**이니이다

孔子께서 말하였습니다. "관중이 아니었더라면 아마도 우리는 머리를 풀어 헤치고 옷자락을 왼쪽으로 여미는 오랑캐의 풍습을 따르고 있었을 것이다."[17] 太史公이 말하였습니다. "내가 管氏의 〈牧民〉·〈山高〉·〈乘馬〉·〈輕重〉·〈九府〉를 읽었는데 그가 말하는 바가 상세하였다." 또 말하길, "장차 그 아름다움을 따르고 그 악함을 바로잡으므로 上下가 서로 親愛할 수 있다고 하니, 아마도 管仲을 일컫는 것인가 보다!"[18]라고 하였습니다.

孔子曰 微管仲이면 **吾其被髮左衽矣**라하시고 **太史曰 余讀管氏 牧民 山高 乘馬 輕重 九府**하니 **詳哉言之也**라하고 **又曰 將順其美**하고 **匡救其惡**하니 **故上下能相親愛**하니 **豈管仲之謂乎**저

〈九府〉는 民間의 책에는 있지 않으며 〈山高〉는 一名 〈形勢〉라고 합니다. 무릇 ≪管子≫는 나라를 부유하게 하고 백성을 편안히 하는데 힘쓰며, 그 道理는 간략하고 언어는 핵심적이어서 경전의 의미에 분명히 부합할 수 있습니다.

九府書는 **民間無有**요 **山高**는 **一名形勢**니 **凡管子書**는 **務富國安民**하고 **道約言要**하여 **可以曉合經義**니이다

劉向이 삼가 기록하여 바칩니다.

向謹第錄上하노이다

에는 제후만이 소유할 수 있던 물건이었다.

17) 管仲이……것이다 : ≪論語≫ 〈憲問〉에 나오는 말이다.

18) 내가……보다 : ≪史記≫ 〈管晏列傳〉에 나오는 말이다.

管子凡例

하나. ≪漢書≫ 〈藝文志〉에는 ≪管子≫ 86편으로 되어 있고, 吳兢[1]의 ≪吳氏西齋書目≫[2]에는 모두 30권으로 되어 있다. 이제 옛 판본들의 목차에 근거해 보면 그중 〈王言〉·〈正言〉·〈言昭〉·〈修身〉·〈問霸〉·〈牧民解〉·〈問乘馬〉·〈輕重丙〉·〈輕重庚〉 등 모두 10편[3]이 없어져 24권이 된다. 그중 吳兢이 정리한 卷目은 현재로서는 고찰할 수 없다.

一 漢志는 **管子八十六篇**이요 **吳兢書目**은 **凡三十卷**이라 **今據舊本詮次**면 **其 王言 正言 言昭 修身 問霸 牧民解 問乘馬 輕重丙 輕重庚**은 **共亡十篇**하여 **列爲二十四卷**이라 **其吳兢所次卷目**은 **今不可考**라

하나. ≪管子注≫는 房玄齡[4]으로부터 나왔는데, 혹자는 唐나라 國子博士[5] 尹知章[6]에서 나왔다고 말한다. 그것의 오류와 착오, 그리고 견강부회한 측면에 대해서는 ≪黃氏日抄≫[7]에서 매우 상세하게 논의하였다. 蘆泉 劉績[8]은 간간이 이를 보

---

1) 吳兢 : 670~749. 당나라의 정치가이자 역사가이다. ≪貞觀政要≫의 저자로, 소장 도서가 풍부하여 ≪吳氏西齋書目≫을 편찬해 13,468卷을 수록하였다.

2) 吳氏西齋書目 : 吳兢이 그의 집안에 소장하고 있던 책들의 書目을 수록한 책이다.

3) 10편 : 앞에 나열된 것은 모두 9편인데, 이는 〈謀失〉이 누락되어 있기 때문이다.

4) 房玄齡 : 579~648. 당나라 초기의 명재상으로, 이름은 僑이고 字가 玄齡이다. 당태조 이세민이 당을 건립한 후 문치체제 확립하기 위해 불러 모은 '진왕부 18학사'는 나중에 '정관의 治'를 이끌어가는 핵심 인물들이 되는데, 18학사 가운데 첫 번째로 지명된 사람이 바로 방현령이었다.

5) 國子博士 : 당나라 시대 學官의 명칭이다. 唐代의 國子監의 國子學은 正5品 이상이 등용되었다.

6) 尹知章 : 660?~718. 唐나라의 관리다. 어려서부터 공부를 좋아하여 六經에 정통하였다고 한다. 長安 년간에 定王府文學으로 발탁되었고, 太常博士 國子博士 등을 역임하였다. 그는 관직 생활을 하는 가운데 한가할 때 ≪周易≫·≪老子≫·≪莊子≫ 등을 강의하였고, ≪管子≫의 주석을 달았다는 설이 있다.

7) 黃氏日抄 : 宋나라 학자 黃震(1213~1280)이 편찬한 책이다. 이 책에서 그는 기존에 전해

완하고 바로잡았는데, 간단명료하게 뜻을 통하게 하여 드러내 밝히는 바가 많다. 다만宋本은 두루 갖추어 싣지 못한 부분이 있기는 하지만, 근래에 새긴 판본들은 오류와 착오가 많아 매번 句를 끊을 수 없는 지경에 이르렀다. 〈따라서〉 이제 宋本에 근거해 校定하였으며, 劉績이 注를 단 것 중에서는 그중 가장 적절하고 합당한 것을 각 편의 머리 부분에 나열하고, 모두 '按'이라는 글자로 앞 부분에 덧붙였다. 그 사이에 나의 견해를 드러내어 주석한 것도 각 편의 머리 부분에 뒤섞여 있는데, 〈제대로 뜻을 이룬 것이〉 100분의 1 정도에 지나지 않는다.

房玄齡

一 管子注 出房玄齡 或云出唐國子博士尹知章이라 其訛謬穿鑿은 日抄論之甚詳矣라 蘆泉劉氏績이 間爲補定하니 簡明貫穿하여 多所發明이라 第宋本俱不載하나 而近刻舛錯하여 每每至不可句라 今據宋本校定하고 而劉績所注에 其最切當者를 列之篇首하고 皆冠以按字라 其間有愚見所摽注者도 亦雜見篇首로되 得百一耳라

하나. ≪管子≫의 書에는 古字가 많다. 예컨대 專을 搏으로, 忒을 貣으로, 宥을 侑로, 況을 兄으로, 釋을 澤으로 쓰는데 이러한 종류가 매우 많다. 〈大匡〉에서는 다음과 같이 召忽의 말을 기록하고 있다. "百歲之後 吾君下世 犯吾命而廢吾所立 奪吾糾也 雖得天下 吾不生也 兄與我齊國之政也(백년 뒤에 우리 군주가 세상을 떠나고, 누가 우리의 명을 범하여 우리가 옹립한 바를 廢하고 우리 糾를 빼앗는다면, 비록 천하를 얻어도 나는 살지 않을 것인데, 하물며 제나라의 정사에 참여하겠는가?)" 그런데 注에서는 "召忽이 管仲을 兄이라고 불렀다."고 하였다. 〈또 〈小問〉에서〉 "澤命不渝(생명을 던져도 바뀌지 않는다.)"라고 하였는데, 注에서는 〈'命'을〉 恩澤의 命으로 여기니, 〈그 풀이가〉 매우 비루하다. 〈이러한 사례들을〉 일일이 열거할 수 없다. ≪管子≫의 書

오는 여러 경전·역사서·제자백가서·문집 등을 연구하고, 거기에 종종 자신의 견해를 덧붙이기도 하였다.

8) 劉績 : ?~?. 명대의 정치가로, 字는 用熙이다. 자세한 행적은 드러나지 않는다. 그가 편찬한 것으로 알려진 ≪管子補注≫가 전해지고 있다.

는 이미 품격이 높고 심오하여 句를 끊기 어려운데, 注를 다는 사람들이 그 풀이에 오류를 더하고 있으니, 후세 사람들을 더욱 의심하고 미혹하게 만들어 그 의미를 알아낼 수 없게 하였다. 이제 모두 宋本을 좇아 수정하여 定本을 만들었으나 감히 함부로 더하거나 바꾸지는 않았다. 그중 古文字로서 간혹 고찰할 수 없는 것은 모두 편 머리에 표시하여, 후대의 식견 있는 사람들이 함께 바로잡기를 기다린다.

一 管子書는 **多古字**라 **如專作摶・忒作貣・宥作侑・況作兄・釋作澤**이니 **此類甚衆**이라 **大匡載召忽語曰 百歲之後**에 **吾君下世**어든 **犯吾命而廢吾所立**하여 **奪吾糾也**면 **雖得天下**라도 **吾不生也**니 **兄與我齊國之政也**라 **而注乃謂召忽呼管仲爲兄 曰澤命不渝**[9]를 **而注乃以爲恩澤之命**하여 **甚陋不可徧擧**라 **書旣雅奧難句**어늘 **而爲之注者 復繆於訓釋**이라 **故益使後人疑惑**하여 **不能究知**라 **今悉從宋本刊定**하나 **不敢輕加更易**라 **其古文字間有不可考者**는 **皆爲標識篇首**하여 **以俟有識者共訂正焉**이라

하나. ≪管子≫의 새로운 판본들은 매번 長篇의 文字를 만날 때마다, 〈문장의〉 발단을 바꾸는 곳에 이르면 모두 별도로 一行을 만들었다. 〈그렇게 하면〉 거기에는 지나치게 分析하는 폐단이 없을 수 없다. 이제 모두 宋本에 근거해 校正하였는데, 그 문맥과 의미가 구별되어야 할 곳은 문장을 멈추어 일단락지어, 章目이 나누어지는 곳을 표시하였다. 새로운 판본들에서 합해야 하는 데 나누었거나 나누어져야 하는데 합한 것은 모두 바로 잡았다.

一 管子新本은 **每遇長篇文字**에 **至更端處**하여 **皆別爲一行**이라 **其間不能無分析太過之**弊라 **今皆按宋本校正**하니 **其文義當隔別者**는 **止爲一其處**하여 **以識章目所分**이라 **其新本應合而分**하고 **應分而合者**는 **悉爲釐正**이라

---

9) 澤命不渝 : 관중이 대답하여 말하기를 "믿음이라는 것은 백성들이 믿는 것이고, 충성이하는 것은 백성들이 마음에 품는 것이며, 엄함이라는 것은 백성들이 두려워하는 것이고, 예의라는 것은 백성들이 훌륭하게 여기는 것입니다. 옛말에 '생명을 던져도 바뀌지 않는 것이 믿음이고, 제가 하고 싶지 않는 것을 남에게 베풀지 않는 것이 어짊이며, 마음을 굳게 가져 밖을 바르게 하는 것이 엄함이고, 믿음을 바탕으로 양보하는 것이 예의이다.'라고 하였습니다."라고 하였다.〔管子對曰 信也者 民信之 忠也者 民懷之 嚴也者 民畏之 禮也者 民美之 語曰 澤命不渝 信也 非其所欲 勿施於人 仁也 堅中正外 嚴也 質信以讓 禮也〕(≪管子≫ 〈小問〉)

하나. ≪管子≫의 書는 문장이 古雅하고 심오하여 이미 읽기가 쉽지 않다. 그런데 근래 판본들 중 몇 가지는 모두 오류를 답습하여 잡다하고 지리멸렬하니, 독자들이 한두 권을 읽은 뒤 종종 염증을 느끼고 팽개쳐 거의 폐기된 책이 되었다. 이제 宋本에 근거해 그 배열을 정정하였으니, 그렇게 정정한 곳이 수백 곳이나 되었다. 그 가운데는 여전히 한두 군데에 빠진 문장이나 誤字가 있어 해석할 수 없고 句를 나눌 수 없는 곳이 있는데, 그런 곳은 단지 편의 머리에 疏를 달아 두었을 뿐 억지로 덧붙이지 않고 海內의 또다른 藏書家를 기다렸다. 〈그 중〉 혹 누군가가 善本을 지니고 있어서 다시 편집해서 정정한다면, 실로 이 책의 행운일 것이다.

一 管子書 文辭古奧하여 **旣不易讀**이라 **而近板數家**는 **皆承訛襲謬**하여 **雜亂支離**하니 **讀者 至一二卷後**에 **往往厭棄**하여 **幾成廢書**라 **今按宋本**하여 **更正比次**하니 **無下數千百餘處**이라 **其間尙有一二闕文誤字**하여 **不可解**하고 **不可句者**는 **第疏之篇首**하고 **不敢强爲附益**이요 **俟海內藏書家 或更有善本**하여 **重加輯定**이면 **實此書之幸也**라

하나. 張嵲(장열)[10]의 紹興[11] 己未年의 寫本에서는 이렇게 말하고 있다. "〈≪管子≫를〉 다른 사람에게 빌려 읽은 지 여러 달이 되자 비로소 그 의미와 해석을 어느 정도 살피게 되었다. 그러나 착란되고 누락된 것이 있어서 잘 이해되지 않는 것이 여전히 열에 두셋이었다." 따라서 이 책이 착오와 오류 때문에 읽기 어렵게 된 것은 그 유래가 오래되었다. 이제 끊어 읽는 것을 상세히 정하여, 위아래의 문맥과 의미를 모두 소통하고 융합하였다. 간혹 房玄齡의 주석 가운데 잘못된 구절에 대해 蘆泉氏(劉績)가 바로잡은 것은, 모두 책의 상단에 나란히 배열하여 보는 이들이 쉽게 연구하고 해석하도록 하였다.

一 按張巨山紹興已未寫本에 **云 從人借得讀者累月**에 **始頗窺其義訓**이라 **然舛脫**하여 **其所未解 尙十二三**이라하니 **則是書之訛謬難讀**은 **其來久矣**라 **今詳定句讀**하여 **悉通融上下文義**하고 **間有房註誤句而蘆泉氏所更正者**는 **皆列疏於上**하여 **使覽者易以硏解也**라

---

10) 張嵲(장열) : 1096~1148. 宋나라 시대의 정치인이다. 襄陽(오늘날 湖北省 襄陽) 사람으로, 字가 巨山이다. 徽宗 宣和 三年(1121)에 과거에 급제하여 벼슬길에 들어섰으며, 紹興 연간에 활동하였다.

11) 紹興 : 南宋 高宗의 年號(1131~1162)이다. 己未는 재위 9년(1139)에 해당한다.

管子文評

劉勰(유협)[1]이 말하였다. "管仲과 晏嬰의 저술은 내용이 핵심적이면서 언어도 정련되어 있다."[2]

劉勰曰 管晏屬篇은 **事覈而言**練이라

≪漢書≫ 〈藝文志〉의 '道家' 항목에, "≪管子≫는 86편이다. ≪孝經≫에 〈弟子職〉 1편이 있는데, 이는 管子가 지은 것으로 ≪管子≫에 있다."라고 하였다.

漢志 道家에 **管子八十六篇**이라 **孝經**에 **有弟子職一篇**하니 **是管子所作**으로 **在管子書**라

傅玄[3]이 말하였다. "≪管子≫라는 책은 그 절반이 후세의 好事家들이 덧붙인 것이니, 〈輕重〉은 특히 鄙俗하다."[4]

傅子曰 管子之書는 **半是後之好事者所加**니 **輕重篇**은 **尤鄙俗**이라

孔穎達[5]이 말하였다. "〈輕重〉은 아마도 後人들이 덧붙였을 것이다."

---

1) 劉勰(유협) : 465~521. 육조시대의 梁나라 문예평론가다. 그의 대표적인 저서 ≪文心雕龍≫에는 심오한 학문적 소양이 잘 나타나 있다. 昭明太子의 신임이 두터웠으며, 태자의 ≪文選≫ 편찬에 그의 창작이론이 많은 영향을 미쳤다.

2) 管仲과……있다 : ≪文心雕龍≫ 권4 〈諸子〉에 나오는 말이다.

3) 傅玄 : 217~278. 字는 休奕이다. 魏晉時期의 문학자이자 사상가이다.

4) 管子라는……鄙俗하다 : 王應麟의 ≪漢書藝文志考證≫ 권6과 ≪困學紀聞≫ 권10 〈諸子〉에 인용되어 있다.

5) 孔穎達 : 574~648. 당나라의 유학자로 字는 仲達이다. 隋나라 煬帝 때 明經에 급제하여 당나라 초에 國子博士, 國子監祭酒를 거쳐 643년 東宮의 侍講이 되었으며, 貞觀 연간에 太子右序師가 되었다. 太宗의 칙명으로 顔師古 등과 함께 ≪五經正義≫ 180권을 撰定하였고, ≪隋書≫와 ≪孝經義疏≫를 편찬하였다. 여러 경전에 정통하였으며, 남북의 여러 異說들을 절충하여 경서의 해석을 통일시켰다.

孔穎達曰 輕重篇은 **或是後人所加**라

晁公武[6]가 말하였다. "劉向이 정리한 것은 모두 86편인데, 세상 사람들은 齊나라 管仲이 편찬한 것이라고 한다. 그러나 杜佑[7]는 〈指略序〉에서 이렇게 말하였다. '唐나라 房玄齡의 註이다. 그 책에는 管子가 세상을 떠나려 하면서 桓公에게 한 말이 있는데, 後人이 덧붙인 것으로 의심된다. 그리고 주가 상당히 천박하고 비루하니 房玄齡의 주가 아닌 듯하다. 혹자는 尹知章의 주라고도 한다.' 내가 管仲의 글을 읽었는데, 그가 政令을 신중하게 하고 商賈를 소통시키며 요역을 균등하게 하고 地利를 극진하게 하여 이미 나라를 부강하게 만들었으며, 또한 禮義廉恥로 국가의 풍속을 교화하였다. 〈心術〉과 〈白心〉 같은 여러 편은 또한 일찍이 正心과 誠義의 道를 곁에서 들은 것들이니, 그가 天下를 하나로 통일하고 군주를 五覇의 으뜸으로 만들 수 있었던 것은 당연하다."[8]

晁氏曰 劉向所定은 **凡八十六篇**이니 **世稱齊管仲撰**이라 **杜佑指略序云 唐房玄齡註**라 **其書載管子將沒**에 **對桓公之語**하니 **疑後人續之**라 **而註頗淺陋**하니 **恐非玄齡**이라 **或曰尹知章也**라 **予讀仲書**하니 **見其謹政令**하고 **通商賈**하며 **均力役**하고 **盡地利**하니 **既爲富彊**하고 **又頗以禮義廉恥**로 **化其國俗**이라 **如心術白心諸篇**은 **亦嘗側聞正心誠義之道**이니 **其能一天下**하고 **致君爲五覇之盛**이 **宜矣**라

蘇軾이 말하였다. "일찍이 ≪周官≫과 ≪司馬法≫을 읽고서 軍旅와 什伍의 책략을 알게 되었다. 그 뒤 管夷吾의 책을 읽고서 또한 管子가 周나라 제도를 바꾼 까닭을 알게 되었다. 대개 王者의 군대는 부득이한 것에서 나오며, 〈군대를 통해〉 적을 이기기를 구하지 않는다. 그러므로 王者의 법은 그 핵심은 〈적이 우리를〉 패하게 할

6) 晁公武 : 1105~1180. 字는 子止이고, 號는 昭德先生이다. 南宋의 저명한 目錄학자이자 藏書家이다.

7) 杜佑 : 735~812. 당나라의 정치가이자 역사가로 字는 君卿이다. 증조부 이래 관료를 지낸 귀족 집안에서 태어나 일찍부터 여러 관직을 역임하였고, 德宗・順宗・憲宗 등 삼대에 걸쳐 宰相을 지냈다. 漢나라의 司馬遷 이후 첫 번째로 손꼽는 역사가로 인정받았으며, 그의 저서 ≪通典≫은 오늘날에도 제도사 연구에 중요한 자료가 된다.

8) 晁公武가……당연하다 : ≪文獻通考≫ 권220의 인용문이다.

수 없는 데 있을 뿐이었다. 그러나 〈齊나라〉 桓公과 〈晉나라〉 文公에 이르러서는 승패를 결정하지 않고서는 霸業을 확정할 수 없었다. 그러므로 霸者의 법의 핵심은 必勝에 있다. 〈王者의 법이〉 번다하면서도 자세한 것은 패하지 않을 수만 있기를 도모하기 때문이며, 〈霸者의 법이〉 간단하고 명료한 것은 必勝을 도모하기 때문이다."[9)]

蘇子瞻曰 嘗讀≪周官≫≪司馬法≫하여 得軍旅什伍之數하고 其後讀管夷吾書하여 又得管子所以變周之制라 蓋王者之兵은 出於不得已하며 而非以求勝敵也이라 故其爲法은 要以不可敗而已라 至於桓文하여 非決勝이면 無以定霸라 故其法在必勝이니 繁而曲者는 所以爲不可敗也요 簡而直者는 所以爲必勝也라

西施

葉適(섭적)[10)]이 말하였다. "≪管子≫는 한 사람의 저작이 아니고 한 시기의 서적도 아니니, 누가 만든 것인지 아무도 모른다. 그가 毛嬙[11)]과 西施[12)] 그리고 吳나라 王이 검술을 좋아한 일을 말하는 것으로 추정하자면 당연히 그 시기가 春秋 말기다. 또한 '가득 찬 상태를 유지할 것', '기울어진 것을 안정시킬 것', '함부로 남의 나라를 쳐들어가지 말 것' 등은 또한 大夫 文種[13)]과 范蠡(범려)[14)]가 따르고 실천했던 말들이다.

9) 일찍이……때문이다 : ≪蘇軾集≫ 〈管仲論〉에 나오는 글이다.

10) 葉適(섭적) : 1150~1223. 남송의 儒學者이자 정치가이다. 字는 正則이고 號는 水心으로, 溫州 永嘉縣 사람이다. 事功派와 永嘉學派의 대표적 인물로 알려져 있다.

11) 毛嬙 : ?~?. 고대의 미인으로 알려져 있으나 자세한 인적 사항에 대해서는 알 수 없다. 단지 ≪장자≫ 〈제물론〉편에 "모장과 여희는 사람들이 아름답게 여기는 바이다.〔毛嬙麗姬 人之所美也〕"라는 말이 남아 있을 뿐이다.

12) 西施 : ?~?. 중국 춘추시대 越나라의 미인이다. 춘추시대 말기에 월나라 왕 句踐은 會稽에서 吳나라 왕 夫差에게 패하였다. 복수를 꿈꾸던 구천은 부차가 호색가라는 사실을 알고, 가신 范蠡를 시켜 苧蘿山에서 나무를 팔고 있던 미녀 西施를 데려다가 여러 가지 기예를 익혀 오나라에 보낸다. 서시의 미모와 재주에 반한 부차는 신하들의 만류에도 불구하고 그녀를 깊이 사랑하였으며, 그로 인해 오나라는 결국 멸망의 길로 들어서게 된다.

13) 文種 : ? ~B.C. 472. 文仲이라고도 하며 字는 少禽 또는 子禽이다. 春秋 말의 유명한 전략가로, 范蠡와 함께 越王 句踐을 위해 吳王 夫差를 공략하는 데 혁혁한 공로를 세웠다. 吳나라가 멸망한 뒤 자신의 공로를 과시하다가 결국 구천에게 죽임을 당하였다.

14) 范蠡(범려) : B.C. 536?~B.C. 448?. 춘추시대 말기의 정치가이다. 越나라 왕 句踐을

당시에는 진실로 〈그러한 말들이〉 전승되어 오는 바가 있었다.

葉水心曰 管子는 **非一人之筆**요 **亦非一時之書**니 **莫知誰所爲**이라 **以其言毛嬙西施吳王好劒推之**컨대 **當是春秋末年**이라 **又持滿 定傾 不爲人客等**은 **亦種蠡所遵用也**이니 **其時固有師傳**이라

賈誼

그리고 漢나라 초에 學者들은 이를 講習하는 일이 더욱 두드러졌는데 賈誼[15]와 晁錯(조조)[16]는 이를 경전의 근본으로 삼았다. 따라서 司馬遷이 말하길, '管氏의 책을 읽었는데 그 말한 것들이 상세하다. 篇目과 次第가 매우 질서정연하니 바로 漢代의 통행본이다.' 라고 하였다. 成帝와 哀帝 사이에 이르러 劉向과 劉歆이 많은 서적들을 논의하여 확정하니 古文이 크게 성행하였다. 學者들은 비록 〈유향과 유흠의 확정에 대해〉 의심할 것인지 신뢰할 것인지가 아직 명확하지 않았으나, 이로부터 管氏와 申不害·韓非가 점차 움츠러들었다. 그렇지만 예로부터 서로 전승되어 단지 다음과 같이 말하였다. '이는 齊桓公과 管仲이 서로 논의하면서 옳고 그름을 정하였던 말들이다.'

而漢初學者 講習尤著하니 **賈誼晁錯以爲經本**이라 **故司馬遷謂讀管氏書**하니 **詳哉其言之也**라 **篇目次第 最爲整比**하니 **乃漢世行書**라 **至成哀間**하여 **向歆 論定群籍**하니 **古文大盛**이라 **學者雖疑信未明**이나 **而管氏申韓**이 **由此絹紲**이라 **然自昔相承**하여 **直云 此是齊桓管仲相與諫議唯諾之辭**라

섬겼으며 吳나라를 멸망시킨 공신이었다. 이후 오나라를 떠나 齊나라로 가서 재상의 지위에 올랐다.

15) 賈誼 : B.C. 200~B.C. 168. 전한 文帝 때의 문인이자 학자이다. 진나라 때부터 내려온 율령·관제·예악 등의 제도를 개정하고 前漢의 관제를 정비하기 위한 많은 의견을 상주했다. 고관들의 시기로 좌천되자 〈鵩鳥賦〉와 〈弔屈原賦〉를 지었다. 저서에 ≪新書≫ 10권이 있으며, 秦나라의 멸망 원인을 논의한 〈過秦論〉은 널리 알려져 있다.

16) 晁錯(조조) : B.C. 220?~B.C. 154. 前漢의 정치가이다. 匈奴에 대한 정책으로 북방 방비를 위한 屯田策, 그리고 그 재정적 뒷받침으로 곡물 납입자에게 벼슬을 주는 賣爵令을 주장하여 채용되었다. 제후에 대한 정책으로는 제후들의 영지를 삭감하는 정책이 景帝에 의하여 채용되었으나, 그로 인해 吳楚七國의 난이 발생하여 이로 인해 참형되었다.

나는 晉나라 사람들이 諸葛亮의 사적들을 모았지만 지금은 존재하지 않음을 항상 애석하게 여겼었다. 管子가 계획하고 시행한 것이 과연 후세에 전해졌다면, 일반 선비의 얕은 마음으로는 周公과 孔子의 영역까지는 이를 수야 없었겠지만, 각자의 부여받은 재능을 따른다면 또한 어느 정도 크게 함께 설 수 있었을 것이다. 그러니 管仲이 일찍이 직접 경영하고 관리한 것들이 어찌 표본과 지침이 되기에 부족하겠는가!

余每惜晉人集諸葛亮事而今不存하노니 **使管子設施**런들 **果傳於世**라면 **士之淺心**이 **既不能至周孔之津涯**나 **隨其才分**하여 **亦足與立**이면 **則管仲所嘗親經紀者 豈不足爲之標指哉**리오

오로지 저 재야의 선비들이 함부로 억측하고 제멋대로 헤아리면서 〈관자의 생각을〉 빌려 자신의 명성을 높이는 데 사용하니, 왕도의 통치술이 점차 변하기 시작하였다. 후세 사람들은 이를 믿어 서로 번갈아 〈관자의 사상을〉 정리하고 제거하니, '어두운 좁은 길'과 '구부러진 작은 길'[17]은 마침내 위대한 道와 단절되었다. 그리고 이 책은 바야흐로 申不害와 韓非의 先驅가 되고 李斯와 商鞅의 初覺[18]이 되었으니, 백성들은 그것이 주는 禍를 당하였으나 그것이 주는 福은 입지 못하고 있다. 애통하도다!"

惟夫山林處士 妄意窺測하고 **借以自名**하니 **王術始變**이라 **而後世信之**하여 **轉相疏剔**하니 **幽蹊曲逕**이 **遂與道絶**이라 **而此書方爲申韓之先驅**하고 **斯鞅之初覺**하여 **民罹其禍而不蒙其福也**니 **哀哉**라

葉適이 또 말하였다. "管氏의 書는 유독 소금 징세 정책인 '鹽筴(염협)'[19]만을 후세 사람들이 좇았으니, 〈소금 정책의〉 이익을 말하는 자가 管仲을 시조로 삼지 않는 사람이 없어서 관중을 萬世토록 모욕을 당하게 하니 매우 한스럽다. ≪春秋左氏傳≫은 晏子가 바다의 소금과 조개는 祈望[20]이 관리한다고 말하면서, 그것을 나

---

17) 어두운……작은 길 : 왕도의 통치술로부터 변질된 관자의 통치술을 말한다.
18) 初覺 : 이사와 상앙의 嚴刑主義가 세상에 나오게 된 '최초의 깨어남'이라는 의미이다.
19) 鹽筴(염협) : 鹽稅를 징수하는 정책이나 법령을 이른다.
20) 祈望 : 春秋시대 齊나라의 관직으로 魚鹽의 이익을 관장하였다.

라를 쇠퇴하게 하는 가혹한 징세로 여겼던 일을 기록하고 있다.[21] 陳氏가 백성들에게 후하게 베풀면서 齊나라를 취하고자 도모하였는데, 齊나라가 마침내 그로 인해 망하게 되었다.[22] 그런즉 管仲이 얻은 것을 齊나라가 이용해 霸者가 되었으니, 晏子가 어찌 관중을 비난할 수 있겠는가?

又曰 管氏書에 **獨鹽筴爲後人所遵**하니 **言其利者 無不祖管仲**하여 **使之蒙詬萬世**하니 **甚可恨也**라 **左傳載晏子言海之鹽蜃**를 **祈望守之**하니 **以爲衰微之苛斂**이라 **陳氏因爲厚施**하여 **謀取齊而齊卒以此亡**하니 **然則管仲所得**을 **齊以之伯 則晏子安得非之**리오

孔子는 管仲을 그릇이 작다고 비판하였는데,[23] 이것은 곧 공자가 관중에게 그릇이 커질 것을 요구한 것으로 볼 수 있다. 만약 그가 자잘하고 추잡하여 저잣거리 사람도 하려고 하지 않을 술책을 행하였다면, 공자 또한 아예 관중을 책망할 마음조차 없었을 것이다. 그러므로 ≪管子≫에서 특히 잘못된 것으로는 〈輕重〉의 여러 편보다 더 심한 것이 없다."

孔子以器小卑管仲하시니 **責其大者 可也**라 **使其果瑣猥**하여 **爲市人不肯爲之術**이면 **孔子亦不暇責矣**라 **故管子之尤謬妄者**는 **無甚於輕重諸篇**이라

周端朝[24]는 ≪西麓涉筆≫[25]에서 말하였다. "≪管子≫라는 책은 여러 잡다한 학

21) 春秋左氏傳은……있다 : ≪春秋左氏傳≫ 昭公 20년 겨울 10월의 기록이다.

22) 陳氏가……망하였다 : 齊나라는 太公望이 시조로 姜姓의 국가였다. 그러나 전국시대에 신하인 田和가 康公을 유폐한 뒤 즉위하여 B.C. 386년 周의 天子로부터 공인받았다. 그 이전을 姜齊, 이후를 田齊라고 하였다. 春秋 초에 陳나라에서 齊나라로 망명온 公子 完이 齊나라 田氏의 시조이기 때문에 田氏를 陳氏라고도 하였다. 景公 때 田桓子가 백성들에게 춘궁기에 大斗로 양식을 빌려주고 추수 이후 小斗로 받아서 인심을 얻기 시작하면서 田氏가 크게 인심을 얻기 시작하였다고 한다.

23) 孔子는……비판하였는데 : ≪논어≫ 〈八佾〉에 "관중의 그릇은 작도다![管仲之器小哉]"라는 말이 나온다.

24) 周端朝 : 1172~1234. 南宋시대 永嘉派의 대표적인 인물이다. 字는 子靜이고 號는 西麓이다. 대표적인 저술로는 ≪冠婚喪祭禮≫·≪西麓涉筆≫이 있다.

25) 西麓涉筆 : 관련 기록이 드물며 ≪文獻通考≫에서만 집중적으로 인용하고 있다. 최근의 연구에 의하면 이 책은 周端朝의 작품으로 南宋 중후기에 저술되었다. 그 내용은 주로 先秦시대에 나온 子書의 진위 및 그 사상, 고대 병서, 宋人 문집의 평가 등에 관한 것이다.

설들이 종합되어 있다. 내가 일찍이 그것이 이치를 통괄하고 教義를 설명하며 법을 밝힌 부분에 있어 다른 제자백가의 책들보다 뛰어난 것을 좋아하였다. 그러나 다른 편에서 道를 말하면서 法을 논하는데, 〈內業〉이나 〈法禁〉과 같은 여러 편은 그 내용이 뒤섞여서 서로 순조롭게 이어지지 않는다. 비록 그렇지만 사물을 살필 때는 반드시 한데 모아놓은 곳에서 하게 된다. ≪文子≫와 ≪淮南子≫는 단순히 여러 말들을 모아놓은 것에 지나지 않으니, 비록 一家를 이루었지만 취할만한 것이 없다. 〈그러나〉 ≪管子≫는 의미를 모아놓은 책이다. 빼어난 깃털에 깃들어 있는 뒤섞인 색과 순수한 옥에서 나는 탁한 소리에도 때로 음미할 만한 것이 있다."

周氏涉筆曰 管子一書는 **雜說所叢**이니 **予嘗愛其統理道理明法處 過於餘子**라 **然他篇自語道論法**하니 **如內業法禁諸篇**은 **又偏駁不相麗**라 **雖然**이나 **觀物**은 **必於其聚**니 **文子淮南**은 **徒聚衆辭**하여 **雖成一家**나 **無所收采**로되 **管子**는 **聚其意者也**라 **粹羽錯色**과 **純玉間聲**이 **時有可味者焉**이라

陳振孫[26]이 말하였다. "고찰하건대 ≪漢書≫ 〈藝文志〉에는 ≪管子≫ 86편이 '道家' 항목에 열거되어 있고, ≪隋書≫ 〈經籍志〉에는 '法家' 항목의 첫머리에 수록되어 있다. 현재 책의 篇數는 ≪漢書≫ 〈藝文志〉와 일치하고 卷數는 隋나라 唐나라에 비교해 많다. ≪管子≫는 法家가 아닌 것 같지만, 세상에서 '管仲'과 '商鞅'을 아울러 말하는 것은 어쩌면 그들이 내세우는 방법과 마음 씀의 동기가 같기 때문일 것이다. 그러나 ≪管子≫를 道家로 여긴다면 어울리지 않는다."[27]

陳氏曰 按漢志에 **管子八十六篇**이 **列於道家**하고 **隋志**에 **著之法家之首**라 **今篇數與漢志合**하고 **而卷視隋唐爲多**라 **管子似非法家**로되 **而世稱管商**은 **豈以其標術用心之故同耶**아 **然以爲道家則不類**라

黃震이 ≪黃氏日抄≫에서 말하였다. "≪管子≫라는 書는 누가 수집하였는지 모른

26) 陳振孫 : 1179~1262. 남송의 장서가이자 목록학자이다. 初名은 瑗이고, 字는 伯玉이며, 號는 直齋이다. 그가 소장한 藏書가 5만 1천여 권에 이르렀는데, 晁公武의 ≪郡齋讀書志≫를 본떠 ≪直齋書錄解題≫를 만들었다.

27) 고찰하건대……않는다 : ≪直齋書錄解題≫ 卷10 法家類에 나오는 말이다.

다. 그러나 방대하고 잡다하면서 중복되고 있으니 한 사람의 손에서 나오지 않은 듯하다.", "〈心術〉과 〈內業〉 등의 편은 모두 道家에 의지하여 위상을 높였고, 〈侈靡〉와 〈宙合〉 등의 편은 모두 수수께끼와 같은 말을 꾸며 기괴하게 만들었다. 管子는 실질을 추구하는 정치를 하였으니 어찌 허황하고 과장된 말이 있겠는가?"[28)]

黃震日抄曰 管子書는 **不知誰所集**이나 **乃龐雜重複**하니 **似不出一人之手**라 **心術內業等篇**은 **皆影附道家以爲高**하고 **侈靡宙合等篇**은 **皆刻斲隱語以爲怪**라 **管子責實之政**이니 **安有虛浮之語**리오

〈牧民〉편이 가장 간단명료한데 그 요체는 다음과 같다. '곡식 창고가 가득 차면 예절을 알고, 입고 먹는 게 풍족하면 영광과 욕됨을 알며, 禮·義·廉·恥는 나라의 네 벼리이니, 네 벼리가 펼쳐지지 않으면 나라는 곧 망한다.' 이것이 ≪管子≫의 중심이 되는 벼리이니, 참으로 王者의 마음을 얻어서 이를 행한다면 비록 오랜 세대를 겪더라도 폐단이 없을 수 있다. 그러나 秦나라와 漢나라 이래로 그 실질을 실천할 수 있던 자가 아직 없었다. 그 주장이 어찌 간단명료하지 않은가!

牧民篇이 **最簡明**하니 **其要 曰 倉廩實則知禮節**하고 **衣食足則知榮辱**이요 **禮義廉恥**는 **國之四維**니 **四維不張**이면 **國乃滅亡**이라하니 **此管子正經之網**이니 **苟得王者之心以行之**면 **雖歷世 可以無弊**라 **秦漢以來**로 **未有能踐其實者也**니 **其說豈不簡明**이리오

〈大匡〉편은 管子가 정사를 행하였던 날들의 기록이 이 책에 모여서 드러나는 것이니, 그 순서를 모두 살펴볼 수 있다. 그러나 그 설명은 지나치게 꾸며 그의 공적을 과장하는 듯하다. 〈輕重〉편과 같은 것은 요컨대 대부분 술책을 행하여 그 사사로움을 이루는 것이니, 그 자질구레함이 심하다. 아마도 모두 管子가 직접 쓴 것은 아닐 것이다.

大匡篇에 **管子行事之日**이 **聚見此書**하니 **其次第**를 **皆可按而考**라 **然其說**이 **似粉飾之以誇功**이라 **若輕重篇**은 **要皆多爲之術**하여 **以成其私**하니 **瑣屑甚矣**니 **未必皆管子之眞**이라

---

28) 管子라는……있겠는가 : ≪黃氏日抄≫ 권55에 나오는 말이다.

그 책에 실려있는 바의 鮑叔이 管仲을 추천한 일, 魯나라에서 管仲을 구하는 것, 齊나라에 들어와 정치를 도모한 일, 창고에서 주살로 새를 잡은 일, 날아가는 기러기, 네 계절, 세 가지 폐단, 그리고 죽음에 임하여 豎刁를 등용하지 말라고 경계하는 등의 이야기는 모두 여러 차례 수록되어있지만 그 내용들은 같지 않다. 어떤 것은 本文이 앞에 나열되고 그에 대한 해설이 그 자체로 하나의 篇을 이루며, 어떤 것은 여러 篇을 하나로 합치고, 어떤 것은 해설이 없기도 하다. 어떤 곳에서는 열흘을 齋戒하여 管仲을 불렀는데 술잔이 세 번 돌자 管仲이 서둘러 나갔다고도 말하고, 또 어떤 곳에서는 관중이 수십 일 동안 술자리를 즐기고 난 후에 간언하였다고도 말하고 있으니 절로 서로 모순된다. 이처럼 한결같지 않으니, '한 사람의 손에서 나오지 않은 듯하다.'고 말하는 것이다."

其書所載鮑叔薦仲與求仲於魯와 **及入國謀政與弋廩鴻飛四時三弊**와 **臨死戒勿用豎刁等說**은 **皆屢載而不同**이라 **或本文列前而解自爲篇**하고 **或併篇 或無解**하고 **或云十日齋戒以召仲**하고 **觴三行而仲趨出**이라하고 **又云樂飮數旬而後諫**이라하니 **自相矛盾**이 **若此不一**이라 **故曰 似不出一人之手**라

黃震이 또 말하였다. "≪管子≫의 註釋은 서로 모순된 부분이 대단히 많다. '四傷'章[29]의 이름을 '百匿'으로 잘못 명칭하고,[30] '四傷'이란 이름으로 '七法'章을 명칭하였다.[31] 〈幼官〉篇의 첫 번째 장에는 '若因夜虛守靜人物則皇'이라는 말이 나오는데, 그것의 뒤에 있는 方位圖로 살펴볼 수 있으니 '人物' 두 글자는 衍文이다. 그런데 이를 참고하여 대조할 줄 모르고 '夜虛'를 句로 삼았다. '守靜人物'이 그 자체로 하

29) 四傷章 : 원문 "四傷之篇"에 대한 번역이다. ≪管子≫ 86편 중 '四傷篇'은 존재하지 않는다. '四傷'이라는 명칭은 단지 〈七法〉篇에 들어 있는 4개의 章들 중의 하나이다. 黃震은 본래의 篇과 하부의 篇에 대한 구분을 하지 않았다. 역자는 양자에 대한 혼동을 막기 위해 '章'으로 표현하였다. 아래에서도 마찬가지이다.

30) 四傷章의……명칭하고 : '四傷'은 〈七法〉에 속해 있는 4개의 章 중 하나이다. 宋本에서는 '四傷'에 해당되는 내용을 기술하고 말미에 "右百匿"(이상은 '百匿'이다)으로 표현되어 있는데, 黃震은 바로 이 점을 지적한 것이다.

31) 四傷이란……명칭하였다 : '七法'은 〈七法〉에 속해 있는 4개의 章 중 하나이다. 宋本에서는 '七法'에 해당되는 내용을 기술하고 말미에 "右四傷"(이상은 '四傷'이다)으로 표현되어 있는데, 黃震은 바로 이 점을 지적한 것이다.

나의 句가 되는데, 〈이것을 모르고〉 바야흐로 '人物則皇'을 句로 삼아서 곡해하여 설명하기를 '聽候人物也(사람과 사물을 듣고 살핀다)'라고 말하고 있다. '守靜'이 어찌 '聽候'의 뜻이겠는가? 〈幼官〉의 다섯 개 圖는 모두 '形生理'를 句로 삼는데, 中央圖의 註에서만 홀로 '形生'을 윗 문장에 연결시킨다.[32)]

又曰 管子註釋은 **最多牴牾**하니 **四傷之篇**을 **誤名百匿**하고 **而以四傷名七法之篇**이라 **幼官篇首章云 若因夜虛守靜人物則皇**은 **其後方之圖本**으로 **可覆也**이니 **乃衍人物二字**어늘 **不知參對**하고 **而以夜虛爲句**라 **守靜人物自爲句**어늘 **方以人物則皇爲句**하고 **而曲爲之說 曰 聽候人物也**라하니 **守靜**이 **豈聽候之義也**리오 **幼官五圖**는 **以形生理爲句**어늘 **而中央之註**는 **獨以形生屬上文**이라

〈明法〉篇은 본래 '比周以相匿'을 句로 삼고 아래에서 다시 '忘主死交'라고 말하였다. 이 점은 뒤에 나오는 〈明法解〉으로 살펴볼 수 있으니, 〈〈明法解〉에 의해 살펴 보면〉 곧 '故'자 하나가 빠져 있다.[33)] 이를 참고해 대조해 보지도 않고 '相爲匿是'로 句를 삼고, 이를 곡해하여 '匿公是而不行也'[34)]로 풀이하고 있다. 比周[35)]하여 서로 숨겨주는 것이 그릇된 것을 숨기는 것인 줄 모르는데, 比周에 어떻게 옳음이 있겠는가?

明法篇은 **以比周以相匿爲句**하고 **而下又云忘主死交**는 **其後方之明法解**로 **可覆也**니 **乃缺一故字**어늘 **不知參對**하고 **而以相爲匿是爲句**하고 **而曲爲之說 曰 匿公是而不行也**라하니 **不知比周以相匿者匿其非爾**면 **比周何是之有乎**리오

---

32) 幼官의……연결시킨다 : 〈幼官〉에는 東方圖·西方圖·中央圖·南方圖·北方圖 등 5개의 圖와 그에 대한 해설문이 달려 있다. 여기서 "凡物開靜 形生理"라는 구절이 반복적으로 언급되는데, 이에 대한 房玄齡의 注에서 東方圖·西方圖·南方圖·北方圖에서는 모두 '形生理'를 하나의 語句로 풀이하고 있다. 그런데 中央圖에서는 "凡物開靜 形生理"에 대해, "凡土王之時 所生之物 但開通安靜 則其形自生 旣循理之常 則無殘盡於所賦之命也(무릇 土氣가 왕성한 시기에 생겨난 사물은 단지 기운을 소통시키고 안정시키기만 하면 그 형체가 스스로 생겨나고, 이미 일정한 이치를 따르기만 하면 부여받은 생명을 소진시키는 일이 없다.)"라고 풀이하고 있다. 즉 '形生'을 앞의 '凡物開靜'와 연결시켜 풀이하고, '理'는 따로 떼어서 풀이하고 있다. 黃震은 바로 이 점을 지적하고 있는 것이다.

33) 故자……있다 : 〈明法解〉의 원문은 "比周以相爲慝 是故忘主私佼 以進其譽"로 되어 있다.

34) 匿公是而不行也 : 舊注 원문은 "比周者 凡侑公是之事 皆匿而不行也"로 되어 있다. 黃震이 원문을 잘못 인용하였거나, 아니면 원문의 의미를 요약하여 표현한 것으로 보인다.

35) 比周 : 무리지어 사적 이익을 도모함을 이른다.

〈形勢〉篇에서 '天地之配也'라고 하였는데, '地'자가 잘못되어 '下'자로 되었으니 이 또한 미처 바로잡지 못하였다. '五法'章[36]에서는 '天下不患無財 患無人以分之(천하는 재물이 없음을 근심하지 않고, 이를 나눌 사람이 없음을 근심한다.)'고 말하고 있다. 여기서 '分'은 '分地之利(땅의 이로움을 분별한다.)'[37]의 '分'과 같은 것이니, 사람이 있어야 재물이 있음을 말했을 뿐이다. 그런데 이 구절에 대해 '加以分與財者 賢人也(재물을 나누어 주는 사람이 현인이다.)'라고 해석하고 있으니, 章의 본래 취지에 크게 어긋난다.

形勢篇云 天地之配也에 **地字誤作下字**하니 **亦未正**이요 **五法之章曰 天下不患無財**은 **患無人以分之**에 **分如分地之利之分**이니 **言有人斯有財耳**라 **乃釋云 加以分與財者賢人也**하니 **殊非章旨**라

〈立政〉篇에서 '道塗無行禽'이라 하였는데, 이것은 사람을 가리키는 말로, '걸어 다닐 수 있는 짐승'이라는 의미일 뿐이다. 그런데 이에 해석해서 말하기를 '無禽獸之行(禽獸와 같은 행위가 없다.)'고 하였다. 이는 '行'을 去聲으로 해석한 것이니,[38] 이 또한 서로 어울리지 않는다.

立政之章[39]**曰 道塗無行禽**은 **指人言之**에 **謂其能行之禽耳**니 **乃釋云無禽獸之行**이라하니 **是以行爲去聲**이니 **亦覺不倫**이라

〈版法〉篇에서 '悅在施愛 有衆在廢私'라는 말이 있다. 그런데 지금 빠진 문자로 인해 '悅在施有 衆在廢私'라고 말하고 있으니 문장이 성립되지 않는다.[40] 〈이상과 같

36) 五法章 : 〈牧民〉에는 '國頌'·'四維'·'四順'·'十一經'·'六親五法' 등 다섯 개의 章이 들어 있다. 따라서 黃震이 말하는 '五法'章은 '六親五法'章을 말하는 것으로 보아야 한다.

37) 分地之利 : 이와 같은 용법을 ≪孝經≫ 〈庶人章〉에 "하늘의 道를 이용하고 땅의 이로움을 분별하며, 몸가짐을 삼가고 財用을 절약하여 부모를 봉양한다. 이것이 庶人의 孝이다. 〔用天之道 分地之利 謹身節用以養父母此庶人之孝也〕"라고 하였다.

38) '行'을……것이니 : '行'은 去聲으로 읽으면 '행하다'는 의미가 되고, 平聲으로 읽으면 '다니다'는 의미가 된다.

39) 立政之章 : 엄밀히 말하자면 '立政之篇' 혹은 '立政篇'으로 표현해야 한다. 앞서 黃震은 篇에 들어 있는 작은 단락의 제목을 '章'으로 표현하였다. 따라서 여기서 '立政之章'이라고 말하면 독자들에게 혼동을 줄 수 있다.

40) 版法篇에서……않는다 : 이 문제와 관련해 劉績도 "'悅衆在愛施, 有衆在廢私'로 고쳐야 한

은〉 다른 사례들은 모두 다 열거하기 어렵다."[41)]

版法篇云 悅在施愛有衆在廢私를 **今因缺文而云 悅在施有 衆在廢私**라하니 **不成文矣**니 **其他 難槩擧**라

楊忱의 序文에서 말하였다. "≪管子≫는 논의가 고원하고 문장이 기이하다. 비록 〈훌륭한〉 作者가 있더라도 한 마디도 덧붙일 수 없을 것이다."

楊忱序曰 管子는 **論高文奇**하니 **雖有作者**라도 **不可復加一辭**라

張嵲은 말하였다. "≪管子≫는 天下의 기이한 문장이다. 〈心術〉·〈白心 上〉·〈白心 下〉와 〈內業〉의 여러 篇들은 관자의 功業이 근본하는 바이다."

張嵲曰 管子는 **天下奇文也**라 **心術 白心上下**와 **內業諸篇**은 **是其功業所本**이라

다. '有'자는 아래로 붙이는 게 옳다. 上句에는 빠진 글자가 있다.〔當作悅衆在愛施 有衆在廢私 有字屬下爲是 上句有脫字〕"라고 하였다.

41) 이상은 ≪黃氏日抄≫ 권55 〈讀諸子 一〉에서 발췌하여 인용한 것이다.

管子 1卷

明 吳郡 趙氏本
唐 司空 房玄齡 註

제1편 목민 牧民

경언 1 經言[1)] 一

*국가 경영의 기본 원리를 지극히 현실적인 관점에서 설명하고 있으며, 전체 다섯 장으로 구성되어 있다. 〈國頌〉에서는 治國과 治民의 일반적인 이치에 대해 언급하고 있고, 〈四維〉에서는 예・의・염・치 네 가지 덕목이 국가 존립의 든든한 바탕이라는 점을 강조하고 있으며, 〈四順〉에서는 위정자는 백성이 바라는 네 가지 욕구를 따라야 한다는 점을 말하고 있고, 〈十一經〉에서는 정치 경제와 관련된 열한 개 방면의 정책을 제시하고 있으며, 〈六親五法〉에서는 나라를 다스리는 여섯 가지 원칙과 다섯 가지 방법에 대해 말하고 있다.

國頌

무릇 토지를 지니고 백성을 기르는 자는 사계절의 농사에 힘을 쓰고, 곡식 창고가 〈비지 않도록〉 잘 관리해야 한다. 나라에 재물이 많으면 멀리 있는 자들도 찾아오고, 토지가 잘 개간되면 백성들이 한 곳에 머물러 산다. 곡식 창고가 가득 차면 예절을 알고, 입고 먹는 게 풍족하면 영광과 욕됨을 알며, 윗사람이 禮儀와 法度를 잘 실천하면 六親이 굳게 결속되고, 四維(禮・義・廉・恥)를 널리 베풀면 군주의 명령이 잘 시행된다.

---

1) 經言 : 劉向은 ≪관자≫를 총 86편으로 새롭게 정리하면서, 이 86편을 다시 크게 8類로 나누어 經言・外言・內言・短語・區言・雜言・解言・輕重 등으로 구분하였다. 현존하는 76편은 경언 9편, 외언 8편, 내언 7편, 단어 17편, 구언 5편, 잡어 10편, 해언 4편, 경중 16편이다. 이 중 경언 9편은 대체로 관중이 직접 저술하거나, 관중의 사상을 계승하는 사람들이 저술한 것으로 알려져 있다. 따라서 우리는 '경언'을 통해 관중 사상의 원형을 어느 정도 엿볼 수 있다.

凡有地牧民者는 **務在四時**①[2]하고 **守在倉廩**②이니 **國多財則遠者來**하고 **地辟擧則民留處**③요 **倉廩實則知禮節**하고 **衣食足則知榮辱**하며 **上服度則六親固**④하고 **四維張則君令行**이라

① 凡有地牧民者 務在四時 : 四時는 만물을 생성하는 요인이다.
 四時는 所以生成萬物也라

② 守在倉廩 : '倉(곡식창고)'은 백성에게 있어 하늘과 같은 것이다.
 倉者는 人之天也라

③ 地辟擧則民留處 : '擧'는 '모두'라는 의미이다. 토지가 모두 개간되면 사람들이 머물러 편안히 거처한다는 말이다.
 擧는 盡也라 言地盡闢則人留而安居處也라

④ 上服度則六親固 : '服'은 '실천하다'는 의미이다. 윗사람이 禮義와 法度를 실천하면 六親이 각자의 자리를 얻게 된다. 그러므로 육친이 서로 감사하고 은혜를 느껴 굳게 결속할 수 있게 되는 것이다.
 服은 行也라 上行禮度하면 則六親各得其所라 故能感恩而結固之[3]라

그러므로 형벌을 줄이는 핵심은 꾸밈과 기교를 금지하는 데 있고, 나라를 지키는 度數는 四維를 닦는데 있으며, 백성을 바르게 인도하는 길은 귀신의 尊卑질서를 밝히고 산천의 신들에 제사 지내며 宗廟를 삼가 받들고 조상을 공경하는 데 있다.

故省刑之要는 **在禁文巧**①[4]하고 **守國之度**는 **在飾四維**[5]하며 **順民之經**[6]은 **在明鬼神**[7] **祗山**

---

2) 四時 : 聞一多(中)는 본서 〈山權數〉편에 나오는 "天以時爲權"에 근거하여 '四'는 '天'의 誤字라고 주장하였다. 篆書에서 '天'과 '四'는 그 글자 형태가 서로 유사하므로, 옮겨 쓰는 과정에 오류가 있었다는 것이다. 또한 아래의 "不務天時則財不生"은 이 "務在四時"를 이어받는 문장이라고 하였다. 그러나 郭沫若(中)은 본서 〈輕重甲〉에 "管子曰今爲國有地牧民者 務在四時 守在倉廩 國多財則遠者來 地闢擧則民留處 倉廩實則知禮節 衣食足則知榮辱"이라는 동일 문장이 나온다는 점에 근거하여, 아래 "不務天時"의 '天時'는 '四時'의 誤字라고 주장하였다.(≪管子集校≫) 이에 譯者는 底本에 근거하여 번역하고 별도로 校勘하지 않았다.

3) 故能感恩而結固之 : 花齋本에는 이 문장 뒤에 "六親 謂父母兄弟妻子"이 추가되어 있다.

4) 在禁文巧 : '文巧'의 의미에 대해서는 주석가들마다 의견들이 다양하다. 豬飼彦博(日)은 '淫工'이라 하였고(≪管子補正≫), 顔昌嶢(中)는 '舞文巧法'이라 하였으며(≪校管異義≫), 郭沫若(中)은 '奇技淫巧'라 하였으며(≪管子集校≫), 李勉(中)은 '虛飾'이라 하였다.(≪管子今註今譯≫)

5) 在飾四維 : 兪樾(淸)은 '飾'은 '飭'의 의미로 이해해야 한다고 보며 "禮義廉恥는 꾸밈으로 생겨나는 게 아니다. '飾'은 마땅히 '飭'으로 읽어야 한다. ≪詩經≫ 〈六月〉篇의 '戎車旣飭'에 대해 毛傳은 '飭은 正의 의미이다.'라고 하였다. '飭四維'는 곧 四維를 바르게 한다는 의미이다. '飭'과 '飾'은 고대에 서로 통용되었다."라고 하였다.(≪諸子平議≫)

川②하고 **敬宗廟恭祖舊**니라

① 故省刑之要 在禁文巧 : 文과 巧는 형벌이 생겨나는 원인이다.
文巧者는 刑罰所由生이라

② 順民之經 在明鬼神 祗山川 : 귀신과 산천은 모두 尊卑의 질서가 있다. 그러므로 그들의 〈尊卑질서를〉 삼가 밝히는 것이다.
鬼神山川은 皆有尊卑之序라 故敬明之라

天時를 살펴 힘쓰지 않으면 재물이 생산되지 않고, **地利**를 살펴 힘쓰지 않으면 곡식 창고가 가득 차지 않는다. 들판이 개간되지 않아 황무지로 버려지면 백성의 삶이 황폐해질 것이다.

不務天時則財不生하고 **不務地利則倉廩不盈**요 **野蕪曠則民乃(菅)〔荒〕**①[8]이라

① 野蕪曠則民乃(菅)〔荒〕 : '管'은 마땅히 '姦'으로 고쳐야 한다.
管은 當爲姦이라

윗사람이 〈재물 사용에〉 무절제하면 백성들은 함부로 행동할 것이고, 꾸밈과 기

---

6) 順民之經 : '順'은 '訓'의 의미로 해석된다. 이 점에 대해 兪樾(淸)은 "'順'은 '訓'으로 읽어야 한다. '訓民之經'은 백성을 가르치고 인도하는 道를 말한다. 고대에 '順'과 '訓'은 통용되었다. ≪尙書≫ 〈洪範〉篇에 '于帝其訓' 및 '是訓是行'이라는 구절이 있고, ≪史記≫ 〈宋微子世家〉에서는 '訓'과 '順'이 아울러 쓰이고 있으니 그 증거이다."라고 하였다.(≪諸子平議≫)

7) 在明鬼神 : '明'의 의미는 주석가에 따라 '顯', '尊', '敬' 등으로 풀이되기도 한다. 우선 豬飼彦博(日)은 '顯'의 의미로 이해하여 다음과 같이 말한다. "'明'은 '顯'의 의미이다. 제사의 예를 곡진히 갖추어, 귀신의 덕을 밝게 드러낸다는 의미이다."(≪管子補正≫) 반면에 金廷桂(中), 顔昌嶢(中) 등은 '尊'의 의미로 이해한다. 김정계는 ≪禮記≫ 〈禮運〉편에 실린 孔穎達의 疏에 근거하여, 안창요는 ≪墨子≫ 〈明鬼〉편에 근거하여 '明'은 곧 '尊'의 의미라는 점을 밝히고 있다.(≪管子參解≫, ≪校管異義≫) 한편 聞一多(中)는 ≪堯典≫ 등에 근거하여 '明'은 '敬'의 의미로 해석해야 한다고 주장하며, 아울러 본 문장에 쓰이고 있는 '明', '祗', '敬', '恭'은 모두 동일한 의미를 표현하는 서로 다른 글자들이라고 주장한다.(≪管子集校≫)

8) 野蕪曠則民乃(菅)〔荒〕 : 저본에는 '管'으로 되어 있으나, 戴望(淸) 등의 견해에 근거하여 '荒'으로 바로잡았다. 일찍이 대망은 "元刻本에는 '蕪曠'이 '無償'으로 되어 있다. '管'은 '荒'의 오자인 것 같다. '荒'과 '曠'은 韻이 맞는다. 어떤 판본에는 '蕪'로 되어 있는데 잘못이다.〔元刻本蕪曠作無償 管疑荒字之誤 荒與曠爲韻 或作蕪 誤〕"라고 하였다.(≪管子校正≫)
한편 張佩綸(淸)은 "'管當爲蕪'는 '管當爲荒'으로 되어야 한다. 대개 尹知章은 '管'을 '荒'으로 고쳤는데, 옮겨쓰는 과정에서 '荒'이 '蕪'로 바뀐 것이다. 즉 애초 윤지장이 '管'을 '蕪'로 고친 것이 아니다. 趙本에는 '管은 姦이 되어야 한다.'라고 말하고 있는데 이는 잘못된 것이다."라고 하였다.(≪管子學≫)

교가 금지되지 않으면 백성은 문란해질 것이다. 이 두 가지 어지러움의 근원을 막지 않으면 형벌이 번잡해질 것이다.

上無量則民乃妄하고 **文巧不禁則民乃淫**하고 **不璋兩原則刑乃繁**①[9)]이라

① 不璋兩原則刑乃繁 : '璋'은 '章'으로 고쳐야 한다. '章'은 '밝히다'는 의미이다. '兩原'은 '백성이 함부로 행동하게 되는 근원은 윗사람이 〈재물 사용에〉 무절제하는 데 있고, 백성이 문란해지는 근원은 꾸밈과 기교를 금지하지 않는 데 있다.'를 말한다. 이 두 가지 이치를 잘 밝힐 수 있으면 형벌이 줄어들 것이다

璋은 當爲章이라 章은 明也라 兩原은 謂妄之原은 上無量也이요 婬之原은 不禁文巧也이라 能明此法者면 刑簡이라

귀신의 尊卑질서를 밝히지 않으면 어리석은 백성들은 깨닫지 못할 것이고, 산천의 귀신들을 받들지 않으면 군주의 위엄과 명령이 〈멀리까지〉 알려지지 않을 것이며, 종묘를 공경하지 않으면 백성들이 그런 윗사람을 본받게 될 것이고, 조상을 존중하지 않으면 효도와 우애가 갖추어지지 않게 될 것이며, 四維가 베풀어지지 않으면 나라는 곧 망하게 된다.

不明鬼神則陋民不悟①[10)]하고 **不祗山川則威令不聞**②하며 **不敬宗廟則民乃上校**③하고 **不恭祖**

---

9) 不璋兩原則刑乃繁 : 舊注에는 "璋 當爲章 章 明也"로 되어 있다. 즉 '璋'의 의미를 '明'으로 본 것이다. 그러나 戴望(淸)은 丁士涵의 견해를 수용하여 '璋'을 障 혹은 塞의 의미로 해석해야 한다고 주장하면서 "丁士涵이 '璋은 障으로 고쳐야 한다.'고 하였다. 高誘의 ≪呂覽≫注에 '障'은 '塞'의 의미라고 하였다. ≪說文解字≫에서도 '隔'으로 풀이하였으니, '隔' 또한 '塞'의 의미이다. 또한 ≪說文解字≫ 〈土部〉에 '墇'은 '壅'의 의미다 하고 하였으니, 의미가 서로 비슷하다.〔丁氏士涵云 璋當爲障 高誘呂覽注曰 障 塞也 說文訓隔 隔亦塞也 又土部 墇 壅也 義亦相近〕"라고 하였다.(≪管子校正≫)

兪樾(淸) 또한 이 점에 동의하면서 다음과 같이 말한다. "본문의 '兩原'에 대한 윤지장의 주는 옳다. 그러나 '璋'을 '章'으로 읽은 것은 합당하지 않다. '璋'은 곧 '墇'의 오자다. ≪說文解字≫ 〈土部〉에 '墇 擁也'로 되어 있다. 경전에서는 대부분 '障'으로 쓴다. ≪여씨춘추≫ 〈貴眞〉편에 '是障其原 而欲其水也'라는 말이 나온다. 이 구절에 대한 高誘의 주에 '障 塞也'이라 하였으니, '障'은 곧 '막다'라는 의미라는 것이다. 본문에서 말하는 '不璋兩原'은 곧 ≪여씨춘추≫에서 말하는 '障其原'과 같은 의미이다."라고 하였다.(≪諸子平議≫) 譯者 또한 이들의 견해에 따른다.

10) 不明鬼神則陋民不悟 : 戴望(淸)은 '悟'를 '信'의 誤字로 보고 "丁士涵은 말하였다. '悟'는 '信'의 오자인 것 같다. '神'과 '信'이 서로 韻이 맞는다.〔丁云 悟疑信字之誤 神信爲韻〕"라고 하였다.(≪管子校正≫) 豬飼彦博(日)은 "'悟'의 음은 '神'과 상응하지 못한다. 의미 또한 통하지 않는다. 의심컨대 '信'으로 고쳐야 할 것이다."라고 하였다.(≪管子補正≫)

舊則孝悌不備라 **四維不張**이면 **國乃滅亡**이라

① 不明鬼神則陋民不悟 : 귀신에게 존비의 차이가 있다는 사실을 깨닫지 못한다.
不悟鬼神有尊卑之異也라

② 不祗山川則威令不聞 : 封禪을 행하고 산천에 제사를 지내면, 군주의 위엄과 명령이 멀리까지 알려진다는 말이다.
言能登封降禪하고 祗祀山川하면 則威令遠聞이라

③ 不敬宗廟則民乃上校 : '校'는 '본받다'는 의미이다. 군주가 존중하는 대상이 없으면 사람들 또한 이를 본받는다.
校는 效也라 君無所尊하면 人亦效之라

이상은 〈國頌〉[11]이다.

右는 **國頌**이라

頌은 '형용하다'는 의미이다. 나라를 다스리는 모습을 진술한다는 말이다.
頌은 容也라 謂陳爲國之形容이라

四維

나라에는 '四維'가 있다. 하나가 끊어지면 나라가 기울어지고, 두 개가 끊어지면 나라가 위태로우며, 세 개가 끊어지면 나라가 뒤집어지고, 네 개 모두 끊어지면 나라가 멸망한다. 기울어지는 것은 바로잡을 수 있고, 위태로운 것은 안정시킬 수 있으며, 뒤집어지는 것은 일으킬 수 있다. 그러나 멸망한 것은 다시 세울 수 없다.

國有四維하니 **一維絶則傾**하고 **二維絶則危**하며 **三維絶則覆**하고 **四維絶則滅**이라 **傾可正也**며 **危可安也**며 **覆可起也**로되 **滅不可復錯也**[12]라

---

11) 國頌 : 舊注에 근거할 때 '國訟'은 '나라를 다스리는 모습을 진술한다'는 의미에서 붙은 명칭이 된다. 그러나 何如璋(淸)은 이 글의 문장들이 訟體처럼 운율을 맞추고 있으므로 '國訟'이라고 명칭하였다고 주장하였다.(≪管子析疑≫)

12) 滅不可復錯也 : '復錯'에 대해 일부 異見이 있다. 우선 戴望(淸)은"≪藝文類聚≫ 52조의 인용문에서는 '復錯'이 '得復'으로 되어 있으며, ≪太平御覽≫ 624조의 治道部 인용문에는 '錯'이 '措'로 되어 있다.〔藝文類聚五十二引 復錯作得復 太平御覽六百二十四治道部引 錯作措〕"라고 하였다.(≪管子校正≫) 한편 李哲明(中)은 문제가 되는 '錯'에 대해 "이 구절은 '滅不可復也'로 되어야 한다. '錯'은 아래에 나오는 '不行不可復'과 '錯國'이 이어져 있어, 옮겨 쓰

무엇을 '四維'라 하는가? 첫번째는 禮이고, 두번째는 義이며, 세번째는 廉이고, 네번째는 恥다. 禮는 절도를 넘어서지 않는 것이고, 義는 자신을 〈천거하여〉 벼슬에 나가지 않는 것이며, 廉은 악을 감추지 않는 것이고, 恥는 그릇된 일을 따르지 않는 것이다. 그러므로 절도를 넘지 않으면 윗사람의 자리가 편안해지고, 자신을 〈천거하여〉 벼슬에 나가지 않으면 백성들에게 기교와 속임수가 없을 것이며, 악을 숨기지 않으면 행실이 온전해지고, 그릇된 일을 따르지 않으면 사특한 일이 발생하지 않을 것이다.

何謂四維오 **一曰禮**요 **二曰義**요 **三曰廉**이요 **四曰恥**니 **禮不踰節**하고 **義不自進**①이며 **廉不蔽惡**②하고 **恥不從枉**③이라 **故不踰節則上位安**하고 **不自進則民無巧詐**하고 **不蔽惡則行自全**[13)]하고 **不從枉則邪事不生**이라

① 義不自進 : '自進'은 다른 사람의 천거에 말미암지 않고 〈스스로 천거하는〉 것을 말한다.
自進은 謂不由薦擧也라

② 廉不蔽惡 : 자신의 惡을 숨기는 것은 올곧은 행위가 아니다.
隱蔽其惡은 非貞廉也이라

③ 恥不從枉 : 속임수를 행하고 사특하게 왜곡하는 자는 부끄러움을 모르는 사람이다.
詭隨邪枉은 無羞之人이라.

이상은 〈四維〉이다.[14)]

右는 **四維**라

는 과정에서 잘못 끼어든 글자이다. ≪藝文類聚≫의 인용문에서는 '得復'으로 되어 있는데, 여기서도 '得'은 '復'과 그 형태의 유사함으로 인해 불필요하게 끼어든 글자이다."라고 하였다.(≪管子校義≫) 그러나 黎翔鳳(中)은 아래에 "錯國于不傾之地"라는 문장이 있다는 점을 들어, '復錯'은 잘못된 글자가 아니라고 주장한다. 이때 '錯'은 '措'(두다)의 의미로 보면 된다는 것이다.(≪管子校注≫)

13) 則行自全 : 張文虎(淸)는 '全'을 '正'의 誤字로 보았다.(≪舒藝室隨筆≫)

14) 이 단락은 〈經言〉에 속하는 내용이 아니라 〈牧民〉의 해설 중 일부가 잘못 끼어든 것으로 보는 견해가 있다. 대표적으로 何如璋(淸)은 "이 절은 곧 〈牧民解〉가 잘못 끼어든 것이다. 禮義는 즉 禮節이며 곧 치국의 법도이니, 그것이 포괄하는 대상이 매우 넓다. 그런데 글에서는 단지 '不踰節'과 '不自進'만 말하고 있으니, 이들은 禮義의 일부에 지나지 않는다. 廉恥는 곧 榮辱이니, 榮辱은 賞罰에 가해진다. 禮義와 法度, 賞과 罰 네 가지는 세상을 다스리는 大綱이다. 그런데 글에서는 단지 '不蔽惡'과 '不從枉'만 말하고 있으니, 이들은 禮義의 곁가지일 뿐이다. 그러므로 이들이 어찌 '四維'가 될 수 있겠는가? 이런 점으로 볼 때 이 글은 〈經言〉이 아닌 것이 분명하다. 柳子厚는 〈四維論〉에서 '廉恥' 두 글자는 '禮義'와 함께 거론될 수 없다고 주장하였는데 그 주장이 매우 타당하다."라고 하였다.(≪管子析疑≫)

四順

정치가 잘 되는 길은 민심을 따르는 데 있고, 정치가 망하는 길은 민심을 역행하는 데 있다. 백성은 근심과 수고를 싫어하니 '나'(군주)는 그들을 편안하고 즐겁게 하고, 백성은 가난함과 미천함을 싫어하니 '나'는 그들을 부유하고 귀하게 만들어 주며, 백성은 위험에 떨어짐을 싫어하니 '나'는 그들을 보호하고 안전하게 해주고, 백성은 후손이 끊어지는 것을 싫어하니 '나'는 그들을 잘 길러준다.

政之所(興)〔**行**〕[15]은 **在順民心**이고 **政之所廢**는 **在逆民心**이라 **民惡憂勞**니 **我佚樂之**하고 **民惡貧賤**하니 **我富貴之**하고 **民惡危墜**하니 **我存安之**하고 **民惡滅絶**이니 **我生育之**라

편안하고 즐겁게 해 주면 백성들은 군주를 위해 근심하고 수고할 것이고, 부유하고 귀하게 해 주면 백성들은 군주를 위해 가난과 미천함을 감수할 것이며, 보호하고 안전하게 해주면 백성은 군주를 위해 위험에 떨어짐을 감수할 것이고, 잘 길러주면 백성은 군주를 위해 후손이 끊어지는 것을 감수할 것이다.

能佚樂之則民爲之憂勞①하고 **能富貴之**하면 **則民爲之貧賤**하며 **能存安之**하면 **則民爲之危墜**하고 **能生育之**하면 **則民爲之滅絶**이라

① 能佚樂之則民爲之憂勞 : 군주가 평안할 때 사람들을 편안하고 즐겁게 해주면, 군주가

---

15) 政之所(興)〔行〕: 저본에는 '興'으로 되어 있으나, 戴望(淸) 등의 견해에 따라 '行'으로 수정하였다. 우선 대망은 "王念孫이 말하였다. '政之所興은 唐나라 魏徵의 ≪群書治要≫, 그리고 ≪藝文類聚≫ 〈治政部 上〉, ≪太平御覽≫ 〈治道部 五〉의 인용문에 모두 '政之所行'으로 되어 있다. 지금 '政之所興'으로 되어 있는 것은 후대 사람들이 '行'을 '興'으로 고쳐, 아래 문장 '政之所廢'와 대구를 맞추려고 했을 뿐이다. 이는 이 4구의 본래 의미가 '정치가 民心을 따르면 순조롭게 행해지고, 民心을 따르지 않으면 폐해지게 된다.'는 점을 의미하고자 했던 것을 모른 것이다. 아래에 나오는 '令順民心 則威令行' 문장이 그 증거이다. 行을 興으로 고치면 그 본래 의미를 상실하게 된다.' 孫星衍의 주장도 이와 같다."라고 하였다.(≪管子校正≫) 何如璋(淸)은 "의미상 '行'으로 되는 게 낫다. ≪논어≫에서도 '道之將行也與 命也 道之將廢也與 命也'라고 표현되어, '行'과 '廢'가 對를 이루고 있다. 〈小問〉편에 '桓公曰 善 勿已 如是又何以行之 管仲對曰 質信極忠 嚴以有禮 愼此四者 所以行之也'라는 문장이 나오고, ≪史記≫ 〈管仲傳〉에도 '令順民心故論卑而易行'이라는 표현이 있다. 이들을 통해 볼 때 본문의 '興'은 본래 '行'으로 되어 있었다는 것이 충분히 증명된다."라고 하였다.(≪管子析疑≫)

위험에 처했을 때 사람들이 반드시 그를 위해 근심하고 수고하게 될 것이다. 아래의 세 가지 모두 그러하다.

君於平康에 能佚樂人하면 及其危에 人必爲之憂勞라 下三順皆然이라

그러므로 형벌은 백성의 생각을 두렵게 하기에 부족하고, 살육은 백성의 마음을 복종시키기에 부족하다. 그러므로 형벌이 잦음에도 백성이 두려워하지 않으면 군주의 명령이 시행되지 않을 것이고, 많은 사람을 죽여도 백성의 마음이 복종하지 않으면 군주의 지위가 위태로울 것이다. 따라서 백성의 네 가지 욕구를 따르면 멀리 있는 자들도 스스로 찾아올 것이고, 네 가지 싫어하는 것을 행하면 가까이 있는 자들도 배반할 것이다. 그러므로 〈백성들에게〉 주는 것이 얻는 것임을 아는 것이 정치의 보배이다.

故刑罰不足以畏其意하고 **殺戮不足以服其心**이라 **故刑罰繁而意不恐則令不行矣**요 **殺戮衆而心不服則上位危矣**라 **故從其四欲則遠者自親**하고 **行其四惡則近者叛之**라 **故知予之爲取者**는 **政之寶也**①라

① 故知予之爲取者 政之寶也 : 〈군주가〉 백성들의 생명을 온전히 보존해 주면, 군주가 어려울 때 백성들이 죽음을 무릅쓰게 된다는 의미이다.

謂與之生全하면 取其死難也라

이상은 〈四順〉이다.

右는 **四順**이라

(士經)〔十一經〕[16]

위태롭지 않는 땅에 나라를 세우고 마르지 않는 창고에 곡식을 쌓으며, 고갈되지 않는 곳간에 재물을 저장한다. 명령을 내릴 때는 물이 근원에서 흘러가듯이 하고, 백성들을 부릴 때는 각기 알맞은 관직을 배분하여 다툼이 없게 하며, 〈죄를 지으면〉 반드시 죽어야 하는 이유를 밝혀주고 〈공이 있으면〉 반드시 이익을 얻을 수

16) (士經)〔十一經〕: 저본에는 '士經'으로 되어 있으나, 郭沫若, 李勉 등 다수의 주석가의 견해에 따라 '十一經'으로 수정하였다.

있는 '문'을 열어 준다. 이룰 수 없는 사업은 시작하지 말고 얻을 수 없는 것은 구하지 않으며, 오래 유지될 수 없는 일은 하지 말고 거듭 할 만하지 않은 일은 행하지 않는다.

錯國於不傾之地하고 **積於不涸之倉**①하며 **藏於不竭之府**라 **下令於**[17]**流水之原**하고 **使民於不爭之官**하며 **明必死之路**하고 **開必得之門**이라 **不爲不可成**하고 **不求不可得**하고 **不處不可久**하며 **不行不可復**라

① 積於不涸之倉 : '涸'은 '마르다'의 의미이다.
涸은 竭也라

위태롭지 않은 땅에 나라를 세운다는 것은, 덕 있는 사람에게 정사를 맡긴다는 의미이다. 마르지 않는 창고에 곡식을 쌓는다는 것은, 곡식의 생산에 힘쓴다는 의미이다. 고갈되지 않는 곳간에 재물을 저장한다는 것은, 뽕과 삼을 재배하고 가축을 기른다는 의미이다. 명령을 내릴 때는 물이 근원에서 흘러가듯이 한다는 것은, 民心에 따라 명령을 내린다는 의미이다. 백성들을 부릴 때 각기 알맞은 관직을 배분하여 다툼이 없게 한다는 것은, 백성들 각자 자신의 장점을 발휘하도록 한다는 의미이다. 〈죄를 지으면〉 반드시 죽어야 하는 이유를 밝혀준다는 것은, 형벌을 엄격하게 한다는 의미이다. 〈공이 있으면〉 반드시 이익을 얻을 수 있는 문을 열어 준다는 것은, 공을 이루면 반드시 상을 준다는 의미이다. 이룰 수 없는 사업은 시작하지 않는다는 것은, 백성들의 힘을 헤아린다는 의미이다. 얻을 수 없는 것은 구하지 않는다는 것은, 백성들이 싫어하는 바를 강요하지 않는다는 의미이다. 오래 유지될 수 없는 일은 하지 않는다는 것은, 일시적으로만 가능한 일을 편법으로 취하지 않는다는 의미이다. 거듭할 만하지 않은 일은 행하지 않는다는 것은, 백성을 속이지 않는다는 의미이다.

錯國於不傾之地者는 **授有德也**오 **積於不涸之倉者**는 **務五穀也**오 **藏於不竭之府者**는 **養桑麻育六畜也**라 **下令於流水之原者**는 **令順民心也**오 **使民於不爭之官者**는 **使各爲其所長也**①라 **明**

17) 下令於 : 孫星衍, 張佩綸, 劉師培 등 다수의 주석가들은 ≪文子≫·≪史記≫·≪文心雕龍≫ 등에 근거해 '於'를 '如'로 고쳐야 한다고 주장한다. 그러나 黎翔鳳(中)이 주장하듯이 전후 다섯 구절 모두 비유적 표현을 구사하는 차원에서 '於'를 쓰고 있으므로 '於'를 '如'로 고칠 필요가 없다.(≪管子校注≫)

必死之路者는 **嚴刑罰也**라 **開必得之門者**는 **信慶賞也**라 **不爲不可成者**는 **量民力也**라 **不求不可得者**는 **不强民以其所惡也**라 **不處不可久者**는 **不偸取一世**[18]**也**②라 **不行不可復者**는 **不欺其民也**③라

① 使民於不爭之官者 使各爲其所長也 : 각자 그 장점을 높여주면 순종하고 기뻐하므로 다투지 않는다.
各長其所長하면 則順而悅하니 故不爭也라

② 不處不可久者 不偸取一世也 : 머무는 바가 반드시 百代가 늘 유지되게 한다는 말이다.
謂所處가 必可使百代常行이라

③ 不行不可復者 不欺其民也 : '復'은 '거듭'이라는 의미이다. 백성을 속이는 일은 거듭 행해질 수 없다.
復은 重也라 欺民之事는 不可重行也라

그러므로 덕 있는 사람에게 정사를 맡기면 나라가 편안해지고, 오곡의 생산에 힘쓰면 식량이 풍족해지며, 뽕과 삼을 재배하고 각종 가축을 기르면 백성이 부유해지고, 내리는 명령이 민심에 따르면 위엄있는 명령이 즉시 시행되며, 백성을 부림에 있어 각자의 장점을 발휘하게 하면 나라에 필요한 인재가 갖추어지게 되고, 형벌을 엄격하게 하면 백성들이 나쁜 짓을 멀리하게 되며, 공을 세울 때 반드시 상을 주면 백성들이 어려운 일도 〈가볍게 여겨〉 마다하지 않게 되고, 백성들의 힘을 헤아리면 이루어지지 않는 일이 없게 되며, 백성들이 싫어하는 바를 강요하지 않으면 속임수가 생겨나지 않게 되고, 일시적으로 가능한 일을 편법으로 취하지 않으면 백성들에게 원망하는 마음이 없게 되며, 백성들을 속이지 않으면 아랫사람들이 윗사람들을 친근하게 여기게 된다.

故授有德則國安하고 **務五穀則食足**하며 **養桑麻 育六畜則民富**하고 **令順民心則威令行**하며 **使民各爲其所長則用備**하고 **嚴刑罰則民遠邪**하며 **信慶賞則民輕難**하고 **量民力則事無不成**하며

---

18) 不偸取一世 : '一世'는 '一時'로 고쳐야 한다는 주장이 있다. 가령 張佩綸(淸)은 "'一世'는 '一時'로 고쳐야 한다. '一世'는 30년이나 되는 시간이니 오래지 않다고 할 수 없다. '時'가 '世'로 쓰이게 된 것은 발음의 유사성으로 인해 생긴 오류다. ≪韓非子≫ 〈難一〉에 '속임수로 백성을 대하여 당장의 이익을 취하게 되면, 나중에는 다시 그런 일을 할 수 없게 된다.〔以詐遇民 偸取一時 後必無復〕'라는 말이 나오고, ≪史記≫ 〈蘇秦傳〉에 '당장의 공을 얻으면서 나중의 일을 생각하지 않는다.〔偸取一時之功 而不顧其後〕'라는 말이 나온다. 이들이 그 증거이다."라고 하였다.(≪管子學≫)

不强民以其所惡則詐僞不生하고 **不偸取一世則民無怨心**하며 **不欺其民則下親其上**이라

이상은 〈十一經〉이다.

右는 (士)〔十一〕**經**[19)]이라

士는 '事'의 의미이고 經은 '常'의 의미이니, 士經은 〈군주가〉 실천해야 할 일을 진술한다는 의미이다.

士는 事也라 經은 常也라 謂陳事之可以行者也라

六親五法

집안의 법도로 고을을 다스리면 고을을 다스릴 수 없고, 고을의 법도로 국가를 다스리면 국가를 다스릴 수 없으며, 국가의 법도로 천하를 다스리면 천하를 다스릴 수 없다. 집안의 법도로 집안을 다스리고, 고을의 법도로 고을을 다스리며, 국가의 법도로 국가를 다스리고, 천하의 법도로 천하를 다스린다.

以家爲鄕이면 **鄕不可爲也**①요 **以鄕爲國**이면 **國不可爲也**요 **以國爲天下**면 **天下不可爲也**니 **以家爲家**②하고 **以鄕爲鄕**③하며 **以國爲國**④하고 **以天下爲天下**⑤라

① 以家爲鄕 鄕不可爲也 : 집안사람을 가까이하는 마음으로 고을 사람들을 소원히 대하면 반드시 원망하는 마음이 생기게 된다. 그러므로 그렇게 해서는 안 된다는 말이다. 아래의 세 가지 일도 이와 마찬가지이다.

言 有家之親으로 斥以爲鄕之疎하면 必生怨이니 故不可爲也라 下三事는 同此라

② 以家爲家 : 첫 번째 단계의 친함이다.[20)]

---

19) 十一經 : 저본에는 '士經'으로 되어 있으나, 郭沫若(中), 李勉(中) 등 다수의 주석가의 견해에 의거하여 '十一經'으로 바로잡았다. '士'는 '十一'의 誤字로 볼 수 있고, 이 장에서 언급되는 '일' 또한 정확히 열 한 가지이다. 따라서 '十一經'은 '국가를 경영하는 열한 가지 원칙'이 된다. 단 黎翔鳳(中)은 ≪詩經≫ 〈國風 東山〉에 나오는 "勿士行枚"에서 '士'가 '事'로 풀이된다는 점을 근거로, 원문 그대로 두어야 한다고 주장하기도 한다.(≪管子校注≫)

20) 첫 번째 단계의 친함이다 : 가장 낮은 단계의 '친함'(親)이다. 집안사람들을 가까이하고 친하게 대하는 것은 인간의 자연스러운 감정의 발로이다. 그러나 국가를 경영하고 천하를 경영하고자 하는 사람의 입장에서 보면 가장 낮은 차원의 '친함'이다. 그러므로 군주는 이후 鄕 → 國 → 天下로 점차 그 친함의 단계를 높여서 최종적으로는 天地 및 日月과

一親也라

③ 以鄕爲鄕 : 두 번째 단계의 친합이다.

二親也라

④ 以國爲國 : 세 번째 단계의 친합이다.

三親也라

⑤ 以天下爲天下 : 네 번째 단계의 친합이다.

四親也라

같은 집안에서 태어나지 않았다고 말하지 말아야 한다. 〈그렇게 한다면〉 다른 집안 사람들은 말을 듣지 않는다. 같은 고향이 아니라고 말하지 말아야 한다. 〈그렇게 한다면〉 타향 사람들이 움직이지 않는다. 같은 나라 출신이 아니라고 말하지 말아야 한다. 〈그렇게 한다면〉 타국 출신 사람들이 따르지 않는다. 天地와 같이 공평무사하게 해야 할 것이니, 누구를 더 멀리하고 누구를 더 친하게 대한단 말인가?[21] 日月과 같이 〈두루 비추어야〉 할 것이니, 이것이 군주가 갖추어야 할 절제된 태도이다.

毋曰不同生하라 **遠者不聽**①이오 **毋曰不同鄕**하라 **遠者不行**이오 **毋曰不同國**하라 **遠者不從**이라 **如地如天**니 **何(私)〔疏〕何親**②[22]이며 **如月如日**이 **唯君之節**③이라

같은 절대적 공평무사함의 태도로 세상을 경영해야 한다는 것이다.

21) 같은……말인가 : 劉績의 주석에 "'마을'은 '집안'보다 크므로, 집안을 다스리는 자가 마을을 다스리면 마을은 필연적으로 다스려지지 않는다는 말이다. 그 이상도 모두 그러하다. 그러므로 재능에 크고 작음이 있듯이 다스림도 또한 크고 작음에 따른다. 따라서 천하를 다스리는 자는 〈자신과〉 같은 집안이나 같은 마을이나 같은 국가에 얽매이지 말고, 그 도량이 天地나 日月과 같은 이후에 천하를 다스릴 수 있다.〔鄕大於家 言以爲家者爲鄕 則鄕必不治 等而上之皆然 故才有大小 而治亦隨大小也 故治天下者 不拘於同家同鄕同國 而量如天地日月然後 能治天下〕"라고 하였다.

22) 何(私)〔疏〕何親 : 張文虎(淸)는 ≪韓非子≫ 〈揚搉〉에 나오는 "若地若天 孰疏孰親" 구절에 근거하여 '私'는 '疏'로 고쳐야 한다고 주장하였다.(≪舒藝室隨筆≫) 許維遹(中) 또한 이에 동의하면서, ≪文子≫ 〈自然〉편에 나오는 다음의 구절을 "노자가 말하였다. 성인은 하늘처럼 덮고 땅처럼 실으며, 해와 달처럼 두루 비추며, 음양처럼 조화하고 사계절처럼 변화한다. 그리하여 만물을 두루 품어 획일화하지 않고, 옛 사람과 새로운 사람을 차별하지 않으며, 특별히 소원한 사람도 친한 사람도 없다.〔老子曰 聖人天覆地載 日月照臨 陰陽和 四時化 懷萬物而不同 無故無新 無疏無親〕"라고 풀이하였다.(≪管子集校≫) 원문 자체로도 의미가 통하지 않는 것은 아니지만 '私'와 '親'은 그 의미가 서로 중복된다는 문제가 있다. 따라서 위 주석가들의 견해에 따라 '私'를 '疏'로 수정하면, 그 의미가 보다 분명해지고

① 遠者不聽 : 집안에 대한 말이다. 집안 사람만 친하게 대하는 태도를 지니고 타인에 대해, '너는 나와 같은 집안 사람이 아니다'라고 말하면서 소원히 대하면, 나와 거리가 먼 다른 집안 사람들은 반드시 내 말을 듣지 않을 것이라는 의미이다. 아래도 이와 마찬가지이다.
謂家也라 言 有家之親으로 而謂之曰하되 不與汝同家而生하며 用此以相疎하면 遠者必不聽이라 下同이라

② 如地如天 何(私)〔疏〕何親 : 다섯 번째 단계의 친함이다.
五親也라

③ 如月如日 唯君之節 : 여섯 번째 단계의 친함이다. 天地와 日月은 높은 곳에서 두루 비추는 모습을 취했다. 군주가 아랫사람들을 대할 때는 天地와 日月처럼 공평무사해야 한다는 말이다.
六親也라 天地日月은 取其耀臨이라 言人君親下에 當如天地日月之無私也라

백성을 제어하는 고삐는 윗사람이 귀중하게 여기는 바에 달려 있고, 백성을 이끄는 문은 윗사람이 앞세우는 바에 달려 있으며, 백성을 불러들이는 길은 윗사람이 좋아하고 싫어하는 바에 달려 있다. 그러므로 군주가 무엇을 구하면 신하가 미리 그것을 찾아서 얻고, 군주가 어떤 음식을 맛있어 하면 신하가 미리 그것을 찾아서 먹으며, 군주가 무엇을 좋아하면 신하가 미리 그것을 실행하고, 군주가 무엇을 싫어하면 신하가 미리 그것을 감춘다.

御民之轡는 **在上之所貴**①요 **道**[23] **民之門**은 **在上之所先**②이요 **召民之路**는 **在上之所好惡**라 **故君求之則臣得之**③하고 **君嗜之**면 **則臣食之**하며 **君好之**면 **則臣服之**하고 **君惡之則臣匿之**④라

① 御民之轡 在上之所貴 : 윗사람이 귀중하게 여기는 바를 사람들이 따르는 것은 마치 말이 고삐를 따르는 것과 같다는 말이다.
言人從上之所貴는 若馬之從轡라

② 道民之門 在上之所先 : 윗사람이 먼저 행하는 바가 있으면 사람들이 반드시 따라서 행한다. 이때 사람들이 반드시 따르는 것이 마치 문을 따라 나가는 것과 같다.
上所先行은 人必行이라 人必從之가 若由門矣라

전체 문맥과도 잘 통한다.

23) 道 : 舊注에서는 '道'를 '由'의 의미로 해석하였다. 그러나 許維遹(中)은 ≪商君書≫ 〈君臣〉편에 나오는 "臣聞道民之門 在上之所先"의 구절에 근거하여 '道'는 '導'의 의미로 해석해야 한다고 주장하였다.(≪管子集校≫) 고대에 '道'와 '導'는 통용되었다. ≪群書治要≫의 인용문에도 '導'로 되어 있다. 문맥상으로 볼 때도 '道'는 '導'로 해석하는 것이 합당하다.

③ 故君求之則臣得之 : 군주가 〈어떠한 것을〉 얻고자 하면 신하들이 〈미리 알고〉 먼저 찾아 얻는다.
君將求之면 臣已先索하여 得之也라
④ 君惡之則臣匿之 : 첫 번째 법도이다.
一法也라

'너'(군주)의 잘못을 감추지 말고, 기존 법도를 임의로 바꾸지 말라. 〈만약 감추고 바꾸면〉 어진 이들이 '너'를 돕지 않을 것이다. 방에서 말을 하면 방에 가득 차게 하고, 마루에서 말을 하면 마루에 가득 차게 하라. 이렇게 하는 사람을 聖王이라 한다. 성곽과 해자만으로는 나라를 굳게 지킬 수 없고, 좋은 무기와 강한 힘만으로는 적을 대적할 수 없으며, 넓은 영토와 많은 재물만으로는 백성들을 모을 수 없다. 오직 도를 지닌 자만이 근심이 생기기 전에 미리 대비하므로 화근이 싹트지 않는다.

毋蔽汝惡하고 **毋異汝度**①하다 **賢者將不汝助**리라 **言室滿室**하고 **言堂滿堂**하라 **是謂聖王**②이라 **城郭溝渠不足以固守**요 **兵甲彊力不足以應敵**이요 **博地多財不足以有衆**③이라 **惟有道者能備患於未形也**니 **故禍不萌**④이라

① 毋異汝度 : '汝'는 '군주'이다.
汝는 君也라
② 言室滿室……是謂聖王 : 두 번째 법칙이다. 마루나 방에서 말을 할 때는 마루나 방에 가득 차게 한다는 것이니, 확연히 드러내어 감추는 것이 없게 한다는 의미이다.
二法也라 言堂室事而令滿이니 取其露見不隱也라
③ 城郭溝渠不足以固守……博地多財不足以有衆 : 성곽, 병기, 넓은 땅은 굳게 지키고 적을 대적하고 많은 무리를 모으는 데 부족하다는 말이다. 굳게 지키고 적을 대적하고 많은 무리를 모으는 것은 곧 도를 지니는 것에 있다.
言 城郭兵甲博地는 不足以固守應敵有衆이라 固守應敵有衆은 更在有道者也라
④ 惟有道者能備患於未形也 故禍不萌 : 세 번째 법도이다.
三法也라

천하에 신하 없음을 걱정하지 말고 신하를 제대로 부릴 수 있는 군주가 없음을 걱정하라. 천하에 재물이 없음을 걱정하지 말고 재물을 고르게 분배할 사람이 없

음을 걱정하라. 그러므로 '때'를 아는 사람은 관리의 우두머리로 세울 수 있고, 공평무사한 사람은 정사를 맡길 수 있으며, '때'를 잘 살펴 씀씀이를 파악하고 필요한 관리를 갖출 수 있는 사람은 군주로 세울 수 있다. 군주는 '때'에 적절히 대처하지 못하면 일처리가 뒤처지고, 재물에 인색하면 가까운 사람을 잃으며, 소인을 믿으면 유능한 선비를 놓친다.

天下不患無臣이요 **患無君以使之**이며 **天下不患無財**요 **患無人以分之**①라 **故知時者**는 **可立以爲長**이요 **無私者**는 **可置以爲政**이니 **審於時而察於用**하고 **而能備官者**는 **可奉以爲君也**②라 **緩者**는 **後於事**하고 **悋於財者**는 **失所親**하며 **信小人者**는 **失士**③라

① 天下不患無財 患無人以分之 : 재물을 공평하게 나눌 사람은 賢人이다.
可以分與財者는 賢人也라

② 審於時而察於用……可奉以爲君也 : 네 번째 법도이다.
四法也라

③ 信小人者는 失士 : 다섯 번째 법도이다.
五法也라

이상은 〈六親五法〉[24]이다.

右는 **六親五法**이라

---

24) 六親五法 : 의미상으로 '여섯 단계의 친함〔六親〕'과 '다섯 가지의 법도〔五法〕'를 말한다. 그리고 舊注에서는 이들 六親과 五法을 일일이 구분하고 있다. 그러나 내용상으로 보자면 '六親'은 구분될 수 있지만 '五法'은 명확히 구분되지 않는다. 따라서 후대 주석가들 사이에서는 논란이 많다. 丁士涵(淸)은 '六親'과 '五法'은 따로 분장을 시켜야 한다고 주장하였고(≪管子校本≫), 何如璋(淸)은 '六親'과 '五法'은 구체적으로 가리키는 바가 없는데 舊注 즉 房玄齡의 注에서 억지로 구분하였으니 따를 필요가 없다고 주장하였다.(≪管子析疑≫)

제2편 형세 形勢[1)]

경언 2 經言 二

*자연의 형세를 살펴 이를 통해 인간 세상을 경영할 올바른 이치를 파악할 것을 요청하고 있다. 우선 자연에는 일정한 이치가 있어 고금을 막론하고 불변하다는 점을 강조하고, 다음으로 천도는 만물에 대해 사적인 호불호의 감정이 없이 공평무사하게 대한다는 점을 역설한다. 군주는 이러한 천도를 표준으로 삼아 국가를 경영해야만 사방에서 사람들이 귀의하게 된다고 말한다. 아울러 군주는 게으름을 경계하여 항상 부지런히 힘쓸 것, 그리고 인재를 선발할 때는 개인이 지닌 작은 흠에 신경 쓰지 말고 거시적으로 바라보고 선택할 것 등을 충고하고 있다. ≪한비자≫·≪회남자≫·≪춘추번로≫ 등의 내용과 중복되는 내용이 종종 보이는데, 이는 管仲의 사상이 후대에 미친 광범위한 영향력을 입증한다.

천지로부터 시작하여 만물, 그리고 人事에 관련된 것들에는 形勢가 없는 것이 없다. 무릇 勢는 반드시 형체로 말미암아 형성되는 것이니, 그러므로 형체가 단정한 것은 그 勢가 반드시 곧고, 모습이 위태로운 것은 그 勢가 반드시 기울어져 있다. 우리가 접촉하는 모든 것들이 다 그러하니, 하나의 단편적인 사례를 통해 〈다른 것들도〉 반증해 볼 수 있다.

自天地以及萬物에 **關諸人事**는 **莫不有形勢焉**이라 **夫勢必因形而立**이니 **故形端者**는 **勢必直**하고 **狀危者**는 **勢必傾**이라 **觸類莫不然**이니 **可以一隅以反**이라

산이 높고 무너지지 않으면 祈羊(기양)[2)]이 이르게 될 것이고, 연못이 깊고 마르지 않으면 沈玉(침옥)[3)]이 이르게 될 것이다.[4)] 하늘은 그 일정한 이치를 변하지 않

---

1) 形勢 : 劉績은 “이곳의 註는 많은 곳에서 합당하지 않다. 뒤에 나오는 〈形勢解〉에 근거하면 〈그 의미가〉 스스로 밝게 드러날 것이다.〔此註 多非當 依後形勢解 自明〕”라고 하였다.

2) 祈羊(기양) : 고대에 羊을 제물로 바쳐 山에 제사 지내던 의식이다.

3) 沈玉(침옥) : 고대에 강이나 연못에 玉을 빠뜨려 제사 지내던 의식이다.

4) 산이……것이다 : 이 구절의 의미에 대해 何如璋(淸)은 “이것은 산과 연못으로 군주의 덕

고, 땅은 그 법칙을 바꾸지 않으며, 춘하추동 사계절은 그 절기를 바꾸지 않는다. 이러한 이치는 옛날이나 지금이나 한결같다. 蛟龍[5)]은 물을 얻으면 신령함을 세울 수 있고, 호랑이와 표범은 深山幽谷에 의탁하면 위엄을 행할 수 있다. 바람 불고 비 내리는 것은 특별히 정해진 방향이 없으니 원망과 노여움이 미치지 않는다.[6)] 존귀한 사람이 명령을 내리게 되고, 미천한 사람이 자신의 미천함을 잊게 되고, 장수하거나 요절하고 가난하거나 부유하게 되는 것에는 다 그럴만한 이유가 있다.[7)]

山高而不崩則祈羊至矣요 **淵深而不涸則沈玉極矣**①라 **天不變其常**하고 **地不易其則**하며 **春秋冬夏不更其節**은 **古今一也**②라 **蛟龍得水而神可立也**요 **虎豹託**[8)]**幽而威可載也**③라 **風雨無鄉而怨怒不及也**④라 **貴有以行令**이요 **賤有以忘卑**⑤요 **壽夭貧富**는 **無徒歸也**⑥라

① 山高而不崩則祈羊至矣 淵深而不涸則沈玉極矣 : '極'은 '이르다'는 의미이다. 산이 무너지지 않고 연못이 마르지 않는다는 것은 비가 많이 내릴 조짐이다. 그러므로 羊과 玉을 제물로 삼아 제사를 지내는 것이다. 羊을 삶아 제사를 지내므로 '祈羊'이라고 한다.
極은 至也라 山不崩과 淵不涸은 興雨之祥이라 故羊玉而祈祭라 烹羊以祭이니 故曰祈羊이라

② 天不變其常……古今一也 : 지금의 하늘과 땅은 옛날의 하늘과 땅과 같다. 지금의 사계절은 옛날의 사계절과 같다. 그러므로 옛날과 지금이 같다고 말한 것이다.
今之天地는 卽古之天地요 今之四時는 卽古之四時라 故曰古今一也라

을 비유한 것이다. 산이 높아 무너지지 않으면 신령하고, 연못이 깊어 마르지 않으면 신묘하다. 신령하면 그 위엄이 멀리까지 미치게 되고, 신묘하면 그 변화를 헤아릴 수 없게 된다."라고 하였다.(≪管子析疑≫)

5) 蛟龍 : 모양이 뱀과 같고 몸의 길이가 한 길이 넘으며 넓적한 네발이 있다는 상상의 동물이다. 가슴은 붉고 등에는 푸른 무늬가 있으며 옆구리와 배는 비단처럼 부드럽고 눈썹으로 교미하여 알을 낳는다고 한다.

6) 바람……않는다 : 이 구절의 의미에 대해 何如璋(淸)은 "바람이 불고 비가 뿌려지는 것은 특별히 정해진 방향이 없다. 그러므로 백성들은 비바람에 대해 원망하지 않는 것이다. 이는 곧 군주가 정사를 펼침에 있어 사사로움이 없어야 한다는 점을 비유한 것이다."라고 하였다.(≪管子析疑≫)

7) 존귀한……있다 : "무릇 도에는 근본적인 이치와 지엽적인 이치가 모두 들어 있으니, 이 하나의 도를 얻으면 천만 갈래의 일과 다 연결된다. 즉 고귀한 자는 이 도에 의해 명령을 시행할 수 있고, 미천한 자는 이것에 의해 자신의 미천함을 잊을 수 있으며, 가난한 자는 이것에 의해 자신의 직업을 즐길 수 있고, 곤경에 빠진 자는 이것에 의해 위태로운 상황을 잘 처리할 수 있다.〔夫道有經紀條貫 得一之道 連千枝萬葉 是故 貴有以行令 賤有以忘卑 貧有以樂業 困有以處危〕"(≪淮南子≫ 〈叔眞〉)

8) 託 : '託'은 趙本·凌本·花齋本에 '得'으로 되어 있다.(≪管子集校≫)

③ 虎豹託幽而威可載也 : 지극한 덕을 지닌 사람이 높은 자리에 있으면 세상이 평안할 수 있다. '載'는 '행하다'는 의미이다.
至德處盛位이면 天下可平이라 載는 行也라

④ 風雨無鄕而怨怒不及也 : '鄕'은 방향이다. 이미 특별히 정해진 방향이 없으므로 원망과 노여움도 따르지 않게 된다.
鄕은 方也라 旣無方所이니 故無從而怨怒也라

⑤ 貴有以行令 賤有以忘卑 : 존귀한 사람이 명령을 내리면 명령이 곧장 시행된다. 미천한 사람이 자신의 미천함을 잊으면 미천함은 사라질 수 있다.
貴而行令하면 令乃行이라 賤而忘卑하면 卑可移라

⑥ 壽夭貧富 無徒歸也 : 거기에는 모두 어떤 이치가 있다.
皆有理在焉이라

鴻

鵠

군주의 명령을 받들게 되는 것은 군주가 존엄하기 때문이고, 군주의 말을 받게 되는 것은 〈군주라는〉 명칭이 작용하기 때문이다. 윗사람이 무위하면 백성은 스스로 알아서 살아가고, 군주가 祭器만 지닌 채 아무런 말을 하지 않아도, 조정의 정사는 잘 다스려진다. 鴻鵠이 '쟁쟁'하며 울어대니 백성들이 노래로 화답하고, 〈周나라로〉 수많은 선비들이 위엄 있게 모여드니 殷나라 백성들이 감화되었다. 이는 紂임금이 失政하였기 때문이다.

銜命者는 **君之尊也**요 **受辭者**는 **名之運也**①[9]라 **上無事則民自試**②하고 **抱蜀**[10]**不言而廟堂旣脩**③라 **鴻鵠**鏘鏘[11]은 **唯民**

9) 受辭者 名之運也 : 聞一多(中)는 '名'은 '君'의 오자이고, '運'은 '威'의 빌린 글자로 보아야 한다고 주장한다. 이 경우 이 구절은 '君之威也'가 되어 앞의 '君之尊也'와 대구를 이룰 수 있게 된다고 본다.(≪管子集校≫) 한편 劉績은 이 구절의 의미를 "'受辭'는 군주가 내리는 명령의 말이 이치에 합당하여 백성들이 받아들임에 있어 異見이 없다는 의미이다. '名運'은 명성이 사방에 드러난다는 의미이다.〔受辭 謂君出言順理而民受之無異也 名運 謂名聲彰於四方也〕"라고 하였다.

10) 蜀 : 王念孫(淸)은 朱東光의 견해에 근거하여 '蜀'을 '器'의 오자로 본다.(≪讀書雜志≫) 반면에 郭沫若(中)은 '蜀'을 '鐲'의 假字로 보기도 한다.(≪管子集校≫)

11) 鴻鵠鏘鏘 : '鏘鏘'은 〈形勢解〉에 '將將'으로 되어 있다. 孫蜀丞(中)은 〈形勢解〉에 근거해 '將將'으로 고쳐야 한다고 하면서, 이는 鴻鵠의 아름다운 모습을 표현하는 말이라고 해석한

歌之④하고 **濟濟多士**[12]는 **殷民化之**니 **紂之失也**⑤[13]라

① 受辭者 名之運也 : 군주의 말을 받아 명령을 내리게 되는 것은 〈군주라는〉 명칭이 반드시 작용하기 때문이라는 의미이다. '運'은 '작용하다'는 의미이다.
言受君之辭以出命은 則名必運이라 運은 行也라

② 上無事則民自試 : '試'는 '쓰다'는 의미이다.
試는 用也라

③ 抱蜀不言而廟堂既脩 : '抱'는 '지니다'는 의미이다. '蜀'은 祭器다. 군주는 단지 祭器만 지닌 채 몸소 도를 실천하면, 비록 다시 고요히 아무런 말을 하지 않아도 조정의 정사는 이미 잘 다스려지게 될 것이다.
抱는 持也라 蜀은 祠器也라 君人者는 但抱祠器以身率道하면 雖復靜然不言이라도 廟堂之政은 既以修理矣라

④ 鴻鵠鏘鏘 唯民歌之 : 덕에 감화되었기 때문이다.
感德化也라

⑤ 濟濟多士……紂之失也 : 紂임금이 失政하였기 때문에 文王에게 교화되었다는 점을 경계하였다.
戒紂之失故化文王이라

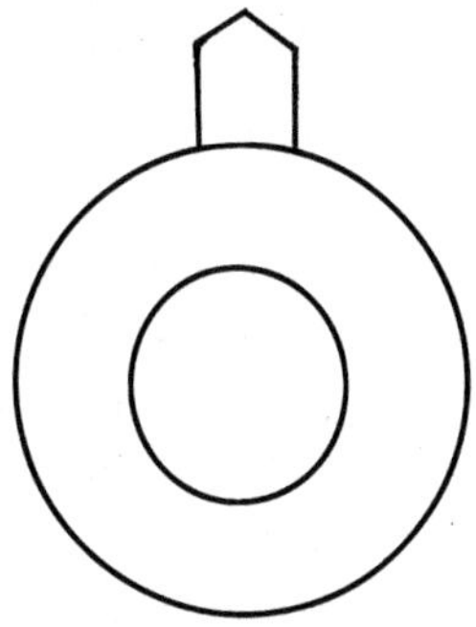
圭璧

이리저리 떠도는 세상의 뜬소문은 신경 쓸 바가 아니고, 제비나 참새처럼 우르르 몰려다니는 소인배들은 도에 힘쓰는 사람은 돌아보지 않는다. 犧牷(희전)[14]과 圭璧(규벽)과 같은 제물만으로는 귀신이 흠향하지 않는다. 군주에게 功業을 세울 '바탕'이 있다면 보옥과 비단이 무슨 소용이 있겠는

다.(≪管子集校≫) 그러나 '鏘鏘'(혹은 '將將')은 뒤의 '唯民歌之'와 호응하는 말이 되므로, 鴻鵠이 즐겁게 우짖는 의성어로 해석하였다.

12) 濟濟多士 : ≪詩經≫ 〈文王〉에 "濟濟多士 文王以寧"이라는 표현이 나오며, 이에 대해 ≪毛傳≫에서는 "濟濟는 위엄이 많은 모습이다.〔濟濟 多威儀也〕"로 풀이하고 있다.

13) 紂之失也 : 일부 주석가들은 '紂之失也' 4자를 衍文으로 보기도 한다. 가령 趙守正(中)은 이 4글자는 본래 注文이었는데 正文으로 잘못 끼어 들어왔다고 본다.(≪管子通解≫) 현재 국내의 번역서들이 이 설을 채택하여 본문에서 삭제하고 있다. 그러나 舊注에서는 "殷民化之"와 연결시켜 풀이하고 있고, 또 문맥상으로 보면 이 구절은 앞 문장의 의미를 종결하는 역할을 하고 있다. 참고로, 許維遹(中)은 이 4글자를 아래의 문장에 붙여 읽어야 한다고 주장하기도 한다.(≪管子集校≫)

14) 犧牷(희전) : 제물로 바치는, 잡티가 섞이지 않은 순수한 색깔을 지닌 소를 말한다.

가! 羿[15]의 활쏘기 道는 단지 잘 쏘는 것에만 있지 않고, 造父(조보)[16]의 말모는 솜씨는 단지 말을 잘 모는 것에만 있지 않으며, 奚仲[17]의 목공 기술은 단지 나무를 잘 다듬는 데만 있지 않다.[18] 멀리 있는 사람을 불러들이려면 사신만 보내서는 안 되며,[19] 가까이 있는 사람과 친하기 위해서는 말만으로는 이룰 수 없다. 오직 은밀히 덕을 행하는 자만이 천하를 소유한다.

飛蓬之問[20]은 **不在所賓**이요 **燕雀之集**은 **道行**[21]**不顧**①라 **犧牷圭璧**[22]은 **不足以饗**[23]**鬼神**②이니

---

15) 羿 : 고대 전설에 나오는 활쏘기의 달인이다. 일설에 의하면 夏나라 때 有窮氏의 제후로 있었다고도 하며, 팔이 길어 활을 잘 쏘았다고 한다.

16) 造父(조보) : 周나라 때 穆王의 신하로 말을 부리는 데 매우 뛰어났다고 한다. 전설에 의하면 그는 좋은 말 여덟 필과 桃林에서 생산되는 천리마인 盜驪·驊騮·綠耳 등을 구해다가 목왕에게 바쳤다고 한다. 이에 목왕은 그를 마부로 삼아 천하를 주유하였는데, 서쪽으로 가 西王母를 만나 그녀와 즐기는 데 빠져 돌아올 줄 몰랐다. 그때 徐의 偃王이 반란을 일으켰는데, 목왕은 이 소식을 듣자 조보가 구해준 천리마를 타고 바람처럼 달려와 언왕의 반란을 진압했다고 한다.

17) 奚仲 : ?~?. 중국 고대 夏나라 禹임금의 신하로, 최초로 수레를 만들어 인간의 삶을 편리하게 하였다고 한다.

18) 造父(조보)의……않다 : 이 구절의 의미에 대해 劉績은 "세 사람의 기술이 세상에 이름을 떨치게 된 것은, 반드시 그렇게 된 본질적 이유가 있는 것이지, 활쏘기·말몰기·나무깎기와 같은 말단적 이유 때문이 아니다.〔三子技名世 必有所以致之 非在弓矢操轡斲削之末〕"라고 하였다.

19) 멀리……되며 : 본서 〈形勢解〉에서는 "백성을 오게 하려는 자는 먼저 그들의 이익을 세워주어야 할 것이니, 이익을 세워주면 비록 부르지 않아도 백성이 스스로 이르게 된다. 그러나 백성들이 싫어하는 바를 설치하면 비록 불러도 백성은 오지 않는다.〔欲來民者 先起其利 雖不召而民自至 設其所惡 雖召之而民不來也〕"라고 하였다.

20) 問 : '問'은 '聞'의 의미로 해석된다. 張文虎(淸)는 '問'은 '聞'으로 고쳐야 한다고 주장하는데, 丁士涵(淸)에 의하면 고대에 '聞'과 '問'은 서로 통용된다.(≪舒藝室隨筆≫)

21) 道行 : 聞一多(中)는 '道行'을 '行道'로 고쳐야 한다고 주장하였다. 그는 본서 〈形勢解〉에 "務在行道 不顧小物"로 되어 있다는 점과, 尹知章(房玄齡)의 注에도 '行道'로 되어 있다는 점을 그 근거로 든다.(≪管子集校≫)

22) 犧牷圭璧 : '牷'은 판본에 따라 '牲'으로 되어 있기도 하다. 丁士涵(淸)은 본서 〈形勢解〉에 "犧牲珪璧"으로 되어 있다는 사실 등에 근거해 '牷'을 '牲'으로 고쳐야 한다고 주장하였다.(≪管子校本≫) 그러나 '牷'과 '牲'은 동일한 의미를 지니고 있다.

23) 饗 : 趙本·凌本에는 '饗'으로 되어 있으나, 宋本·古本·劉本·朱本 등에는 '享'으로 되어 있다. 舊注에도 '享'으로 되어 있다. ≪說文解字≫ 段玉裁의 注에는, "무릇 위에 제물을 바치는 것을 '享'이라 하고, 무릇 그 바친 제물을 먹는 것을 '饗'이라 한다.〔凡獻於上曰享 凡食其獻曰饗〕"라고 되어 있는데, 戴望(淸)은 이에 근거해 '享'과 '饗'을 구분하고 있다.(≪管子校正≫) 그러나 고대에는 '享'과 '饗'이 종종 통용된다.

主功有素면 **寶幣奚爲**③오 **羿之道**는 **非射也**며 **造父之術**은 **非馭也**요 **奚仲之巧**는 **非斲削也**④라 **召遠者使無爲焉**이요 **親近者言無事焉**[24)]이요 **唯夜行者 獨有〔之〕**[25)]**也**⑤라

① 飛蓬之問……道行不顧 : '飛蓬'은 바람에 의해 정처없이 이리저리 흔들리는 것으로 이랬다 저랬다하는 세상의 소문을 비유하는 것이니, 밝은 군주는 이런 세상 소문에 신경 쓰지 않는다. 제비와 참새가 떼 지어 나는 것은 일상적인 자잘한 일이다. 그러므로 도에 힘쓰는 사람은 무시하고 돌아보지 않는다. 자잘한 일들은 대인이 신경 쓸 바가 아니라는 말이다.
飛蓬은 因風動搖不定으로 喩二三之聲問이니 明主所不賓敬이라 燕爵翔集은 事之常細也라 故行道之人은 忽而不顧라 謂小事非大人所宜知이라

② 犧牷圭璧 不足以饗鬼神 : 귀신은 德을 흠향할 뿐이니 圭璧에 마음을 두지 않는다.
鬼神은 亨德하니 不在圭璧이라

③ 主功有素 寶幣奚爲 : 군주가 功業을 세울 수 있으면 〈군주의〉 '바탕'을 지니고 있다고 할 수 있다. 군주에게 '바탕'이 있으면 제후들이 감히 범하지 못하니, 보옥과 비단이 무슨 소용이 있겠는가!
主能立功이면 可謂有素라 有素면 則諸侯不敢犯이니 寶玉幣帛이 何所爲乎리오

④ 羿之道……非斲削也 : 羿의 활쏘기는 그 무력을 떨쳐 오랑캐를 복종시키는 것을 중시하는 것이니, 날아다니는 새를 떨어뜨리는 데에 마음을 두지 않는다. 造父의 말몰이는 군대를 멀리까지 이르게 하는 것을 중시하는 것이니, 온 세상에 수레바퀴 자국이 두루 미치게 하는 것에 마음을 두지 않는다. 奚仲의 기술은 많은 수레를 만들어 짐을 실어 나르는 것에 마음을 두지 않으니, 깎고 다듬어 반짝반짝 빛나게 하는 것에 마음을 두지 않는다.
羿之射는 貴其肆武服戎하니 不在其落鳥中鵠이라 造父之馭는 貴其軍容致遠하니 不在轍跡徧天下也라 奚仲之巧는 貴其九車以載하니 不在斲削成光鑑也라

⑤ 召遠者使無爲焉……獨有〔之〕也 : 멀리 사신을 보내는 것은 소용없으니, 먼 지역에 있는 사람들을 도탑게 대해야 한다는 것이다. 가까이 있는 사람들을 친근하게 하기 위해서는 은혜를 두텁게 해야지 말만 해서는 안 된다. '夜行'은 은밀히 덕을 행하는 것을 말한다. 은밀히 덕을 쌓으면 남들과 다투지 않게 되어 홀로 〈천하를〉 소유하게 된다.
遠使無爲이니 所以優遠方也라 親於近者는 貴於恩厚하니 不在於虛言이라 夜行은 謂陰行其德이니 則人不與之爭하여 故獨有之也라

---

24) 召遠者使無爲焉 親近者言無事焉 : ≪春秋繁露≫ 〈精華〉에 "故曰親近者不以言 召遠者不以使" 라는 표현이 나오는데, 이것은 바로 ≪管子≫의 본 구절에 근거한 것으로 보인다.

25) 唯夜行者 獨有〔之〕也 : 古本・劉本・朱本 등에 근거하여 '之'를 보충하였다. 이 점에 대해 王念孫(淸)은 "'獨有也'는 朱本에 근거하여 '獨有之也'로 고쳐야 한다. 뒤에 나오는 〈形勢解〉에도 '唯夜行者 獨有之也'로 되어 있으니 그 증거이다. ≪淮南子≫ 〈覽冥〉에도 '唯夜行者爲能有之'로 되어 역시 '之'가 있다."라고 하였다.(≪讀書雜志≫)

평원의 늪지대에 작은 언덕이 있더라도 어찌 높다 할 수 있겠는가? 큰 산에 작은 산굽이가 있다고 하여 어찌 깊다고 할 수 있겠는가? 어진 사람을 헐뜯고 악한 사람을 칭찬하는 사람에게는 큰 일을 맡기지 말라. 언행이 뛰어난 사람은 그와 더불어 국가의 원대한 이상을 도모할 수 있고, 〈신하의 도리에〉 충실하고 근면한 사람은 더불어 정사의 길을 갈 수 있다. 그 계책의 효과가 빠르더라도 근심이 떠나지 않는 자는 내보내고 부르지 말라. 긴 안목의 이익을 보는 사람을 등용하면 사람들이 멀리서도 바라보게 되며, 큰일을 과감하게 결단하는 사람은 대중들이 따르게 된다.

(平原之濕)〔平隰之封〕이 **奚有於高**①[26]이며 **大山之**隈가 **奚有於深**②이리오 **訾讆之人**은 **勿與任大**③이니 譕臣[27]**者**는 **可以遠擧**④요 **顧憂者**는 **可與致道**⑤라 **其計也速而憂在近者**는 **往而勿召也**⑥니 **擧長者**면 **可遠見也**⑦요 **裁大者**는 **衆之所比也**⑧라

① (平原之濕)〔平隰之封〕 奚有於高 : 평원의 늪지대에 작은 언덕이 있다 하더라도 높을 수 없다는 말이다. 이는 사람에게 큰 잘못이 있으면 비록 작은 장점이 있다 해도 훌륭하다고 할 수 없다는 것을 비유한다. '隰'은 늪지대를 의미한다.
言平隰之澤에 雖有小封이라도 不成於高라 喩人有大失이면 小善不成其美라 隰은 下澤也라

② 大山之隈 奚有於深 : '隈'는 산의 굽이진 곳이다. 산이 이미 거대하다면 비록 작은 굽이가 있다 하더라도 깊을 수 없다는 말이다. 이는 어떤 사람에게 우러러볼 만한 행위가 있다면 비록 작은 허물이 있더라도 본받지 않을 수 없은을 비유하고 있다.

---

26) (平原之濕)〔平隰之封〕 奚有於高 : 저본에는 '平原之隰'으로 되어 있으나, 王念孫(淸)의 견해에 의거하여 '平隰之封'으로 바로잡았다. 왕염손은 "이 구절은 '平隰之封 奚有于高'으로 고쳐야 한다. 뒤에 나오는 〈形勢解〉에서도 '所謂平隰者 下澤也 雖有小封 不得爲高 故曰 平隰之封 奚有於高'로 고쳐야 한다. 尹知章(房玄齡)의 注에도 '言平隰之澤 雖有小封 不成於高'로 되어 있는 것이 그 증거이다.……후세 사람들이 '平隰之封'을 '平原之隰'으로 고치고, 그에 따라 〈形勢解〉의 문장도 고쳤으니 사려 깊지 못함이 심하다."라고 하였다.(≪讀書雜志≫)

27) 譕臣者 可以遠擧 : '臣'은 '巨'로, '以'는 '與'로 고쳐야 한다는 견해가 있다. 우선 王引之(淸)는 "'譕'와 '謨'는 같은 의미의 글자이다. ≪集韻≫에서 말하길 '謨는 고대에 譕로 썼다.'라고 하였고, ≪爾雅≫에서 말하길 '謨는 謀의 의미이다.'라고 하였다. '臣'은 '巨'로 써야 한다. 글자 형태가 비슷함으로 인해 생긴 오류다. '巨'는 '大'의 의미이다. '譕巨'는 도모하는 바가 한 집안이나 한 국가가 아니라 천하와 같은 거대함에 미친다는 의미이다.……尹知章(房玄齡)의 주는 잘못 되었다."라고 하였다.(≪讀書雜志≫) 豬飼彦博(日) 또한 "'譕'는 '謨'의 옛 글자이고, '臣'은 '巨'로 되어야 하며, '以'는 〈形勢解〉에 근거해 '與'로 고쳐야 한다. 사려가 거대한 사람은 그와 더불어 장기적인 일을 할 수 있다는 의미이다."라고 하였다.(≪管子補正≫)

隈는 山曲也라 言山旣大矣면 雖有小隈라도 不成爲深이라 喩人有高行이면 雖有小過라도 非不肖也라

③ 訾讆之人 勿與任大 : '訾'는 어진 사람을 헐뜯는다는 의미이다. '讆(위)'는 악한 사람을 칭찬한다는 의미이다. 어진 사람을 헐뜯고 악한 사람을 칭찬하는 사람에게 일을 맡기면 큰 나라를 어지럽힌다.

訾는 毁賢이라 讆는 譽惡也라 如此之人任之면 則亂大邦也라

④ 譕臣者 可以遠擧 : 말과 행동이 아무도 그를 앞서지 못하는 사람을 '譕臣'이라 한다. 언행이 거대한 사람은 그와 더불어 국가의 원대한 이상을 도모할 수 있다.

言行莫先을 謂之譕臣이라 有大言行者는 可與圖國之遠也라

⑤ 顧憂者 可與致道 : '顧憂'[28]는 일에 충실하고 신하의 도리에 근면한 사람을 말한다. 이러한 사람이 있으면 정사의 길에 나아가게 할 수 있다.

顧憂는 謂忠事勤臣道라 有如此者면 可致於道者也라

⑥ 其計也速而憂在近者 往而勿召也 : 소인의 계책은 그 효과가 비록 빠르다 하더라도, 재난이 연이어 이르면 근심이 따르게 된다. 이런 사람이 가까이 있으면 멀리 추방하여 부르지 말아야 한다.

小人之計는 得之雖速이라도 禍敗尋至면 則憂及之라 此人親近이면 推之令去하여 不須召也라

⑦ 擧長者 可遠見也 : 긴 안목의 이익을 보는 사람을 등용하면 사람들이 모두 바라본다. 그러므로 '遠見'이라 말한다.

擧用長利면 衆皆見之라 故曰遠見이라

⑧ 裁大者 衆之所比也 : '裁'는 '결단하다'는 의미이다. 큰일을 결단할 수 있으면 대중들이 반드시 그를 따르게 된다.

裁는 斷也라 能斷大事면 衆必比之라

사람들이 자신에게로 귀의하길 바란다면 道德을 안정적으로 실천하면서 그것을 싫어하지 말아야 한다. 일을 행함에 있어 아무런 의심도 하지 않는 사람은 신뢰할 수 없고, 말을 하면 반드시 승낙하는 사람은 믿을 수 없다. 단지 성실하기만 한 사람은 큰 자리에 세우지 못하고, 음식 투정하는 사람은 살이 찌지 않는다. 버릴 말이 없는 사람은 반드시 천지에 참여한다.

美人之懷하면 **定服而勿厭也**①라 **必得之事**는 **不足賴也**며 **必諾之言**은 **不足信也**②라 **小謹者**는 **不大立**하고 **訾食者**는 **不肥體**③라 **有無棄之言者**는 **必參〔之〕**[29]**於天地也**④라

28) 顧憂 : 劉績의 주석에 "'顧憂'는 뒤에 있을 근심을 걱정한다는 의미이다.〔顧憂 謂慮後患也〕"라고 하였다.

① 美人之懷 定服而勿厭也 : 사람들이 자신을 귀하고 아름답게 여겨 자신에게 귀의하게 하고자 하는 자는, 道德을 안정적으로 실천하면서 그것을 피곤해 하거나 싫어하지 말아야 한다.

欲令人貴美而懷歸者는 須安定服行道德하여 勿有疲厭이라

② 必得之事……不足信也 : 어떤 일을 행함에 있어 아무런 의심도 하지 않고 〈부탁의〉 말을 들으면 반드시 승낙하는 사람은 전혀 진실성이 없는 사람일 뿐이니 신뢰하기에 부족하다는 말이다.

言人於事에 莫爲疑動하고 言必得應諾하면 如此는 虛誕者耳이니 不足賴信也라

③ 小謹者……不肥體 : 도량이 크지 못하고 단지 조금 부지런하기만 한 사람은 크게 세울 수 없다는 말이다. '訾'는 '싫어하다'는 의미이다. 음식을 싫어하는 사람은 〈음식에 대해〉 투정하고 불평하다가 마르게 된다. 그러므로 살이 찔 수 없는 것이다.

言人無弘量하고 但有小謹하면 不能大立也라 訾는 惡也라 惡食之人은 憂嫌致瘠하니 故不能肥體라

④ 有無棄之言者 必參〔之〕於天地也 : 말을 하면 버릴 것이 없고 행동하면 〈그 자체로〉 모범이 된다면, 천지처럼 포용하고 수용하지 못하는 것이 없다. 그러므로 "천지에 참여한다"고 말하는 것이다.

言無可棄하고 動爲法則하면 若天地之無不容載이니 故曰參之天地라

세 길 높이의 절벽에서 떨어지는 상황은 사람에게는 몹시 곤란하지만, 원숭이는 그런 상황에서도 오히려 물을 마실 수 있다. 자랑하고 뽐내며 제멋대로 하는 행위는 일을 수행하는데 있어 재앙이다. 가본 적이 없는 들판을 갈 때는 〈길 찾는 일은〉 말에게 맡겨두라.[30] 백성에게 베풀어 줄 뿐 빼앗지 않는 군주는 천지와 짝할 수 있다.

墜岸三仞은 **人之所大難也**이나 **而猿猱飮焉**이라 **(故曰)**[31] **伐矜好專**은 **擧事之禍也**①라 **不行其**

---

29) 必參〔之〕 : 저본에는 '之'가 없으나, 古本·劉本·朱本 등에 의거하여 보충하였다. 舊注에도 '之'가 있다.

30) 가본……맡겨두라 : "管仲과 隰朋이 桓公을 따라 孤竹을 정벌하였다. 갈 때는 봄이었는데 돌아올 때는 겨울이어서 지형이 헛갈려 길을 잃었다. 管仲이 말하였다. '늙은 말의 지혜를 써볼만 합니다.' 이에 늙은 말을 풀어놓고 따라가니 마침내 길을 찾았다.〔管仲隰朋從桓公伐孤竹 春往冬反 迷惑失道 管仲曰 老馬之智可用也 乃放老馬而隨之 遂得道〕"(≪韓非子≫ 〈說林 上〉)

31) (故曰) : 저본에는 '故曰'이 있으나, 王念孫(淸)과 劉績(明)의 견해에 의거하여 衍文으로 처리하였다. 왕염손은 "'伐矜好專' 두 구절은 앞의 문장과 의미가 연결되지 않으므로 '故曰' 두 글자는 불필요하다. 이 두 글자는 앞 문장에 대한 주 '故曰參之天地.'로 인해 잘못

野면 **不違其馬**②라 **能予而無取者**는 **天地之配也**③라

① 墜岸三仞能予而無取者 天地之配也擧事之禍也 : 원숭이는 절벽에서 떨어져도 물을 마실 수 있다. 지혜로운 자는 어려운 상황을 만나도 여유롭게 쉴 수 있음을 비유하였다.
猿遇墜岸而能飮이라 喩智者逢禍而能息也라

② 不行其野 不違其馬 : 말에게는 길을 아는 본성이 있으니, 말을 내버려 두면 스스로 길을 찾게 된다. 아직 경험해 보지 않은 일은 그것을 경험해 본 사람에게 물어보라는 것을 비유하였다.
馬有識道之性이니 不違馬而自得途라 喩未經其事는 問其所經이라

③ 能予而無取者 天地之配也 : 천지는 만물을 생육하지만 그 보답을 바라지 않는다. 〈따라서〉 베풀기만 하고 빼앗지 않는 사람은 천지와 짝할 수 있다.
天地施生이나 不求所報라 與而不取면 可以配天地也라

게으른 자는 일의 성과에 이르지 못하고,[32] 작은 시간도 아끼는 자는 〈그 이룬 성과가〉 마치 神이 도와준 것 같다. 神이 도와준 것 같은 사람은 '안'에 머물고 성과에 이르지 못한 자는 '문'에 머물게 되는 것이니, '안'에 있는 사람은 여유가 있고 '문'에 있는 사람은 남이 자신을 도와주기만을 기다린다.[33] 〈따라서〉 매일 아침마다 게으르지 않토록 경계해야 할 것이니 게으르고 굼뜨면 재앙을 만나게 될 것이요, 아침에 자신이 해야 할 일을 잊으면 저녁에 그 공을 잃게 될 것이다. 삿된 기운이 안으로 침투하면 반듯한 안색도 초췌해진다.

怠倦者는 **不及**①이요 **無廣者**[34]는 **疑神**[35]이라 **神者**는 **在內**하고 **不及者**는 **在門**②하니 **在內者**는

쓰여진 글자들이다."라고 하였고(≪讀書雜志≫), 유적은 "경문에서 '故曰' 두 글자는 불필요하다. 이 두 글자는 아마도 衍文인 듯하다.〔經文不應有故曰 此二字疑衍〕"라고 하였다.

32) 게으른……못하고 : 劉績은 "게으르면 때에 맞추어 일을 이룰 수 없으나, 핵심을 잡으면 홀연히 일을 이루므로 '神이 행한 것처럼 의심된다' 라고 말한다는 것이다. 만약 안과 밖을 잘 살피고 핵심을 잡으면, 게을러 미치지 못하는 자도 좇아서 할 수 있게 될 것이다.〔言怠惰則不能及時成事 操要則忽然成事 故曰疑神 若能審內外立操要之神 則怠惰不及者亦從而能矣〕"라고 하였다.

33) 게으른……기다린다 : 이상의 해석은 舊注에 따르지 않고 何如璋(淸), 劉師培(中), 豬飼彦博(日) 등의 주석을 참조하고 趙守正(中)의 해석을 따랐다.(≪管子通解≫)

34) 無廣者 : '廣'은 '曠'의 의미로 해석될 수 있다. 이점에 대해 豬飼彦博(日)은 "'廣'은 '曠'으로 고쳐야 한다. '無曠'은 寸陰의 시간도 아까워한다는 의미로 '怠倦'과 상반된다."라고 하였

將假요 **在門者**는 **將待**③라 **曙戒勿怠**니 **後穉逢殃**④이요 **朝忘其事**면 **夕失其功**이라. **邪氣入**[36] **內**하면 **正色**[37]**乃衰**라.

① 怠倦者 不及 : 게으른 사람은 이르는 곳마다 버려져 쓰이지 못하기 때문에 대부분 〈일의 성과에〉 이르지 못한다.
倦怠之人은 觸途廢滯이니 故多不及이라.

② 無廣者疑神能予而無取者 天地之配也不及者在門 : 자기 노력으로 이르지 못하고서 이르지 못하면 신이 신령스럽지 않다고 의심한다. 神은 비록 형체가 없으나 항상 내면에 존재하므로 '안에 있다.'고 말한다. 밖으로 드러나지 않으므로 '문에 있다.'고 말한다.
無得以己及하고 不及이면 疑神不神이라 神雖無形이나 常在於內이니 故曰在內也라 不及外見하니 故曰在門也라

③ 在內者將假 在門者將待 : '將假'는 신이 장차 자기를 도와줌을 의미한다. '待'는 스스로 힘써 기다린다는 의미이다.
將假는 謂神將借己也라 待는 謂須自厲以待라

④ 曙戒勿怠 後穉逢殃 : 매일 아침마다 경계하는 것은 이날의 일을 경계하기 위한 것이다. 아침의 경계를 유지함으로써 게으르지 않도록 경계하는 것이다.
每曙而戒는 所以戒此日之事라 以待曙戒하여 戒勿爲倦怠也라

군주가 군주답지 않으면 신하가 신하답지 않게 되고, 아비가 아비답지 않으면 자식이 자식답지 않게 된다. 윗사람이 자기 자리를 지키지 못하면 아랫사람이 자기 분수를 넘어서고, 위아래가 서로 화합하지 못하면 군주의 명령이 제대로 시행되지 않는다. 주인의 衣冠이 반듯하지 않으면 손님이 정숙하게 행동하지 않으며, 군주의 나아가고 물러나는 행동거지가 의례에 맞지 않으면 정령이 올바로 시행되지 않는다.

君不君이면 **則臣不臣**하고 **父不父**면 **則子不子**라 **上失其位**면 **則下踰其節**하고 **上下不和**면 **令乃不行**이라 **衣冠不正**이면 **則賓者不肅**하고 **進退無儀**면 **則政令不行**이라

다.(≪管子補正≫)

35) 疑神 : '疑'는 '擬'의 의미로 해석될 수 있다. 이점에 대해 劉師培(中)는 "'疑'는 '擬'와 같다."라고 하였다.(≪管子斠補≫)

36) 邪氣入 : 宋本·朱本 등에는 '入'이 '襲'으로 되어 있다.

37) 正色 : '玉色'으로 고쳐야 한다는 주장이 있다. 대표적으로 張佩綸(淸)은 "'正色'은 마땅히 '玉色'으로 고쳐야 한다. 胡刻李善注의 ≪文選≫本에는 두 차례의 인용문에서 모두 '邪氣襲內 玉色乃衰'로 되어 있고, 汲古閣本의 ≪長門賦注≫에는 이미 '正'으로 개작되어 있지만 ≪七發注≫에는 여전히 '玉'으로 되어 있다."라고 하였다.(≪管子學≫)

한편으로는 백성을 널리 품어주고 다른 한편으로는 위엄을 지녀야 군주의 도가 갖추어지게 된다. 군주가 백성들의 삶을 즐겁게 해주지 않으면 〈군주가 어려움에 처했을 때〉 아무도 군주를 위해 슬퍼하지 않으며, 군주가 백성들의 생명을 구해주지 않으면 〈군주가 위험에 처했을 때〉 아무도 군주를 위해 목숨을 바치지 않는다. 가는 情이 없으면 오는 생각도 없는 법이다.

且懷且威면 **則君道備矣**라 **莫樂之則莫哀之**하고① **莫生之則莫死之**②라 **往者不至**면 **來者不極**③이라

① 且懷且威……莫樂之則莫哀之 : 평상시에 백성들의 삶을 즐겁게 해주면, 군주가 어려움에 처했을 때 백성들은 반드시 군주의 어려움을 슬퍼하게 된다.
常能樂人하면 及其有難에 人必哀之라

② 莫生之則莫死之 : 평소에 백성들의 생명을 구해주면, 군주가 위험에 처했을 때 백성들은 반드시 군주를 위해 목숨을 바치게 된다.
常能生人하면 及其有危에 人必死之라

③ 往者不至 來者不極 : 군주의 가는 정이 없으면 백성들의 생각도 군주를 위하지 않는다.
此往情이 不至면 則彼來意도 不然也라

도가 말하는 바는 하나이지만 〈사람에 따라〉 그 쓰임새가 다르다. 도를 듣고서 그것을 집안을 위해 쓰는 자는 한 집안의 가장이 되고, 도를 듣고서 그것을 고을을 위해 쓰는 자는 한 고을의 수장이 되며, 도를 듣고서 그것을 나라를 위해 쓰는 자는 한 나라의 주인이 되고, 도를 듣고서 그것을 천하를 위해 쓰는 자는 천하의 주인이 되며, 도를 듣고서 그것을 만물을 안정시키는데 쓰는 자는 천지와 짝하는 존재가 된다.

道之所言者一也로되 **而用之者異**①라 **有聞道而好爲家者**는 **一家之人也**②요 **有聞道而好爲鄕者**는 **一鄕之人也**요 **有聞道而好爲國者**는 **一國之人也**요 **有聞道而好爲天下者**는 **天下之人也**③요 **有聞道而好定萬物者**는 **天(下)〔地〕**[38] **之配也**④라

---

38) 天(下)〔地〕: 저본에는 '天下'로 되어 있으나, 王念孫(淸)의 견해에 의거하여 '天地'로 바로잡았다. 왕염손은 "'天下'는 '天地'로 되어야 한다. 군주가 만물을 안정시키면 천지에 짝할 수 있는 것이다. 앞에서 '能予而無取者 天地之配也'라고 하였으니 그 증거가 된다. 여기서 '天下'로 된 것은 앞에 나오는 '天下之人也'로 인해 잘못 쓰여진 것이다."라고 하였다.(≪讀書雜志≫)

① 道之所言者一也 而用之者異 : 도가 말하는 바는 그 이치가 다르지 않다. 단지 그것을 쓰는 방법이 다르면 그것에 의해 이루어지는 일도 결국 달라지게 된다.

道之所言은 其理不二이나 但用之不同이면 其事遂異也라

② 有聞道而好爲家者 一家之人也 : 비록 도를 듣더라도 단지 집안만 잘 다스리면, 그런 사람은 단지 한 집안을 다스리는 사람에 지나지 않을 뿐이다. 넓은 포부가 없다는 의미이다.

雖聞道라도 但好理家면 此但一家之人耳라 言無廣遠이라

③ 有聞道而好爲鄕者……天下之人也 : 이 또한 "어진 사람이 보면 仁이라 하고, 지혜로운 사람이 보면 智라고 한다."[39]에 해당한다.

此亦 仁者見之에 謂之仁하고 智者見之에 謂之智也니라

④ 有聞道而好定萬物者 天(下)〔地〕之配也 : 이와 같으므로 군자는 이 도를 체득한다.

此則君子는 體斯道也라

도가 떠나간 사람에게는 아무도 찾아오지 않고, 도가 찾아온 사람에게는 아무도 떠나가지 않는다.[40] 도가 베풀어지면 몸이 도와 더불어 변화하게 마련이다. 가득 찬 상태를 유지할 수 있는 사람은 하늘과 하나가 되고, 위태로운 상황을 안정시킬 수 있는 사람은 사람과 하나가 된다. 〈그러므로〉 하늘의 도를 잃으면 비록 가득 차도 반드시 마르게 되고, 위아래가 불화하면 비록 안정되어도 반드시 위태롭게 된다.

道往者는 **其人莫來**하고 **道來者**는 **其人莫往**이니 **道之所設**에 **身〔與〕**[41]**之化也**①라 **持滿者與天**하고 **安危者與人**이라 **失天之道**면 **雖滿必涸**하고 **上下不和**면 **雖安必危**②라

① 道往者……身〔與〕之化也 : 도라는 것은 나와 너의 구분이 없고 옳음과 그름이 사라진다. 그러므로 도에는 오고 감의 실체가 없다. 그러나 도가 베풀어지면 그 몸은 반드시

---

39) 어진……한다 : "한번 陰이 되고 한번 陽이 되는 것을 道라고 하니, 이것을 잇는 자는 善이요 이것을 이루는 자는 性이다. 어진 자는 이것을 보고 仁이라 하고 지혜로운 자는 이것을 보고 知라 한다. 백성은 날마다 사용하면서도 알지 못하니, 그러므로 군자의 도가 드문 것이다.〔一陰一陽之謂道 繼之者善也 成之者性也 仁者見之謂之仁 知者見之謂之知 百姓日用而不知 故君子之道鮮矣〕"(≪周易≫ 〈繫辭 上〉)

40) 도가……않는다 : 이 문장의 의미를 豬飼彦博(日)은 "도를 얻은 사람은 도움이 많고, 도를 잃은 사람은 도움이 적다.〔得道者多助 失道者寡助〕"로 풀이하였다.(≪管子補正≫) 한편 劉績은 "도가 가면 아무도 찾아오지 않고 도가 오면 아무도 떠나가지 않는다는 말은, 사람들은 윗사람이 좋아하는 것을 좇는다는 의미이다.〔道往莫來道來莫往 謂人從上之所好〕"라고 풀이하였다.

41) 〔與〕 : 저본에는 '與'가 없으나, 舊注에 의거하여 보충하였다.

도와 더불어 변화하게 된다.

道者는 均彼我하고 忘是非이니 故無往來之體라 然道之所設하면 身必與之化也라

② 持滿者與天……雖安必危 : 가득 찬 상태를 유지할 수 있는 사람은 하늘과 하나가 되며, 위태로운 상황을 안정시킬 수 있는 사람은 사람과 하나가 된다. 하늘과 하나가 되지 않으면 가득 차도 반드시 마르게 되고, 사람과 하나가 되지 않으면 안정되어도 반드시 위태롭게 된다.

能持滿者는 則與天合이요 能安危者는 則與人合이라 不合於天하면 雖滿必涸이요 不合於人하면 雖安必危라

천하에서 왕노릇 하고자 하면서 천하의 도를 잃으면 천하를 얻어 왕 노릇 할 수 없다. 천도를 얻으면 모든 일이 자연스럽게 이루어지지만, 천도를 잃으면 비록 왕의 자리에 선다 해도 안정되지 않다. 천도를 얻으면 〈일이 자연스럽게 이루어지므로〉 아무도 일이 이루어지는 것을 알지 못하며, 공이 이미 이루어지면 아무도 그것이 백성들에게 베풀어지는 것을 알지 못한다. 이처럼 無形에 간직되는 것이 천도다. 현재가 의심스러운 자는 옛 것을 살펴보고, 미래의 일을 알지 못할 것 같으면 과거를 살펴보라.[42] 모든 일의 발생은 그 내용은 다르지만 그 궁극적 이치는 동일하니, 옛날이나 지금이나 이치는 하나이다.

欲王天下而失天下之道면 **天下不可得而王也**라 **得天之道**면 **其事若自然**이나 **失天之道**하면 **雖立不安**이라 **其道旣得**이면 **莫知其爲之**요 **其功旣成**이면 **莫知其釋**[43]**之**니 **藏之無形**이 **天之道也**라 **疑今者**는 **察之古**하고 **不知來者**는 **視之往**하라 **萬事之生**[44]**也**에 **異趣而同歸**니 **古今一也**라

마르지 않은 대들보로 집을 짓다가 지붕이 무너지면 남을 원망하지 않지만, 어린아이가 기왓장을 떨어뜨리면 자애로운 어머니도 매를 든다. 天道를 표준으로 삼으면 멀리 있는 자도 스스로 친근하게 다가오지만, 인간의 주관에 따라 일을 처리

---

42) 미래의……살펴보라 : ≪春秋繁露≫ 〈精華〉편에서는 ≪管子≫의 이 말을 인용하여 "옛사람이 말하길, '미래를 알지 못하면 과거에서 살펴보라.'라고 하였다.〔古之人有言曰 不知來 視諸往〕"라고 하였다.

43) 釋 : 劉績은 "'釋'은 어떤 판본에는 '澤'으로 되어 있다.〔釋 一本作澤〕"고 하였다.

44) 生 : '生'은 古本·劉本·朱本 등에 모두 '任'으로 되어 있다. 참고로 郭沫若(中)은 '生'을 '性'의 誤字로 보기도 한다.(≪管子集校≫)

하면 가깝고 친한 사람도 원망하는 마음을 일으키게 된다. 만물은 사람에 대해 사적으로 가까이하거나 멀리하는 일이 없으니, 〈그러므로 만물을 이용하는 데 있어〉 재주 있는 자는 여유가 있고 재주 없는 자는 부족하다.

生棟覆屋에 **怨怒不及**이나 **弱子下瓦**에 **慈母操箠**①라 **天道之極**에 **遠者自親**②이나 **人事之起**에 **近親造怨**③이라 **萬物之於人也**에 **無私近也**하며 **無私遠也**④로되 **巧者有餘**이나 **而拙者不足**⑤이라

① 生棟覆屋……慈母操箠 : 사람이 마르지 않은 기둥으로 〈대들보를 얹어〉 집을 짓다가 지붕이 무너지게 되더라도 단지 자신을 탓할 뿐 감히 남을 원망하지 않지만, 어린아이가 기왓장을 떨어뜨려 약간의 손상이라도 생기면 자애로운 어머니도 매를 들고 화를 낸다는 말이다. 이는 군주가 허물이 자기 자신으로 말미암아 생기면 비록 그것이 커도 〈화를 삭히고〉 큰 소리를 내지 않지만, 허물이 남으로 인해 생긴 것이라면 비록 그것이 작더라도 크게 화를 내게 됨을 비유하였다.
言人以生棟造舍에 雖至覆屋이라도 但自咎而已요 不敢怨及他人이나 至弱子下瓦하여 所損不多이라도 慈母便操箠而怒之라 喩人主過由己作이면 雖大而呑聲이나 過發他人이면 雖小而振怒也라

② 天道之極 遠者自親 : 天道는 공평하여 멀고 가까움에 차이가 없다. 그러므로 멀리 있는 자도 스스로 친근하게 다가온다.
天道平分이니 遠近無二라 故遠者自親也라

③ 人事之起 近親造怨 : 人事의 경우는 좋아함과 싫어함이 번갈아 작용하니, 그러므로 가깝고 친한 사람이 원망을 일으키게 된다.
人事則愛惡相功이니 故有近親造怨也라

④ 萬物之於人也……無私遠也 : 동물은 의식은 있지만 무지하고, 식물은 생명은 있으나 의식이 없다. 그러므로 이들은 사람에 대해 사사로운 親疏의 감정을 지니지 않는다.
動物則有識而無知이고 植物則有生而無識이니 故於人也에 無私遠近이라

⑤ 巧者有餘 而拙者不足 : 만물은 사람에 대해 사사로움이 없다. 그러므로 재주 있는 자는 만물을 잘 이용하여 여유가 있고, 재주 없는 자는 만물을 잘 이용하지 못해 부족하다.
萬物은 旣無私於人이라 故巧者는 用之有餘이나 拙者는 用之不足이라

〈군주가 행하는〉 功業이 天道를 따르면 하늘이 도와주지만, 천도를 거스르면 하늘이 막는다. 하늘이 도와주면 비록 작더라도 반드시 크게 되고, 하늘이 막으면 비록 〈일시적으로〉 성공하더라도 반드시 실패하게 된다. 〈결국〉 천도를 따르는 자는 功業을 이루고, 천도를 거스르는 자는 재앙을 품어 다시 떨치고 일어날 수 없다.

其功順天者는 **天助之**하고 **其功逆天者**는 **天違之**하나니 **天之所助**엔 **雖小必大**하고 **天之所違**엔 **雖成必敗**라 **順天者**는 **有其功**하고 **逆天者**는 **懷其凶**하여 **不可復振也**라

까마귀들은 시기심이 많아 〈처음에는〉 비록 좋게 지내더라도 〈결국〉 불화하게 된다. 신중하지 않은 사귐은 비록 견고한 것 같아도 반드시 풀어지게 마련이다. 道의 운용은 신중함을 귀하게 여긴다. 마땅하지 않은 사람과는 함께 하지 말고, 불가능한 일은 강행하지 말며, 무지한 자에게는 말하지 말라. 마땅하지 않은 사람과 함께 하고, 불가능한 일을 강행하고, 무지한 자에게 말하는 행위는 수고롭기만 하고 보람이 없다. 보여주기 위한 친함만으로는 진정한 친함에 이르지 못하고, 보여주기 위한 슬픔만으로는 친교를 맺지 못하며, 보여주기 위한 베풂의 덕만으로는 보답을 받지 못한다. 사방에서 백성이 귀의하는 대상은 진심으로 행하는 군주이다.

烏鳥之狡[45)]는 **雖善不親**①하고 **不重之結**은 **雖固必解**라 **道之用也**는 **貴其重也**라 ***毋與不可***하고 ***毋强不能***하며 ***毋告不知***하라 **與不可**하고 **强不能**하고 **告不知**함을 **謂之勞而無功**이라 **見與之交**[46)]는 **幾於不親**②하고 **見哀之役**은 **幾於不結**③하며 **見施之德**은 **幾於不報**④라 **四方所歸**는 **心行者也**⑤라

① 烏鳥之狡 雖善不親 : '狡'는 '시기하다'는 의미이다. 까마귀들의 본성은 시기심이 많아, 처음에는 서로 좋게 지내더라도 결국에는 불화하게 된다는 말이다.
狡는 謂猜也라 言烏鳥之性多猜니 初雖相善이나 後終不親이라

② 見與之交 幾於不親 : '見'은 〈자신의 공을〉 '잊지 않고 과시하다'는 의미이다. '與'는 '친하다'는 의미이다.
見은 謂不忘而恃之也라 與는 親與也라

③ 見哀之役 幾於不結 : 드러내어 슬퍼하는 것은, 비록 측은하게 여기는 태도를 지녔다 해도 〈겉으로만〉 드러내어 잊지 않는 것이니, 상대방이 친교를 맺지 않는 것이다.
役而哀之는 雖有惻然이나 見而不忘이니 故彼不結也라

④ 見施之德 幾於不報 : 비록 은혜를 베푸는 덕이 있다 할지라도, 그것을 드러내면서 잊지 않으므로 상대방이 보답하지 않는 것이다.
雖有恩施之德이나 然見而不忘이니 故彼不報也라

---

45) 烏鳥之狡 : 劉績은 "'烏集之交'로 고쳐야 한다.〔當作烏集之交〕"라고 하였다. 王念孫(淸)은 '烏鳥之狡'는 '烏鳥之佼'로 고쳐야 하고, 이때 '佼'는 곧 '交'와 같다고 주장하였다.

46) 見與之交 : 劉績은 "'見愛之交'로 고쳐야 한다.〔當作見愛之交〕"라고 하였다. 古本·劉本·朱本에는 '見與之友'로 되어 있다.(≪管子集校≫)

⑤ 四方所歸 心行者也 : 진심으로 행하면서 겉으로 드러내지 않을 수 있으면 사방에서 귀의하게 된다.
心行能不見이면 則四方歸之라

도와주는 사람이 없는 왕이 다스리는 나라는 고생스럽고 재난이 많으며, 고립되어 이웃이 없는 나라의 군주는 미천하고 위엄이 없다. 〈이는 마치〉 스스로 중매하는 여자는 추하고 믿을 수 없는 것과 같다. 아직 보지 않았는데도 친근함이 느껴진다면 찾아갈 만하고, 오랜 시간이 지나도 잊혀지지 않는다면 찾아올만하다. 해와 달이 밝지 않은 것은 하늘이 맑지 않기 때문이고, 산이 높은데도 보지 못하는 것은 지형이 험준하기 때문이다. 다시 언급할만하지 않은 말은 군주는 말하지 않고, 두 번 반복할 만하지 않은 행위는 군주는 행하지 않는다. 무릇 다시 언급할만하지 않은 말과 두 번 반복할 만하지 않은 행위는 군주가 삼가야 할 중대한 금기이다.

獨王[47]**之國**은 **勞而多禍**①요 **獨國之君**은 **卑而不威**요 **自媒之女**는 **醜而不信**이라 **未之見而親焉**이면 **可以往矣**②요 **久而不忘焉**이면 **可以來矣**라 **日月不明**은 **天不易也**요 **山高而不見**은 **地不易也**③라 **言而不可復者**는 **君不言也**요 **行而不可再者**는 **君不行也**④[48]니 **凡言而不可復**와 **行而不可再者**는 **有國者之大禁也**라

① 獨王之國 勞而多禍 : '獨王'은 사방 이웃의 도움이 없는 왕을 말한다.
獨王은 謂無四隣之援也라

② 未之見而親焉 可以往矣 : 아직 보지 않았는데도 친근하다면 그 친함은 반드시 길이 유지된다. 그러므로 찾아가도 좋을 것이다.
未見而親이면 親必無終이니 故可往矣라

---

47) 獨王 : '獨王'을 '獨任'으로 고쳐야 한다는 주장들이 있다. 劉績(明)이 주장하였고 豬飼彦博(日) 王念孫(淸) 등이 동조하였다.(≪管子集校≫) 그러나 戴望(淸)은 이에 반대하여 "'王'자의 의미가 낫기 때문에 고칠 필요가 없다. '獨王'은 일개 필부만도 못한 桀이나 紂와 같은 자가 천자가 된 경우이다.〔王字義長 不必改字 獨王者 若桀紂爲天子 不若一匹夫也〕"라고 하였다.(≪管子校正≫)

48) 言而不可復者……君不行也 : 舊注로는 이 문장의 의미가 잘 해석되지 않는다. 그러므로 張文虎(淸)는 "'言而不可復者'는 말이 너무도 후회스러워 아무도 따르지 않는 말이다. '行而不可再者'도 이와 같다. 尹知章(房玄齡)의 주는 잘못되었다.〔言而不可復者 猶言雖悔莫追 與下行而不可再者義同 尹注謬〕"라고 하였다.(≪舒藝室隨筆≫) 譯者도 장문호의 주에 의거하여 해석하였다.

③ 日月不明……地不易也 : 해와 달은 밝지 않은 때가 없으나, 만약 밝지 않다면 그것은 하늘에 구름 기운이 있어 하늘이 맑지 않기 때문이다. 산이 높으면 보이지 않는 경우가 없으나, 만약 보이지 않는다면 그것은 지세가 험준하여 평평하지 않기 때문이다.
日月無不明이나 假令不明이면 是天有雲氣而不易也라 山高無不見이나 假令不見이면 是地多嶮阻不平易也라

④ 言而不可復者……君不行也 : 신하 중에 충성스러운 말을 하는 자가 있으나 그가 더이상 〈충성스러운 말을〉 말하지 않는 것은 군주로 말미암아 말하지 않는 것이며, 신하 중에 선한 행위를 하는 자가 있으나 그가 더이상 〈선한 행위를〉 하지 않는 것은 군주로 말미암아 행하지 않는다는 의미이다.
謂臣有忠言이나 不可復言者는 則由君不言故也라 臣有善行이나 不可再行者는 則由君不行也라

제3편 권수 權修

경언 3 經言 三

*'權修'란 '군주의 권위를 닦는다'는 의미이다. 본 편에서 관자는 군주의 권위를 닦고 기르기 위한 여러 가지 방안과 정책들을 제시하고 있다. 상업을 억제하고 농업을 장려할 것, 백성 노동력의 사용을 절제할 것, 신상필벌을 명확히 할 것, 재정을 적절히 운용할 것, 미신을 믿지 말고 군주 자신의 治身에 힘쓸 것, 인재의 양성과 활용을 잘 할 것, 남녀 구별을 명확히 하고 풍속을 다스릴 것, '예의염치'의 도의심을 함양하고 법의 권위를 확정할 것 등이 그 구체적 방안들이다.

'權'이란 일의 輕重을 아는 것이다. 임금이 된 자는 반드시 일의 경중을 알고나서야 나라를 다스릴 수 있다. 그러므로 모름지기 權을 닦아야 한다.

權者는 **所以知輕重也**라 **君人者**는 **必知事之輕重然後**에 **國可爲**라 **故須修權**이라

萬乘의 나라에 군대를 통솔하는 장수가 없으면 안 되고, 넓은 영토의 나라에는 들판을 관할하는 관리가 없으면 안 되며, 백성이 많은 나라에는 관리들을 통솔하는 수장이 없으면 안 되고, 백성의 운명을 쥔 나라에는 조정에 政令이 없으면 안 된다.

萬乘之國에 **兵不可以無主**①요 **土地博大**에 **野不可以無吏**②요 **百姓殷衆**에 **官不可以無長**③이요 **操民之命**에 **朝不可以無政**이라

① 萬乘之國 兵不可以無主 : 통솔하는 장수가 없으면 통일되는 바가 없다.
無所主면 則無所統一也라
② 土地博大 野不可以無吏 : 관리가 없으면 개간하는 일에 힘쓰지 않는다.
無吏면 則不勵於墾闢이라
③ 百姓殷衆 官不可以無長 : 수장이 없으면 명령을 받을 곳이 없다.
無長이면 則無所稟令也라

토지가 넓은데도 나라가 가난한 것은 들이 개간되지 않았기 때문이고, 백성이

많은데도 군사력이 약한 것은 백성을 적극 독려하지 않았기 때문이다. 그러므로 상공업〔末產〕을 억제하지 않으면 들이 개간되지 않고, 상벌이 공정하지 않으면 백성을 독려할 수 없다. 들이 개간되지 않고 백성을 독려하지 않으면, 밖으로는 외적에 대응할 수 없고 안으로는 나라를 굳게 지킬 수 없다. 그러므로 "'萬乘'이라는 이름만 있고 〈용병에 있어〉 '千乘'의 국력조차 없으면, 권위가 경시되지 않기를 바라지만 그렇게 될 수 없다."고 말하는 것이다.

地博而國貧者는 **野不辟也**요 **民衆而兵弱者**는 **民無取也**①[1]라 **故末産不禁則野不辟**하고 **賞罰不信則民無取**라 **野不辟民無取**면 **外不可以應敵**이요 **內不可以固守**라 **故曰 有萬乘之號 而無千乘之用**이면 **而求權之無輕**이라도 **不可得也**②라

① 民衆而兵弱者 民無取也 : 군대를 거느릴 장수가 없으니 법도를 취할 바가 없다.
兵無主니 故無所取則이라

② 有萬乘之號……不可得也 : 萬乘의 나라로 불리지만 군대를 사용함에 이르러 千乘에도 미치지 못하니, 이러한 나라는 그 권위가 반드시 스스로 가벼워진다.
國號萬乘이나 及其用兵에 不滿於千이니 如此者는 權必自輕이라

국토가 개발되었는데도 나라가 가난한 것은 군주의 배와 수레를 화려하게 꾸미고, 누대와 정자를 크게 지었기 때문이다. 상벌이 공정한데도 군사력이 약한 것은 함부로 백성을 동원하여 백성을 지치게 하였기 때문이다. 배와 수레를 화려하게 꾸미고 누대와 정자를 크게 지으면 세금이 무거워지고, 함부로 백성을 동원하여 백성을 지치게 하면 民力이 고갈된다. 세금이 무거우면 아랫사람이 윗사람을 원망하고, 민력이 고갈되면 명령이 시행되지 않는다. 아랫사람이 윗사람을 원망하고 명령이 시행되지 않는데, 외적이 자신을 도모하지 않기를 바란다는 것은 가능하지 않다.

---

1) 民無取也 : 舊注에서는 '取'를 '법도를 취하다'는 의미로 해석하였다. 그러나 何如璋(淸)은 '取'를 '趣'로 읽어야 한다고 주장하면서 "'取'는 督趣의 趣처럼 읽는다. '民無取'는 군대에 이를 督趣하는 통솔자가 없음을 말한다. 그래서 무리가 많아도 약하다."라고 하였다.(≪管子析疑≫) 한편 洪頤煊(中)은 '取'를 '恥'로 읽어야 한다고 주장하면서 "'取' '恥'가 되어야 한다. 백성에게 수치심이 없으면 비록 무리가 많아도 약하다는 것을 말한다. ≪北堂書鈔≫ 권17과 ≪文選≫ 〈射雉賦〉 注의 인용문에는 '取'가 '恥'로 되어 있으니 房(尹)注가 틀린 것이다."라고 하였다.(≪管子集校≫) 역자는 이들 중 하여장의 의견에 따라 '取'를 '督趣'의 의미로 번역하였다.

地辟**而國貧者**는 **舟輿飾 臺榭**[2)]**廣也**요 **賞罰信而兵弱者**는 **輕用衆 使民勞也**라 **舟車飾**이고 **臺榭廣**이면 **則賦斂厚矣**요 **輕用衆 使民勞**면 **則民力竭矣**라 **賦斂厚**이면 **則下怨上矣**며 **民力竭**이면 **則令不行矣**이라 **下怨上**하고 **令不行**한데 **而求敵之勿謀己**는 **不可得也**라

천하를 다스리고자 하는 사람은 반드시 국력을 신중히 사용해야 한다. 나라를 다스리고자 하는 사람은 반드시 백성을 신중히 동원해야 한다. 백성을 다스리고자 하는 사람은 반드시 民力의 소진을 신중히 해야 한다. 백성을 보살펴 기르지 않으면 떠나는 것을 막을 수 없고, 백성을 보살펴 관리하지 않으면 머물러 있어도 부릴 수 없다. 먼 곳에 있는 사람이 찾아와 떠나지 않는 것은 그들을 잘 보살펴 주었기 때문이며, 백성의 숫자가 많아도 한결같이 다스릴 수 있는 것은 그들을 잘 관리했기 때문이다.

欲爲天下者는 **必重用其國**하고 **欲爲其國者**는 **必重用其民**하며 **欲爲其民者**는 **必重盡其民力**[①3)]이라 **無以畜之則往而不可止也**[②]요 **無以牧之則處而不可使也**[③]요 **遠人至而不去則有以畜之也**며 **民衆而可一則有以牧之也**라

① 欲爲天下者……必重盡其民力 : '重'은 〈백성을〉 소중히 여기고 아낀다는 의미이다.
重은 爲矜惜之也라

② 無以畜之則往而不可止也 : '往'은 달아나는 것을 말한다.
往은 謂亡去也라

③ 無以牧之則處而不可使也 : 사람들이 비록 머물러 있지만 기르는 방도가 없기 때문에, 그들을 부릴 수 없는 것이다.
人雖留處나 無畜牧之道니 故不可使也라

옳은 행위를 보면 그것을 기뻐하여 실질적인 은혜를 내리고, 옳지 않은 행위를 보면 그것을 미워하여 실질적인 형벌을 가해야 한다. 보이는 곳에서 상벌이 확실

---

2) 榭 : 劉本에는 '榭'가 '謝'로 되어 있다. 戴望(淸)은 ≪說文解字≫에 '謝'가 있고 '榭'는 없으니 劉本이 옳다고 하였다.(≪管子校正≫)

3) 民力 : 戴望(淸)은 ≪群書治要≫에 의가하여 본래는 '民'자가 없다고 주장하였다.(≪管子校正≫) 孫星衍(中) 또한 "民力"의 '民'은 윗 문장에 있는 '民'으로 인해 불필요하게 붙은 글자라고 보았다.(≪管子集校≫) 역자는 저본에 의거하여 번역하였다.

히 실행되면 비록 보이지 않는 곳이라 해도 감히 함부로 행동하겠는가? 옳은 행위를 보고서도 기뻐하기만 하고 실질적인 은혜 내림이 없거나, 옳지 않은 행위를 보고서도 미워하기만 하고 실질적인 형벌을 가하지 않으면, 보이는 곳에서의 상벌이 확실하지 않은데 보이지 않는 곳에서 감화를 바란다는 것은 이루어질 수 없다.

見其可也에 **喜之有徵**①하고 **見其不可也**에 **惡之有刑**[4]이니 **賞罰信於其所見**이면 **雖其所不見**이라도 **其敢爲之乎**②아 **見其可也**에 **喜之無徵**하고 **見其不可也**에 **惡之無刑**이면 **賞罰不信於其所見**이니 **而求其所不見之爲之化**는 **不可得也**라

① 見其可也 喜之有徵 : '徵'은 '증험하다'는 의미이다. 반드시 은혜를 내림으로써 증험하여, 기쁨을 드러냄에 있어 공허함이 없도록 한다.[5]
徵은 驗也라 必有恩錫以驗하여 見喜에 無空然矣라

② 賞罰信於其所見……其敢爲之乎 : 눈에 보이는 곳에서의 상벌이 이미 확실하면, 보이지 않는 곳에서도 두려워하여 가르침을 따라 감히 그릇된 일을 하지 않는다.
所見之處가 賞罰旣信이면 則所不見이라도 懼而從敎하여 不敢爲非라

사랑과 이익을 후하게 베풀면 백성을 가까이 할 수 있고, 지혜와 예절을 밝게 하면 백성을 가르칠 수 있다. 군주는 몸소 실천함으로써 백성을 선도하고, 제도를 정비함으로써 〈간사함과 거짓을〉 예방하며, 지방에는 鄕師를 두어 백성을 이끈다. 그런 다음에 법령을 선포하고 포상으로 권장하며 형벌로 두렵게 한다. 그래서 백성이 모두 즐겁게 선을 행하면, 포악하고 어지러운 행위가 발생할 수 없을 것이다.

厚愛利면 **足以親之**요 **明智禮**면 **足以敎之**니 **上身服以先之**①하고 **審度量以閑之**②하며 **鄕置師以(說)道之**[6]오 **然後申之以憲令**하고 **勸之以慶賞**하며 **振**[7]**之以刑罰**③이라 **故百姓皆說爲善**이면

4) 見其可也……惡之有刑 : '刑'은 '形'으로 읽어야 한다는 견해가 있다. 우선 豬飼彦博(日)은 "'刑'은 ≪韓非子≫에 '形'으로 되어 있는데 옳다."라고 하였다. 戴望(淸) 또한 "≪韓非子≫ 〈難三〉의 인용문에는 '見其可 說之有證 見其不可 惡之有形'으로 되어 있다."라고 하였다.

5) 기쁨을……한다 : 군주가 기쁨을 드러낼 때, 백성이나 신하에게 상이나 은혜를 내려 실질적인 혜택이 가도록 해야 한다는 의미이다.

6) 鄕置師以(說)道之 : 저본에는 '說'이 있으나, 許維遹(中)의 견해에 의거하여 衍文으로 처리하였다. 그에 의하면 '說'자는 아랫 문장 "故百姓皆說爲善"으로 인해 잘못 쓰였으며, 그리고 "鄕置師以道之"는 윗 문장 "上身服以先之 審度量以閑之"와 구문의 구조가 동일하다는 것이다.(≪管子集校≫)

7) 振 : 舊注에서는 '振'을 '整'으로 풀이하고 있지만 다수의 주석가들은 이에 동의하지 않는다.

則暴亂之行이 **無由至矣**라

① 上身服以先之 : '服'은 '실행하다'는 뜻이다. 무릇 남을 가르치려고 하는 사람은 위에서 반드시 몸소 스스로 행해야 하니, 〈이것이〉 아랫사람들에게 모범이 되는 방법이다.
服은 行也라 凡所欲教人은 在上必身自行之니 所以率先於下라

② 審度量以閑之 : 간사함과 거짓을 방지하는 방법이다.
所以防閑其奸僞也라

③ 振之以刑罰 : '振'은 '정리하다'는 의미이다.
振은 整也라

땅의 생산물은 계절의 제한이 있고 백성의 노동력은 고달픔의 한계가 있는데, 군주의 욕심은 끝이 없다. 계절의 제한과 고달픔의 한계가 있음에도 불구하고, 군주의 끝없는 욕심을 채우면서 그 둘 사이에서 헤아리는 마음이 생겨나지 않는다면, 위아래가 서로 미워하게 된다. 이 때문에 신하가 군주를 죽이고 자식이 아버지를 죽이는 경우가 생기게 된다. 그러므로 백성에게 거두어들이는 것을 적절하게 하고 노동력을 동원하는 것에 절제가 있으면, 비록 나라가 작아도 반드시 편안하다. 그러나 백성에게 거두어들이는 것에 한도가 없고 노동력을 동원하는 것에 절제가 없으면, 비록 나라가 강대해도 반드시 위태롭다.

地之生財有時하고 **民之用力有倦**이나 **而人君之欲無窮**이니 **以有時與有倦**으로 **養無窮之君 而度量不生于其間**①이면 **則上下相疾也**②라 **是以臣有殺其君**하고 **子有殺其父者矣**라 **故取於民有度**하고 **用之有止**[8]면 **國雖小必安**이요 **取於民無度**하고 **用之不止**면 **國雖大必危**라

① 度量不生于其間 : 헤아리는 마음이 생겨나지 않으면 부역에 한도가 없게 된다.
度量不生이면 則賦役無限也라

② 上下相疾也 : 윗사람은 아랫사람들이 재물을 바치지 않는 것을 미워하고, 아랫사람들은 윗사람의 끝없는 욕심을 미워하게 된다.
上疾下之不供하고 下疾上之無窮이라

우선 安井衡(日)은 '振'은 '震'과 통하는 글자로 '懼'의 의미를 지닌다고 하였다.(≪管子纂詁≫) 聞一多(中) 또한 "'振'은 '震'으로 읽어야 하고, '威'의 의미이다. 尹知章(房玄齡)의 주는 옳지 않다."고 주장하였다.(≪管子集校≫) 역자 또한 이들의 견해에 따랐다.

8) 用之有止 : ≪治要≫에는 '止'가 '正'으로 되어 있다. 아랫 문장 "用之不止"에서도 마찬가지이다.

개간되지 않은 땅은 나의 땅이 아니며, 보살펴 기르지 않은 백성은 나의 백성이 아니다. 무릇 백성을 다스리는 자는 백성이 쌓은 공로에 따라 녹을 주어야 하는 것이니, 이 점을 잘 살펴야 한다. 쌓은 공로가 많은 자는 많은 녹을 주고, 쌓은 공로가 적은 사람은 적은 녹을 주며, 쌓은 공로가 없는 사람은 녹을 주지 않는다.

地之不辟者는 **非吾地也**며 **民之不牧者**는 **非吾民也**니 **凡牧民者**는 **以其所積者食之**에 **不可不審也**라 **其積多者**는 **其食多**하고 **其積寡者**는 **其食寡**오 **無積者**는 **不食**이라

만일 쌓은 공로가 있는데도 녹을 주지 않으면 백성이 군주를 떠나고, 많은 공로를 쌓았는데도 녹을 적게 주면 백성이 노력을 다하지 않는다. 쌓은 공로가 적은데도 많은 녹을 주면 백성은 자주 속이게 되고, 쌓은 공로가 없는데도 그저 녹만 받아먹으면 백성은 요행만 바라게 된다. 그러므로 백성이 군주를 떠나고 노력을 다하지 않으며 속임수를 일삼고 요행만을 바라면, 일을 일으켜도 성공할 수 없고 적을 마주해도 힘을 쓰지 않는다. 그러므로 "능력에 따라 관직을 주고 등급에 따라 녹을 주는 것이 백성을 다스리는 관건이다"라고 말하는 것이다.

或有積而不食者 則民離上하고 **有積多而食寡者 則民不力**하며 **有積寡而食多者 則民多詐**하고 **有無積而徒食者 則民偷幸**이라 **故離上不力**하고 **多詐偷幸**하면 **擧事不成**하고 **應敵不用**이라 **故曰 察能授官**하고 **班祿賜予**는 **使民之機也**라

〈종종〉 들녘과 시장이 일꾼을 다투고, 民家와 官府가 재화를 다투며, 금과 곡식이 귀함을 다투고, 지방과 조정이 다스림을 다툰다. 들녘에 잡초가 쌓이지 않는 것은 농사를 우선시하기 때문이고, 관부에 재화가 쌓이지 않는 것은 민가에 재화가 저장되어 있기 때문이며, 시장에 점포가 형성되지 않는 것은 가정에 물자가 풍족하기 때문이고, 조정에 많은 관리를 모으지 않아도 되는 것은 지방이 개별적으로 잘 다스려지기 때문이다. 그러므로 들녘에 잡초가 쌓이지 않고, 관부에 재화가 쌓이지 않고, 시장에 점포가 형성되지 않고, 조정에 많은 관리를 모으지 않는 것이 최상의 정치이다.

野與市爭民①하고 **家與府爭貨**②하며 **金與粟爭貴**③하고 **鄕與朝爭治**④라 **故野不積草**는 **農事先**

也요 府不積貨는 藏於民也며 市不成肆는 家用足也요 朝不合衆은 鄕分治也라 故野不積草하고 府不積貨하고 市不成肆하고 朝不合衆은 治之至也라

① 野與市爭民 : 백성이 본업인 농사에 힘쓰면 들녘과 시장이 서로 일꾼을 다툰다. 民務本業이면 則野與市爭民이라

② 家與府爭貨 : 저장과 축적에 힘쓰지 않으면 民家와 官府가 서로 재화를 다툰다. 不務藏積이면 家與府爭貨라

③ 金與粟爭貴 : 보배로 여기는 것은 오직 곡식이다. 그러므로 금과 곡식이 서로 귀함을 다툰다.
所寶惟穀이라 故金與粟爭貴라

④ 鄕與朝爭治 : 관리들이 각자 자기 직무에 힘쓰므로 지방과 조정이 서로 다스림을 다툰다. 官各務其職니 故鄕與朝爭治라

사람들의 기본 정서는 다르지 않으므로 백성들을 다스릴 수 있는 것이다. 백성들이 좋아하는 것과 싫어하는 것을 살피면 그들의 장점과 단점을 알 수 있고, 백성들의 교유 관계를 관찰하면 그들이 현명한지 어리석은지를 알 수 있다. 이 두 가지를 놓치지 않으면 백성들을 다스릴 수 있다.

人情不二라 故民(情)[9]可得而御也니 審其所好惡則其長短可知也이고 觀其交游則其賢不肖可察也라 二者不失이면 則民能可得而官也①라.

① 二者不失 則民能可得而官也 : '두 가지'는 '좋아하고 싫어함'과 '교유 관계'를 말한다. 二者는 謂好惡交游라

영토의 보존은 성곽에 달려 있고, 성곽의 보존은 병사에 달려 있으며, 병사의 보존은 사람에 달려 있고, 사람의 보존은 곡식에 달려 있다. 그러므로 토지를 개간하지 못하면 성곽도 견고하지 못하다. 자신도 다스리지 못하면서 어찌 다른 사람을 다스리겠는가? 다른 사람도 다스리지 못하면서 어찌 자기 가정을 다스리겠는가? 자기 가장도 다스리지 못하면서 어찌 마을을 다스리겠는가? 마을도 다스리지 못하면서 어찌 나라를 다스리겠는가? 나라도 다스리지 못하면서 어찌 천하를 다

9) (情) : 安井衡(日)과 陶鴻慶(淸) 등의 견해에 근거하여 '情'을 衍文으로 처리하였다. 이들은 '情'이 앞에 나오는 '人情'으로 인해 잘못 끼어든 글자로 보았다.(≪管子纂詁≫, ≪讀管子札記≫)

스리겠는가? 천하는 나라의 근본이고, 나라는 마을의 근본이며, 마을은 가정의 근본이고, 가정은 사람의 근본이며, 사람은 나의 근본이고, 나는 다스림의 근본이다.

地之守在城하고 **城之守在兵**하며 **兵之守在人**하고 **人之守在粟**이라 **故地不辟則城不固**라 **有身不治**면 **奚待於人**①이며 **有人不治**면 **奚待於家**며 **有家不治**면 **奚待於鄕**이며 **有鄕不治**면 **奚待於國**이며 **有國不治**면 **奚待於天下**리오 **天下者**는 **國之本也**고 **國者**는 **鄕之本也**요 **鄕者**는 **家之本也**요 **家者**는 **人之本也**요 **人者**는 **身之本也**요 **身者**는 **治之本也**라

① 有身不治 奚待於人 : '待'는 장차 다스린다는 말이다. 자신도 이미 스스로 다스리지 못한다면 다른 사람을 다스릴 수가 없다.
待는 謂將治之言이라 身旣不能自治면 則無以治人也라

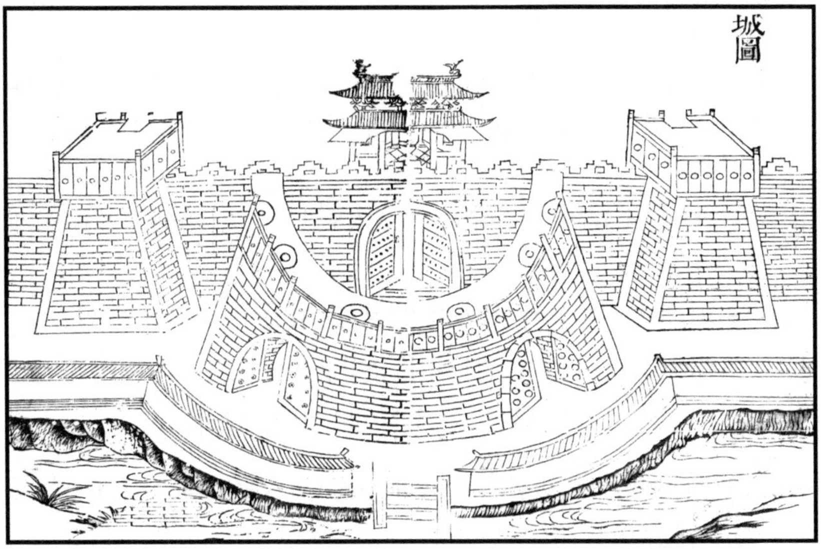

城

그러므로 군주가 농업을 좋아하지 않으면 상업이 제한되지 않는다. 상업이 제한되지 않으면 백성이 계절에 따른 농사일을 등한시하고, 토지 경작을 통해 얻는 이익을 경시하게 된다. 토지 경작을 통해 얻는 이익을 경시하면서 농토가 개간되고 창고가 가득 차기를 바랄 수 없다.

故上不好本事면 **則末産不禁**이요 **末産不禁則民緩於時事**[10]**而輕地利**니 **輕地利 而求田野之**

10) 時事 : 楊樹達에 의하면 '時事'는 봄에 밭갈고〔春耕〕, 여름에 김매고〔夏耘〕, 가을에 걷어들이고〔秋收〕, 겨울에 저장하는〔冬藏〕 등과 같은 계절에 따른 농사일을 말한다.(≪管子集校≫)

辟倉廩之實은 不可得也라

상인이 조정에 있으면 재화가 윗사람에게만 흘러가고, 아녀자가 人事를 논하면 상벌이 공정하지 않으며, 남녀 사이의 구분이 사라지면 백성들이 염치가 없게 된다. 재화가 윗사람에게만 흘러가고 상벌이 공정하지 않고 백성들이 염치가 없는데, 백성이 어려움을 피하지 않고 병사가 나라를 위해 목숨을 바치기를 바라는 것은 불가능하다.

商賈在朝 則貨財上流①하고 **婦言人事 則賞罰不信**②하며 **男女無別 則民無廉恥**니 **貨財上流**하고 **賞罰不信**하고 **民無廉恥**오 **而求百姓之安難兵士之死節**은 **不可得也**라

① 商賈在朝 則貨財上流 : 〈前漢의〉 桓帝와 靈帝가 거듭 매관매직했던 경우와 같다.
若桓靈之重賣官也라

② 婦言人事 則賞罰不信 : 아녀자는 누에를 기르고 옷감을 짜는 것을 직무로 하는 사람이다. 그런데 이를 행하지 않고 걸핏하면 人事를 말하면, 아녀자의 본성이 본래 편파적이므로 그 상벌에 신뢰가 없게 된다.
婦者는 所以職其蠶織이라 此之不爲하고 輒言人事면 婦人之性險이니 故賞罰不信矣라

조정이 엄숙하지 않고, 귀천이 명확하지 않고, 長幼가 구분되지 않고, 제도가 분명하지 않고, 의복에 차등이 없고, 상하가 규범을 무시하는데, 백성들이 군주의 정치와 법령을 받들어 지키기를 바라는 것은 가능하지 않다.

朝廷[11]**不肅**하고 **貴賤不明**하고 **長幼不分**하고 **度量不審**하고 **衣服無等**하고 **上下淩**[12]**節**한데 **而求百姓之尊主政令**은 **不可得也**라

군주는 속이고 이간질하기를 좋아하고 신하들은 앞다투어 세금을 거두어들여 백성들을 일시적인 쾌락에나 빠져들게 하면, 백성들은 윗사람을 미워하고 원망하게 된다. 〈이런 상태에서〉 백성들이 군주와 친해지기를 바란다는 것은 불가능하다.

上好詐謀間欺①하고 **臣下賦斂競得**하여 **使民偸壹**②면 **則百姓疾怨**이니 **而求下之親上**은 **不可得也**라

---

11) 廷 : 宋本에는 '廷'이 '庭'으로 되어 있다.

12) 淩 : 宋本에는 '淩'이 '凌'으로 되어 있다. 孫星衍(中)은 ≪群書治要≫의 인용에는 "下賤侵節"로 되어 있다고 하였다.(≪管子集校≫)

① 上好詐謀間欺 : '間'은 '사이를 둠'이다. 사이를 두고 막는 바가 있어 속이고 기만한다.
間은 隔也라 有所隔礙而欺誑也라

② 臣下賦斂競得 使民偸壹 : 일시적인 쾌락을 훔쳐서 취하는 것이다.
偸取一時之快라

농토가 있어도 농사를 중시하지 않고, 군주가 나라를 다스리면서 백성을 하나로 단합시키지 못하면서, 종묘사직이 위태롭지 않기를 바라는 것은 불가능하다.

有地不務本事①하고 **君國不能壹民**이오 **而求宗廟社稷之無危**는 **不可得也**라

① 有地不務本事 : 本事는 농사를 가리킨다.
本事는 謂農이라

윗사람이 거북점이나 시초점 따위나 믿고 무당을 좋아하면 귀신들이 온갖 재앙을 몰고 온다. 그러므로 〈윗사람의〉 공이 이루어지지 않고 명성이 드러나지 않아 다음과 같은 세 가지 근심이 생길 것이다. 즉 군주는 고독해지고, 나라는 가난해지며, 〈국정의 혼란을 수습할〉 날이 부족해질 것이다.

上恃龜筮하고 **好用巫醫**하면 **則鬼神驟(祟)〔祟〕**[13]이라 **故功之不立**하고 **名之不章**하여 **爲之患者三**①이니 **有獨王者**②하고 **有貧賤者**하고 **日不足者**③라

① 故功之不立……爲之患者三 : 진실로 공이 서지 않고 이름이 드러나지 않으면 반드시 다음 세 가지 근심이 생겨나니, 고독한 왕, 빈천함, 시간의 부족함이다.
苟功不立하고 名不章하면 必爲三患下라 獨王과 貧賤과 日不足이 是也라

② 有獨王者 : 〈왕을 따르는〉 무리가 없음을 가리킨다.

占筮協從圖

13) (祟)〔祟〕: 저본에는 '祟'으로 되어 있으나, 花齊本에 의거하여 '祟'로 수정하였다. 이 점에 대해 丁士涵(淸)은 "'祟'은 '祟'가 되어야 한다. ≪說文解字≫에 '祟 神禍也 從示從出'라고 하였다. 祟는 위의 筮, 醫와 韻이 맞다."라고 하였다.(≪管子校本≫)

謂無黨也라

③ 有日不足者 : 쓸 수 있는 날이 부족하다.
有日不足之費也라

일 년의 계획으로는 곡식을 심는 것보다 중요한 것이 없고, 십 년의 계획으로는 나무를 심는 것보다 중요한 것이 없으며, 일생의 계획으로는 사람을 키우는 것보다 중요한 것이 없다. 한 번 심어서 한 번 거두는 것은 곡식이고, 한 번 심어서 열 번 거두는 것은 나무이며, 한 번 키워서 백 년 동안 보답을 얻는 것은 사람이다. 진실로 내가 인재를 키우면 마치 귀신이 운용하는 듯하게 된다.[14] 일처리를 귀신처럼 하는 것이 오직 왕이 되는 문이다.

一年之計는 **莫如樹穀**이요 **十年之計**는 **莫如樹木**이요 **終身之計**는 **莫如樹人**①이라 **一樹一穫者**는 **穀也**요 **一樹十穫者**는 **木也**②요 **一樹百獲者**는 **人也**③라 **我苟種之**면 **如神用之**④니 **擧事如神**은 **唯王之門**⑤이라

① 終身之計 莫如樹人 : '樹人'은 사람을 구제하여 인재로 길러내는 것을 말한다.
樹人은 謂濟而成立之라.

② 一樹十穫者 木也 : 과일나무는 십 년이 지나면 점차 말라비틀어지게 된다. 그러므로 열 번 수확한다고 말한다.
果木은 過十年에 漸就枯悴라 故曰十獲也라

③ 一樹百獲者 人也 : 사람에게는 백 년의 수명이 있는데, 비록 백 년을 살지 않더라도 자손이 또한 그를 이어서 군주의 덕에 보답하게 된다. 그러므로 백 년을 수확한다고 말한다.
人有百年之壽니 雖使無百年이라도 子孫亦有嗣之而報德者라 故曰百獲也라

④ 我苟種之 如神用之 : 한 번 파종하면 백 년을 수확하지만, 식견이 좁은 사람은 그 이유를 헤아리지 못하기 때문에 마치 귀신이 운용하는 듯하다고 말한다.
一種百獲이나 近識者가 莫能測其由니 故曰如神用也라

⑤ 擧事如神 唯王之門 : 왕이 된 자는 귀신의 도리로 배푸는 것을 귀하게 여긴다.
王者는 貴神道設敎也라

무릇 백성을 다스리는 사람은 남자는 사악한 행동이 없게 하고, 여자는 음란한 일이 없게 해야 한다. 남자가 사악한 행동을 하지 않게 하는 것은 교육이고, 여자가 음란한 일을 하지 않게 하는 것은 〈부모의〉 교훈이다. 교육과 교훈으로 좋은 풍

---

14) 진실로……된다 : 인재를 키움으로써 얻게 되는 효능이 매우 크고 대단하다는 의미이다.

속을 형성하여 형벌을 줄이는 것은 〈다스리는 자의〉 바른 度數이다.

凡牧民者는 **使士無邪行**하고 **女無淫事**니 **士無邪行**은 **教也**요 **女無淫事**는 **訓也**요 **教訓成俗 而刑罰省**은 **數**①[15]**也**라

① 數 : 所와 角의 반절이다.
所角反이라

무릇 백성을 다스리는 사람은 백성이 올바르기를 바란다. 백성을 올바르게 하려면 작은 악행도 허용해서는 안 된다. 작은 잘못은 큰 잘못이 생겨나는 근원이니, 작은 잘못을 금지하지 않고서 큰 잘못으로 인해 나라가 손상되지 않기를 바라는 것은 가능하지 않다.

凡牧民者는 **欲民之正也**니 **欲民之正**이면 **則微邪不可不禁也**라 **微邪者**는 **大邪之所生也**니 **微邪不禁**이요 **而求大邪之無傷國**은 **不可得也**라

무릇 백성을 다스리는 사람은 백성이 禮를 갖추기를 바란다. 백성이 禮를 갖추기를 바란다면 작은 禮도 조심하지 않을 수 없다. 나라에서 작은 禮가 삼가 시행되지 않는 상황에서, 백성이 큰 禮를 행하기를 바라는 것은 가능하지 않다.

凡牧民者는 **欲民之有禮也**니 **欲民之有禮**면 **則小禮不可不謹也**라 **小禮不謹於國**이요 **而求百姓之行大禮**는 **不可得也**라

무릇 백성을 다스리는 사람은 백성이 義를 지니기를 바란다. 백성이 義를 지니게 하려고 하면 작은 義도 행하지 않을 수 없다. 나라에서 작은 義도 행해지지 않는 상황에서 백성이 大義를 행하기를 바라는 것은 가능하지 않다.

---

15) 數 : 舊注에서는 '數'를 '所角反'으로 읽음으로써 '省數'을 한 단위로 연결하였다. 이에 대해 陶鴻慶은 이렇게 말하였다. "'省數' 두 글자는 연결된 어구일 수 없다. '省'자로 句를 끊어야 한다. '數'는 글자 그대로 읽는데 數는 곧 術이다. '教訓成俗而刑罰省'은 다스림의 方術이니, 윗 문장 '士無邪行 教也' 및 '女無淫事 訓也'와 文法이 일률적이다." 참고로 舊注에서는 본서 〈法法〉의 "故曰上無固植 下有疑心 國無常經 民力必竭 數也"에 대해서, "數 理也"라고 주를 달고 있다.

凡牧民者는 欲民之有義也니 欲民之有義면 則小義不可不行이라 小義不行於國이요 而求百姓之行大義는 不可得也라

무릇 백성을 다스리는 사람은 백성이 청렴하기를 바란다. 백성이 청렴하기를 바란다면 작은 청렴도 닦지 않을 수 없다. 나라에서 작은 청렴도 닦여지지 않는 상황에서 백성이 큰 청렴을 행하기를 바라는 것은 가능하지 않다.

凡牧民者는 欲民之有廉也니 欲民之有廉이면 則小廉不可不修也라 小廉不修於國이요 而求百姓之行大廉은 不可得也라

무릇 백성을 다스리는 사람은 백성이 수치심을 지니기를 바란다. 백성이 수치심을 지니기를 바란다면 작은 수치심도 삼가 조심하지 않을 수 없다. 나라에서 작은 수치심조차 조심하지 않는 상황에서 백성이 큰 수치심을 지니기를 바라는 것은 가능하지 않다.

凡牧民者는 欲民之有恥也니 欲民之有恥면 則小恥不可不飾也라 小恥不飾於國이요 而求百姓之行大恥는 不可得也라

무릇 백성을 다스리는 사람은 백성이 작은 禮도 닦고, 작은 義도 행하고, 작은 청렴도 갖추고, 작은 수치심도 지키고, 작은 악행도 금지되기를 바란다. 이것이 백성을 다스리는 방법이다. 백성이 작은 禮도 닦고, 작은 義도 행하고, 작은 청렴도 갖추고, 작은 수치심도 지키고, 작은 잘못도 하지 않는 것이 정치의 근본이다.

凡牧民者는 欲民之修小禮 行小義 飾小廉 謹小恥 禁微邪니 此厲民之道也라 民之修小禮 行小義 飾小廉 謹小恥 禁微邪는 治之本也라

무릇 백성을 다스리는 사람은 백성을 잘 다스리기를 바란다. 백성을 잘 다스리려면 법을 잘 살피지 않을 수 없다. 법이란 조정의 권위를 세우는 것이다. 조정의 권위를 세우려고 하면 작록과 복식을 귀하게 여기지 않을 수 없다. 작록과 복식이

합당하지 않은 곳에 주어지면 백성이 작록과 복식을 천시하게 되고, 백성이 작록과 복식을 천시하면 군주가 존엄하지 않고, 군주가 존엄하지 않으면 명령이 시행되지 않는다.

凡牧民者는 **欲民之可御也**니 **欲民之可御**면 **則法不可不審**[16)]이라 **法者**는 **將立朝廷者也**니 **將立朝廷者**면 **則爵服不可不貴也**라 **爵服加于不義**면 **則民賤其爵服**하고 **民賤其爵服**이면 **則人主不尊**하고 **人主不尊**이면 **則令不行矣**라

법이란 백성의 노동력을 동원하기 위한 것이다. 백성의 노동력을 동원하려는 자는 녹봉과 상을 신중히 하지 않을 수 없다. 공로가 없는 사람에게 녹봉과 상이 주어지면 백성이 녹봉과 상을 경시하게 되고, 백성이 녹봉과 상을 경시하면 군주는 백성을 권장할 수단이 없게 되며, 군주가 백성을 권장할 수단이 없으면 명령이 시행되지 않는다.

法者는 **將用民力者也**니 **將用民力者**는 **則祿賞不可不重也**라 **祿賞加于無功**이면 **則民輕其祿賞**하고 **民輕其祿賞**하면 **則上無以勸民**하며 **上無以勸民**이면 **則令不行矣**라

법이란 백성의 재능을 사용하기 위한 것이다. 백성의 재능을 사용하려는 자는 관직 내리는 것을 신중히 하지 않을 수 없다. 관직 내리는 것을 신중히 하지 않으면 백성이 군주의 다스림을 비난하고, 백성이 다스림을 비난하면 다스림의 이치가 위로 통하지 않게 된다. 다스림의 이치가 위로 통하지 않으면 백성이 군주를 원망하게 되고, 백성이 군주를 원망하면 명령이 시행되지 않는다.

法者는 **將用民能者也**니 **將用民能者**는 **則授官不可不審也**라 **授官不審**하면 **則民間**[17)]**其治**하고 **民間其治**하면 **則理不上通**하고 **理不上通**이면 **則下怨其上**하고 **下怨其上**하면 **則令不行矣**라

---

16) 法不可不審 : '審'은 '重'으로 되어야 한다는 의견들이 있다. 우선 孫星衍(中)은 ≪北堂書鈔≫ 권43과 ≪太平御覽≫ 권638의 인용문에는 '審'이 '重'으로 되어 있다는 점을 지적하였다.(≪管子集校≫) 한편 王念孫(淸)은 '審'은 본래 '重'으로 되어야 한다고 주장하면서, 그 근거로 본서의 〈法法〉에 "法重於民……不爲愛民枉法律"라는 구절을 든다. 현행본은 아래에 나오는 "不可不審" 구절로 인해 誤字가 생겼다는 것이다.(≪讀書雜志≫)

17) 間 : 楊樹達(中)은 '間'은 '非'의 의미와 통한다고 본다. 그는 그 근거로 "사람은 자기 부모와 형제의 말을 비난하지 않는다.〔人不間於其父母昆弟之言〕"라고 하였다.(≪論語≫ 〈先進〉)

법이란 백성의 죽음과 삶을 결정하는 것이다. 백성의 죽음과 삶을 결정하려는 자는 형벌을 신중히 하지 않을 수 없다. 형벌을 신중히 하지 않으면 '감싸 용서'〔辟〕하거나 '없는 죄도 만드는 일'〔就〕이 생기고, 감싸 용서하거나 없는 죄도 만드는 일이 생기면 죄 없는 사람을 죽이고 죄 있는 사람을 놓아주게 된다. 죄 없는 사람을 죽이고 죄 있는 사람을 놓아주면, 그 나라는 반역하는 신하가 생기는 것을 피할 수 없다.

法者는 **將用民之死命者也**니 〔**將**〕**用民之死命者**[18]는 **則刑罰不可不審**[19]이라 **刑罰不審**이면 **則有**辟**就**하고 **有**辟**就**[20]하면 **則殺不辜而赦有罪**하고 **殺不辜而赦有罪**하면 **則國不免於賊臣矣**라

그러므로 작록과 복식이 천시됨, 녹봉과 상이 경시됨, 백성이 통치를 비난함, 반역하는 신하가 난을 일으켜 득세함, 이런 것을 국가패망의 교훈이라고 말한다.

故夫爵服賤 祿賞輕하고 **民間其治 賊臣首難**은 **此謂敗國之敎也**라

18) 〔將〕用民之死命者 : 저본에는 '將'이 없으나, 앞에 제시된 "將用民力者", "將用民能者"와 같은 문장 형태에 의거하여 보충하였다.

19) 刑罰不可不審 : 元刻本에는 '審' 아래에 '也'자가 있다.

20) 辟就 : 豬飼彦博(日)는 '辟'는 '避'와 같다고 하였다. 그리고 이 구절의 의미는, 罪가 있는 자가 刑을 피하고 無辜한 자가 殺戮되는 자리로 나아가는 것을 의미한다고 보았다.(≪管子補正≫) 한편 郭沫若(中)은 '辟'는 迴避를 '就'는 '牽就'를 의미하는 것으로 보았다. 따라서 '辟就'는 '舞文弄法', 즉 붓을 함부로 놀려 법을 농락하는 행위를 가리키는 것으로 보았다.(≪管子集校≫)

제4편 입정 立政[1)]

경언4 經言 四

* 군주가 정무에 임하여 신경 써야 할 아홉 가지 사항을 기술하고 있다. 그 구체적 조목은 三本·四固·五事·首憲·首事·省官·服制·九敗·七觀이다.

三本

나라에서 어지러움을 다스리는 데 〈필요한 것이〉 세 가지이니, 살육과 형벌로는 부족하다. 나라의 위태로움을 안정시키는 데 〈필요한 것이〉 네 가지이니, 성곽과 험준한 지형만으로는 나라를 지킬 수 없다. 나라에서 가난함을 부유하게 하는 데 〈필요한 것이〉 다섯 가지이니, 토지세를 가볍게 하고 각종 세금을 줄이는 것만으로는 부족하다. 나라를 다스리는 데는 세 가지 근본이 있고, 나라를 안정시키는 데는 네 가지 단단히 힘써야 할 것이 있고, 나라를 부유하게 하는 데는 다섯 가지 일이 있다. 이들 세 가지 사항이 곧 〈치국의〉 세 가지 기본 강령이다.

國之所以治亂者 三이니 **殺戮刑罰不足用也**①요 **國之所以安危者 四**이니 **城郭險阻不足守也**②요 **國之所以富貧者 五**이니 **輕稅租**[2)]**薄賦斂不足恃也**③라 **治國有三本**하고 **而安國有四固**하며 **而富國有五事**라 (五事)〔三事〕(五經)〔三經〕**也**④[3)]라

---

1) 立政 : '立'은 곧 '莅'(담당하다)'와 통한다. 따라서 '立政'은 '정치를 담당하다' 또는 '백성을 다스리다'는 의미를 지니게 된다. 한편, 孫星衍(中)은 ≪群書治要≫의 인용문에는 '立君'으로 되어 있다는 점을 근거로, 본편의 제목은 '立政'이 아니라 '立君'이 되어야 한다고 주장하였다.(≪管子集校≫) 安井衡(日) 또한 본편에서 기술하는 내용이 모두 군주가 自立하는 것에 관한 것이므로 본편의 제목은 '立君'이 되는 게 맞다고 보았다.(≪管子纂詁≫)

2) 稅租 : '租稅'를 말한다.≪說文解字≫에 의하면, '租'는 토지에 부과하는 세금인 田稅를 의미한다.

3) (五事)〔三事〕(五經)〔三經〕也 : 저본에는 "五事 五經也"로 되어 있으나, 譚戒甫(中)의 견해에 의거하여 "三事 三經也"로 수정하였다. 담계보는 "治, 安, 富 세 가지 모두 함께 중요하니 오직 '五事'만을 '五經'이라 할 수 없다. 尹知章의 注 '自三本已上總其目'은 그 의미가 불분명하다. 원문은 본래 '三者三也'로 되어 있고 尹知章의 注도 '自三經已上總其目'이라고 해야 비로소 문장의 의미와 서로 합치된다.〔治安富三者竝重 不應獨以五事爲五經 尹注 自三本已上總其目 辭意不明

① 國之所以治亂者三 殺戮刑罰不足用也 : '세 가지'는 세 가지 근본을 말한다. 즉 어지러움을 다스리는 방법에는 세 가지가 있다는 것이다.
三은 謂三本也라 謂治亂法各有三也라

② 國之所以安危者四 城郭險阻不足守也 : '네 가지'는 네 가지 굳게 지켜야 할 것을 말한다.
四는 謂四固라

③ 國之所以富貧者五 輕稅租薄賦斂不足恃也 : '다섯 가지'는 다섯 가지 일을 말한다.
五는 謂五事也라

④ 治國有三本……(五經)〔三經〕也 : 세 가지 근본으로부터 그 이상은 그 구체적 항목을 총괄한다.
自三本已上은 總其目이라

군주가 살필 것은 세 가지이다. 첫째 덕이 그 지위에 합당한지, 둘째 공적이 그 녹봉에 합당한지, 셋째 능력이 그 관직에 합당한지이다. 이 세 가지 근본은 어지러움을 다스리는 근원이다. 그러므로 덕과 의리가 아직 조정에서 드러나지 않은 사람에게는 높은 지위를 주어서는 안 되고, 공적이 아직 나라에서 드러나지 않은 사람에게는 많은 녹봉을 주어서는 안 되며, 맡은 일이 아직 백성에게 신임을 받지 못한 사람에게는 큰 관직을 맡겨서는 안 된다. 그러므로 덕은 높은데 지위가 낮은 경우를 '過'라 말하고, 덕은 낮은데 지위가 높은 경우를 '失'이라 말한다. 차라리 군자를 낮은 곳에 두는 '과'를 저지를지언정, 소인을 높은 곳에 두는 '실'을 저질러서는 안 된다. 군자를 낮은 곳에 두는 '과'를 행하면 그로 인한 원망은 얕으나, 소인을 높은 곳에 두는 '실'을 범하면 그로 인한 재앙이 극심하다.

君之所審者三이니 **一曰德不當其位**요 **二曰功不當其祿**이요 **三曰能不當其官**이라 **此三本者**는 **治亂之原也**라 **故國有德義未明於朝者**는 **則不可加于尊位**요 **功力未見于國者**는 **則不可授以重祿**이요 **臨事不信於民者**는 **則不可使任大官**이라 **故德厚而位卑者**를 **謂之過**요 **德薄而位尊者**를 **謂之失**이라 **寧過於君子**언정 **而毋失於小人**이니 **過於君子**면 **其爲怨淺**이나 **失於小人**이면 **其爲禍深**이라

이 때문에 나라에 덕과 의리가 아직 조정에서 드러나지 않았는데도 높은 지위에

疑元文本作 三者三也 而尹注 亦謂自三經已上總其目 方與文義相合]"라고 하였다.(≪管子集校≫)

앉은 자가 있으면 훌륭한 신하들이 조정으로 나오지 않고, 공적이 아직 나라에서 드러나지 않았는데도 많은 녹봉을 받는 사람이 있으면 부지런히 힘쓰는 신하들이 노력하지 않으며, 맡은 일이 아직 백성에게 신임을 받지 못하였는데도 큰 관직을 맡은 사람이 있으면 재능 있는 신하들이 쓰이지 않는다.

是故로 **國有德義未明於朝而處尊位者**면 **則良臣不進**하고 **有功力未見於國而有重祿者**면 **則勞臣不勸**하며 **有臨事不信於民而任大官者**면 **則材臣不用**이라

〈이상의〉 세 가지 근본을 잘 살피면, 〈능력이 안 되는〉 아랫사람이 감히 벼슬을 구하지 못한다. 그러나 세 가지 근본을 잘 살피지 않으면, 사악한 신하가 군주와 통하고 편벽된 자가 위엄을 부리게 된다. 이와 같으면 위에서는 군주의 명철함이 막히고 아래에서는 다스림이 막히게 되니, 바른 도가 버려지고 날마다 사악한 일이 늘어나게 된다.

三本者審이면 **則下不敢求**요 **三本者不審**이면 **則邪臣上通 而便**辟**制威**라 **如此則明塞於上而治壅於下**하니 **正道損棄而邪事日長**이라

〈그러나〉 세 가지 근본을 잘 살피면 편벽된 자가 나라에서 위엄을 부리지 못하고, 길거리에는 짐승 같은 행위를 하는 자가 없으며, 권력자와 소원한 사람이 억울한 옥살이를 하지 않고, 고아와 과부도 가슴에 품고 꺼내지 못하는 억울한 송사가 없다. 그러므로 말하길, "형벌은 줄고 정무는 간결하여, 조정에 많은 관리가 모일 일이 없다"라고 한다.

三本者審이면 **則便**辟**無威於國**하고 **道塗無行禽**①[4]하며 **疏遠無蔽獄** 하고 **孤寡無隱治**[5]라 **故**

4) 道塗無行禽 : 舊注에서는 "無禽獸之行"로 풀이하고 있다. 그러나 兪樾(淸)은 "尹知章의 注에서는 '無禽獸之行'라고 말하는데 이는 잘못된 해설이다. 禽獸의 행동을 禽行이라고 해도 이미 文義가 온전하지 못한데, 하물며 이를 뒤집어 '行禽'이라고 할 수 있겠는가? 이는 윗 문장 '便辟無威於國'을 이어서 말하는 것이니, 禽은 囚와 같다. 襄公 二十四年의 ≪春秋左傳≫에서는 '收禽挾囚'이라고 하였으니, 이는 禽과 囚이 같은 것이다."라고 하였다.(≪諸子平議≫) 유월의 이러한 견해에 따를 경우, "道塗無行禽" 구절은 "거리에는 압송되는 죄수가 없다"로 해석된다. 한편, 劉師培(中)는 '禽'을 '竊'자의 손상된 글자로 추측하였다.(≪管子斠補≫)

5) 孤寡無隱治 : 于省吾(中)에 의하면 金文에서 '治'와 '辭'는 그 형태가 동일하다고 한다.(≪管

曰刑省治寡하여 **朝不合衆**이라

① 道塗無行禽 : 금수와 같은 행동이 없는 것이다.
無禽獸之行이라

이상은 〈三本〉이다.

右는 **三本**이라

四固

군주가 신중히 할 바는 네 가지이다. 첫째, 德을 크게 여기면서도 仁을 실천하지 않는 사람에게는 나라의 권력을 주어서는 안 된다. 둘째, 어진 사람을 보고도 양보하지 않는 사람에게는 높은 지위를 주어서는 안 된다. 셋째, 형벌을 시행함에 있어 친한 사람이나 귀족에게 관대하게 하는 사람에게는 兵權을 맡겨서는 안 된다. 넷째, 농사를 좋아하지 않고 토지의 이로움을 개발하는 데 힘쓰지 않으며 백성에게 세금을 함부로 부과하는 사람에게는 都邑을 맡겨서는 안 된다.

君之所愼者四이니 **一曰大德不至仁**[6]이면 **不可以授國柄**①요 **二曰見賢不能讓**이면 **不可與尊位**라

子新證≫) 許維遹(中)은 이러한 우성오의 견해를 받아들여 '治'를 '辭'의 의미로 해독하고, 다시 '辭'는 '訟'의 의미를 지니고 있다는 점을 문헌학적으로 입증하였다. 결국 "孤寡無隱治"은 "孤寡無隱訟"이 되며, 그 의미는 '고아나 과부와 같은 사람도 가슴 속에 감추어 두고 꺼내지 못하는 억울한 訟事가 없다'가 된다고 보았다.(≪管子集校≫) 참고로, 兪樾(淸)은 "無隱治"를 앞의 "無蔽獄"과 같은 뜻으로 보기도 한다.(≪諸子平議≫) 여기서 역자는 허유율의 견해에 따라 해석하였다.

6) 大德不至仁 不可以授國柄 : '大德'과 '不至仁'은 상호 모순된다. 그런데 舊注에서는 이 구절에 대해 "德雖大而仁不至 或包藏禍心 故不可授國"이라는 注를 달고 있다. 따라서 주석가들은 이 구절에 대해 다양한 견해를 제시하였다. 우선 王念孫(淸)은 "'至仁'이 바로 '大德'이니 '大德'이면서 仁하지 않은 이는 없다. ≪群書治要≫에서 이를 인용하며 '德'을 '位'로 하였으니 옳다. 현재 '德'으로 된 것은 앞 章의 여러 '德'자로 인해 잘못 된 것이다. 大位이면서 至仁하지 않으면 반드시 衆心을 상실한다. 따라서 下文에서 '卿相不得衆 國之危也'라고 하는데 卿相이 바로 '大位'이다. 尹知章의 注는 틀렸다."라고 하였다.(≪讀書雜志≫) 다음으로, 兪樾(淸)은 "이 注(尹知章의 注)는 의미가 타당하지 않다. 大德의 사람이 어찌 禍心을 품고 간직하기에 이르겠는가? ≪群書治要≫가 이를 인용하면서 '大位'로 쓴 것은 주관적 생각으로 고친 것이니 근거가 부족하다. '大德不至仁'에서 '仁'은 바로 '人'의 가차이니 비록 大德이 있더라도 자기 몸만을 홀로 선하게 하고 남에게 이르지 못함을 말한다. 아랫 문장에서 '卿相不得衆 國

三曰罰避親貴면 **不可使主兵**요 **四曰不好本事**하고 **不務地利而輕賦斂**면 **不可與都邑**이라

① 大德不至仁 不可以授國柄 : 비록 덕이 크지만 仁이 지극하지 않아 혹 악한 마음을 가슴에 품고 있으니 〈그에게〉 나라를 주어서는 안 된다.
德雖大而仁不至하여 或包藏禍心이니 故不可授國이라

이 네 가지 힘쓸 바는 위태로움을 안정시키는 근본이다. 그러므로 다음과 같이 말한다. "卿相이 대중의 마음을 얻지 못하는 것은 나라의 위태로움이고, 大臣이 협동하지 않는 것은 나라의 위태로움이고, 兵權을 담당한 자가 〈사졸들에게〉 위엄을 보이지 못하는 것은 나라의 위태로움이고, 백성이 자신의 생산활동에 관심을 두지 않는 것은 나라의 위태로움이다."

此四務者는 **安危之本也**[7]라 **故曰卿相不得衆**은 **國之危也**요 **大臣不和同**은 **國之危也**요 **兵主不足畏**는 **國之危也**요 **民不懷其産**은 **國之危也**라

그러므로 德을 크게 여기면서 仁을 실천하면 나라를 유지하고 대중의 마음을 얻고, 어진 사람을 보고 양보할 수 있으면 대신들이 하나로 화합하며, 형벌의 집행에서 친한 사람이나 귀족이라고 회피하지 않으면 그 위엄이 이웃 나라와 敵國에까지 통하게 되고, 농사를 좋아하고 토지의 이로움을 개발하는 데 힘쓰며 세금 징수를 신중히 하면 백성은 자신의 생산활동에만 관심을 두게 된다.

故大德至仁이면 **則操國得衆**하고 **見賢能讓**이면 **則大臣和同**하며 **罰不避親貴**이면 **則威行于隣敵**하고 **好本事 務地利 重賦斂**이면 **則民懷其産**이라

之危也'이라는 것은 바로 이 문장을 이어서 말한 것이다. 사람에 이르지 못하였으니, 따라서 무리를 얻지 못한다. 사람이란 무리이다."라고 하였다.(≪諸子平議≫) 한편, 郭沫若(中)의 견해에 의하면 "'大德不至仁'과 '見賢不能能讓'은 對文으로 '大'와 '至'는 모두 동사가 된다. 따라서 '大德不至仁'이란 바로 德을 중대하게 여기지만 仁에 이르지는 못하는 사람으로, 이른바 僞君子이다."라고 하였다.(≪管子集校≫) 역자는 원문 자체에 근거한 곽말약의 견해를 따랐다.

7) 此四務者 安危之本也 : 張佩綸(淸)은 '務'는 '固'의 오자라고 본다. 즉 그는 "'務'는 마땅히 '固'가 되어야 하는데, 소리로 인한 오자이다."라고 하였다.(≪管子學≫) 장패륜이 이렇게 주장하는 것은, 아래에서 이 단락의 제목이 '四固'로 되어 있기 때문이다.

이상은 〈四固〉이다.

右는 四固라

五事

군주가 힘쓸 일은 다섯 가지이다. 첫째, 산과 늪지에서 화재를 막지 않고 초목을 심어 기르지 않으면 나라가 가난해진다. 둘째, 좁고 험한 곳까지 봇도랑을 내지 않고 물을 막아 저장하지 않으면 나라가 가난해진다. 셋째, 뽕나무와 삼을 들에 심지 않고 오곡을 땅의 성질에 맞지 않게 심으면 나라가 가난해진다. 넷째, 가정에서 가축을 키우지 않고 오이・박・채소・과일을 갖추어 심지 않으면 나라가 가난해진다. 다섯째, 匠人이 목재나 쇠붙이에 화려하게 조각하는 행위에 몰두하고 여인들이 〈길쌈과 자수에서〉 화려한 文彩 내는 데 급급해하면 나라가 가난해진다.

君之所務者五니 一曰山澤不救[8]於火하고 草木不[9]植成은 國之貧也요 二曰溝瀆不遂於隘하고 鄣水不安其藏은 國之貧也요 三曰桑麻不植於野하고 五穀不宜其地는 國之貧也요 四曰六畜不育於家하고 瓜瓠葷菜百果不備具는 國之貧也요 五曰工事競於刻鏤하고 女事繁於文章은 國之貧也라

그러므로 다음과 같이 말한다. "산과 늪지에서 화재를 막고 초목을 심어 성장시키면 나라가 부유해진다. 좁고 험한 곳까지 봇도랑을 내고 물을 막아 저장하면 나라가 부유해진다. 뽕나무와 삼을 들에 심고 오곡을 땅의 성질에 맞게 심으면 나라

8) 救 : 여기서는 '救'를 어떻게 해석할 것인가의 문제가 제기된다. 우선 許維遹(中)은 '救'는 '止'의 의미를 지닌다고 주장하였다. 그 근거로 그는≪說文解字≫의 "救 止也" 및 ≪周禮≫의 〈司救注〉에서 언급된 "救 猶禁也"를 제시하였다. 반면에 孫星衍(中)은 아랫 문장에 "脩火憲 敬山澤"이라는 표현이 있다는 점을 근거로 '救'는 '敬'이 되어야 한다고 보았고, 이때 '敬'은 '儆' 즉 '경계하다'는 의미를 지니게 된다는 것이다.(≪管子集校≫) 이 두 가지 견해 중 역자는 허유율의 견해를 취하였다.

9) 植 : 古本에는 '植'이 '殖'으로 되어 있고, '殖' 아래에 '於'자가 있다. 朱東光本도 이와 같고 劉本은 단지 '殖'으로 되어 있다. 그러므로 郭沫若은 "古本에 의거하여 당연히 '草木不殖於成'이 되어야 한다. 成은 收成을 말한다. 〈輕重乙〉篇의 '而大秋成 五穀之所會 此之謂秋之秋'는 바로 이 '成'자의 뜻이다. 草木이 繁殖하지 못하면서 收穫하기에 이른다는 말이다."라고 하였다. 그러나 역자는 저본에 근거하여 해석하였다.

가 부유해진다. 가정에서 가축을 키우고 오이·박·채소·과일을 갖추어 심으면 나라가 부유해진다. 匠人이 화려하게 조각하는 행위에 몰두하지 않고 여인들이 〈길쌈과 자수에서〉 화려한 文彩를 내는 데 급급해하지 않으면 나라가 부유해진다."

故曰 山澤救於火하고 **草木植成**은 **國之富也**요 **溝瀆遂於隘**하고 **障水安其藏**은 **國之富也**요 **桑麻植於野**하고 **五穀宜其地**는 **國之富也**요 **六畜育於家**하고 **瓜瓠葷菜百果備具**는 **國之富也**요 **工事無刻鏤**하고 **女事無文章**은 **國之富也**라

溝

桑

麻

이상은 〈五事〉이다.

右는 **五事**라

首憲

나라를 다섯 개의 鄕으로 나누어 鄕마다 鄕師를 두고, 鄕을 다섯 개의 州로 나누어 州마다 州長을 두며, 州를 열 개의 里로 나누어 里마다 里尉를 두고, 里를 열 개의 游로 나누어 游마다 游宗을 둔다. 열 집이 什이 되고 다섯 집이 伍가 되는데, 什과 伍에는 모두 什長과 伍長을 둔다.

分國以爲五鄕하여 **鄕爲之師**하고 **分鄕以爲五州**하여 **州爲之長**하며 **分州以爲十里**하여 **里爲之尉**하고 **分里以爲十游**하여 **游爲之宗**이라 **十家爲什**이요 **五家爲伍**니 **什伍皆有長焉**이라

담을 쌓고 틈새길〔匿〕을 막아 도로를 하나만 두고, 출구와 입구를 오직 하나로 한다. 마을 문을 살피고 자물쇠와 열쇠를 신중히 하여 자물쇠를 里尉에게 보관하고, 마을 문에 문지기를 두고 때에 맞추어 여닫게 한다. 문지기는 출입하는 사람을 관찰하여 里尉에게 보고한다.

築障塞匿①[10]하여 **一道路** (**博**)〔**摶**〕**出入**[11]하고 **審閭閈**하고 **愼筦鍵** **筦藏于里尉**하고 **置閭有司**하여 **以時開閉**니 **閭有司**는 **觀出入者**하여 **以復**②**于里尉**라

① 築障塞匿 : 익은 숨는 것이다.
匿은 隱이라
② 復 : 復은 '보고하다'는 의미이다.
復은 白이라

무릇 아무 때나 출입하고 의복이 예법에 맞지 않고, 圈屬 무리 중 常道를 따르지 않는 자는 마을 문의 문지기가 살피고 수시로 보고한다. 만약 〈이런 문제가〉 한 집안의 子弟나 臣妾이나 하인이나 賓客에게 있으면, 里尉가 游宗을 꾸짖고 游宗은 什長 및 伍長을 꾸짖고 什長 및 伍長은 그 집안의 가장을 꾸짖는다. 꾸짖음을 받은 사람이 자기 잘못을 사죄하고 경계하면 윗사람에게 보고하지 않는다. 이때 한 번이나 두 번의 잘못은 용서하지만 세 번째는 용서하지 않는다.

凡出入不時하고 **衣服不中**하고 **圈屬**①**群徒**②[12]**不順於常者**는 **閭有司見之**하고 **復無時**라 **若在長家子弟 臣妾 屬役 賓客**이면 **則里尉以譙于游宗**하고 **游宗以譙于什伍**하며 **什伍以譙于長家**이라

---

10) 匿 : 孫星衍(中) 등 일부 주석가들은 '匿'을 衍文으로 본다.(≪管子集校≫) 그러나 何如璋(淸)이 말하듯이, '匿'을 담장 곁으로 나온 구멍으로 보거나(≪管子析疑≫), 安井衡(日)이 말하듯이 샛길이 방출한 것으로 보면 된다.(≪管子纂詁≫) 舊注에서도 "匿 隱也"라고 하여, '숨겨진 구멍' 또는 '길'로 해석하였다.

11) (博)〔摶〕出入 : 저본에는 "博出入"으로 되어 있으나, 豬飼彦博(日)의 견해에 의거하여 "摶出入"으로 수정하였다. 王念孫(淸) 또한 "'博'자는 의미가 통하지 않는다. '博'은 '摶'으로 되어야 하는 것이니, 글자의 오류이다. '摶'은 '傳'과 같은 의미를 지닌다."라고 하였다.(≪讀書雜志≫)

12) 圈屬群徒 : 舊注에서는 '圈屬'는 "羊豕之類也"로, '群徒'는 "衆作役也"로 풀이하고 있다. 이에 대해 洪頤煊(淸)은 舊注가 잘못되었음을 지적하면서 "'圈'은 圈聚의 圈처럼 읽는다. 屬은 係이다. 群徒는 朋輩를 일컬으니 일정한 관계를 맺고 교유하는 사람을 말한다. 본서 〈幼官〉에서 "'彊國爲圈 弱國爲屬'이라 하였으니 바로 그 증거이다. 尹知章의 注는 잘못되었다.〔圈讀如圈聚之圈 屬 係也 群徒 謂朋輩 言環結交游之人 幼官篇 彊國爲圈 弱國爲屬 卽其證 尹注非〕"라고 하였다.(≪管子集校≫) 역자는 홍이훤의 견해를 따랐다.

譙敬而勿復③[13]이니 **一再則宥**하고 **三則不赦**라

① 圈屬 : 양과 돼지의 종류이다.
羊豕之類也라
② 群徒 : 노역을 하는 무리이다.
衆作役也라
③ 譙敬而勿復 : 이미 꾸짖을 받아 자기 잘못을 경계할 수 있고, 명을 잘 따르기 때문에 위에 보고할 만한 일이 없다면, 이는 敎令이 제대로 행해지는 것이다.
旣譙能敬[14]하고 而從命無事可白이면 則是敎令行이라

무릇 孝悌 · 忠信 · 賢良 · 俊材의 일이 한 집안의 자제 · 신첩 · 하인 · 빈객에게 생기면, 什長 및 伍長이 游宗에게 보고하고, 유종은 里尉에게 보고하고, 이위는 州長에게 보고하고, 주장은 鄕師에게 〈州에서의 여러 보고를〉 합계하여 보고하고, 향사는 士師에게 〈鄕에서의 여러 보고를〉 기록하여 서면으로 보고한다.

凡孝悌 · 忠信 · 賢良 · 俊材若在長家子弟 · 臣妾 · 屬役 · 賓客이면 **則什伍以復于游宗**하고 **游宗以復于里尉**하며 **里尉以復于州長**하고 **州長以計于鄕師**하며 **鄕師以著**[15]**于士師**라

무릇 죄를 저지른 무리가 家屬이면 그 집안의 가장을 연좌시키고, 가장이 죄를 지으면 什長 및 伍長을 연좌시키며, 십장 및 오장이 죄를 지으면 游宗을 연좌시키고, 유종이 죄를 지으면 里尉을 연좌시키며, 이위가 죄를 지으면 州長을 연좌시키고, 주장이 죄를 지으면 鄕師을 연좌시키며, 향사가 죄를 지으면 士師을 연좌시킨다. 3개월에 한 번 보고하고, 6개월에 한 번 〈여러 사건들을 총괄적으로〉 계산하여 보고하고, 일 년에 한 번 〈여러 사건들을〉 기록하여 서면으로 보고한다.

---

13) 譙敬而勿復 : '敬'의 의미에 대해 戴望(淸)은 "'敬'은 '儆'과 같으니 '戒'의 의미이다. 혹자는 '敬'은 바로 '亟'의 오자라고 한다.〔敬與儆同 戒也 一云 敬乃亟之誤〕"(≪管子校正≫) 한편 郭嵩燾(中)는 '譙'와 '復'의 의미를 다음과 같이 구별하였다. "위에서 아래를 꾸짖는 것을 '譙'라고 하고, 아래에서 위에게 아뢰는 것을 '復'이라고 한다. '譙敬勿復'은 문제의 사람을 꾸짖어 스스로 잘못을 사과하게 만들 뿐 윗사람에게는 아뢰지는 않는 것을 말한다.〔自上讓下曰譙 自下報上曰復 譙敬勿復 謂訶譙之使自謝過而已 不以上聞也〕"라고 하였다.(≪管子集校≫)
14) 敬 : 戴望의 견해에 의거하여 '儆' 즉 '戒'의 의미로 해석하였다.
15) 著 : 戴望(淸)에 의하면 宋本에는 '著'가 '箸'로 되어 있다.(≪管子校正≫)

凡過黨이 **其在家屬**이면 **及于長家**하고 **其在長家**면 **及于什伍之長**하며 **其在什伍之長**이면 **及于游宗**하고 **其在游宗**이며 **及于里尉**하며 **其在里尉**면 **及于州長**하고 **其在州長**이면 **及于鄕師**하고 **其在鄕師**면 **及于士師**니 **三月一復**하고 **六月一計**하며 **十二月一著**라

무릇 현인을 등용할 때는 〈그가 수행한 공적의〉 등급을 넘지 않도록 하고, 유능한 사람을 부릴 때는 관직을 겸직하지 않게 하며, 죄지은 자를 벌 줄 때는 〈연대책임을 물어〉 한사람에게만 벌을 가하지 말고, 공 있는 자에게 상을 줄 때는 〈연대포상하여〉 한 사람에게만 상을 주지 않는다.

凡上賢①**不過等**[16]하고 **使能不兼官**하며 **罰有罪**에 **不獨及**②하고 **賞有功**은 **不專與**라

① 凡上賢 : 상등의 현인이 비록 재능과 능력이 남다르다고 해도, 그가 수행한 공적의 등급을 넘어설 수 없다.
謂上賢雖才用絶倫이라도 無得過其勞級이라

② 罰有罪 不獨及 : 죄에는 반드시 종범과 편드는 자들이 있다.
罪必有首從及黨與也라

1월 초순에는 군주가 직접 조회를 보면서 벼슬과 상을 논의하고 官務를 살피는데, 5일 안에 마친다. 12월 말에는 군주가 직접 조회를 보면서 죄를 벌하고 사형을 논의하는데, 이 또한 5일 안에 마친다. 정월 초하루에 모든 관리가 조정에 모이면 군주가 명령을 내고 憲[17]을 반포한다. 五鄕의 鄕師와 五屬大夫는 모두 太史에게서 憲을 받는다. 전체 조회가 있는 날에 五鄕의 鄕師[18]와 五屬大夫[19]는 모두

16) 上賢 : 舊注에서는 '上賢'을 명사로 처리하였다. 이에 대해 聞一多(中)는 "'上'은 '尙'으로 읽으니 등용함이다. '尙賢'과 '使能'이 對文이니 尹知章의 說은 틀리다."라고 하였다.(≪管子集校≫) 문장 구조로 볼 때 聞一多의 말이 타당하다. 따라서 역자는 聞一多의 견해를 따랐다.

17) 憲 : 아래의 舊注에서 "'憲'은 時令을 살피는 근거다.〔憲 所以察時令〕"라고 풀이하고 있다. 따라서 '憲'은 時令과 관련된 시행 세칙을 적어놓은 문서로 볼 수 있다. 이와 관련된 마땅한 번역어가 없으므로 원문 그대로 표기하였다.

18) 五鄕의 鄕師 : 國都를 다섯 개의 鄕으로 나누고 각 鄕마다 1명의 鄕師를 두었다.

19) 五屬大夫 : 五屬은 춘추시대 齊나라의 管仲이 제정한 변방의 행정조직이다. 당시 國都 이외의 광대한 지역인 '野'를 다섯 개의 屬으로 나누고, 각 屬마다 1명의 大夫를 두었는데 그가 바로 五屬大夫이다.

몸소 군주 앞에서 憲을 익힌다. 太史[20]는 憲을 반포하고 나서 籍[21]은 太府[22]에 넣어 두고, 憲의 문서를 군주 앞에서 〈신하들에게〉 나눈다.

孟春之朝에 **君自聽朝**하여 **論爵賞校官**하되 **終五日**이오 **季冬之夕**에 **君自聽朝**하여 **論罰罪刑殺**하되 **亦終五日**이라 **正月之朔**에 **百吏在朝**어든 **君乃出令**하여 **布憲于國**이니 **五鄕之師**와 **五屬大夫**는 **皆受憲于太史**라 **大朝之日**에 **五鄕之師**와 **五屬大夫** **皆身習憲于君前**이라 **太史旣布憲**하면 **入籍于太府**①하고 **憲籍分于君前**이라

① 入籍于太府 : '入籍'이란 太府에 籍을 집어넣는 것이다.
入籍者는 入取籍於太府也라

五鄕의 鄕師가 조회에서 나와 鄕官[23]에 이르면 鄕의 소속관들 및 游宗을 불러들여 모두 憲을 받게 한다. 憲을 반포하고 나면 조정에 돌아가 명령 수행을 보고한 뒤에 숙소로 간다. 憲을 아직 반포되지 않고, 명령을 아직 수행하지 않으면 감히 숙소로 가지 못한다. 명령을 수행하지 않고 숙소로 가는 것을 '留命'[24]이라 하는데, 이는 죽을죄로 다스려 용서하지 않는다.

五鄕之師出朝하여 **遂于鄕官**이면 **致(于)鄕屬及(于)游宗**하여 **皆受憲**①[25]이요 **憲旣布**면 **乃反**

20) 太史 : 典籍 및 역사기록을 담당하는 관원이다.

21) 籍 : 아래의 舊注에서 "'籍'은 功過를 살피는 근거이다.〔籍 所以視功過〕"라고 하였다. 이와 관련된 마땅한 번역어가 없으므로 원문 그대로 표기하였다.

22) 太府 : 典籍 및 역사기록을 보관하는 곳이다.

23) 鄕官 : 지방 관리가 도읍지에서 업무를 처리하는 곳이다.

24) 留命 : 명령을 지체시키는 것을 이른다.

25) 遂于鄕官……皆受憲 : 王引之(淸) 및 兪樾(淸)의 견해에 의거하여 '致' 아래의 두 개 '于'를 모두 생략하였다. 왕인지는 "'致' 아래에 '于'자가 있어서는 안 되는 것이니, 이는 위아래의 두 '于'자로 인해 불필요하게 덧붙여졌다. '鄕官'은 鄕師가 일을 처리하는 곳이다. 五鄕之師가 조정에 나오면 일을 처리하는 곳에 이르러 자신의 鄕屬 및 游宗까지 모두 모이게 하여 憲을 받게 한다는 말이다.〔致下不當有于字 此涉上下兩于字而衍 鄕官 謂鄕師治事處也 言五鄕之師出朝 遂於治事之處 致其鄕屬下及於游宗 皆來受憲〕"라고 하였다.(≪讀書雜志≫) 한편 兪樾은 "왕인지의 說이 옳다. 그러나 이 문장은 실로 하나의 '于'자만 덧붙여지지 않았다. '遂于鄕官'句는 '鄕'자가 덧붙여지고 '及于游宗'句 또한 '于'자가 덧붙여졌으니 ≪管子≫의 原文은 '遂于官 致鄕屬及游宗 皆受憲'일 것이다.〔王說是矣 然此文實非止衍一于字也 遂于鄕官句衍鄕字 及于游宗句 亦衍于字 管子原文當云 遂于官致鄕屬及游宗 皆受憲〕"라고 하였다.(≪諸子平議≫) 유월은 '鄕官'의 '鄕'도 잘못 첨가된 것으로 보는데 역자는 이에 동의하지 않는다. 앞서 왕인지가 말하였듯이, '鄕官'은 鄕師가 일을 처리하는 곳으로 보는 데 문제가 없기

致令焉②하고 **然後敢就舍**라 **憲未布 令未致**어든 **不敢就舍**니 **就舍**를 **謂之留令**이라 **罪死不赦**라

① 致(于)鄕屬及(于)游宗 皆受憲 : '憲'은 時令을 살피는 근거이고, '籍'은 功過를 살피는 근거이다.
憲은 所以察時令이고 籍은 所以視功過라

② 憲既布 乃反致令焉 : 군주에게 명령의 수행을 보고한다.
致令于君이라

五屬大夫는 모두 行車(앉아서 타는 수레)로 조회를 가는데, 조회에서 나오면 숙소로 가지 않고 곧장 〈屬의 도읍을 향해〉 간다. 屬의 도읍에 이른 날 사당으로 나가 屬의 관리들을 불러 모두 법령을 받게 한다. 법령을 반포하고 나면 곧바로 使者를 출발시켜 〈임금께〉 명령 수행을 보고케 한다. 법령을 반포한 날 이후 조만간에 법령을 반포하고 使者를 출발시킨 다음 비로소 숙소로 간다. 만약 법령이 아직 반포되지 않고 사자가 출발하지 않았으면 감히 숙소로 가지 못한다. 명령을 수행하지 않고 숙소로 가는 것을 '留命'이라 하는데, 이는 죽을죄로 다스려 용서하지 않는다.

五屬大夫는 **皆以行車朝**하니 **出朝**면 **不敢就舍**하고 **遂行**이라 **至都之日**①에 **遂於廟**하고 **致屬吏皆受憲**[26]이라 **憲既布**면 **乃發使者致令**이라 **以布憲之日蚤晏之時**에 **憲既布**하고 **使者以發**[27] **然後敢就舍**라 **憲未布 使者未發**이면 **不敢就舍**니 **就舍**를 **謂之留令**이니 **罪死不赦**라

① 五屬大夫……至都之日 : 五屬의 도읍이다.
五屬之都라

법령을 이미 반포했는데도 법령을 따르지 않는 사람이 있으면, 이는 명령을 따르지 않는 자이니 죽을 죄로 다스려 용서하지 않는다. 법령을 살펴 太府에 보관된 籍과 일치하지 않는 것이 있는지 살핀다. 초과한 것은 '전횡함'이 되고 모자란 것을 '명령을 훼손함'이 되는 것이니, 〈이런 것을 범한 자는〉 죽을죄로 다스려 용서하지

때문이다.

26) 至都之日……致屬吏皆受憲 : 張佩綸(淸)에 의하면, 先君의 신주가 있는 곳을 '都' 없는 곳을 '邑'이라 하였다고 한다.(≪管子學≫) 따라서 여기서 언급되는 '廟'는 先君의 신주를 모시는 사당이 된다.

27) 使者以發 : 劉本·古本·朱本은 '以'가 '已'로 되어 있다. 戴望(淸)에 의하면 고대에는 '以'와 '已'가 서로 통용되었다고 한다.(≪管子校正≫)

않는다. 首憲[28)]이 반포한 뒤에야 매달 초하루에 법령을 집행할 수 있다.

憲旣布에 **有不行憲者**면 **謂之不從令**이니 **罪死不赦**요 **考憲而有不合于太府之籍者 侈曰專制**요 **不足曰虧令**이니 **罪死不赦**라 **首憲**①**旣布然後可以布憲**②[29)]이라

① 首憲 : 연초에 반포한 법령이다.
歲朝之憲이라
② 布憲 : 매달 초하루에 반포한 법령을 말한다.
憲은 謂月朝之憲이라

이상은 〈首憲〉이다.

右는 **首憲**이라

首事

무릇 일을 거행하려면 반드시 먼저 명령을 내려야 한다. 즉 장차 일을 시행하려고 한다면 그 상벌의 세칙을 반드시 먼저 밝혀야 한다는 말이다. 일을 주관하는 사람은 신중히 법령을 지켜 상벌을 행하고, 진행되는 일의 상황을 헤아려 보고하고, 결과를 보고할 때는 상벌의 내용을 보고한다. 명령된 바에 합치되지 않는 사람이 있으면, 그런 사람은 공적이 있어도 독단적인 일처리에 해당하니, 죽을죄로 다스려 용서하지 않는다. 首事[30)]를 먼저 반포한 이후에 구체적인 일을 거행할 수 있다.

凡將擧事에 **令必先出**이니 **曰事將爲**에 **其賞罰之數**를 **必先明之**하고 **立事者**는 **謹守令以行賞罰**하고 **計事致令**하며 **復賞罰之所加**라 **有不合于令之所謂者**면 **雖有功利**라도 **則謂之專制**니 **罪死不赦**라 **首事旣布**하고 **然後可以擧事**라

---

28) 首憲 : 임금이 연초에 반포하는 법령을 이른다.

29) 首憲旣布 然後可以布憲 : 丁士涵(淸)은 '布憲'은 '行憲'이 되어야 한다고 보면서 "尹知章의 注에서는 앞의 '憲'은 歲朝의 憲이고 뒤의 '憲'은 月朝의 憲이라 하였는데 옳지 않다. '布憲'은 당연히 '行憲'이 되어야 한다. 앞의 문장에서 '憲旣布 有不行憲者 謂之不從令'이라 하였으니, 따라서 여기서 '首憲旣布 然後可以行憲'이라고 말하는 것이다."라고 하였다.(≪管子校本≫)

30) 首事 : 구체적인 일을 시행하기에 앞서 먼저 공표되어 할 일을 말한다. 여기서는 어떤 일을 수행하였을 때 그 결과에 따라 부여되는 상과 벌의 내용을 공표하는 일이 된다.

이상은 〈首事〉이다.

右는 首事라

省官

방화에 관한 법규를 정비하고, 산과 늪지 임야와 수풀에 쌓인 풀을 관리하고, 천연자원을 반출할 때 시기에 따라 금지하거나 개방하고, 백성들이 집을 지을 때 필요한 자재와 땔감의 비축을 충족시키는 것은 虞師의 일이다.

修火憲하고 **敬**[31]**山澤林藪積草**하고 **(夫)〔天〕財之所出**[32]을 **以時禁發焉**하여 **使民〔足〕於宮室之用**과 **薪蒸之(所)積**[33]은 **虞師之事也**라

물줄기를 터놓고, 도랑을 소통시키고, 제방을 보수하고, 저장된 물을 안정시키고, 장맛비가 넘치도록 내려도 五穀에 해로움이 없게 하여 흉년이나 가뭄이 들어도 수확할 수 있게 하는 것은 司空의 일이다.

決水潦 通溝瀆하고 **修障防 安水藏**하여 **使時水雖過度**라도 **無害于五穀**하고 **歲雖凶旱**이라도 **有所枌**①**穫**은 **司空之事也**라

① 枌 : 扶와 門의 반절이다.
扶門反이라

땅의 높낮이를 보고, 비옥함과 척박함을 살피고, 땅의 마땅한 용도를 관찰하고, 〈백성의 부역〉 시기의 선후를 명시하여 농부들이 때에 맞춰 농사를 짓도록 하고,

---

31) 敬 : 丁士涵(淸)에 의하면 '敬'은 '儆' 즉 '戒'의 의미로 읽어야 한다.(≪管子校本≫)

32) (夫)〔天〕財之所出 : 저본에는 '夫財'로 되어 있으나, 丁士涵(淸)의 견해에 의거하여 '天財'로 바로잡았다. 그는 본서 〈國蓄〉의 "天財之所殖", 〈地數〉의 "請問天財所出 地利所在", 〈山國軌〉의 "桓公曰 何謂天財" 등의 표현을 그 증거로 삼고 있다.(≪管子校本≫)

33) 使民〔足〕於宮室之用 薪蒸之(所)積 : 戴望(淸)의 견해에 의거하여 '足'을 보충하고 '所'를 생략하였다.(≪管子校正≫) 兪樾(淸) 또한 "'使足於宮室之用 薪蒸之積'으로 써야 한다. '足'자와 '民'자는 서로 비슷함으로 인해 잘못 쓰였고, '所'는 衍文이다."라고 하였다.(≪諸子平議≫)

오곡·뽕나무·삼이 모두 각자의 땅에서 안정적으로 산출되도록 하는 것은 司田의 일이다.

相高下 視肥墝하고 **觀地宜 明詔期前後**하고 **農夫以時均修焉**하여 **使五穀桑麻皆安其處**는 **(由)〔司〕田之事也**[34]라

鄕里를 시찰하고, 民家를 살피고, 심은 곡식을 관찰하고, 가축을 살피고, 일을 때에 맞게 두루 힘쓰게 하고, 백성을 권면하고, 힘써 일하게 함으로써 도둑질하지 않게 하고, 가정생활을 좋아하게 하고, 鄕里를 떠나기 어렵게 하는 것은 鄕師의 일이다.

行鄕里[35] **視宮室**하고 **觀樹藝 簡六畜**하고 **以時鈞修焉**하고 **勸勉百姓**[36]하여 **使力作毋偸**하고 **懷樂家室**하고 **重去鄕里**는 **鄕師之事也**라

匠人들과 논의하고, 때에 맞는 일을 살피고, 〈생산품의〉 우열을 구별하고, 〈생산품의〉 완전함과 예리함을 중시하고, 五鄕을 감독하여 〈생산품이〉 한결같게 하고, 일을 때에 맞게 두루 힘쓰게 하고, 사치스럽게 아로새기고 화려하게 문채나는 것을 감히 鄕에서 만들지 못하게 하는 것은 工師의 일이다.

論百工 審時事하고 **辨功苦**[37] **上完利**하고 **監壹五鄕**하여 **以時鈞修焉**하고 **使刻鏤文采 毋敢造于鄕**은 **工師之事也**라

---

34) (由)〔司〕田之事也 : 孫星衍(中)의 견해에 의거하여 저본의 '由'를 '司'로 수정하였다.(≪管子集校≫) 張文虎(淸)도 〈小匡〉의 "請立甯戚爲大司田"에 근거하여 '由'는 '司'의 誤字로 파악하였다.(≪舒藝室隨筆≫)

35) 行鄕里 : 여기서 '行'은 '視'의 의미를 지닌다. 이 점에 대해 聞一多(中)는 "≪樂記≫의 '使之行商容而復其位'에 대한 注에서 '行 猶視也'로 되어 있다. ≪呂氏春秋≫의 '入山行木'에 대한 注에서도 '行 察也'로 되어 있다. '行鄕里'는 곧 鄕里를 시찰한다는 의미이다."라고 하였다.(≪管子集校≫)

36) 勉 : 宋本에는 '勉'이 '免'으로 되어 있는데 古字에서는 서로 通한다.

37) 辨功苦 : 여기서 '辨'은 '辯'의 의미를 지닌다. 이 점에 대해 許維遹(中)은 다음과 같이 말하였다. "'辯'은 '辨'과 같다. ≪荀子≫ 〈王制〉에는 '辨功苦'로 되어 있고, 이에 대한 楊樹達의 注에는 '功은 기물이 정교하고 좋은 것을 말하며, 苦는 조잡하고 나쁜 것을 말한다.〔功 謂器之精好者 苦 謂濫惡者〕'라고 하였다."(≪管子集校≫) 宋本에도 '辨'이 '辯'으로 되어 있다.

이상은 〈省官〉이다.

右는 **省官**이라

服制

爵位의 높고 낮음을 헤아려 의복을 다르게 제정하고, 녹봉의 많고 적음을 따져 사용하는 재물을 규정한다. 〈작위와 신분에 따라〉 음식에 정해진 양이 있고, 의복에 규정이 있으며, 가옥에 제한이 있고, 가축과 노비에 일정한 數가 있고, 배와 수레 및 진열하는 기물에 일정한 제한이 있다. 살아서는 수레·관·의복·지위·녹봉·농지·가옥에 〈신분에 따른〉 구분이 있고, 죽어서는 겉관·속관·관을 묶는 끈·관을 덮는 비단·무덤구덩이·봉분에 〈신분에 따른〉 차등이 있다.

冕

度爵而制服하고 **量祿而用財**하고 **飮食有量**하고 **衣服有制**하고 **宮室有度**하고 **六畜人徒有數**하고 **舟車陳器有禁**이고 (修)[38]**生則有軒冕服位穀祿田宅之分**하고 **死則有棺槨絞衾壙壟之度**라

비록 현명하고 귀해도 그 작위가 없으면 감히 해당 작위의 옷을 입지 못하고, 비록 집이 부유하고 재산이 많아도 그 녹봉이 없으면 해당 녹봉의 재물을 사용하지 못한다. 天子의 의복은 화려한 무늬로 꾸미지만, 夫人은 연회복을 입은 채 사당에 제사드리지 못한다. 將軍과 大夫는 조례 때의 옷을 입고, 관리는 규정에 따라 옷을 입으며, 士는 띠와 가선을 두르는 데 그친다. 일반 백성은 감히 복잡한 무늬가 있는 옷을 입지 못하고, 匠人과 상인은 염소 가죽옷이나 담비 가죽옷을 입을 수 없다. 형벌 받은 적이 있는 사람이나 현재 형벌을 받고 있는 사람은, 감히 상복을 입

38) (修) : 저본에는 '修'가 있으나, 王念孫(淸)의 견해에 의거하여 衍文으로 처리하였다. 그는 "'生' 앞의 '修'자는 있어서는 안 된다. '修'는 윗 문장에 나오는 '鈞修'로 인해 불필요하게 첨가되었다. ≪春秋繁露≫ 〈服制〉의 문장도 이와 같은 데 '修'자가 없다."라고 하였다.(≪讀書雜志≫)

지 못하고 감히 손수레나 일반 수레를 타지 못한다.

雖有賢身貴體라도 **毋其爵**이면 **不敢服其服**하고 **雖有富家多資**라도 **毋其祿**이면 **不敢用其財**요 **天子**(服文有章)〔**服有文章**〕[39)]하고 **而夫人不敢以燕以饗廟**요 **將軍大夫以朝**하고 **官吏以命**[40)]하며 **士止于帶緣**이라 **散民不敢服雜采**하고 **百工商賈不得服長**鬈①**貂**라 **刑餘戮民**은 **不敢服**絻②하고 **不敢畜連**[41)]**乘車**라

① 鬈 : 求'와 '圓'의 반절이다.
  求圓反이라
② 絻 : 어떤 판본에는 '絲'로 되어 있다.
  一本은 作絲라

이상은 〈服制〉이다.

右는 **服制**라

九敗

軍備를 폐지하자는 주장이 득세하면 험난한 지형을 지녀도 나라를 지키지 못하고, 〈모든 사람을 고르게 사랑하자는〉 **兼愛**의 **說**이 득세하면 병사가 싸우지 않으며, 〈생명을 온전히 보전하자는〉 삶을 보존하려는 **說**이 득세하면 청렴함을 지키고 부끄러움을 아는 풍조가 확립되지 않고, 자신을 귀하게 여기는 **說**이 사적으로 논의되는 풍조가 유행하면 윗사람의 명령이 시행되지 않으며, 무리 지어 사적인 이익을 도모하는 풍조가 유행하면 현명한 사람과 어리석은 사람이 구분되지 않고, 금과 옥을 중시하는 물질주의가 유행하면 작위와 의복이 미천한 사람에게까지 미치게 되며, 볼거리를

---

39) (服文有章)〔服有文章〕: 저본에는 '服文有章'으로 되어 있으나, 張佩綸(淸)의 견해에 의거하여 '服有文章'으로 바로잡았다.(≪管子學≫) ≪春秋繁露≫에도 "服有文章"으로 되어 있다.

40) 夫人不敢以燕以饗廟……官吏以命 : 주석가들은 이 문장에 다수의 오탈자가 있다고 본다. 그런데 주석가들마다 의견이 분분하기 때문에, 역자는 비록 불완전한 문장이기는 하지만 저본에 의거하여 번역하였다.

41) 連 : 安井衡(日)에 의하면 '連'의 古字는 '輦'이다.(≪管子纂詁≫) 따라서 '連'은 '輦'의 의미로 해독될 수 있다. 한편 ≪說文解字≫에는 "連 負連"으로 되어 있다. 따라서 '連'은 손수레를, '車'는 말이 끄는 수레를 의미한다.

즐기고 아름다운 용모를 좋아하는 풍조가 유행하면 간신배가 높은 지위에 오르게 되고, 청탁과 알선의 풍조가 유행하면 〈관리 임용의〉 법도가 바르지 않게 되고, 아첨하고 허물을 은폐하는 풍조가 득세하면 교묘하게 말재주를 부리는 자가 등용된다.

寢兵之說勝이면 **則險阻不守**①하고 **兼愛之說勝**하면 **則士卒不戰**②하며 **全生之說勝**이면 **則廉恥不立**③하고 **私議自貴之說勝**이면 **則上令不行**하며 **群徒比周之說勝**이면 **則賢不肖不分**하고 **金玉貨財之說勝**이면 **則爵服下流**하며 **觀樂玩好之說勝**이면 **則姦民在上位**④하고 **請謁任擧之說勝**이면 **則繩墨不正**하며 **諂諛飾過之說勝**이면 **則巧佞者用**이라

① 寢兵之說勝 則險阻不守 : 일을 주관하는 자가 군비 중단을 다투어 내세워 그 주장이 받아들여지면, 반드시 군사 기술이 저조하여 비록 험한 지형이 있어도 나라를 지킬 수 없을 것이다.

言事者가 競陳寢兵하여 其說見用而得勝이면 則武術必偃하여 雖有險阻라도 不能守矣라

② 兼愛之說勝 則士卒不戰 : 兼愛의 說이 득세하면 徐나라 偃왕이 유약하면서도 仁을 행하게 되고[42] 宋나라 襄公이 미혹되어 고대를 흠모하게 된다.[43]

兼愛之說이 勝이면 則徐偃이 弱而行仁하고 宋襄이 惑而慕古也라

③ 全生之說勝 則廉恥不立 : 삶을 보존하려는 說이 득세하면, 王孫[44]이 스스로를 천금으로 받들게 되고, 何侯[45]가 하루에 식비로 만전을 소비한다.

全生之說勝이면 則王孫이 自奉千金하고 何侯가 日食一萬이라

---

42) 徐나라……되고 : "徐나라 偃王은 漢水의 동쪽에 자리 잡고 있었고 그 영토는 사방 5백 리였다. 그는 仁義를 실천하였는데, 땅을 바치며 조회를 오는 나라가 무려 36여 國이나 되었다. 이에 荊나라 文王은 위협을 느끼고 군대를 일으켜 徐나라를 쳐 마침내 멸망시켰다.〔徐偃王處漢東 地方五百里 行仁義 割地而朝者三十有六國 荊文王恐其害己也 擧兵伐徐 遂滅之〕"(≪韓非子≫ 〈五蠹〉)

43) 宋나라……된다 : "宋 襄公이 군사들을 이끌고 가 초나라와 泓水에서 싸웠다. 이때 송나라 군사는 이미 군진을 펼쳤으나 초나라 군사들은 아직 물을 다 건너지 못하였다. 이에 사마가 건의하였다. '저들은 병력이 많고 우리는 적으니 저들이 아직 물을 다 건너지 못하고 있을 때 치기 바랍니다.' 송양공이 말하였다. '아직 공격해서는 안 된다.' 초나라 군사가 물을 다 건넜으나 아직 진형을 갖추지 못했을 때, 사마가 또 공격을 권했다. 그러자 송양공이 말했다. '아직 공격을 해서는 안 된다.' 송양공은 초나라 군사가 진형을 다 갖춘 뒤에야 비로소 공격 명령을 내렸다. 이로 인해 송나라 군사가 크게 패하게 되었다.〔宋公與楚人期戰于泓 宋人旣成列 楚人未旣濟 司馬曰 彼衆我寡 及其未旣濟也 請擊之 公曰 不可 旣濟而未成列 又以告 公曰 未可 旣陳而後擊之 宋師敗績〕"(≪春秋左氏傳≫ 僖公 22년)

44) 王孫 : ?~?. 많은 재물을 들여 자기 생명 보존에 힘쓴 사람으로 추정되나, 어떤 인물인지는 자세히 알 수 없다.

45) 何侯 : ?~?. ≪千金要方≫에 등장하는 인물로, 漢나라 말기의 유명한 재력가다.

④ 觀樂玩好之說勝 則姦民在上位 : 볼거리를 즐기고 아름다운 용모를 애호하는 풍조가 득세하면, 費仲[46] 같은 자가 기이한 물건들을 바쳐 높은 지위에 오르게 되고, 董賢[47] 같은 자가 나긋나긋한 용모로 조정에 들어가 임금을 알현하게 된다.
觀樂玩好之說勝이면 則費仲이 以奉奇異而居顯位하고 董賢이 以柔曼而處朝謁也라

이상은 〈九敗〉이다.

右는 九敗라

七觀

〈군주가〉 부르면 달려오고 보내면 나아가며, 백성이 자신을 버리고 군주의 뜻을 자신의 마음으로 삼게 하는 것은 '가르침'〔教〕이 기대하는 바다. 처음에는 볼 수 없으나 끝에 이르면 따라잡을 수 없고, 한 사람이 부리면 만 사람이 따르는 것은 '훈육'〔訓〕이 기대하는 바다. 명령하지 않아도 스스로 행하고 시키지 않아도 스스로 가며, 위에서 권면하지 않아도 백성이 스스로 최선을 다하는 것은 '풍속'〔俗〕이 기대하는 바다. 군주가 마음속으로 좋아하고 싫어하는 바를 드러내기만 해도 백성이 아래에서 교화되고, 형벌을 미처 시행하지 않아도 백성이 두려워하며, 상을 주지 않아도 백성이 부지런히 힘쓰는 것은 '성실과 신뢰'〔誠信〕가 기대하는 바다. 행하되 해가 없고 이루어지되 잘못됨이 없으며, 그것을 얻으면 아무도 경쟁할 수 없는 것은 '天道'가 기대하는 바다. 시행하면 이루고 구하면 얻고, 윗사람이 원하는 것은 크건 작건 반드시 실행하는 것은 '일'〔事〕이 추구하는 바다. 명령하면 시행되고 금지하면 중지되며, 법이 미치는 바가 풍속에 합치되는 것이 마치 몸이 마음을 따르듯 하는 것은 '정치'〔政〕가 기대하는 바이다.

期而致 使而往하고 百姓舍己以上爲心者는 教之所期也요 始於不足見이나 終於不可及하고 一人服之에 萬人從之는 訓之所期也①요 未之令而爲하고 未之使而往하며 上不加勉而民自盡竭은 俗之所期也②라 好惡形于心하면 百姓化于下하고 罰未行而民畏恐하고 賞未加而民勸勉은

46) 費仲 : ?~?. 商나라 紂임금의 시대에 紂임금의 비위를 잘 맞추던 신하다. 그는 천하의 진귀한 물건들을 모아들여서 紂에게 바쳤고, 이로 인해 그는 紂의 총애를 받게 되었다.
47) 董賢 : B.C. 23~B.C. 1. 漢나라 哀帝시대에 황제의 총애를 받던 寵臣이다.

誠信之所期也③요 **爲而無害**하고 **成而不議**[48)]하고 **得而莫之能爭**은 **天道之所期也**④[49)]요 **爲之而成**하고 **求之而得**하며 **上之所欲**을 **小大必擧**는 **事之所期也**라 **令則行**하고 **禁而止**하며 **憲之所及**에 **俗之所被**⑤가 **如百體之從心**은 **政之所期也**라

① 一人服之……訓之所期也 : 군주가 명령을 행하고자 할 때 처음은 마음에서만 일어나므로 〈군주가 명령하고자 하는 바를〉 볼 수가 없다. 그러나 상황이 끝나면 이미 공이 이루어지고 일이 완수되어 있으므로 〈군주의 명령에 의해 이루어진 결과를〉 따라잡을 수가 없음을 이른다.

謂君將行令에 始獨發於心이니 故로 不足見이라 終則功成事遂니 故不可及也라

② 上不加勉而民自盡竭 俗之所期也 : 군주가 이미 풍속에 마음을 다해 정성을 쏟았으니, 따라서 〈그 결과를〉 마음에서 기대할 수 있는 것이다.

君旣盡心於俗이니 所以能期於心也라

③ 賞未加而民勸勉 誠信之所期也 : 군주가 좋아하고 싫어하는 바가 조금이라도 마음에 드러나면, 백성은 이미 천하에서 감화된다.

君之好惡가 纔形於心이면 百姓已化於天下라

④ 得而莫之能爭 天道之所期也 : 군주가 天道를 받들어 따를 수 있으니, 천하 백성에게서 기대할 수 있는 것이다.

君能奉順天道니 所以能期於此라

⑤ 俗之所被 : '被'는 '합치하다'는 의미이다. 풍속이 법과 합치된다는 말이다.

被는 合也라 謂俗與憲合이라

이상은 〈七觀〉이다.

右는 **七觀**[50)]이라

---

48) 成而不議 : 戴望(淸)에 의하면 ≪鶡冠子≫ 〈天則〉에는 "成而不敗"로 되어 있다고 한다.(≪管子校正≫) 한편 郭沫若(中)은 '議'는 '俄' 즉 傾敗의 의미로 읽어야 한다고 보았다. 그 증거로 '議'가 ≪鶡冠子≫에서 '敗'로 되어 있는 점을 제시하고 있다.(≪管子集校≫)

49) 天道之所期也 : 豬飼彦博(日)은 '天'자를 衍文으로 처리하였다.(≪管子補正≫) 이와 관련해 郭沫若(中)은 "七期에서 '敎'·'訓'·'俗'·'誠信'·'事'·'政'은 모두 人事를 말하니 이 다섯 번째 期에서만 홀로 '天道'를 말하지 않을 것이다. 또한 언급되고 있는 '爲而無害 成而不議 得而莫之能爭'은 이른바 '天道'와도 그다지 부합되지 않는다. 아마도 '天'은 '大'자의 誤字인 듯하다."라고 하였다.(≪管子集校≫)

50) 七觀 : 丁士涵(淸)은 '七觀'을 '七期'로 고쳐야 한다고 주장하면서 "'觀'은 '期'로 되어야 한다. 앞의 子目도 '觀'으로 잘못되었으니 고쳐 바로잡아야 한다〔觀當作期 前子目亦譌觀 當改正〕"라고 하였다.(≪管子校本≫)

제5편 승마 乘馬[1)]

경언 5 經言 五

＊국가체제를 수립하고 경영하는 데 필요한 기본 제도 및 방법 등에 대해 말하고 있다. 〈立國〉에서는 한 국가의 도읍지를 정할 때 고려해야 할 사항들에 대해, 〈大數〉에서는 통치하는 방법에 대해, 〈陰陽〉에서는 토지의 정비를 통해 政事를 바로잡는 법에 대해, 〈爵位〉에서는 신분질서를 정하고 바로 잡아야 하는 이유에 대해, 〈務市事〉에서는 시장의 필요성과 그 운영방법에 대해, 〈士農工商〉에서는 토지를 고르게 배분하고 세법을 제정하여 백성들로 하여금 토지를 최대한 이용하게 할 것 등에 대해, 〈聖人〉에서는 聖人이 백성을 다스리는 방법에 대해, 〈失時〉에서는 '때'의 중요성에 대해, 〈地里〉에서는 토지의 크기에 따라 적정한 국가 및 도시의 규모에 대해 말하고 있다.

立國

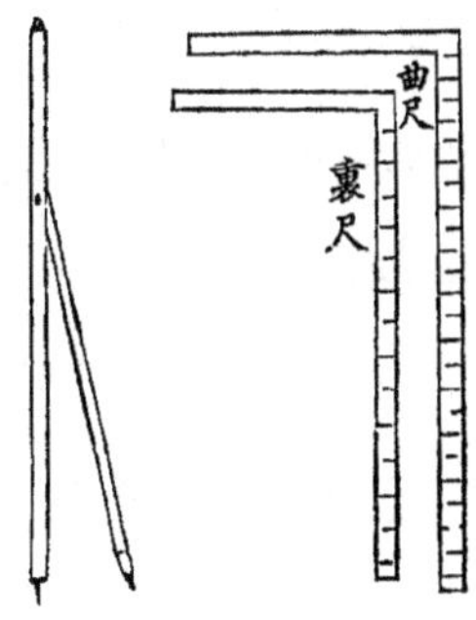

規 矩

무릇 나라의 도읍을 세울 때는 큰 산 아래가 아니면 반드시 넓은 냇물 근처에 자리 잡아야 한다. 지대가 높아도 가물이 들 정도는 아니어서 물을 충분히 쓸 수 있어야 하고, 지대가 낮아도 물 근처가 아니어서 도랑을 파고 제방을 쌓는 수고를 덜 수 있어야 한다. 천연자원을 이용하고 땅의 이로움을 취해야 하기 때문에, 성곽은 걸음쇠와 곱

---

1) 乘馬 : '乘馬'라는 편명에 대해 吳汝綸(淸)은 "이 편의 내용 중 '天下乘馬服牛而任之'라는 말에서 취했을 뿐 '乘馬'라는 의미를 취한 것이 아니다."라고 하였다.(≪管子集校≫) 그러나 '乘馬'의 의미에 대해 何如璋(淸)은 "이 편은 ≪管子≫ 〈經言〉 중 국가체제를 수립하고 토지제도를 정비하는 방법에 관해 자세히 기술한 부분이다. '馬'는 수를 계산하는 산가지로, 오늘날의 저울추와 같다. ≪禮記≫ 〈投壺〉에 '爲勝者立馬 一馬從二馬 三馬旣立 請慶多馬'라는 구절이 나오는데, 注에서 '立馬라는 것은, 계산할 때 馬를 사용하여 이긴 숫자를 표시하는 것을 말한다.'라고 하였다. '乘'은 '계산하다'는 의미이다. ≪周禮≫ 〈天官 宰夫〉에 '乘其財用之出入'이라 하였으니, 〈여기서 '乘'은〉 즉 오늘날 더하고 빼는 계산법을 가리킨다. 무릇 治國의 법과 제도는 모두 數에서 나온다. 새롭게 세우거나 설치하는 것이 있으면 반드시 계산을 하여 계획하여야 그것의 輕重과 長短과 多寡의 숫자를 알아 각자에 마땅하게 조치할 수 있다."라고 하였다.(≪管子析疑≫)

자에 들어맞을 정도로 반드시 반듯할 필요가 없고, 도로는 수평기와 먹줄에 들어맞을 정도로 반드시 평탄할 필요가 없다.

凡立國都는 非於大山[2]之下면 必於廣川之上이니 高毋近旱而水用足하고 下毋近水而溝防省이라 因天材하고 就地利라 故城郭不必中規矩요 道路不必中準繩이라

이상은 〈立國〉이다.

右는 立國이라

大數

무위로 다스리는 자는 帝가 될 수 있고, 다스리되 억지로 하지 않는 자는 王이 될 수 있으며, 다스리되 스스로를 존귀하게 여기지 않은 자는 霸가 될 수 있다. 스스로를 귀하게 여기지 않는 것은 군주의 도리이고, 존귀하여도 일정한 법도를 넘지 않는 것은 신하의 도리이다.

無爲者帝요 爲而無以爲者王이요 爲而不貴者霸라 不自以爲所貴則君道也요 貴而不過度는 則臣道也라

이상은 〈大數〉이다.

右는 大數라

陰陽

토지는 정치의 근본이고, 조정은 儀法[3]이 다스려지는 곳이며, 시장은 재화의 가치를 정하는 기준이고, 황금은 財用을 計量하는 도구이며, 제후의 땅에 千乘의 수

2) 大山 : 古本・劉本・朱本・趙本・凌本・花齋本 등에는 '太山'으로 되어 있다.
3) 儀法 : 원문의 '義'를 李勉(中)의 견해에 의거하여 '儀法'으로 번역하였다.(≪管子今註今譯≫) '義'를 '儀'의 의미로 본 것이다. 여기서 '儀法'은 상하 질서를 규정하는 의례와 법도라는 의미가 된다.

레를 두는 것은 군비 체제의 제도이다. 이 다섯 가지는 그 이치를 알 수 있으며, 이를 시행하는 데는 법도가 있다.

地者는 **政之本也**①요 **朝者**는 **義之理也**②요 市**者**는 **貨之準也**③요 **黃金者**는 **用之量也**요 **諸侯之地千乘之國者**는 **器之制也**라 **五者**는 **其理可知也**니 **爲之有道**라

① 地者 政之本也 : 정치는 토지로부터 생겨난다.
政은 從地生이라
② 朝者 義之理也 : 儀法은 조정으로 말미암아 생겨난다.
義는 因朝起라
③ 市者 貨之準也 : 시장은 재화의 경중에 대해 기준을 정하는 곳이다.
市는 所以準貨之輕重이라

토지는 정치의 근본이니, 그러므로 토지는 정치를 바르게 할 수 있다. 토지가 고르고 적절하게 정리되어 있지 않으면 정치를 바르게 할 수 없으며, 정치가 바르지 않으면 생산활동을 다스릴 수 없다.

地者는 **政之本也**라 **是故地可以正政也**①라 **地不平均和調則政不可正也**②요 **政不正則事不可理也**라

① 地者……是故地可以正政也 : 토지가 고르게 정리되면 정치를 바르게 할 수 있다.
地平이면 可以正政이라
② 地不平均和調則政不可正也 : 토지가 고르고 적절하게 정리되지 않으면 토지의 이익이 혹 사라질 수 있다. 그러므로 〈정치를〉 바르게 하지 않을 수 없다.
不均平和調면 則地利或幾於息이니 故不可不正也라

봄·여름·가을·겨울은 음양의 기운이 옮겨가는 과정들이고, 계절의 길고 짧음은 음양의 작용이며, 낮과 밤이 바뀌는 것은 음양의 변화다. 그러므로 음양이 바른 것이니, 비록 바르지 않더라도 남는 것은 덜어낼 수 없고 부족한 것은 더할 수 없다. 천지도 덜어내거나 더할 수 없다. 정치를 바르게 할 수 있는 것은 토지이니, 토지를 바르게 하지 않을 수 없는 것이다.

春秋冬夏은 **陰陽之推移也**①요 **時之短長**은 **陰陽之利用也**②요 **日夜之易**은 **陰陽之化也**③라 **然則陰陽正矣**니 **雖不正**이라도 **有餘不可損**이요 **不足不可益也**④라 **天地**는 **莫之能損益也**⑤라 **然則**

可以正政者는 **地也**라 **故不可不正也**라

① 春秋冬夏 陰陽之推移也 : 여름과 가을은 陽을 밀어내면서 陰을 생성하고, 겨울과 봄은 陰을 밀어내면서 陽을 생성한다.
夏秋는 推陽以生陰하고 冬春은 推陰以生陽이라
② 時之短長 陰陽之利用也 : 반드시 길고 짧음이 서로 갈마든 이후에 음양의 작용이 생성된다.
必長短相摩하고 然後生陰陽之用也라
③ 日夜之易 陰陽之化也 : 낮에는 덥고 밤에는 차가우면서 그 기운을 서로 바꾸는 것이니, 이것이 음양의 변화이다.
晝熱夜寒하여 交易其氣이니 此陰陽之化也라
④ 然則陰陽正矣……不足不可益也 : 만약 시간의 남음과 모자람이 바르지 않으면 百六의 運數[4)]가 마땅히 나타난다. 비록 堯임금과 湯임금과 같은 성인의 지혜를 지녔더라도 벗어날 수 없다. 그러므로 덜거나 보탤 수 없는 것이다.
假令時有盈縮不正하면 則百六之運數當然也라 雖有堯湯之聖이라도 不能免之니 故不可損益也라
⑤ 天地 莫之能損益也 : 천지 또한 음양에 準據하여 운행하므로 임의로 덜거나 보탤 수 없다.
天地亦準陰陽하니 不可損益也라

토지를 바르게 한다는 것은 토지의 실제 상황을 반드시 바르게 정리하는 것이다. 긴 것도 바르게 하고 짧은 것도 바르게 하고 작은 것도 바르게 하고 큰 것도 바르게 하여, 토지의 長短과 大小를 모두 바르게 한다. 천지의 바름이 바로잡히지 않으면 관청이 다스려지지 않고, 관청이 다스려지지 않으면 생산활동도 잘 이루어지지 않고, 생산활동이 잘 이루어지지 않으면 재화가 많아지지 않는다. 그러므로 '어떻게 재화가 많아지는지 아는가?'라고 물으면 '생산활동이 잘 이루어지는 것이다.'라고 대답하며, '어떻게 생산활동이 잘 이루어지는지 아는가?'라고 물으면 '재화가 많기 때문이다.'라고 대답한다. 재화가 많고 생산활동이 잘 이루어지면 세상에서 더 이상 바랄 게 없다. 이렇게 시행하는 데에는 일정한 법도가 있다.

正地者는 **其實必正**이니 **長亦正**하고 **短亦正**하고 **小亦正**하고 **大亦正**하여 **長短大小盡正**이라 **正不正則官不理**①하고 **官不理則事不治**하며 **事不治則貨不多**라 **是故何以知貨之多也**오 **曰事治**하며

4) 百六의 運數 : 고대 술수가의 학설에 나오는 말로 하늘의 재앙을 '陽九'라 하고, 땅의 재앙을 '百六'이라 한다. 여기서 '百六의 運數가 나타난다'는 말은 계절의 변화가 적절히 작용하지 않음으로 인해 지상에 어떠한 재앙이 발생하게 된다는 의미가 된다.(≪靈寶天地運度經≫)

何以知事之治也오 **曰貨多**라 **貨多事治則所求於天下者寡矣**이니 **爲之有道**라

① 正不正則官不理 : 천지의 바름이 바로잡히지 않으면 관청도 다스릴 수 없다는 말이다. 謂天地之正不正이면 官不可得理라

이상은 〈陰陽〉이다.

右는 **陰陽**이라

爵位

조정은 儀法이 다스려지는 곳이다. 그러므로 작위가 바르면 백성이 원망하지 않고, 백성이 원망하지 않으면 나라가 어지러워지지 않는다. 이러한 이후에 儀法이 다스려질 수 있다. 爵位가 바르지 않으면 나라를 다스릴 수 없으니 爵位를 바로 잡지 않을 수 없다. 그러므로 온 나라 사람들이 모두 존귀한 신분이 될 수 없다. 모두 존귀한 신분이 되면 생산활동〔事〕이 이루어지지 않으며, 그러면 나라에 이롭지 않다. 〈그러나〉 생산활동에 힘쓰는 일이 이루어지지 않으면 나라에 이롭지 않다고 해서, 존귀한 사람을 완전히 없애면 백성들은 스스로 다스릴 수 없다. 그러므로 작위의 尊卑를 구분하면 위아래의 질서와 귀천의 의미를 알게 될 것이다. 이렇게 하는 데에는 일정한 법도가 있다.

朝者는 **義之理也**라 **是故爵位正而民不怨**하고 **民不怨則不亂**이니 **然後義可理**라 **(理)不正**[5] **則不可以治而不可不理也**라 **故一國之人**을 **不可以皆貴**라 **皆貴則事不成而國不利也**①라 **爲事之不成**은 **國之不利也**요 **使無貴者則民不能自理也**라 **是故辨於爵列之尊卑**면 **則知先後之序貴賤之義矣**니 **爲之有道**라

① 皆貴則事不成而國不利也 : 모두 귀한 신분이 되면 일할 사람이 없다. 그러므로 생산활동이 이루어지지 않는다. 皆貴則無爲事者라 故事不成也라

---

5) (理)不正 : 저본에는 '理'가 있으나, 丁士涵(淸)의 견해에 의거하여 衍文으로 처리하였다. 정사함은 "'不正'은 爵祿이 바르지 않다는 것으로, 앞의 '爵位正'에 대한 말이다. '理'자는 앞의 '義可理'로 인해 불필요하게 끼어든 글자이다."라고 하였다.(≪管子校本≫)

이상은 〈爵位〉이다.[6)]

右는 爵位라

務市事

시장은 재화의 가치가 결정되는 기준이다. 그러므로 모든 재화가 저렴하면 지나친 이익을 얻지 못하게 되고, 지나친 이익을 얻지 못하면 모든 유통 활동이 적절히 이루어지며, 모든 유통 활동이 적절히 이루어지면 모든 물자의 쓰임에 절도가 있게 된다. 그러므로 유통 활동은 사려[7)]에서 생겨나고, 오롯이 힘쓰는데서 이루어지며, 오만한 데서 실패한다. 〈유통 활동은〉 사려하지 않으면 생겨나지 않고, 오롯이 힘쓰지 않으면 이루어지지 않으며, 오만하지 않으면 실패하지 않는다. 그러므로 '시장을 보면 〈그 나라가〉 잘 다스려지는지 어지러운지를 알 수 있고, 재화가 많은지 적은지를 알 수 있으나 많고 적은 재화를 생산해 내는 곳은 아니다.'라고 말한다. 이러한 시장을 운영하는 데에는 일정한 법도가 있다.

市者는 貨之準也라 是故百貨賤則百利不得①이요 百利不得則百事治요 百事治則百用節矣라 是故事者는 生於慮②하고 成於務③하며 失於傲④니 不慮則不生하고 不務則不成하며 不傲則不失이라 故曰 市者可以知治亂이며 可以知多寡而不能爲多寡니 爲之有道라

① 是故百貨賤則百利不得 : 일상적인 이익을 넘는 이익을 얻지 못하는 것을 말한다.
謂不得過常之利也라

② 生於慮 : 사려 깊이 생각하면 유통 활동이 생겨난다.
謀慮則事生也라

③ 成於務 : 오롯이 힘쓰면 유통 활동이 이루어진다.
專務則事成也라

④ 失於傲 : 경거망동하고 오만하면 유통 활동이 실패한다.
輕傲則失事也라

---

6) 이상은 〈爵位〉이다 : 劉績은 "이상은 '조정은 儀法이 다스려지는 곳이다.'를 해석한 것이다.〔此釋朝者 義之理也〕"라고 하였다.

7) 사려 : 시장에서 상인이 과도한 이익을 얻지 않도록 고려하고 조절하는 군주의 행위를 의미한다.

이상은 〈務市事〉이다.[8)]

右는 務市事라

士農工商

황금은 財用을 計量하는 척도이다. 이러한 황금의 이치에 밝으면 사치와 검소를 알고 사치와 검소를 알면 온갖 쓰임새가 조절될 것이다. 그러므로 검소하기만 하면 생산활동을 해치게 되고, 사치만 일삼으면 재화를 낭비하게 된다.

너무 검소하면 황금의 가치가 떨어지고, 황금의 가치가 떨어지면 생산활동이 이루어지지 않게 된다. 이 때문에 생산활동이 손상되는 것이다. 사치가 심하면 황금이 귀해지고, 황금이 귀해지면 재화의 가치가 떨어지게 된다. 이 때문에 재화가 낭비되는 것이다.

재화가 소진된 이후에 부족함을 알면 이는 재화의 소모량을 헤아리지 못한 것이고, 생산활동이 이루어진 이후에 재화가 남는 것을 알면 이는 생산량을 조절할 줄 모른 것이다. 재화의 소모량을 헤아리지 못하고 생산량을 조절할 줄 모르면 안 된다. 소모량을 알고 생산량을 조절하는 데에는 일정한 법도가 있다.[9)]

黃金者는 用之量也라 辨於黃金之理則知侈儉하고 知侈儉則百用節矣라 故儉則傷事하고 侈則傷貨요 儉則金賤하고 金賤則事不成이라 故傷事요 侈則金貴하고 金貴則貨賤이라 故傷貨라 貨盡而後知不足은 是不知量也요 事已而後知貨之有餘는 是不知節也라 不知量 不知節은 不可라 (謂)〔爲〕[10)]之有道라

천하에 말을 타고 소를 부림에 있어 그들이 무게를 감당하는 데에는 일정한 한도가 있다. 〈말과 소가〉 하루 동안에 갈 수 있는 기준 거리가 있으면, 갈 길의 멀고 가까움

8) 이상은 〈務市事〉다 : 劉績은 "이상은 '시장은 재화 가치가 결정되는 기준이다.'를 해석한 것이다.〔此釋市者 貨之準也〕"라고 하였다.

9) 이러한……있다 : 劉績은 "이상은 '황금은 財用을 計量하는 도구다.'를 해석한 것이다.〔此釋黃金者用之量也〕"라고 하였다.

10) (謂)〔爲〕 : 저본에는 '謂'로 되어 있으나, 郭沫若(中)의 견해에 의거하여 '爲'로 바로잡았다. 곽말약은 앞의 문장들에서 '爲之有道'의 문구가 반복되었으므로, 여기서도 '爲之有道'로 되는 것이 마땅하다고 주장하였다.(≪管子集校≫)

을 추산할 수 있을 것이다. 이와 마찬가지로 한 제후국에서 천승의 수레를 갖출 수 있는지의 여부를 알면, 그 나라 영토가 큰지 작은지를 알 수 있고, 〈또〉 어느 정도의 군비를 감당할 수 있는지를 알 수 있다. 군비를 무겁게 한 이후에 그것을 덜어내려고 하면 이는 스스로 감당할 수 있는 역량을 모른 것이고, 가볍게 한 이후에 늘이려고 하면 이는 군비의 수요를 제대로 모른 것이다. 군비 부담의 역량을 모르거나 군비 수요를 몰라서는 안 된다. 이러한 일을 올바로 행하는 데에는 일정한 법도가 있다.[11)]

天下乘馬服牛에 **而任之輕重有制**요 **有壹宿之行**①에 **道之遠近有數矣**니 **是知諸侯之地千乘之國者**는 **所以知地之小大也**요 **所以知任之輕重也**라 **重而後損之**는 **是不知任也**요 **輕而後益之**는 **是不知器也**니 **不知任 不知器**는 **不可**니 (謂)〔爲〕[12)]**之有道**라

① 有壹宿之行 : 하루 동안에 갈 수 있는 기준 거리가 있으면, 백일 동안 갈 수 있는 거리를 알 수 있다.
一宿有定準하면 則百宿可知也라

〈한 나라 영토에서〉 식량을 생산해 낼 수 없는 토지와 나무가 자랄 수 없는 산지가 100분의 1 정도 되고, 마른 연못이 100분의 1 정도 되며, 초목이 자랄 수 없는 토지가 100분의 1 정도 되고, 가시나무로 뒤덮여 사람이 들어갈 수 없는 곳이 100분의 1 정도 된다. 늪지대 중에 낫과 새끼줄을 가지고 들어가 수초를 채취할 수 있는 곳이 9분의 1 정도 되고, 덩굴이 무성한 산 중에 재목이 될 수 있고 수레바퀴 축을 만들 수 있는 나무가 있어 도끼를 들고 들어가 벌채할 수 있는 곳이 9분의 1 정도 된다. 깊은 산 중에 관을 만들 수 있고 수레를 만들 수 있는 나무가 있어 도끼를 들고 들어가 벌채할 수 있는 곳이 10분의 1 정도 된다. 흐르는 물 중에 그물을 들일 수 있는 곳이 5분의 1 정도 되고, 산림 중에 관을 만들 수 있고 수레를 만들 수 있는 나무가 있어 도끼를 들고 들어가 벌채할 수 있는 산림이 5분의 1 정도 되며, 연못 중에 그물을 들일 수 있는 곳이 5분의 1 정도 된다. 이상을 地均[13)]이라 말하니, 실제 산출로 계산한다.

11) 천하에……있다 : 劉績은 "이상은 '제후의 땅에 千乘의 수레를 두는 것은 군비 체제의 제도다.'를 해석한 것이다.〔此 釋諸侯之地千乘之國 器之制也〕"라고 하였다.

12) (謂)〔爲〕 : 저본에는 '謂'로 되어 있으나, 郭沫若(中)의 견해에 의거하여 '爲'로 바로잡았다.(≪管子集校≫)

地之不可食者와 山之無木者 百而當一이요 涸澤百而當一이요 地之無草木者 百而當一이요 樊棘雜處에 民不得入焉이 百而當一이라 藪에 鎌纆得入焉이 九而當一[14]이요 蔓山에 其木可以爲材 可以爲軸하여 斤斧得入焉이 九而當一이요 汎山에 其木可以爲棺하고 可以爲車하여 斤斧得入焉이 十而當一이요 流水에 網罟得入焉이 五而當一이요 林에 其木可以爲棺하고 可以爲車하여 斤斧得入焉이 五而當一이요 澤에 網罟得入焉이 五而當一이니 命之曰 地均하니 以實數[15]라

사방 6리를 暴(폭)이라 하고, 5暴을 部라 하며, 5部를 聚라 한다. 聚에는 시장을 두어야 하니, 시장이 없으면 백성들이 곤궁해진다. 5聚를 鄕이라 하고, 4鄕을 方이라 한다. 이상이 官制이다.

方六里命之曰暴이요 五暴命之曰部요 五部命之曰聚요 聚者有市니 無市則民乏이요 五聚命之曰某鄕이요 四鄕命之曰方은 官制也라

관청의 규칙이 정해지면 邑을 세운다. 다섯 집을 모아 伍를 삼고, 열 집을 모아 連을 삼는다. 다섯 개의 連이 1暴이 되고 다섯 개의 暴이 1長이 되는데 이를 이름하여 鄕이라 한다. 네 개의 鄕을 都라 한다. 이상이 邑制이다.

官成而立邑이니 五家而伍요 十家而連이요 五連而暴이요 五暴而長이니 命之曰某鄕요 四鄕命之曰都는 邑制也라

읍의 규칙이 완성되면 생산활동 제도를 만든다. 4聚가 1離가 되고, 5離가 1制가 되며, 5制가 1田이 되고, 2田이 1夫가 되며, 3夫가 1家가 된다. 이상이 생산활동 제도이다.

---

13) 地均 : 토지의 질과 넓이를 살펴 등급을 정하는 일을 이른다.

14) 藪鎌纆得入焉 九而當一 : 劉績은 "'鎌'은 베고 자르는 도구이고, '纆'은 묶는 노끈이다.〔鎌刈割器 纆捆縛索〕"라고 하였다.

15) 命之曰地均以實數 : 劉績은 "이 구절은 토지를 중간 수준에서 말한다는 의미이다. 즉 〈토지 중〉 활용하여 이익을 얻을 수 없는 부분은 제하고 실제로 활용하여 이익을 얻을 수 있는 부분만 기록한다는 것이다. 단순히 너무 넓게 혹은 너무 좁게 말해서는 안 된다.〔此一節 言土地就中論 不可食者而除之 紀其可食之實 不可徒論廣狹也〕"라고 하였다.

邑成而制事니라 **四聚爲一離**요 **五離爲一制**요 **五制爲一田**이요 **二田爲一夫**요 **三夫爲一家**는 **事制也**라

생산활동 제도가 완성되면 군비제도를 만든다. 사방 6里는 1乘의 兵車가 나오는 토지다. 1乘은 4필의 말이 필요한데, 말 1필에는 甲士 7인과 방패를 든 병사 5인이 따른다. 〈따라서〉 4乘에는 갑사 28인과 방패를 든 병사 20인, 그리고 보병 30인이 병거를 따른다. 이상이 군비제도이다.[16)]

事成而制器니 **方六里爲一乘之地也**라 **一乘者**는 **四馬也**니 **一馬**에 **其甲七**이요 **其蔽五**①이니 **四乘**에 **其甲二十有八**이요 **其蔽二十**이요 **白徒三十人**이 **奉車兩**은 **器制也**라

① 其蔽五 : '蔽'는 수레와 말을 보호하는 도구이다.
蔽는 所以捍車馬라

사방 6里는 1乘의 병거가 나오는 토지요, 사방 9里는 9명의 농부가 경작하는 토지다. 황금 1鎰(일)은 100乘의 병거가 하루 동안에 쓸 수 있는 비용이다. 황금이 없으면 명주를 사용하는데, 3등품 이하의 명주 33制가 황금 1鎰에 해당한다. 명주가 없으면 삼베를 사용하는데, 거친 베 100兩이 황금 1鎰에 해당한다. 1鎰의 황금은 100乘 수레의 하루 비용을 댈 수 있는 금액이니, 이는 군비를 내는 지역의 사방 6步에 1斗의 곡식을 내는 것에 해당한다. 이를 '中歲'[17)]라 한다.

方六里는 **一乘之地也**요 **方一里**는 **九夫之田也**라 **黃金一鎰**은 **百乘一宿之盡也**니 **無金則用其絹**이니 **季絹三十三**①**制**가 **當一鎰**이라 **無絹則用其布**니 **經暴布百兩當一鎰**이라 **一鎰之金**은 **食百乘之一宿**이니 **則所**市**之地六步一斗**②라 **命之曰中歲**라

① 季絹三十三 : 삼등품 이하를 '季'라 한다.
三等其下者曰季라
② 一斗 : 어떤 판본에는 '一升'으로 되어 있다.
一本에 作一升이라

---

16) 생산활동……군비제도이다 : 劉績은 "이상의 구절에서는 官制, 邑制, 생산활동 제도, 군비제도를 말하였다.〔此一節 言官邑事器之制〕"라고 하였다.

17) 中歲 : 중간 정도의 수확을 이른다.

시장이 있어야 하는 곳에 시장이 없으면 백성들의 일용품이 부족하게 된다. 사방 6리를 社라고 하고, 그것에 邑이 있으면 央이라 하며 또한 그곳에 통행세와 영업세를 매긴다. 황금 100鎰이 1篋(협)이 되고, 재화 1穀籠(곡롱)이 10篋이 된다. 시장에서 장사하는 상인들이 30명이 넘으면 1월과 12월에 황금 1鎰을 내게 하는데 그것을 正이라 한다. 春分에 세율을 공포하는 것을 書比라 하고, 立夏에 조사하는 것을 月程이라 하며, 가을에 전체 통계를 내는 것을 大稽라 한다. 이때 상업에 종사한 백성의 증감도 기록한다.

有市에 **無市則民(不)**[18]**乏矣**라 **方六里**를 **名之曰社**니 **有邑焉**이면 **名之曰央**이요 **亦關市之賦**①라 **黃金百鎰爲一篋**이요 **其貨一穀籠爲十篋**이라 **其商苟在市者三十人**이면 **其正月十二月**에 **黃金一鎰**이니 **命之曰正**이라 **分春曰書比**요 **立夏曰月程**이요 **秋曰大稽**니 **與民數得亡**이라

① 關市之賦 : 관문과 시장을 출입하는 세금을 말한다.
命出關市之賦라

3년마다 농지의 둑을 정비하고, 5년마다 농지의 경계를 정비하며, 10년마다 농지의 구획을 바꾼다. 이것이 일상적인 정책이다.[19]

三歲修封하고 **五歲修界**하며 **十歲更制**라 **經正**[20]**也**라

10길을 파야 물이 보이는 토지는 홍수를 겪지 않고, 5尺을 파면 물이 보이는 토지는 큰 가뭄이 들지 않는다. 11길을 파야 물이 보이는 토지는 세금을 10분의 2나 3을 경감해 주고, 12길을 파야 물이 보이는 토지는 세금을 10분의 3이나 4를 경감해 주며, 14길을 파야 물이 보이는 토지는 세금을 10분의 4를 경감해 주고, 15길을 파야 물이 보이는 토지는 산이나 마찬가지 비율로 계산하여 세금을 절반 경감해 준다. 5

18) (不) : 저본에는 '不'이 있으나, 豬飼彦博(日)의 견해에 의거하여 衍文으로 처리하였다. 앞서 "聚者有市 無市則民乏"이라 하였으므로, 이 문장에서 '不'은 불필요한 글자가 된다.(≪管子補正≫)

19) 3년마다……정책이다 : 劉績은 "이상의 구절에서는 우선 제도 수립에 대해 말하고, 이어서 세금 책정에 대해 말하였다.〔此節 言旣立制而遂定賦也〕"라고 하였다.

20) 經正 : 于省吾(中)는 "'正'은 '政'의 의미로 읽어야 하므로 '經正'은 곧 常例의 의미가 된다."라고 하였다.(≪管子新證≫)

尺을 파면 물이 보이는 토지는 세금을 10분의 1을 경감해 주고, 4尺을 파면 물이 보이는 토지는 세금을 10분의 3을 경감해 주며, 3尺을 파면 물이 보이는 토지는 세금을 10분의 2를 경감해 주고, 2尺을 파면 물이 보이는 토지는 세금을 10분의 1을 경감해 준다. 1尺을 파면 물이 보이는 토지는 늪지대나 마찬가지 비율로 계산한다.[21)]

十仞見水는 **不大潦**①요 **五尺見水**는 **不大旱**이라 **十一仞見水**는 **輕征**②하여 **十分去二三**③이요 **二則去三四**④요 **四則去四**⑤요 **五則去半**이니 **比之於山**이라 **五尺見水**⑥는 **十分去一**이요 **四則去三**⑦이요 **三則去二**요 **二則去一**이라 (三)〔一〕**尺**[22)]**而見水**는 **比之於澤**⑧이라

① 不大潦 : '大潦'는 어떤 판본에는 '大續'으로 되어 있다. 이는 물이 지속적으로 나온다는 의미로, 〈땅속에〉 미리 저장된 물을 말한다.
大潦는 一本作大續이니 繼也로 預貯水也라

② 輕征 : '征'은 세금이다.
征은 稅也라

③ 十分去二三 : 10분의 2나 3을 덜어준다는 의미이다.

---

21) 10길을……계산한다 : 劉績은 이 단락의 의미에 대해 "지대가 높으면 큰 물이 들이닥치기 어렵다. 그러므로 10길을 파야 물이 보이면 홍수를 겪지 않는다고 말하는 것이다. 지대가 낮으면 가물이 들기 어렵다. 그러므로 5尺을 파서 물이 보이면 큰 가물이 들지 않는다고 말하는 것이다. 큰물이 들 때, 11길을 파야 물이 보이는 높은 지대에 있는 토지의 경우는 일반적인 세금에서 10분의 2나 3을 면제해 주고, 12길을 파야 물이 보이는 토지의 경우는 세금을 10분의 3이나 4를 면제해 준다. 그리고 15길을 파야 물이 보이는 토지의 경우는 세금을 절반 면제해 준다. 그런 곳은 너무 높아 관개하기 어려운 지대로 산이나 마찬가지로 볼 수 있기 때문이다. 〈반대로〉 가물이 들 때, 아래로 땅을 5尺을 파서 물이 보이면 일반적인 세금에서 10분의 4를 면제해 주고, 4尺을 파서 물이 보이면 10분의 3을 면제해 주며, 3尺을 파서 물이 보이면 10분의 2를 면제해 준다. 그리고 2尺을 파서 물이 보이면 10분의 1을 면제해 준다. 그런 곳은 지대가 매우 낮아 관개가 쉬워 늪지와 마찬가지로 볼 수 있기 때문이다. '十分去一'은 '十分去四'로 고쳐야 하는 것이니, 글자가 잘못 쓰여졌다.〔言地高則難澇 故曰十仞見水不大澇 地底則難旱 故曰五尺見水不大旱 當澇之時 若高亢地十一仞見水 則常征十分中免二三分 十二仞見水 則免三四分 十四仞見水 則免四分 十五仞見水 則免五分 以其極高難灌漑 可以比於山也 當旱之時 若汙下地五尺見水 則常征十分免四分 四尺見水 則免三分 三尺見水 則免二分 二尺見水 則免一分 以其極底易灌漑 可以比於澤也 十分去一 當作十分去四 乃字之誤〕"라고 하였다.

22) (三)〔一〕尺 : 저본에는 '三'으로 되어 있으나, 王引之(淸)의 견해에 의거하여 '一'로 바로잡았다. 왕인지는 "앞 문장은 五尺에서 四尺으로, 四尺에서 三尺으로, 三尺에서 二尺으로 서술되고 있으니, 여기서는 마땅히 '一尺'이 되어야 한다. 만약 三尺을 파서 물이 보인다면 땅이 오히려 높고 건조한 지대가 되므로 늪지에 비교할 수 없다. 대개 옮겨 쓰는 사람이 잘못 썼을 뿐이다.〔上文由五尺而四尺 四尺而三尺 三尺而二尺 則此當爲一尺矣 若三尺而見水 則地猶高燥 不得比之於澤 蓋寫者誤耳〕"라고 하였다.(≪讀書雜志≫)

謂去十(仞)〔分〕[23]之二三이라

④ 二則去三四 : 10분의 3을 덜어준다는 의미이다.

謂去十(仞)〔分〕之三이라

⑤ 四則去四 : 10분의 4를 덜어준다는 의미이다.

謂去十(仞)〔分〕之四라

⑥ 五尺見水 : 평지에서 5길을 파서 물이 보인다는 것은, 산에서 5尺을 파서 물이 보이는 것과 같다는 말이다.

言 平地五仞見水는 同於山五尺見水라

⑦ 四則去三 : 8尺이 1길이다. 9길을 나누면 매 分마다 2길 2尺을 지니게 된다. 3을 덜어 내면 1丈 8尺이 남는다.[24]

八尺曰仞이라 分九仞하면 則屈每分有二仞二尺이라 去其三하면 則餘有一丈八尺이라

도성 밖으로부터 사방 국경 안의 모든 사람들 중, 성인 남자는 하루에 2犁[25]씩의 노동을, 5尺의 미성년자는 하루에 1犁씩의 노동을 3일 동안 종사하게 한다. 정월에 농사일을 시작하게 하여 公田의 농경에 종사하게 하니, 눈이 녹을 무렵에 쟁기질을 시작하여 여름에 김을 매는 것으로 마친다.

선비 가운데 견문이 넓고 학식이 깊으나 벼슬길에 나가지 않은 사람은 〈선비의 신분에 합당한〉 '노동'[26]은 제공하게, 하지만 그에 대한 대가는 분배하지 않는다. 상인 가운데 물가의 높고 낮음을 잘 알고 매일 시장에 나오지만 관영 상인이 아닌 사람은 '노동'은 제공하게 하지만 그에 대한 대가는 분배하지 않는다. 匠人 가운데 물품의 형태와 기능에 정통하고 날마다 시장에 나오지만 관영 장인이 아닌 사람은 '노동'은 제공하게 하지만 그에 대한 대가는 분배하지 않는다. 匠人 중 '노동'에 종사하게 할 수 없는 사람은 빠진 날짜의 실제 액수를 살펴 그만큼 곡식으로 대신 내게 한다.

距國門以外로 **窮四竟之內**에 **丈夫二犁**요 **童五尺一犁**를 **以爲三日之功**이라 **正月令農始作**하여

23) (仞)〔分〕 : 저본에는 '仞'으로 되어 있으나, 본문의 내용에 의거하여 '分'으로 바로잡았다. 아래의 ④와 ⑤도 같다.

24) 8尺이……남는다 : 이 문장의 의미는 분명하지 않다. 혹 원문에 오탈자가 있는 것이 아닌지 의심스럽다.

25) 犁 : 본래 쟁기 혹은 가래를 의미하는데, 여기서는 하루 동안에 쟁기로 일하는 면적의 단위로 쓰였다.

26) 노동 : 원문 '功'에 대한 번역이다. 고대에는 백성들이 종사하는 직업을 9개 분야 즉 '九職'으로 나누었으니, 여기서 말하는 '노동'은 각자의 신분과 직업에 합당한 '노력 봉사'가 된다.

服于公田農耕이니 **及雪釋**에 **耕始焉**하고 **芸卒焉**이라 **士聞見博學意察而不爲君臣者**는 **與功而不與分焉**①[27]하고 **賈知賈之貴賤**하고 **日至於市而不爲官賈者**는 **與功而不與分焉**하고 **工治容貌功能**하고 **日至於市而不爲官工者**는 **與功而不與分焉**[28]이라 **不可使而爲工**이면 **則視貨離之實 而出夫粟**이라

① 士聞見博學意察而不爲君臣者 與功而不與分焉 : 이 사람은 본래 학문을 하여 군주의 신하가 되려고 하였지만, 배움 자체를 숭상하여 벼슬길에 나아가지 않았다. 이런 사람은 곡식을 수확하는 일에는 참여시키지만, 그가 제공한 노동에 대한 대가는 나누어주지 않는다.
此人은 學以爲君之臣也이나 然以高尚其事而不爲이라 若此者는 預食農收之功이나 而不受力作之分也라

그러므로 지혜로운 자만 알고 어리석은 자는 알지 못하는 정책은 백성들에게 가르칠 수 없고, 재주 있는 자만 할 수 있고 재주 없는 자는 할 수 없는 일은 백성들에게 가르칠 수 없다. 한번 명령을 내렸을 때 모든 백성이 따르지 못하면 좋은 정치가 될 수 없고, 〈한번 가르쳐서〉 모든 백성이 잘 할 수 없으면 큰 功業을 이룰 수 없다. 그러므로 성실한 상인이 아니면 장사로 먹고 살 수 없고, 성실한 匠人이 아니면 기술로 먹고 살 수 없으며, 성실한 농부가 아니면 농사로 먹고 살 수 없고, 진정한 선비가 아니면 조정에 설 수 없다. 따라서 관청이 텅 비었다고 해서 감히 관직을 요청하지 못하고, 군주에게 진귀한 수레와 갑옷이 있어도 〈신하나 백성들이〉 감히 소유하지 못한다. 군주가 국가적 사업을 시행할 때 신하들은 자신이 할 수 없는 일로 감히 군주를 속이지 못한다. 군주가 신하들의 능력을 알고 신하들 또한 군주

---

27) 與功而不與分焉 : 舊注에 따라 해석하면 "농사지은 게 수확되면 그것을 먹는 데는 참여시키지만, 그가 제공한 노동에 대한 대가는 나누어주지 않는다."가 된다. 그러나 孫詒讓(中)은 방현령의 주에 오류가 있다고 주장하면서 다음과 같이 말한다. "'功'은 곧 ≪周禮≫ 〈內府〉에서 말하는 '九功', 또는 ≪太宰≫에서 말하는 九職의 '功'이다.……'與功而不與分'은 '백성과 더불어 九職의 功은 부여받지만, 임금이 나누어 주는 하사품은 받지 못한다'는 의미가 된다. 尹知章(房玄齡)의 주는 모두 잘못되었다.(≪管子集校≫) 역자는 손이양의 견해에 의거하여 번역하였다.

28) 士聞見博學意察……與功而不與分焉 : 劉績은 "이 단락에서는, 선비 상인 匠人 중 비록 자기의 業에 종사하지만 관청에 몸 담고 있지 않은 자는, 정월에 公田 밭갈이에 3일 동안 참여한다는 것을 말하고 있다. 백성의 힘을 빌려 토지의 이익을 최대화한다는 것이다. 〔此言士賈工雖習其業 不在官者 正月亦與耕公田三日 借民力以盡地利〕"라고 하였다.

가 자신들의 능력을 알고 있다는 사실을 알기 때문이다. 이렇게 되면 신하들은 자신들의 힘을 다하지 않을 수 없으니, 모두 성실한 자세로 군주에게 다가온다.[29)]

是故智者知之요 愚者不知면 不可以教民①이요 巧者能之요 拙者不能이면 不可以教民②이라 非一令而民服之也면 不可以爲大善이요 非夫人能之也면 不可以爲大功이라 是故非誠賈면 不得食于賈하고 非誠工이면 不得食于工하며 非誠農이면 不得食于農하고 非信士면 不得立于朝라 是故官虛而莫敢爲之請하고 君有珍車珍甲而莫之敢有요 君擧事에 臣不敢誣其所不能이라 君知臣하고 臣亦知君이 知己也라 故臣莫敢不竭力하여 俱操其誠以來니라

① 是故智者知之……不可以教民 : 백성을 가르치는 것은 반드시 지혜로운 자에게 하도록 해야 한다.
教民은 必以有智者라

② 巧者能之……不可以教民 : 사람들에게 기능을 가르칠 때 반드시 기술이 뛰어난 자게 가르치도록 하는 것은, 우둔한 사람이나 지혜로운 사람이나 모두 알도록 하기 위함이니, 그런 이후에 사람들을 가르칠 수 있다.
教人爲工에 必以巧者는 欲令愚智之人盡曉知之이니 然後可以教人也라

속담에 이르기를, "토지를 백성의 능력에 맞게 고르게 나누어 주고, 백성들이 철에 따라 해야 할 일을 알게 하라."고 하였다. 이렇게 하면 백성들은 철의 이름과 늦음, 시간의 부족함, 그리고 굶주림과 추위가 자신에게 이르게 되는 이유를 알게 된다. 그 결과 백성들은 늦게까지 일하고 아침 일찍 일어나며, 부자와 형제가 서로의 공을 잊지 않고, 농사일에 힘쓰면서 권태롭게 여기지 않으며, 노고를 꺼리지 않게 된다. 그러므로 토지를 고르게 나누어 주지 않았을 때 나타나는 해악은, 땅에서 얻을 수 있는 이익을 다 활용하지 못하고, 백성의 힘을 최대로 이용하지 못한다는 것이다. 철을 알려주지 않으면 백성들은 알지 못하고, 농사일을 지도하지 않으면 백성들은 일하지 않는다. 백성들에게 재물을 나누어 주면 백성들은 〈노동에 따라〉 공정하게 얻는다는 사실을 알게 될 것이고, 이처럼 공정한 분배를 세밀히 시행하면 백성들은 최선을 다해 노력할 것이다. 이렇게 되면 시키지 않아도 부자와 형제들은 서로의 공을 잊지 않게 된다.

---

29) 그러므로……다가온다 : 劉績은 "여기서는 사람을 가르침에 있어 지혜로운 자나 우둔한 자나 모두 알게 해야 한다는 것을 말하고 있다.〔此言教人當使智愚皆知〕"라고 하였다.

道曰[30] **均地分力**하고 **使民知時也**라하니 **民乃知 時日之蚤晏**하고 **日月之不足**하며 **饑寒之至于身也**라 **是故夜寢蚤起**하고 **父子兄弟不忘其功**하며 **爲而不倦**하고 **民不憚勞苦**라 **故不均之爲惡也**는 **地利不可竭**이요 **民力不可殫**이라 **不告之以時而民不知**하고 **不道之以事而民不爲**라 **與之分貨則民知得正矣**요 **審其分則民盡力矣**라 **是故不使而父子兄弟不忘其功**이라

이상은 〈士農工商〉이다.[31]

右는 **士農工商**이라

聖人

聖人이 성인이 되는 까닭은 백성들의 직분을 잘 안배해주기 때문이다. 성인이 백성들의 직분을 안배할 수 없으면 백성과 다르지 않다. 자기 자신도 부족하면서 어떻게 성인으로 불릴 수 있겠는가? 그러므로 일이 있으면 〈그 일에 합당한〉 사람을 쓰고, 일이 없으면 백성 각자의 처소로 돌아가게 한다. 오직 성인만이 백성들을 잘 이용해 功業을 이룬다. 백성들의 본성은 〈어느 한쪽으로〉 치우치면 어리석어지고, 〈그런 치우침을〉 막아주면 선해진다. 윗사람이 하나를 하면 아랫사람들은 둘을 행한다.[32]

聖人之所以爲聖人者는 **善分民也**[①33]니 **聖人不能分民**이면 **則猶百姓也**라 **於己不足**이니 **安得**

---

30) 道曰 : 吳志忠(淸)은 '道'를 '故'의 오자로 보고, '故曰'로 고쳐야 한다고 주장하였다. 그러나 郭沫若(中)은 '道曰'이 '言曰'로 쓰인 여러 고대 문헌들의 사례들을 들면서 굳이 고칠 필요가 없다고 주장한다.(≪管子集校≫) 본서에서는 곽말약의 견해에 따라 '道曰'을 '言曰'의 의미로 해석하였다.

31) 이상은 〈士農工商〉이다 : 劉績은"이 편에서는 토지를 고르게 배분하고 세법을 제정하여 백성들로 하여금 토지를 최대한 이용하게 할 것에 대해 말하면서, 군주의 명령 내리는 일로 마무리 하고 있다. 그리고 말미에 다시 '토지를 백성의 능력에 맞게 고르게 나누어 주고, 백성들이 철에 따라 해야 할 일을 알게 하라.'는 말을 제시하여 아래 3절의 강령으로 삼고 있다. 그런데 이상의 내용을 '士農工商'이라 이름하고 있으니 무슨 말인지 모르겠다.〔此篇 言均地立制定賦之法 率民盡地力 終之以人君出令之事 末又言 均地分力 使民知時 爲下三節之綱 謂之士農工商 不知何說也〕"라고 하였다.

32) 聖人이……행한다 : 劉績은 "이것은 앞의 '分力'을 해석한 것이다.〔此 釋上分力〕"라고 하였다.

33) 分民 : 豬飼彦博(日)은 '백성들에게 이익을 분배한다'의 의미로 해석한다. 앞에서 언급된 與之分貨가 그 증거라는 것이다. 기존의 국내 번역서들은 이러한 해석을 수용하고 있다.

名聖②이리오 **是故有事則用**③하고 **無事則歸之於民**④하여 **唯聖人**이 **爲善託業於民**⑤이라 **民之生也**에 **辟則愚**⑥하고 **閉則類**⑦요 **上爲一**이면 **下爲二**⑧라

① 聖人之所以爲聖人者 善分民也 : 사람들로 하여금 각자의 직분을 잘 알게 하기 때문에 '성인'이라는 이름을 얻는다.
善令人知分하니 故名爲聖人이라

② 聖人不能分民……安得名聖 : 사람들로 하여금 각자의 직분을 알게 할 수 없으면, 자기 자신도 아직 부족한 것이니 어떻게 성인이라 이름할 수 있겠는가?
不能令人知分이면 則己尙不足이니 何名爲聖人이리오

③ 是故有事則用 : '用'은 사람을 쓴다는 의미이다.
用은 謂人也라

④ 無事則歸之於民 : 사람들로 하여금 물러나 거처로 돌아가게 한다는 의미이다.
謂令人退歸而居也라

⑤ 唯聖人 爲善託業於民 : 사람들에게 의지해 功業을 이룬다는 의미이다.
謂託人以成功業也라

⑥ 辟則愚 : 치우침을 좇으면 혼미하고 어리석어진다.
縱其淫辟則昏愚也라

⑦ 閉則類 : '類'는 선하다는 의미이다. 치우침을 막으면 스스로 선해진다.
類는 善也라 閉其淫辟則自善이라

⑧ 上爲一 下爲二 : 아랫 사람들이 윗사람을 본받는 것은 반드시 두 배로 나타난다.
下之效上은 必倍之也라

이상은 〈聖人〉이다.

右는 **聖人**이라

失時

〈농사를 짓는데〉 '때'는 일을 처리하는데 매우 중요하므로 숨기거나 버려둘 수 없다. 그러므로 '오늘 해야 할 일을 하지 않으면 내일 재화를 잃어버린다.'고 말한다. 어제는 이미 지나가 다시 돌아오지 않는다.[34)]

(≪管子補正≫) 반면에 黃鞏(明)은 백성들의 직분을 사농공상 등으로 나누어 각자의 실질적인 일을 다하게 하는 것으로 해석한다.(≪管子集校≫)

時之處事精矣니 **不可藏而舍也**①라 **故曰 今日不爲**면 **明日忘貨**②라하니 **昔之日已往而不來矣**③라

① 時之處事精矣 不可藏而舍也 : 때가 이르면 〈곧바로〉 행해야 하는 것이니, 숨기거나 버려둘 수 없다.
時至則爲之니 不可藏而捨息也라
② 今日不爲 明日忘貨 : 제 때 행하지 않으면 때를 잃게 된다는 의미이다.
言不爲則失時라
③ 昔之日已往而不來矣 : 시간은 한번 지나가면 다시 돌아오지 않는다는 말이다.
言日旣往하면 不還來也라

이상은 〈失時〉이다.

右는 **失時**라

地里

사방 80리의 상등 토지에는 만 가구의 나라 하나와 천 가구의 도시 4개를 세울 수 있다. 사방 100리의 중등 토지에는 만 가구의 나라 하나와 천 가구의 도시 4개를 세울 수 있다. 사방 120리의 하등 토지에는 만 가구의 나라 하나와 천 가구의 도시 4개를 세울 수 있다. 〈따라서〉 사방 80리의 상등 토지와 사방 120리의 하등 토지는 사방 100리의 중등 토지와 맞먹는다.[35)]

上地方八十里는 **萬室之國一**과 **千室之都四**요 **中地方百里**는 **萬室之國一**과 **千室之都四**요 **下地方百二十里**는 **萬室之國一**과 **千室之都四**라 **以上地方八十里與下地方百二十里**는 **通於中地方百里**라

이상은 〈地理〉이다.

右는 **地理**라

---

34) '때'는……않는다 : 劉績은 "이상은 앞의 '使民知時'를 해석한 것이다.〔此釋上使民知時〕"라고 하였다.

35) 사방……맞먹는다 : 劉績은 "이상은 앞의 '均地'를 해석한 것이다.〔此 釋上均地〕"라고 하였다.

管子 2卷

明 吳郡 趙氏本
唐 司空 房玄齡 註

제6편 칠법 七法[1)]

경언 6 經言 六

＊治國强兵에 대한 관중의 기본 관점을 담고 있으며, 4가지 주제로 전개된다. 첫째는 '七法'이다. '칠법'은 則・象・法・化・決塞・心術・計數의 7가지 기본 원칙으로, 백성을 다스리고 국가를 경영하는 핵심 이치에 대해 말하고 있다. 둘째는 '四傷'으로, 국가와 백성을 상하게 하는 4가지 암적인 요소들에 대해 언급하고 있다. 셋째는 '爲兵之數'로, 군대를 운용할 때 필요한 사항들 특히 출병 전에 미리 준비하고 갖추어야 할 8가지 준비사항들에 대해 말하고 있다. 넷째는 '選陳'으로, 출병 이후 군대를 전개할 때 필요한 구체적인 전략전술에 대해 언급하고 있다. 특히 세 번째와 네 번째에 나오는 병법에 관한 내용은, 본서 〈外言〉에 나오는 〈兵法〉과 더불어 ≪管子≫병법의 핵심을 이룬다. 그리고 이러한 ≪管子≫병법은 후대에 ≪손자병법≫을 비롯한 모든 兵書의 효시로 간주된다.

則・象・法・化・決塞・心術・計數를 말한다.

---

1) 七法 : 何如璋(淸)은 '七法'이라는 편명에 오류가 있다고 지적하면서 다음과 같이 주장하였다. "이것은 ≪管子≫ 〈經言〉에 속하는 것으로, 본래 명칭은 〈兵法〉이었다. 나중에 '兵'자가 떨어져 나감으로 인해, 옮겨 쓰는 사람이 뒤에 붙은 표제목 '七法'을 편명으로 삼게 되었다. 본서 〈內言〉에 들어 있는 〈兵法解〉는 '解'자를 제거하고 ≪管子≫의 正文으로 삽입시킨 것이다."(≪管子析疑≫) 하여장의 주장은 본편의 본래 명칭은 〈兵法〉이었는데 후대 사람의 착오로 인해 〈七法〉이 되었다는 것이다. 본편의 내용 중에 병법에 관한 것이 많아 이렇게 판단할 근거가 없지는 않다. 그러나 본편에서 병법에 관한 내용은 후반부에 집중되어 있고, 전반부에서는 오히려 일반적인 치국의 원리에 대해 말하고 있다. 또한 고대 문헌들의 편명은 첫머리에 나오는 몇 글자로 정하거나, 또는 앞부분의 내용으로 정하는 경우가 많았다. 본편의 편명이 〈七法〉이 된 것은, 본편의 전체 4개 내용 중 첫 번째 내용인 '七法'을 제목으로 삼은 경우로 볼 수 있다.

謂則·象·法·化·決塞·心術·計數라

七法

옳은 사람이라 말해도 그를 세워 쓸 수 없고 그른 사람이라 말해도 그를 폐하여 물러나게 할 수 없고 공이 있어도 상을 줄 수 없고 죄가 있어도 죽일 수 없다면, 이렇게 하고도 백성을 다스릴 수 있는 자는 일찍이 없었다. 옳으면 반드시 세우고 그르면 반드시 폐하고 공이 있으면 반드시 상을 주고 죄가 있으면 반드시 죽인다면, 나라가 편안히 다스려질 것이다. 그러나 아직 부족하다. 어째서 그런가? 形勢와 器械가 갖추어지지 않으면 여전히 다스려지지 않기 때문이다. 形勢와 器械가 갖추어지고, 〈앞의〉 네 가지가 갖추어지면 다스려질 것이다.

言是而不能立하고 **言非而不能廢**①하고 **有功而不能賞**하고 **有罪而不能誅**면 **若是而能治民者未之有也**요 **是必立**하고 **非必廢**하고 **有功必賞**하고 **有罪必誅**면 **若是安治矣**이라 **未也**②는 **是何也**오 **曰形勢器械未具**면 **猶之不治也**니 **形勢器械具**하고 **四者備**면 **治矣**③라

① 言是而不能立 言非而不能廢 : 옳은 사람이라 말해도 그 사람을 세워 쓸 수 없으며, 그른 사람이라 말해도 그 사람을 폐하여 물러나게 할 수 없다.
謂之是라도 不能立其人而用之하며 謂之非라도 不能廢其人而退之라

② 有功而不能賞……未也 : 이 네 가지를 할 수 있으면 편안하게 다스릴 수 있을 것이다. 그런데 아직 부족하다는 것은 아직 아래의 일들을 갖추지 못하였기 때문이다.
能此四者면 可以安治矣라 而猶未者는 則以未具下事故라

③ 曰形勢器械未具……治矣 : 네 가지가 갖추어진다는 것은, 옳은 말을 하는 자는 세우고 그른 말을 하는 자는 폐하고 공이 있는 자는 상 주고 죄가 있는 자는 죽이는 것을 말한다.
四者備는 謂立是廢非賞功誅罪라

백성을 다스리지 못하면서 군대를 강하게 할 수 있는 자는 아직 없다. 〈그러나〉 백성을 다스릴 수 있어도 군대 부리는 '책략'〔數〕에 밝지 못하면 여전히 군대를 강하게 할 수 없다. 군대를 강하게 할 수 없으면서 적국을 이기는 자는 아직 없다. 〈그러나〉 군대를 강하게 할 수 있어도 적국을 이기는 '이치'〔理〕에 밝지 못하면 여전히 적국을 이길 수 없다. 군대가 반드시 적국을 이길 수 없으면서 천하를 바르

게 할 수 있는 사람은 아직 없다. 〈그러나〉 군대가 반드시 적국을 이길 수 있으면서도 천하를 바르게 하는 '명분'〔分〕에 밝지 못하면 여전히 천하를 바르게 할 수 없다. 그러므로 백성을 다스리는 데에는 도구가 필요하고, 군대를 부리는 데에는 책략이 필요하며, 적국을 이기는 데에는 이치가 필요하고, 천하를 바르게 하는 데에는 명분이 필요하다고 말하는 것이다.

不能治其民이요 **而能强其兵者**는 **未之有也**①니 **能治其民矣**요 **而不明于爲兵之數**면 **猶之不可**②라 **不能强其兵**이요 **而能必勝敵國者**는 **未之有也**니 **能强其兵**이요 **而不明于勝敵國之理**면 **猶之不勝也**③라 **兵不必勝敵國**이요 **而能正天下者**는 **未之有也**니 **兵必勝敵國矣**요 **而不明正天下之分**이면 **猶之不可**라 **故曰 治民有器**하고 **爲兵有數**하며 **勝敵國有理**하고 **正天下有分**④이라

① 不能治其民……未之有也 : 백성을 다스릴 수 있게 된 이후라야 군대를 강하게 할 수 있다.
能治民然後에 能彊兵이라

② 能治其民矣……猶之不可 : 비록 백성을 잘 다스리고서 군대를 강하게 하고자 한다 해도, 반드시 군대 부리는 책략에 밝은 이후라야 가능하다.
雖能治民하여 而欲彊兵이라도 必明於爲兵之數然後可라

③ 能强其兵……猶之不勝也 : 비록 군대를 강하게 할 수 있게 되어 적국을 이기려 해도, 반드시 〈군대 부리는〉 이치에 밝아야 한다. 군대 부리는 이치에 밝지 않으면 여전히 이길 수 없다.
雖能彊兵하여 其欲勝敵國이라도 必須明審其理라 理之不明이면 猶是不勝也라

④ 治民有器……正天下有 : 도구, 책략, 이치, 명분은 아래의 七法과 연결된다.
器數理分은 卽下之七法也라

則·象·法·化·決塞·心術·計數가 七法이다. 천지의 기운, 추위와 더위의 조화, 그리고 물과 흙의 성질에 근원하여 사람과 동물과 초목이 생겨나는데, 비록 사물이 많지만 모두 일정함이 있어 일찍이 변하지 않는 것이 있으니 그것을 '則'이라 한다. 합당함, 명칭, 때, 유사함, 종류, 비슷함, 모습을 '象'이라 한다. 尺과 寸, 먹줄, 곡자와 직각자, 衡과 石, 斗와 斛, 角과 量을 '法'이라 한다. 점차적으로 나아가고, 순종하고, 따르고, 오래되고, 복종하고, 익숙해지는 것을 '化'라 한다. 줌과 빼앗음, 험난함과 평탄함, 이익과 손해, 어려움과 쉬움, 엶과 닫음, 죽임과 살림을 '決塞'이라 한다. 진실함, 성실함, 너그러움, 베풂, 헤아림, 미루어 짐작함을 '心術'이라

한다. 강하게 하거나 부드럽게 함, 가볍게 하거나 무겁게 함, 크게 하거나 작게 함, 채우거나 비움, 멀리하거나 친근하게 함, 많게 하거나 적게 함을 '計數'라 한다.

則·象·法·化·決塞·心術·計數①는 根天地之氣·寒暑之和·水土之性하여 人民鳥獸草木之生이 物雖(不)[2]甚多나 皆均有焉而未嘗變也를 謂之則②이요 義也·名也·時也·似也·類也·比也·狀也를 謂之象③이요 尺寸也·繩墨也·規矩也·衡石也·斗斛也·角量也를 謂之法④이요 漸也·順也·靡也·久也·服也·習也를 謂之化⑤요 予奪也·險易也·利害也·難易也·開閉也·殺生也를 謂之決塞⑥이요 實也·誠也·厚也·施也·度也·恕也를 謂之心術⑦이요 剛柔也·輕重也·大小也·實虛也·遠近也·多少也를 謂之計數⑧라

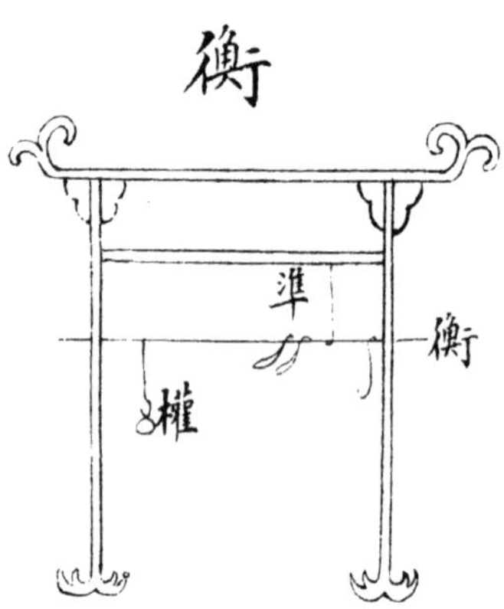

衡

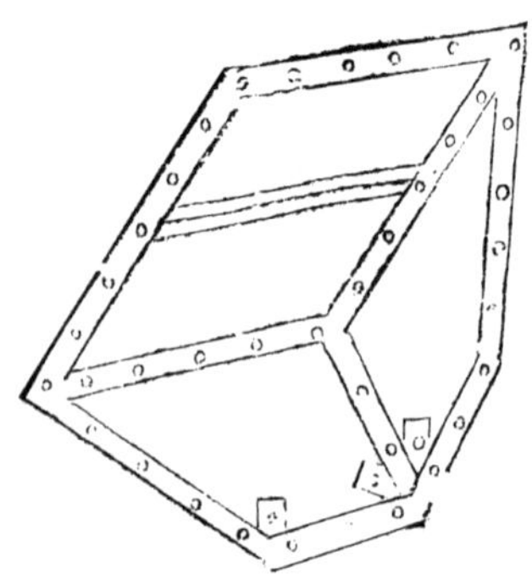

斗

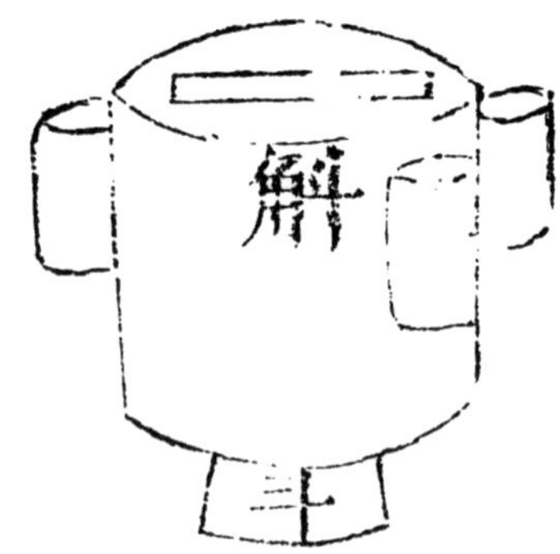

斛

① 則……計數 : 이상은 七法의 목록이다.
此는 七法之目也라

② 根天地之氣……謂之則 : 根은 근원이다. 만물을 생성하는 것은 천지의 元氣이다.
根은 元也라 生萬物者는 天地之元氣也라

③ 義也……謂之象 : 義는 마땅함에 합치하는 것이다. 名은 事를 규정하는 것이다. 時는 名에 합당한 때가 있는 것이다. 似·類·比·狀은 법을 만드는 자가 반드시 준거해야 하는 것으로, 아무런 근거 없이 그렇게 하지 않는다.
義者는 所以合宜也라 名者는 所以命事也라 時者는 名有所當也라 似·類·比·狀은 爲立法者가 必有所倣傚이니 不徒然也라

④ 尺寸也……謂之法 : 角 또한 양을 재는 도구의 명칭이다. 무릇 이 12가지 일은 모두 정사

2) (不) : 저본에는 '不'이 있으나, 許維遹(中)의 견해에 의거하여 衍文으로 처리하였다.(≪管子集校≫)

를 행하는 자가 법도로 삼아야 하는 것들이다.

角亦器量之名이라 凡此十二事는 皆立政者所以爲法也라

⑤ 漸也……謂之化 : 漸은 사물을 개혁할 때 점차적으로 해야 한다는 의미이다. 順과 靡는 사물이 가르침을 따라 순종한다는 의미이다. 久와 服과 習은 사람이 가르침과 명령에 복종하고 익숙해한지가 오래 되었다는 의미이다.

漸은 謂革物當以漸也라 順也 靡也 謂物順教而風靡也라 久也 服也 習也는 謂人服習教命之久라

⑥ 予奪也……謂之決塞 : 무릇 이상의 12가지 일은 모두 정사를 행하는 자가 결단하고 막아야 하는 것들이다.

凡此十二事는 皆爲政者가 所以決斷而窒塞也라

⑦ 實也……謂之心術 : 무릇 이들 6가지는 모두 心術에서 나오는 것이다.

凡此六者는 皆自心術生也라

⑧ 計數 : 무릇 이들 12가지 일은 반드시 계산하여 그 수를 알아야 한다.

凡此十二事는 必計之以知其數也라

'則'에 밝지 않으면서 명령을 내리려고 하는 것은 돌아가는 轆轤(녹로)[3] 위에서 동서의 방향을 정하려는 것과 같고 장대를 들고서 그 끝을 안정시키려는 것과 같다. '象'에 밝지 않으면서 인재를 논하고 그 사용을 따지려고 하는 것은, 〈그 본성 자체가〉 긴 것을 잘라 짧게 만들고 〈그 본성 자체가〉 짧은 것을 이어서 길게 하는 것과 같다. '法'에 밝지 않으면서 백성을 다스리고 대중을 하나로 이끌려고 하는 것은 왼손으로 글을 쓰면서 오른손으로 멈추려고 하는 것과 같다. '化'에 밝지 않으면서 풍속을 변화시키고 가르침을 바꾸려고 하는 것은, 아침에 수레바퀴를 불에 구워 구부려 저녁에 수레를 타려는 것과 같다. '決塞'에 밝지 않으면서

轆轤

3) 轆轤(녹로) : 항아리, 독, 병 따위 둥근 모양의 오지그릇이나 도자기를 만들 때 쓰는 회전 원반이다. 이 위에 흙을 놓고 돌리면서 여러 가지 모양을 만든다.

대중을 몰아 백성을 옮기려고 하는 것은, 물을 거꾸로 흐르게 하려고 하는 것과 같다. '心術'에 밝지 않으면서 사람들에게 명령을 시행하려고 하는 것은, 배반한 자를 불러들이려 하면서 오히려 그를 구속하는 것과 같다. '計數'에 밝지 않으면서 국가의 大事를 일으키려 하는 것은 배와 노도 없이 험난한 물길을 건너려는 것과 같다.

不明於則而欲出號令①은 **猶立朝夕於運均之上**하고 **檐竿而欲定其末**②이요 **不明於象而欲論材審用**은 **猶絶長以爲短**하고 **續短以爲長**③이요 **不明於法而欲治民一衆**은 **猶左書而右息之**④요 **不明於化而欲變俗易敎**은 **猶朝揉輪而夕欲乘車**요 **不明於決塞而欲敺衆移民**은 **猶使水逆流**요 **不明於心術而欲行令於人**은 **猶倍招而必拘之**⑤요 **不明於計數而欲擧大事**는 **猶無舟檝而欲經於水險也**라

① 不明於則而欲出號令 : 則에 밝은 이후에 명령을 내릴 수 있다.
明則然後에 可以出號令이라

② 猶立朝夕於運均之上 檐竿而欲定其末 : '均'은 도자기를 만드는 사람들이 사용하는 轆轤(녹로)이다. '立朝夕'은 동서 방향을 바로잡는 것이다. 가령 이미 녹로를 돌리고 있다면 동서 방향을 바로 잡을 수 없다. '擔(담)'은 '들다'는 의미이다. 무릇 말단〔末〕을 안정시키고자 하는 자는 반드시 그 근본〔本〕을 먼저 움직이지 않게 해야 한다. 가령 장대의 밑을 들고 있다면 그것의 끝은 안정되지 않는다.
均은 陶者之輪也라 立朝夕은 所以正東西也라 今均旣運하면 則東西不可準也라 擔은 擧也라 夫欲定末者는 必先靜其本이라 今旣擧竿之本이면 其末不定也라

③ 絶長以爲短 續短以爲長 : 학의 다리는 자를 바가 아니고, 오리의 다리는 이어줄 바가 아니다.[4]
鶴脛은 非所斷하고 鳧脛은 非所續也라

④ 左書而右息之 : '息'은 '멈추다'는 의미이다. 왼손으로 글을 쓰면서 오른손으로 멈추게 하려 한다면, 끝내 글을 완성시킬 수 없을 것이다.
息은 止也라 左手爲書하면서 右手從而止之면 則無時成書矣라

⑤ 倍招而必拘之 : 배반하는 자가 있는데 그를 불러들이는 것은, 그를 위로하고 기쁘게 하여 감복하게 하고자 함이다. 그런데 오히려 그를 구속하고 억류한다면, 그는 더욱더 배반하게 될 것이다.
物有倍叛에 而招之者는 必有以慰悅之하여 令其感服이라 令反拘留之하면 則彼逾叛矣라

4) 학의……아니다 : ≪장자≫ 〈騈拇〉에 "오리의 다리는 비록 짧더라도 이어주면 근심하고, 학의 다리는 비록 길더라도 잘라 주면 슬퍼한다.〔鳧脛雖短 續之則憂 鶴脛雖長 斷之則悲〕"라고 하였다.

그러므로 말한다. 법을 세우고 제도를 만들려 하면서 '則'을 모르면 안 되고, 인재를 논하고 그 사용을 살피려고 하면서 '象'을 모르면 안 되고, 백성을 화합시키고 대중을 통일시키려고 하면서 '法'을 모르면 안 되고, 풍속을 변화시키고 가르침을 바꾸려 하면서 '化'를 모르면 안 되고, 대중을 몰아 백성을 옮기려고 하면서 '決塞'을 모르면 안 되고, 명령을 내리면 반드시 실행하게 하려고 하면서 '心術'을 모르면 안 되고, 일을 일으켜 반드시 성공하려 하면서 '計數'를 모르면 안 된다.

故曰 錯儀畫制에 **不知則**이면 **不可**요 **論材審用**에 **不知象**이면 **不可**요 **和民一衆**에 **不知法**이면 **不可**요 **變俗易教**에 **不知化**면 **不可**요 **敺衆移民**에 **不知決塞**이면 **不可**요 **布令必行**에 **不知心術**이면 **不可**요 **擧事必成**에 **不知計數**면 **不可**라

이상은 〈七法〉이다.

右는 **七法**이라

四傷

사적인 감정을 숨긴 백관은 윗사람의 권위를 상하게 하고, 간사한 관리는 관청의 법을 상하게 하며, 간사한 백성은 풍속과 가르침을 상하게 하고, 도적은 나라 백성을 상하게 한다. 윗사람의 권위가 상하면 신하들이 존중받게 되고, 법이 상하면 재물이 위로 몰려들게 되며, 가르침이 상하면 명령을 따르는 백성들이 화목하지 않게 되고, 백성이 상하면 백성들이 자신들의 거처에서 편안히 머물지 못하게 된다. 신하들이 존중받으면 명령이 시행되지 않고, 재물이 위로 몰려들면 관청의 일이 훼손되고, 명령을 따르는 백성들이 화목하지 못하면 온갖 일들에 결실이 없게 되며, 백성이 자신들의 거처에서 편안히 머물지 못하면, 도둑질에 힘쓰는 자들만 머물고 농사에 힘쓰는 자들은 흩어진다.

百匿傷上威①[5]하고 **姦吏傷官法**하며 **姦民傷俗教**하고 **賊盜傷國衆**②이라 **威傷則重在下**③하고 **法傷**

---

5) 百匿傷上威 : 王念孫(淸)은 '匿'을 '慝'과 같은 글자로 본다.(≪讀書雜志≫) 이 경우 이 구절은 "백 가지 사특함은 윗사람의 권위를 상하게 한다."로 해석된다.

則貨上流하며 **敎傷則從令者不輯**하고 **衆傷則百姓不安其居**라 **重在下**면 **則令不行**하고 **貨上流**면 **則官徒毁**④하며 **從令者不輯**하면 **則百事無功**하고 **百姓不安其居**면 **則輕民處而重民散**⑤이라

① 百匿傷上威 : '百'은 백관이다. 백관이 모두 개인적인 감정을 숨기고 사적인 일을 행하면 윗사람의 권위가 상하게 된다는 말이다.
百은 百官也라 言百官皆匿情爲私이면 則上威傷이라
② 賊盜傷國衆 : 도적은 항상 남을 손해입히고 해치려고 한다.
盜賊之人은 常欲損敗於物也라
③ 威傷則重在下 : 군주의 권위가 손상되면 신하들이 오히려 존중받게 된다.
君威傷이면 則臣反得尊重이라
④ 官徒毁 : 관리가 덕을 증진시키지 못하고 단지 재물만 축적하니 관청의 일이 훼손된다. '徒'는 일이다.
官者가 旣不以德進하되 但以貨成이니 故官徒毁라 徒는 事也라
⑤ 輕民處而重民散 : '輕民'은 도둑질하는 자들이다. 그들은 도둑질하여 부유해지므로 머문다. '重民'은 농사에 힘쓰는 자들이다. 그들은 도둑 때문에 파산하므로 흩어진다.
輕民은 謂爲盜者라 用盜致富니 故處라 重民은 謂務農者라 爲盜破産이니 故散이라

도둑질하는 자들만 머물고 농사짓는 사람들이 흩어지면 토지가 개간되지 않고, 토지가 개간되지 않으면 가축이 길러지지 않으며, 가축이 길러지지 않으면 나라가 가난해져 비용이 부족하게 되고, 나라가 가난해져 비용이 부족하면 병력이 약해지고 병사들이 떨치고 나서지 않게 되며, 병력이 약해지고 병사들이 떨치고 나서지 않으면 전쟁에서 이기지 못하고 나라를 견고하게 지키지 못하게 되고, 전쟁에서 이기지 못하고 나라를 견고하게 지키지 못하면 나라가 불안해진다.

輕民處重民散則地不辟하고 **地不辟則六畜不育**하며 **六畜不育則國貧而用不足**하고 **國貧而用不足則兵弱而士不厲**①하며 **兵弱而士不厲則戰不勝而守不固**하고 **戰不勝而守不固則國不安矣**라

① 兵弱而士不厲 : '厲'는 '떨치고 나서다'는 의미이다.
厲는 奮也라

그러므로 다음과 같이 말한다. '기본적 법령을 잘 살피지 않으면 사적인 감정을 숨긴 백관들이 날뛰게 되고, 관리들의 벼슬체계를 잘 살피지 않으면 간사한 관리들이 날뛰게 되며, 符伍[6]와 호적을 잘 살피지 않으면 간사한 백성들이 날뛰게 되고,

형법을 잘 살피지 않으면 도적들이 날뛰게 된다.' 이들 국가의 네 가지 벼리가 훼손되면 군주가 하는 일에 누수 현상이 일어나 군주의 자리가 위태로워진다. 군주가 하는 일에 누수 현상이 일어나면 진실을 말하는 선비가 나오지 않게 되고, 진실을 말하는 선비가 나오지 않으면 국가의 실정이 임금에게 낱낱이 아뢰어지지 않는다.

故曰 常令不審則百匿勝하고 **官爵不審則姦吏勝**하며 **符籍不審則姦民勝**하고 **刑法不審則盜賊勝**이라 **國之四經敗**면 **人君泄見危**①하고 **人君泄則言實之士不進**하고 **言實之士不進則國之情僞不竭于上**②이라

① 常令不審則百匿勝……人君泄見危 : 기본 법령, 관리의 벼슬체계, 符伍오 호적, 형법 이 네 가지는 政事를 수행하는데 필요한 기본적인 요건들이다. 이들 네 가지가 흩어지면 군주가 행하는 일에 누수 현상이 일어나게 되고, 군주가 하는 일에 누수 현상이 일어나면 군주의 지위가 위태로워지게 된다.
謂常令・官爵・符籍・刑法四者는 爲政之經이라 四者旣散하면 則是君泄其事라 君泄其事면 則其位危矣라

② 人君泄則言實之士不進 言實之士不進則國之情僞不竭于上 : 아랫사람들이 모두 진실을 감추고 거짓을 말하면, 국가의 실정이 임금에게 낱낱이 아뢰어지지 않는다.
下皆隱實言虛면 則是國情不竭於上이라

세상의 평범한 군주가 귀하게 여기는 것은 보배이고, 친하게 대하는 사람은 친척이며, 아끼는 대상은 백성이고, 중시하는 것은 작록이다. 그러나 현명한 군주는 그렇지 않다. 그가 지극히 귀하게 여기는 것은 보배가 아니고, 지극히 친하게 대하는 사람은 친척이 아니며, 지극히 아끼는 대상은 백성이 아니고, 지극히 중시하는 것은 작록이 아니다. 그러므로 현명한 군주는 보배를 귀하게 여기는 것 때문에 명령을 훼손하지 않는다. 그러므로 명령이 보배보다 귀하다고 말하는 것이다. 친척을 아끼는 것 때문에 사직을 위태롭게 하지 않는다. 그러므로 사직이 친척보다 친하다고 말하는 것이다. 백성을 아끼는 것 때문에 법을 왜곡시키지 않는다. 그러므로 법이 백성보다 소중하다고 말하는 것이다. 작록을 중시하는 것 때문에 자신의 위엄을 흩뜨리지 않는다. 그러므로 위엄이 작록보다 중하다고 말하는 것이다. 이 네 가지에 밝게 통하지 않으면 나라를 소유하지 못한 상태로 돌아가게 된다.

6) 符伍 : 다섯 집을 하나로 묶어 서로 감시하고 연대책임을 지우던 제도를 이른다.

世主所貴者는 寶也요 所親者는 戚也요 所愛者는 民也요 所重者는 爵祿也라 (亡)〔明〕君[7]則不然이니 致所貴는 非寶也요 致所親은 非戚也요 致所愛는 非民也요 致所重은 非爵祿也라 故不爲重寶虧其命이다 故曰令貴於寶①요 不爲愛親危其社稷이라 故曰社稷戚於親②이요 不爲愛(人)〔民〕枉其法이라 故曰法愛於(人)〔民〕③[8]이요 不爲重爵祿分其威이라 故曰威重於爵祿④이니 不通此四者는 則反於無有⑤라

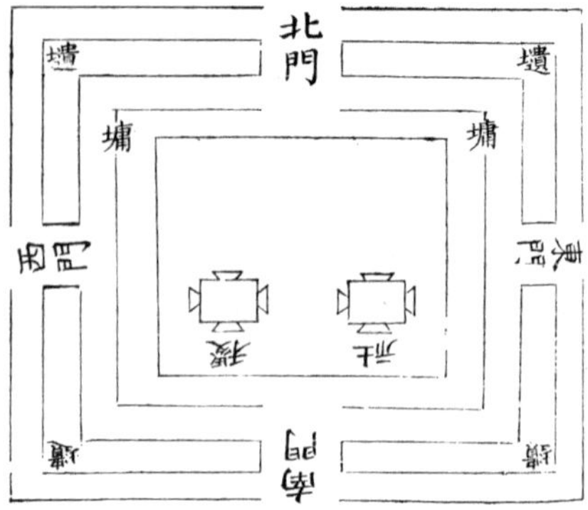

社稷

① 令貴於寶 : 보배를 귀하게 여기면서 명령을 온전히 하려는 태도는 마땅히 버려야 한다. 명령이 보배보다 귀하기 때문이다.
重寶而全命은 則當棄라 是令貴於寶라

② 社稷戚於親 : 사직은 군주 자신의 存亡이 달려 있는 것이므로 친척을 버리고 사직을 보존하는 것이다.
社稷者는 身之存亡이니 故棄親而存社稷이라

③ 法愛於(人)〔民〕: 법은 흥망이 말미암는 바이니, 그러므로 아끼는 대상을 버리고 법을 보존하는 것이다.
法者는 崇替所由이니 故棄所愛而存其法이라

④ 威重於爵祿 : 위엄은 임금이 그것을 통해 세상 사람들을 복종시키는 것이니 반드시 부득이한 것이다. 〈그러므로〉 차라리 작록을 흩어 버릴지언정 위엄은 흩을 수 없는 것이다.
威者는 人君以服海內이니 必不得已라 寧散爵祿이언 不可分威也라

⑤ 反於無有 : 네 가지에 통달하지 않은 자는 국가를 운용할 수 없다. 그러므로 아무것도

---

7) (亡)〔明〕君 : 저본에는 '亡君'으로 되어 있으나, 張佩綸(中), 何如璋(中), 豬飼彦博(日) 등의 견해에 의거하여 '明君'으로 수정하였다.(≪管子集校≫) 安井衡(日)은 '亡'을 '明'의 誤字로 보는 근거에 대해 "≪春秋左傳≫의 昭公四年조에 '以盟其大夫'라는 구절이 나오는데, ≪呂氏春秋≫에서 이 일을 실으면서 '亡其大夫'로 표현하였다. '盟'과 '亡'은 고대에 모두 '芒'으로 읽혀졌다. 그러므로 ≪呂氏春秋≫에서 '盟'을 '亡'으로 잘못 적은 것이다. '盟'은 '明'으로 발음되고, '明'의 古音 또한 '芒'이다. 따라서 이 문장에서 '亡'은 '明'으로 고쳐야 한다. 발음의 착오로 인하여 잘못 쓰여진 것이다."라고 하였다.(≪管子纂詁≫)

8) 不爲愛(人)〔民〕枉其法 故曰法愛於(人)〔民〕: '人'은 '民'으로 고쳐야 한다. 이 점에 대해 許維遹(中)은 "이 문장 또한 앞의 문장 '所愛者 民也' 및 '致所愛 非民也'를 받아서 하는 발언이다. '人'은 모두 '民'으로 고쳐야 한다. 아마도 당태조 李世民의 이름을 忌諱함으로 인하여 고친 것으로 보인다. 본서의 〈法法〉편에도 '不爲愛民虧其法 法愛於民'으로 되어 있다."라고 하였다.(≪管子集校≫)

소유하지 못한 상태로 돌아가게 된다고 말하는 것이다.
不達於四者는 用非其國이라 故曰反於無有라

그러므로 다음과 같이 말한다. '사람을 다스릴 때는 홍수를 다스리듯이 하고, 사람을 기를 때는 가축을 기르듯이 하며, 사람을 쓸 때는 초목을 이용하듯이 하라.' 군주 자신이 법도에 따라 다스림을 실행하면, 신하들은 가르침에 복종하고 관리들은 엄정하게 법을 집행하여 감히 사사로운 감정을 개입시키지 못한다. 〈신하들의〉 공을 논하고 수고를 계산함에 있어 법에 정해진 규율을 놓치지 않도록 한다. 즉 편애하는 자나 측근이나 명문귀족이나 존귀한 사람이나 대신이라 하여 공을 더 높여주지 않고, 소원한 자나 비천한 자나 숨어 있어 알지 못하는 자라 하여 그들의 노고를 잊지 말아야 한다. 이렇게 하면 죄를 지은 자도 군주를 원망하지 않고, 상을 좋아하는 자도 탐욕을 부리지 않게 된다. 그러면 軍陣에 늘어선 병사들이 모두 죽음을 가볍게 여기고 어려움을 기꺼이 감당하면서 군주의 일에 힘쓰게 된다. 이 상이 군대를 부리는 근본에 있어 가장 중요한 것이다.

故曰 治人如治水潦①하고 **養人如養六畜**②하며 **用人如用草木**③이라 **居身論道行理則群臣服教 百吏嚴斷**이 **莫敢開私焉**④이요 **論功計勞**에 **未嘗失法律也**라 **便辟・左右・大族・尊貴・大臣**도 **不得增其功焉**하고 **疏遠・卑賤・隱不知之人**도 **不忘其勞**라 **故有罪者不怨上**⑤하고 **愛賞者無貪心**⑥이요 **則列陳之士皆輕其死而安難**하여 **以要上事**⑦이니 **本兵之極也**⑧[9]라

① 治人如治水潦 : 홍수를 다스리는 자는 반드시 제방을 높인다.
治水潦者는 必峻其隄防也라
② 養人如養六畜 : 가축을 기르는 자는 반드시 울타리를 치고 고삐를 튼튼히 한다.
養六畜者는 必致其閑皀하고 堅其羈絆이라
③ 用人如用草木 : 초목을 이용하는 자는 때 맞추어 산림에 들어가, 수레바퀴와 끌채를 만들 재목이 적당한 때를 놓치지 않고, 땔나무들이 각자 제자리에 놓이도록 한다.

9) 本兵之極也 : '本兵'은 '爲兵'으로 고쳐야 한다는 견해가 있다. 가령 許維遹(中)은 "'本'은 '爲'로 고쳐야 하는 것이니 글자상의 오류이다. 앞 문장에서 '爲兵有數'라고 하였고 뒷문장에서도 '爲兵之數'라고 하였으니 모두 '爲兵'이라는 개념을 사용하고 있다. 尹知章(房玄齡)의 주에서도 '爲兵之本 其極要者 在於明賞罰也'하고 하여, 먼저 '本'으로 '極'을 해석하고 뒤에서 '極'을 '極要'의 뜻으로 해석하고 있으니, 그가 본 판본도 본래는 잘못되지 않았다."라고 하였다.(≪管子集校≫) 저본상의 '本兵之極也' 그 자체로도 해석이 전혀 불가능하지 않으므로 舊注에 의거하여 해석하였다.

用草木者는 時入山林하여 輪輮不失其宜하고 樵蘇各得其所라

④ 居身論道行理則群臣服敎百吏嚴斷 莫敢開私焉 : 군주가 백성을 대하는 것이 자기 자신을 처신하는 것과 같이하며, 백성을 다스리고 기르고 부리는 것이 각자 마땅함을 얻게 하고 법도에 따라 다스림을 실행하면, 그 누구도 사사로움 마음을 품거나 복종하지 않는 자가 없게 된다.

君之於民이 其猶居身하여 治之 · 養之 · 用之 三者各得其宜하고 論道而行理면 則無私不服也라

⑤ 有罪者不怨上 : 죄 있는 사람에게 벌을 주므로 원망하지 않는다.

罪得其人이니 故不怨이라

⑥ 愛賞者無貪心 : 등급을 뛰어넘어 상을 주지 않기 때문에 탐욕을 멈춘다.

賞不踰等이니 故息其貪也라

⑦ 列陳之士皆輕其死而安難 以要上事 : 상과 벌이 남용되지 않으면, 공을 세우고 바라는 선비들이 속임수가 통하지 않음을 알게 된다. 그러므로 서로 경쟁적으로 공을 세우는데 힘쓴다.

賞罰不濫이면 則立功要功之士는 知其不誣라 故競而爲之라

⑧ 本兵之極也 : 군대를 부리는 근본에 있어 가장 중요한 것은 상과 벌을 명확히 하는 것이다.

爲兵之本에 其極要者는 在於明賞罰也라

이상은 〈四傷〉이다.

右는 **四傷(百匿)**[10]이라

爲兵之數

군대를 운용하는 방법은 다음과 같다. 첫째, 재화를 부지런히 모아 재화로 대적할 자가 없도록 한다. 둘째, 뛰어난 기술자를 부지런히 선발하여 기술자로 대적할 자가 없도록 한다. 셋째, 뛰어난 병기를 부지런히 제작하여 병기로 대적할 자가 없도록 한다. 넷째, 우수한 병사를 부지런히 선발하여 병사로 대적할 자가 없도록 한다. 다섯째, 군대 내의 명령체계를 부지런히 확립하여 명령체계로 대적할 자가

10) 四傷(百匿) : 朱本 · 古本 · 劉本 등에 근거하여 '百匿'을 衍文으로 처리하였다. 이 점에 대해 王念孫(淸)은 "朱本에는 '百匿' 2자가 없다. '四傷'은 편명이다. '百匿'은 곧 '四傷' 중의 하나이니 '四傷'과 병렬될 수 없다."라고 하였다.(≪讀書雜志≫)

없도록 한다. 여섯째, 무예를 부지런히 숙달시켜 무예로 대적할 자가 없도록 한다. 일곱째, 천하의 사정들을 두루 알아 천하 사정을 아는 것으로 대적할 자가 없도록 한다. 여덟째, 機數[11)]를 밝게 알아 기수에 밝은 데 있어 대적할 자가 없도록 한다. 그러므로 군대가 아직 국경을 출발하지 않았는데도 천하무적에 대적할 자가 없는 것은 이 여덟 가지를 갖추었기 때문이다.

爲兵之數는 **存乎聚財而財無敵**①하고 **存乎論工而工無敵**②하고 **存乎制器而器無敵**③하고 **存乎選士而士無敵**하고 **存乎政教而政教無敵**④하고 **存乎服習而服習無敵**⑤하고 **存乎徧知天下而徧知天下無敵**⑥하고 **存乎明於機數而明於機數無敵**⑦이라 **故兵未出境**에 **而無敵者八**이라

① 存乎聚財而財無敵 : '存'은 오롯하게 뜻을 세워 보존한다는 의미이다. 군주에게 재화가 없으면 병사들이 찾아오지 않는다. 그러므로 재화 모으는데 뜻을 두면 적국들이 재화로 대적할 수 없다.
存은 謂專立意存之라 君無財면 士不來하니 故存意於聚財면 則彼國之財不能敵也라

② 存乎論工而工無敵 : '工'은 군대에서 사용하는 도구를 만드는 사람이다.
工者는 所以造軍之器用者也라

③ 存乎制器而器無敵 : '器'는 병기이다.
器는 謂兵器라

④ 存乎政教而政教無敵 : '政教'는 군대내의 명령체계이다.
政教는 軍中號令이라

⑤ 存乎服習而服習無敵 : '服'은 '숙달하다'는 뜻이니, 무예를 숙달하여 익힌다는 의미이다.
服은 便也니 謂便習武藝라

⑥ 存乎徧知天下而徧知天下無敵 : '徧知天下'는 지형의 험난함과 평탄함, 장수의 뛰어남과 졸렬함, 병졸의 용감함과 겁약함을 두루 안다는 의미이다.
徧知天下는 謂徧知其地形의 險易와 主將의 工拙과 士卒의 勇怯이라

⑦ 存乎明於機數而明於機數無敵 : '機'라는 것은 안에서 촉발시키면 밖에서 움직이고, 가까운 곳에서 행하면 멀리서 이루어지고, 빨리 하지 않아도 빠르고, 행하지 않아도 이른다. 그 행하는 것을 보아도 그렇게 되는 까닭을 모르지만 그 사이에 어떤 數(책략)가 있다. 그러므로 '機數'라 말한다.
機者는 發內而動外하고 爲近而成遠하며 不疾而速하고 不行而至라 見其爲之로되 不知其所以爲이니 有數存焉於其間이라 故曰機數也라

11) 機數 : 舊注에 의거할 때 '機數'는 일종의 전략전술, 또는 책략과 같은 것을 의미하는 것으로 보인다.

그러므로 천하를 바르게 하고자 할 때, 재화가 천하를 덮을 정도가 아니면 천하를 바르게 할 수 없고, 재화가 천하를 덮을 정도가 되어도 기술자가 천하를 덮을 정도가 아니면 천하를 바르게 할 수 없으며, 기술자가 천하를 덮을 정도가 되어도 무기가 천하를 덮을 정도가 아니면 천하를 바르게 할 수 없고, 무기가 천하를 덮을 정도가 되어도 병사가 천하를 덮을 정도가 아니면 천하를 바르게 할 수 없으며, 병사가 천하를 덮을 정도가 되어도 명령체계가 천하를 덮을 정도가 아니면 천하를 바르게 할 수 없고, 명령체계가 천하를 덮을 정도가 되어도 무예 숙달이 천하를 덮을 정도가 아니면 천하를 바르게 할 수 없으며, 무예 숙달이 천하를 덮을 정도가 되어도 천하의 사정을 두루 알지 못하면 천하를 바르게 할 수 없고, 천하의 사정을 두루 안다 하여도 機數에 밝지 않으면 천하를 바르게 할 수 없다. 그러므로 기수에 밝은 것은 용병의 〈중요한〉 형세이다. 큰 공을 세우는 것은 天時에 달려 있고, 작은 공을 세우는 것은 인간의 계책에 달려 있다.

是以欲正天下에 **財不蓋天下**면 **不能正天下**①하고 **財蓋天下**라도 **而工不蓋天下**면 **不能正天下**하며 **工蓋天下**라도 **而器不蓋天下**면 **不能正天下**②하고 **器蓋天下**라도 **而士不蓋天下**면 **不能正天下**하며 **士蓋天下**라도 **而教不蓋天下**면 **不能正天下**하고 **教蓋天下**라도 **而習不蓋天下**면 **不能正天下**하며 **習蓋天下**라도 **而不徧知天下**면 **不能正天下**하고 **徧知天下**라도 **而不明於機數**면 **不能正天下**라 **故明於機數者**는 **用兵之勢也**니 **大者時也**요 **小者計也**③라

① 財不蓋天下 不能正天下 : '財'는 재화이다. 〈재화가〉 천하를 덮을 정도로 많지 않으면 천하를 바르게 할 수 없다.
財는 謂貨財라 不能蓋天下면 則無以正天下也라

② 財蓋天下……不能正天下 : 재화가 비록 천하를 덮을 정도라 할지라도 기술자와 무기가 천하를 덮을 정도가 아니면 천하를 바르게 할 수 없다. 나머지도 모두 이와 같다.
財雖蓋天下라도 而工與器不能蓋면 則無以正天下라 餘皆放此라

③ 大者時也 小者計也 : 왕이 정벌에 나서 큰 공을 세울 수 있느냐 아니냐는 天時에 합치하느냐에 달려 있다. 작은 승리의 경우는 사람의 계책에 달려 있다.
王者征伐에 能立大攻者는 在於合天時也라 至小者捷勝은 亦在人計謀也라

王道는 〈잠시도〉 폐할 수 없는 것이다. 천하 사람들이 감히 그것을 엿보지 못하는 것은 王者의 올바름 때문이다. '저울'과 '창고'는 천자가 지켜야 할 禮[12)]이다.

王道非廢也로되 **而天下莫敢窺者**는 **王者之正也**①라 **衡庫者**는 **天子之禮也**②[13)]라

① 王道非廢也……王者之正也 : 큰 보물의 지위는 神器[14)]와 같다. 그러므로 그것은 지금도 함께 전하는 바로서 잠시도 폐해질 수 없는 것이다. 천하 사람들이 그것을 감히 엿볼 수 없는 것은, 王者는 사람들이 즐거이 추대하는 運數에 합당하고 하늘과 인간의 바른 도리에 응하기 때문이다.
大寶之位는 神器也라 故今所共傳하니 非有蹔廢라 而天下莫敢窺窬者는 以王者當樂推之運하고 應天人之正이라

② 衡庫者 天子之禮也 : 저울〔衡〕은 무게의 경중을 다는 것이고 창고〔庫〕는 보물을 감추는 것으로, 밖으로 알게 해서는 안 되는 것들이다. 즉 왕자의 마음 씀은 항상 천하를 가늠하여, 마음 속으로는 이미 그 경중을 알고 있지만 주의 깊게 듣고 보는 자들로 하여금 알지 못하도록 해야 한다는 말이다. 이는 천자가 지켜야 할 禮가 그렇기 때문이다.
衡者는 所以平輕重이고 庫者는 所以藏寶物이니 不令外知者也라 言王者用心은 常當準平天下하여 旣知輕重審用於心이라도 無令長耳目者所得이라 此則天子之禮然也라

그러므로 무기가 완성되고 군졸이 선발되면 병사들은 자신들이 승리하게 될 것을 안다. 천하 사정을 두루 알고 機數를 살펴 제어하면 홀로 전쟁을 수행하여도 천하에 대적할 사람이 없다. 우호적인 국가는 특별히 이롭게 하고, 적대적인 국가는 특별히 해롭게 하면 명령하면 시행하고 금지하면 멈춘다. 이 때문에 현명한 왕은 군대를 귀하게 여긴다. 한번 승리하여 뭇 나라들이 복종하면 천하가 두려워하게 될 것이고, 〈망한〉 적은 나라를 다시 세워주어 여러 나라에 보이면 천하가 복종하고자 하는 마음을 품게 될 것이며, 죄 있는 자에게 벌을 주고 공 있는 자에게 상을 주면 천하가 따르게 될 것이다.

---

12) 禮 : 여기서 '禮'는 일상적 의미의 '예'라기 보다는 천자가 지켜야 할 '法道'라는 의미에 가깝다. 참고로 聞一多(中) 및 郭沫若(中)은 모두 원문의 '禮'를 '理'로 고쳐야 한다고 주장하였다.(≪管子集校≫)

13) 王道非廢也……天子之禮也 : 戴望(淸)은 이 단락을 착간으로 보고 "이 몇 구절은 위아래의 문장과 의미가 연결되지 않는다. 아마도 이 구절들은 착간인 것 같다.〔此數句與上下文義不貫 疑是錯簡〕"라고 하였다.(≪管子校正≫)

14) 神器 : ≪老子≫ 29장에 "천하는 神器이니 억지로 도모할 수 없다. 억지로 도모하고자 하는 자는 실패하고, 억지로 잡고자 하는 자는 놓친다.〔天下神器 不可爲也 爲者敗之 執者失之〕"라는 말이 나온다. 본래 노자는 천하 자체를 '神器'로 묘사하였지만, 房玄齡은 천하를 경영하는 王道를 '神器'로 표현하고 있다.

是故器成卒選이면 **則士知勝矣**①요 **偏知天下**하고 **審御機數**이면 **則獨行而無敵矣**라 **所愛之國**을 **而獨利之**하고 **所惡之國**을 **而獨害之**면 **則令行禁止**니 **是以聖王貴之**②라 **勝一而服百**하면 **則天下畏之矣**요 **立少而觀多**③하면 **則天下懷之矣**요 **罰有罪賞有功**하면 **則天下從之矣**라

① 器成卒選 則士知勝矣 : '選'은 '정밀하게 훈련한 자들을 선발하다'는 의미이다.
選은 謂簡其精練이라

② 是以聖王貴之 : '貴'는 '군대를 귀하게 여긴다'는 의미이다.
貴는 謂貴兵이라

③ 立少而觀多 : '立少'는 망한 나라가 비록 적더라도 다시 일으켜준다는 의미이다. 〈이렇게 하면〉 천하 사람들이 이를 함께 보게 되므로 '觀多'라고 말하는 것이다. 桓公이 邢나라를 구해주고 衛나라를 옮겨준 것이 바로 이런 천하 경영술을 사용한 것이다. 어떤 사람은 '觀'을 '勸'으로 고쳐야 한다고 주장하기도 한다.
立少는 謂興亡國雖少라 天下共觀之니 故曰觀多라 桓公救邢遷衛가 用此術也라 或曰觀當爲勸이라

그러므로 천하의 우수한 자재들을 모아 온갖 기술자들로 하여금 뛰어난 무기들을 개발하게 하고, 봄·가을로 시험하고 단련하여 가장 정밀하고 날카로운 제품을 상등품으로 삼는다. 완성된 무기는 검사하지 않으면 사용하지 않고 시험하지 않으면 저장하지 않는다.

故聚天下之精(財)〔材〕[15]하여 **論百工之銳器**하고 **春秋角試以練**하여 **精銳爲右**①라 **成器**를 **不課不用**하고 **不試不藏**②이라

① 精銳爲右 : '右'는 '상등품'이라는 의미이다.
右는 上也라

② 成器……不試不藏 : 무기는 비록 완성되어도 검증을 거치지 않으면 사용하거나 저장하지 않는다.
兵器雖成이라도 未經課試면 則不用不藏이라

15) 精(財)〔材〕 : 저본에는 '精財'로 되어 있으나, 王念孫(淸)의 견해에 의거하여 '精材'로 바로잡았다. 왕염손은 "'財'는 '材'로 고쳐야 한다. 〈幼官〉편에 '求天下之精材 論百工之銳器'로 되어 있고, 이에 대한 尹知章의 주에도 '精材可以爲軍之器用者'로 되어 있다. 지금 판본에 '材'가 '財'로 되어 있는 것은, 앞 문장에서 언급된 '聚財'로 인해 잘못 쓰여졌기 때문이다."라고 하였다.(≪讀書雜志≫)

천하의 호걸들을 모으고 천하의 영웅들을 확보한다. 그러므로 擧兵은 새처럼 빠르고 움직임은 우레처럼 신속하며 진격은 비바람처럼 휘몰아치니, 아무도 그 앞에서 당해내지 못하고 아무도 그 뒤를 공격하지 못한다. 〈이처럼〉 자유자재로 들고나므로 아무도 감히 제지하지 못한다.

收天下之豪傑하고 **有天下之駿雄**이라 **故擧之如飛鳥**하고 **動之如雷電**하며 **發之如風雨**하니 **莫當其前**하고 **莫害其後**요 **獨出獨入**하니 **莫敢禁圉**라

공을 완성하고 일을 세우기 위해서는 반드시 禮와 義를 따라야 한다. 그러므로 禮가 없으면 천하에서 승리하지 못하고, 義에 합당하지 않으면 사람들을 복종시키지 못한다. 따라서 현명하고 지혜로운 군주는 반드시 승리의 자리에 서게 되니, 때문에 〈이러한 군주가〉 천하를 바로 잡으면 아무도 감히 막아서지 못하는 것이다.

成功立事는 **必順於禮義**라 **故不禮**면 **不勝天下**하고 **不義**면 **不勝人**이라 **故賢知之君**은 **必立於勝地**하니 **故正天下而莫之敢御也**라

이상은 〈爲兵之數〉이다.

右는 **爲兵之數**라

選陳

만약 제도가 온전치 못하더라도 때에 맞게 움직이면 天時를 잃지 않는다. 땅의 이점을 공허하게 하지 말아, 거기서 얻을 수 있는 수량을 계산하여 필요한 물자 사용은 반드시 전략적 계산에서 나오도록 한다. 그러므로 공격의 원칙은 반드시 안에서 계산이 정해진 이후에 군대를 국경 밖으로 출병시킨다는 것이다. 만약 안에서 아직 계산이 정해지지 않았는데 군대를 국경으로 출병시킨다면, 이는 자기 자신에서만 승리한 것으로 공격하면 스스로 무너질 것이다. 이렇게 되면 군대를 전개해도 싸울 수 없고, 고을을 포위하여도 공격할 수 없으며, 영토를 얻어도 실질적으로 소유할 수 없다. 이 세 가지 중 하나만 보여도 파멸할 수 있다.

若夫曲制[16)]도 **時擧**면 **不失天時**①라 **毋壙地利**하여 **其數多少**하고 **其要必出於計數**②라 **故凡攻伐之爲道也**는 **計必先定于內然後兵出乎境**이니 **計未定于內而兵出乎境**이면 **是則戰之自勝**이요 **攻之自毁也**③라 **是故張軍而不能戰**하고 **圍邑而不能攻**하며 **得地而不能實**이라 **三者見一焉**이면 **則可破毁也**라

① 若夫曲制……不失天時 : 제도가 비록 온전치 못하더라도 하늘에 따라 움직이면 天時를 잃지 않는다.

制雖委曲이라도 順天而擧하면 不失天時也라

② 毋壙地利……其要必出於計數 : '壙'은 빈 공간, 즉 하늘이 덮고 있는 허공이다. '地'는 산과 강과 언덕과 연못을 가리키는 것으로, 경영하고 경작하여 이익을 내는 곳이다. 반드시 땅에서 얻을 수 있는 수량을 헤아린 이후에 물자를 계산하여 사용한다.

壙은 空也니 天之所覆空이라 地는 謂山河陂澤으로 所以營作而興利者也라 必計數其多少之要하여 然後度材而用之라

③ 戰之自勝 攻之自毁也 : '自勝'은 자기자신에게서만 승리하는 것을 의미하니, 그 패배를 알 수 있다.

自勝은 謂自勝於己이니 其敗可知也라

그러므로 적의 정치적 상황을 자세히 알지 못하면 군대를 출병시킬 수 없고, 적의 내부 사정을 자세히 알지 못하면 〈병사들과〉 서약할 수 없으며[17)], 적군의 장수에 대한 정보가 없으면 군대를 먼저 움직일 수 없고, 적군의 병사에 대한 정보가 없으면 진을 칠 수 없다. 따라서 다수로 소수를 공격하고, 다스려짐으로 어지러움을 공격하며, 부유함으로 가난함을 공격하고, 유능함으로 무능함을 공격하며, 훈련이 잘 된 정예병으로 훈련되지 않은 오합지졸을 공격한다. 이렇게 하면 열 번 싸우면 열 번 이기고, 백번 싸우면 백 번 이기게 된다.

故不明于敵人之政이면 **不能加也**①요 **不明于敵人之情**이면 **不可約也**②요 **不明于敵人之將**이면 **不先軍也**요 **不明于敵人之士**면 **不先陳也**라 **是故以衆擊寡**하고 **以治擊亂**하며 **以富擊貧**하고 **以**

---

16) 若夫曲制 : 何如璋(淸)은 '曲制'를 일종의 군사제도로 이해하여 "'曲'은 部曲이다. 曲制는 部曲의 제도이다. ≪漢書≫ 李廣傳의 注에서 '장군이 군대를 통솔할 때는 모두 部曲을 두었다. 대장군은 5部를 통솔하였고 각 部에는 校尉 1명을 두었다. 部의 하위 단위가 曲인, 曲에는 君侯 1명을 두었다.'라고 하였으니, 이것이 곧 曲制이다."라고 하였다.(≪管子析疑≫)

17) 서약할 수 없으며 : '서약하다'는 것은 병사들을 모아 전투의 결의를 다지게 하는 출전 직전의 상황을 의미한다.

能擊不能하며 **以教卒練士**로 **擊毆衆白徒**③라 **故十戰十勝**하고 **百戰百勝**이라

① 故不明于敵人之政 不能加也 : 적의 정치 상황을 알지 못하면 아직 군대를 출병시킬 수 없다.
不明敵政이면 未可加兵이라

② 不明于敵人之情 不可約也 : 적의 사정을 알지 못하면 아직 병사들과 서약할 수 없다.
不明敵情이면 未可約士約誓라

③ 以教卒練士 擊毆衆白徒 : '白徒'는 훈련되지 않고 무예가 없는 병졸을 가리킨다.
白徒는 謂不練之卒無武藝라

그러므로 군사일에 준비가 부족하고 군대에 총사령관이 없으면 적의 공격을 미리 알지 못하고, 들판이 개간되지 않고 토지에 관리가 없으면 군량이 축적되지 못하며, 관청에 일정한 규율이 없고 아랫사람이 윗사람을 원망하면 무기가 정교하지 않고, 조정의 정령이 제대로 시행되지 않으면 상벌이 분명하지 않고, 상벌이 분명하지 않으면 백성은 요행수나 바라면서 구차하게 살게 된다. 그러므로 적의 동태를 미리 알면 자유자재로 움직일 수 있고, 축적된 식량이 있으면 〈전쟁이〉 오래 가도 물자의 부족이 없으며, 무기가 정교하면 적을 공격하여도 힘이 소모되지 않고, 상벌이 분명하면 사람들이 요행이 겨우 살지 않으며, 사람들이 요행이 겨우 살지 않으면 용사들이 분발하게 된다. 〈따라서〉 군대를 부릴 때는 적국의 지형과 부대 배치 상황을 잘 살피고, 十官들을 모집하며, 매일 〈무기와 식량의〉 재고량을 헤아리고, 용사들을 잘 훈련시키며, 천하의 정보를 두루 알고, 機數를 잘 살펴 운용해야 한다. 이것이 총사령관이 해야 할 일들이다.

故事無備兵無主면 **則不蚤知**①하고 **野不辟地無吏**면 **則無蓄積**하고 **官無常下怨上**이면 **而器械不功**②하고 **朝無政則賞罰不明**하고 **賞罰不明則民幸生**③이라 **故蚤知敵人**이면 **如獨行**④하고 **有蓄積**이면 **則久而不匱**하며 **器械功則伐而不費**하고 **賞罰明則人不幸**하며 **人不幸則勇士勸之**라 **故兵也者**는 **審于地圖**하고 **謀十官**⑤하며 **日量蓄積**하고 **齊勇士**하며 **徧知天下**하고 **審御機數**는 **兵主之事也**라

① 事無備兵無主 則不蚤知 : 이미 준비가 안 되어 있고 〈군대를 지휘할〉 장수도 없으므로 적이 공격해 오면 이를 미리 알 수 없는 것이다.
既無備無主이니 故敵來攻이면 不能先知之라

② 器械不功 : '功'은 견고하고 날카롭다는 의미이다.
功은 謂堅利라

③ 民幸生 : 요행히 구차하게 살길을 구한다.
僥倖以偷生也라

④ 蚤知敵人 如獨行 : 미리 적을 알면 대비할 수 있다. 〈그러면〉 적들은 소문만 듣고도 스스로 물러난다. 그러므로 '자유자재로 활보한다'고 말하는 것이다.
蚤知敵人하면 則有以備之라 敵人은 望風自退니 故曰獨行也라

⑤ 兵也者……謀十官 : '地圖'는 적국의 험하고 평탄한 지형과 군부대의 배치 상황을 말한다. '十官'은, 대오의 구성원이 열 명이면 반드시 우두머리가 있으니 그 우두머리를 '十官'이라 하는데, 그런 우두머리에 합당한 사람을 모집해야 한다는 것이다.
地圖는 謂敵國險易之形과 軍之部置라 十官은 必伍什則有長이니 故曰十官하며 又須謀得其人也라

그러므로 비바람처럼 빠르게 행군하므로 먼 길을 갈 수 있고, 새처럼 가볍게 움직이므로 산과 강을 험난하게 여기지 않을 수 있으며, 우레와 번개처럼 거세게 몰아붙이므로 자유자재로 움직여 맞설 상대가 없을 수 있고, 홍수나 가뭄과 같은 〈타격을 주는〉 공격을 하므로 적국을 공격하고 도읍을 정벌할 수 있으며, 철옹성같이 굳게 지키므로 종묘를 안정시키고 남녀 백성을 기를 수 있고, 〈위아래가〉 한 몸이 되어 다스리므로 명령을 내리고 憲章과 법령을 밝힐 수 있다.

故有風雨之行이라 **故能不遠道里矣**①요 **有飛鳥之擧**이라 **故能不險山河矣**②요 **有雷電之戰**이라 **故能獨行而無敵矣**③요 **有水旱之功**이라 **故能攻國(救)〔拔〕**[18]**邑**④요 **有金城之守**라 **故能定宗廟育男女矣**요 **有一體之治**라 **故能出號令明憲法矣**⑤라

① 有風雨之行 故能不遠道里矣 : 행군이 비바람처럼 빠르니 갈 길을 멀게 여기지 않는다.
行疾如風雨하니 故不以道里爲遠이라

② 有飛鳥之擧 故能不險山河矣 : 새처럼 가볍게 움직이니 산과 강을 험하게 여기지 않는다.
輕捷如飛鳥하니 故不以山河爲險이라

③ 有雷電之戰 故能獨行而無敵矣 : 우레와 번개는 하늘의 위엄과 노여움이므로 감히 대적하지 못한다.
雷電은 天之威怒이니 故莫敢爲敵이라

18) (救)〔拔〕 : 저본에는 '救'로 되어 있으나, 聞一多(中)가 "'救'자는 마땅히 '拔'자가 되어야 한다."라고 한 것에 의거하여 '拔'로 바로잡았다.

④ 有水旱之功 故能攻國(救)〔拔〕邑 : 그 공격이 상대방에게는 홍수나 가뭄과 같은 〈타격을 가할 수〉 있다는 말이다.
謂其功이 可以爲彼水旱이라

⑤ 有一體之治 故能出號令明憲法矣 : 위아래가 한 마음인 것이 마치 한 몸과 같다는 말이다.
謂上下同心이 其猶一體라

비바람처럼 행군한다는 것은 빠름을 의미하고, 새처럼 움직인다는 것은 가벼움을 의미하며, 우레와 번개처럼 싸운다는 것은 적의 병사들을 우왕좌왕하게 한다는 의미이고, 홍수나 가뭄과 같은 공격을 가한다는 것은 들판이나 농경지에서 수확할 수 없게 한다는 의미이며, 철옹성처럼 굳게 지킨다는 것은 재화를 사용하여 첩자를 침투시킨다는 의미이고, 한 몸으로 다스린다는 것은 유언비어를 없애고 거짓된 풍속을 금지시킨다는 의미이다.

風雨之行者는 **速也**요 **飛鳥之擧者**는 **輕也**요 **雷電之戰者**는 **士不齊也**①요 **水旱之功者**는 **野不收耕不穫也**②요 **金城之守者**는 **用貨財設耳目也**③요 **一體之治者**는 **去奇說禁雕俗也**④라

① 雷電之戰者 士不齊也 : 우레와 번개의 위엄을 두려워하므로 적의 병사들은 우왕좌왕한다.
懼雷電之威하니 故彼士不齊라

② 水旱之功者 野不收耕不穫也 : 상대방에게 홍수나 가뭄과 같은 피해를 줄 수 있으므로 수확을 할 수 없게 한다.
能令彼有水旱하니 故不得使收穫也라

③ 金城之守者 用貨財設耳目也 : 재화는 죽음을 두려워하지 않는 병사들을 기를 수 있는 수단이다. 耳目은 이웃나라의 동정을 살펴 〈적의 동태를〉 반드시 알 수 있게 하는 수단이다.
貨財는 所以養敢死之士라 耳目은 所以聽隣國之動靜하여 令必知之라

④ 一體之治者 去奇說禁雕俗也 : '奇說'은 유언비어이다. '雕俗'은 거짓된 풍속이다.
奇說은 謂譎誑之言이라 雕俗은 謂浮僞之俗이라

먼 길을 마다 않고 갈수 있으므로 멀리 떨어져 있는 지역의 백성들에까지 위엄을 떨칠 수 있고, 산과 강을 험난하게 여기지 않으므로 지형의 견고함을 믿고 버티는 나라들을 복종시킬 수 있으며, 자유자재로 움직여 대적할 적이 없으므로 명령하면 시행되고 금지하면 멈추게 된다. 그러므로 적국을 공격하고 도읍을 정벌할

때 동맹국에 의존하지 않으니, 이 때문에 지시하는 바를 반드시 따르게 된다. 종묘를 안정시키고 남녀 백성들을 기름에 있어 아무도 방해할 수 없게 된 이후에야 나라를 보유할 수 있고, 의례와 법령을 제정하고 명령을 내리면 모두 다 반응하게 된 이후에야 백성을 다스리고 하나로 통일할 수 있다.

不遠道里라 **故能威絶域之民**이요 **不險山河**라 **故能服恃固之國**이요 **獨行無敵**이라 **故令行而禁止**요 **故攻國救邑**에 **不恃權與之國**이라 **故所指必聽**①이라 **定宗廟育男女**에 **天下莫之能傷**이오야 **然後可以有國**이요 **制儀法出號令**에 **莫不嚮應**이오야 **然後可以治民一衆矣**라

① 攻國救邑……故所指必聽 : 비록 동맹국이 있더라도 돌아보며 의지하지 않는다. '權與'는 권세로 친하게 지냄을 의미한다.
雖有權與之國이라도 不顧而恃之라 權與는 謂權爲親與也라

이상은 〈選陳〉이다.

右는 **選陳**이라

제7편 판법 版法[1)]

경언 7 經言 七

* 군주가 정사에 임할 때 반드시 지켜야 할 기본 원칙들에 대해 언급하고 있다. 첫째는 天道에 따라 공정무사하게 정사를 펼치라는 것이고, 둘째는 때를 잘 관찰하여 농사의 시기를 놓치지 말라는 것이며, 셋째는 백성에 대한 세금 부여는 합리적 기준에 따라야 한다는 것이다. 이 세 가지 가운데 공정무사한 태도로 백성을 대하라는 첫 번째의 원칙에 대한 언급이 가장 많다.

정치의 요체를 선택하여 목판에 새겨 常法으로 삼았다.

選擇政要하여 **載之於版**하고 **以爲常法**이라

무릇 나라를 경영하는 일을 세울 때는 천도에 따라 행하여 그 바른 도리를 얻고, 〈군주의 도를 바로 행하여〉 비바람이 적절한 시기에 어긋나지 않게 하며, 거리의 멀고 가까움에 따라 〈세금의 많고 적음을 차등적으로 부여하여〉 각각 그 일상적인 법도를 따른다. 이상의 세 가지 원칙이 바로 잡혀 있으면 군주가 나라를 보유하게 된다.

凡將立事①에 **正彼天植**②하고 **風雨無違**③하며 **遠近高下各得其嗣**④라 **三經旣飭**이면 **君乃有國**⑤이라

① 立事 : 나라를 경영하는 일을 세우는 것이다.
立經國之事라

② 正彼天植 : 천도에 순응하여 심어 반드시 그 바름을 얻게 한다는 의미이다.
謂順天道以種植하여 必令得其正이라

③ 風雨無違 : 군주의 도가 이지러지지 않으면 비바람이 〈적절한 시기에〉 어긋나지 않는다.
君道不虧면 則風雨無違也라

④ 遠近高下各得其嗣 : '高下'는 '多少'와 같다. 군주는 세금을 매길 때 거리의 멀고 가까움에 따라 구별하여, 세금의 많고 적음을 차등적으로 부여함으로써, 그 무거움과 가벼움이 적당하므로 일상적인 법도에 따른다는 의미이다. '嗣'는 '이어 따른다'는 의미이다.

---

1) 版法 : 劉績은 "이곳의 주는 대부분 합당하지 않으니, 뒤에 나오는 〈版法解〉에 근거해야만 〈그 의미가〉 자명하게 드러난다.〔按此註 多非當 依後版法解自明〕"라고 하였다.

高下는 猶多少也라 謂君之賦稅에 因其遠近之別로 以多少之差하여 輕重合宜니 故可嗣之以常行이라 嗣는 續也라

⑤ 三經既飭 君乃有國 : '三經'은 위의 '天植'과 '風雨'와 '高下'를 말한다. 이 세 가지가 이미 바르게 되었기 때문에 군주가 나라를 보유할 수 있는 것이다.
三經은 謂上天植風雨高下也라 是三者가 既以飭正하니 故君可以有國也라

기쁘다고 해서 상 주지 말고, 화가 난다고 해서 죽이지 말라. 기쁘다고 해서 상을 주고 화가 난다고 해서 죽이면, 원망이 일어나고 명령이 시행되지 않는다. 여러 차례 명령을 내려도 시행되지 않으면 민심이 배반하게 된다. 배반하는 무리가 있게 되면 재앙이 싹트게 된다. 〈일단〉 무리가 분노하면 그저 내버려둘 뿐 어떻게 해볼 도리가 없다.

喜無以賞하고 **怒無以殺**이니 **喜以賞**하고 **怒以殺**하면 **怨乃起**하고 **令乃廢**라 **驟令不行**이면 **民心乃外**①요 **外之有徒**면 **禍乃始牙**②니 **衆之所忿**은 **置不能圖**③[2]니라

① 驟令不行 民心乃外 : 배반하는 마음을 지닌다.
有外叛之心也라

② 外之有徒 禍乃始牙 : '徒'는 패거를 이른다. 배반하는 자는 패거리가 있으니, 재앙은 여기서부터 생겨난다. 그러므로 '싹트기 시작한다'고 말하는 것이다.
徒는 謂黨與也라 外叛者는 有黨與니 禍由是生이라 故曰始牙라

③ 衆之所忿 置不能圖 : 무리의 분노는 다루기 어려우므로 이를 방치할 수밖에 없다. 누가 이들을 도모하겠는가?
衆忿難犯이라 故必置之니 誰能圖之리오

좋아하는 사람을 등용할 때는 반드시 끝까지 살펴봐야 하고, 미워하는 사람을 폐할 때는 반드시 그 마지막까지 지켜봐야 한다. 진실되고 공손한 사람은 표창하고 장려함으로써 그를 드러내어 주고, 공이 있는 사람은 부유하게 만들어 줌으로써 그를 장려해 주며, 명성이 있는 사람은 벼슬을 주어 존귀하게 함으로써 그를 기려준다. 〈진실된 사람, 공손한 사람, 공이 있는 사람, 명성이 있는 사람 등을〉 두루 사랑하여 빠뜨리는 사람이 없도록 하는 것을 '君心(군주의 마음씀)'이라고 한다. 〈지도층에서〉 반드시 먼저 가르침을 따르는 모습을 보이면 만백성들이 자연스

2) 置不能圖 : 劉績은 "〈版法解〉에 근거해 '寡不能圖'로 고쳐야 한다.〔當依解 作寡不能圖〕"라고 하였다.

럽게 교화되고, 〈공이 있고 명성이 있는 선비를〉 아침저녁으로 이롭게 해주면 대중은 각자의 임무를 다하게 된다.

擧所美에 **必觀其所終**①하고 **廢所惡**에 **必計其所窮**②이라 **慶勉敦敬以顯之**③하고 **富祿有功以勸之**④하며 **爵貴有名以休之**⑤라 **兼愛無遺**를 **是謂君心**이라 **必先順教**면 **萬民鄉風**⑥하고 **旦暮利之**면 **衆乃勝任**⑦이라

① 擧所美 必觀其所終 : 대개 사람은 처음에는 잘 해보려는 마음이 없는 사람이 없으나 그 마음을 끝까지 유지하는 사람은 드물다. 그러므로 〈끝까지〉 그를 살펴봐야 한다.
凡人之情은 靡不有初이나 鮮克有終이라 故須觀之라

② 廢所惡 必計其所窮 : 벌이나 전갈은 독을 지니고 있으니, 반드시 그 목숨이 다할 때까지 지켜봐야 한다. 곤경에 빠진 짐승은 발악을 하게 되는 것이니, 그 마지막에 무슨 짓을 할지 알겠는가?
蜂蠆有毒이니 故必計其所窮이라 知困獸猶鬪이니 其所終將何爲也리오

③ 慶勉敦敬以顯之 : 사람이 진실되고 공손하면 표창하고 격려함으로써 널리 드러내어 준다.
人有敦敬이면 則慶勉以顯之也라

④ 富祿有功以勸之 : 공이 있는 사람은 부유하고 귀하게 만들어 줌으로써 장려한다.
人之有功이면 則富貴以勸之라

⑤ 爵貴有名以休之 : 어진 사람에게 명성이 드러나면 벼슬을 주어 존귀하게 함으로써 그를 높이 기려준다.
賢者有名이면 則爵貴以休之라

⑥ 必先順教 萬民鄉風 : 지도층 중 진실되고 공손하며 공이 있고 명성이 있는 선비에게 반드시 벼슬과 녹봉을 따르게 하고 부여하는 것은 교화가 시급하기 때문이다. 이와 같이 하면 백성들은 풀이 바람을 따르듯이 자연스럽게 교화된다.[3)]
上之敦敬有功名之士에 必爵祿順而與之는 所以教之急也라 如此면 則民向風而從化라

⑦ 旦暮利之 衆乃勝任 : 공이 있고 명성이 있는 선비가 이미 아침저녁으로 이익을 얻게 되면, 대중들은 스스로 부지런히 노력하여 각자 임무를 다하게 된다.
有功名之士가 旣旦暮得利하면 衆自厲而勝任이라

사람을 취할 때는 자신의 능력을 고려하고, 일을 이룰 때는 표준을 세운다. 재물

---

3) 백성들은……교화된다 : 이 말은 ≪논어≫ 〈顔淵〉에 나오는, "군자의 덕은 바람이고 소인의 덕은 풀이니, 풀 위로 바람이 불면 풀은 반드시 쓰러진다.〔君子之德風 小人之德草 草上之風 必偃〕"에 근거한 것이다.

사용을 깊이 살피고, 보답을 베푸는 것을 신중히 하며, 〈부여한 일이〉 역량에 맞는지를 잘 관찰한다. 그러므로 재물을 사용할 때는 너무 인색하지 않도록 하고, 인력을 사용할 때는 너무 힘들지 않도록 한다. 재물을 사용할 때 너무 인색하면 〈나중에〉 비용이 더 들게 되고, 인력을 사용할 때 너무 힘들게 하면 〈백성들이〉 고달파진다. 백성들의 생활이 부족하면 명령을 내려도 욕됨을 당하게 되고, 백성들이 고달프고 불행하면 명령이 제대로 시행되지 않는다. 보답을 베푸는 것이 제대로 이루어지지 않으면 재앙이 시작되고, 재앙이 일어나는데도 이를 깨닫지 못하면 백성들이 스스로 살 길을 도모하여 반란을 일으킨다.

取人以己하고 **成事以質**①이라 **審用財**하고 **愼施報**하며 **察稱量**이라 **故用財不可以嗇**이요 **用力不可以苦**니 **用財嗇則費**②하고 **用力苦則勞**라 **民不足**이면 **令乃辱**③하고 **民苦殃**이면 **令不行**이라 **施報不得**이면 **禍乃始昌**이요 **禍昌不寤**면 **民乃自圖**④라

① 取人以己 成事以質 : 사람을 얻고자 하면 먼저 자신의 능력이 상대방을 쓸 수 있는지 아닌지를 반드시 살펴야 한다. '質'은 표준이다. 일을 이루고자 하면 먼저 그 표준을 반드시 세워야 한다. 일은 그 표준에서 벗어나지 않은 이후에 잘 이루어진다.
將欲取人이면 必先審己才略能用彼不이라 質은 謂準的이라 將欲成事이면 必先立其準的이라 事는 不違質然後에 爲善이라

② 用財嗇則費 : 재물을 쓰는데 인색하여 상을 내리지 않으면 공을 세운 병사들이 나태해지는 것이니, 〈이러한 상태에서〉 적이 침입하면 그 비용이 한층 더 많아진다. '嗇'은 인색하다는 의미이다.
嗇於用財하여 不以賞賜하면 則立功之士解怠이니 敵人來侵이면 其費更多라 嗇은 悋이라

③ 民不足 令乃辱 : 백성의 생활이 부족하면 명령이 시행되지 않으니, 그러므로 욕됨을 당하게 된다.
民不足則令不行이니 故辱也라

④ 施報不得……民乃自圖 : 모반이 일어나 자신을 배반한다.
謀爲叛己라

올곧은 법도는 〈잘못 있는 자를〉 벌 주어 사면하지 않고 〈죽일만한 자는〉 반드시 죽여 백성들이 두려워 벌벌 떨게 한다. 무력과 위엄이 이미 밝게 드러나면 명령을 거듭 내리지 않아도 된다. 게으르고 근면하지 않는 자에게는 괴롭게하여 욕보이고, 과오가 있는 자에게는 벌을 줌으로써 징계하며, 금지된 명령을 어긴 자에

게는 죽임으로써 두렵게 한다. 법을 집행함이 확고하면 흔들리지 않지만, 치우쳐 한쪽으로 기울면 두려워할 만한 상황이 벌어지게 된다. 치우친 것을 바로잡고 삿된 것을 변화시켜 명령이 시행되어 간다면 백성들이 변화된다.

正法直度는 **罪殺不赦**①하고 **殺僇必信**이면 **民畏而懼**니 **武威旣明**이면 **令不再行**이라 **頓卒怠倦以辱之**②하고 **罰罪(宥)〔有〕過**[4] **以懲之**하며 **殺僇犯禁以振之**라 **植固**면 **不動**이나 **倚邪**하면 **乃恐**③이라 **倚革邪化**하여 **令往**이면 **民移**④라

① 正法直度 罪殺不赦 : 무릇 올곧은 法度는 잘못이 있는 자를 벌 주어 끝까지 사면하지 않는다.
夫正直之法度는 罪殺有過하여 終不免赦라

② 頓卒怠倦以辱之 : '頓卒'은 困苦와 같다. 게으르고 근면하지 않는 자가 있으면 괴롭혀 욕보인다.
頓卒는 猶困苦라 其有怠倦不勤하면 則困苦以辱이라

③ 植固……乃恐 : 법을 집행하는 자가 반드시 원칙을 깊이 세워 굳건하게 지키면 흔들리지 않을 수 있다는 말이다. 만약 원칙을 굽혀 한쪽으로 치우쳐 바르지 않게 되면 법이 어지러워지고 군주 자신은 위태로워진다. 그러므로 두려워할만 하다.
言執法者가 必當深植而固守하면 則不可動移라 若乃頓倚而邪면 則法亂而身危이니 故可恐也라

④ 倚革邪化……民移 : 이미 치우친 것을 바로잡고 삿된 것을 바르게 교화시킬 수 있으면 올곧음으로 돌아간다. 이와 같이 교화가 이루지고, 명령이 바로 시행되어 간다면 백성들이 변화된다.
旣能正倚化邪하면 歸於正直이라 如此化出하고 令纔往하면 則民移라

하늘을 본받아 공평한 덕에 합치하고, 땅을 본받아 사적으로 친함이 없으며, 해와 달처럼 공평하게 비추고, 사계절을 도와 정사를 펼친다. 백성들을 기쁘게 하기 위해서는 사랑하고 베풀어야 하고, 대중을 얻기 위해서는 사적인 마음을 없애야 하며, 멀리 있는 자들을 불러들이기 위해서는 가까운 자들부터 잘 다스려야 하고, 재앙을 막기 위해서는 원망을 없애야 하며, 국가가 오래 유지되기 위해서는 어진 사람을 임명해야 하고, 윗사람의 지위가 안정되기 위해서는 아랫사람들과 이익을 공유해야 한다.

法天合德①하고 **象地無親**②하며 **參於日月**③하고 **佐於四時**④라 **悅〔衆〕在〔愛〕施有**요⑤ **衆在廢**

4) 罰罪(宥)〔有〕過 : 저본에는 '宥過'로 되어 있으나, 古本·劉本·朱本 등에 의거하여 '有過'로 바로잡았다. 본서의 〈版法解〉에도 '有過'로 되어 있다. 참고로 宋本·趙本에는 '宥過'로 되어 있다.

私⑥[5]며 **召遠在修近**⑦이요 **閉禍在除怨**⑧이며 **(修)〔備〕長在乎任賢**⑨[6]이요 **高安在乎同利**⑩라

① 法天合德 : 하늘은 만물을 시작하게 하지만 사적으로 덕을 베풂이 없다.
天之資始이나 無有私德이라

② 象地無親 : 땅은 만물을 생겨나게 하지만 사적으로 친하게 여기는 대상이 없다.
地之資生이니 無所私親이라

③ 參於日月 : 해와 달은 사적으로 밝게 비추지 않는다.
日月은 無私耀也라

④ 佐於四時 : 봄과 여름에 상을 주고, 가을과 겨울에 형벌을 내린다.
賞以春夏하고 刑以秋冬이라

⑤ 悅〔衆〕在〔愛〕施有 : 아래 백성들을 기쁘게 하기 위해서는 〈군주가〉 베풀되 소유하지 하지 않아야 한다.
將悅於下는 在於施無令有라

⑥ 衆在廢私 : 대중을 고르게 잘 살게 하고자 하면 〈군주의〉 사적인 마음을 없애야 한다.
將欲齊衆은 在於廢私라

⑦ 召遠在修近 : 가까운 자들을 잘 다스리면 멀리 있는 자들이 찾아온다.
修近則遠者至라

⑧ 閉禍在除怨 : 원망을 없애면 재앙의 단초가 막힌다.
除怨則禍端塞이라

⑨ (修)〔備〕長在乎任賢 : 어진 사람을 임명하면 나라의 복이 오래 유지된다.
任賢則國祚長이라

⑩ 高安在乎同利 : 아랫 사람들과 이익을 공유하면 윗사람의 지위가 안정된다.
與下同利則高位安이라

管子卷第二終

---

5) 悅〔衆〕在〔愛〕施 有衆在廢私 : 저본에는 "悅在施有 衆在廢私"로 되어 있으나, 劉績의 견해에 의거하여 "悅衆在愛施, 有衆在廢私"로 바로잡았다. 劉績은 "'悅衆在愛施, 有衆在廢私'로 고쳐야 한다. '有'자는 아래로 붙이는 게 옳다. 上句에는 빠진 글자가 있다.〔當作 悅衆在愛施 有衆在廢私 有字屬下爲是 上句有脫字〕"라고 하였다.(≪劉績補註≫) 따라서 이 구절에 대한 해석은 舊注에 따르지 않았다.

6) (修)〔備〕長在乎任賢 : 저본에는 '修長'으로 되어 있으나, 王念孫(淸)의 견해에 의거하여 '備長'으로 바로잡았다. 왕염손은 "'修長'은 본서의 〈版法解〉에 근거하여 '備長'으로 고쳐야 한다. 〈국가가〉 오래 갈 수 있는 도는 어진 사람을 임명하는 데 있다는 말이다.……현행 판본에는 '修長'으로 되어 있는데 의미가 통하지 않는다."라고 하였다.(≪讀書雜志≫) 역자는 왕염손의 견해에 의거하여 해석하였다.

管子 3卷

明 吳郡 趙氏本
唐 司空 房玄齡 註

제8편 유관 幼官[1)]

경언 8 經言 八

*본 편에서는 五行을 중심축으로 삼아, 봄·여름·가을·겨울의 변화하는 절기에 따라 통치자가 취해야 할 합당한 조치들, 즉 政事 및 군사 방면의 일들에 대해 기술하고 있다. 특기할 점은 통치자가 계절의 변화에 따라 합당한 政事를 시행하지 못하였을 때 발생할 수 있는 여러 형태의 災異 현상들에 언급하고 있다는 사실이다. 災異에 대한 언급은 후대의 時令사상의 주요 내용이 된다. 따라서 본 〈幼官〉은 본서의 〈四時〉 및 〈五行〉편과 더불어 시령사상의 원류로 평가될 수 있다.[2)]

'幼'는 '始'이다. 관리를 보좌하고 정사를 고르게 하는 방법부터 진술하고 있다.

幼는 始也라 陳從始輔官齊政之法이라

---

1) '幼官'이라는 편명에 대해서는 異論이 많다. 우선 豬飼彦博(日)은 '幼'를 '窈'의 誤字로 보고, 본 편에서는 五行에 근거해 政事를 의론하는 데 그 의미가 오묘하므로 '幼官'이라 하였다고 주장하였다.(≪管子補正≫) 또 張佩綸(清)은 본 편의 내용이 時令과 관련이 있으므로 '幼官'은 '明堂'의 의미와 관련이 있는 '幽宮'으로 고쳐야 한다고 주장하였다.(≪管子學≫) 한편 何如璋(淸), 聞一多(中), 郭沫若(中) 등은 '幼官'이 곧 '玄宮'의 誤字라고 주장하였다. 가령 하여장은 다음과 같이 말한다. "舊注에서 '幼는 始의 의미다'라고 하였는데 '幼'에는 '始'의 의미가 없다. 아마도 '幼'는 본래 '玄'이었을 것이다. 그러므로 舊注에서 '始'로 풀이한 것이다.……'官'은 '宮'으로 고쳐야 한다. 글자 형태가 비슷함으로 인해 생긴 오류이다."라고 하였다.(≪管子析疑≫)

2) 時令사상은 전국 말기의 ≪呂氏春秋≫에서 본격적으로 제기되고 이후 漢代 초기의 ≪淮南子≫에서 완성되었는데, 그 원초적 자료들이 이미 ≪관자≫에 들어 있던 것으로 볼 수 있다.

中方本圖

한밤중 텅 빈 고요한 시간에 고요한 상태를 유지하면서 사람과 사물을 살필 것이니, 이때는 사람과 사물이 한가하다. 土氣가 조화를 이루는 시절에 군주는 황색 옷을 입고, 단맛의 음식을 먹으며, 宮調의 음악을 듣고, 和氣를 다스리며, 늦여름의 규칙을 사용하고, 중앙의 우물에서 물을 길어 마시며, 중앙의 불로 밥을 짓고, 온화하고 너그러운 마음을 지니며, 짐승들을 좇아 곡식을 기르고, 기운을 평온하게 하여 잘 통하게 한다. 〈이처럼 土氣가 왕성한 시기에〉 모든 사물들은 그 기운을 열어주고 안정시키면 형체가 스스로 생겨나 자라나고, 일정한 이치를 따르기만 하면 〈자연으로부터 부여받은〉 수명에 이르게 된다.

若因夜虛에 **守靜人物**이니 **人物則皇**①[3]이라 **五和時節**②에 **君服黃色**하고 **味甘味**하며 **聽宮聲**③하고 **治和氣**④하며 **用五數**하고 **飮於黃后之井**⑤하며 **以倮獸之火**[4]**爨**⑥하고 **藏溫濡**⑦하며 **行**[5]**歐養**⑧하고 **坦氣修通**⑨이라 **凡物開靜**이면 **形生理**[6]하고 **常**이면 **至命**⑩이라

① 若因夜虛……人物則皇 : 기운을 살피고 소리를 듣고서 길흉을 알고자 하면, 반드시 한밤중 텅 빈 고요한 시간에 편안하고 고요한 상태를 유지하면서 사람과 사물을 듣고 살펴야 한다는 말이다. 이때에는 사람과 사물이 한가하므로 길흉의 징험이 거짓되지 않다. 言欲候氣聽聲以知凶吉하면 必因夜虛之時守其安靜하여 以聽候人物이라 此時에 人物則皇暇하니 故吉凶之驗不妄이라

② 五和時節 : 土의 生數는 5이다. 土氣가 조화를 이루면 군주는 그러한 계절에 순응하여

3) 若因夜虛……人物則皇 : 이 구절에 대해 趙用賢은 "뒤의 中圖에는 '處虛守靜'으로 되어 있다. ≪淮南子≫에는 '夜行'이라는 말이 나오는데, 이에 대한 高誘의 注에서는 '은밀히 행함이 있다. 은밀히 행하는 교화가 있기 때문에 천하를 얻을 수 있는 것이다.'라고 말하고 있으니, '夜'자가 옳다. '人物' 두 글자는 연문인 것 같다. '物'은 '事'의 의미이고, '皇'은 '大'의 의미이다. 군주가 마음을 텅 비우고 고요함을 지키면 人事가 성대하게 발현된다는 의미이다.〔後中圖作處虛守靜 淮南子有夜行 高誘注 有陰行也 陰行化故有天下 則夜字爲是 人物字疑衍 物事皇大也 言人君能處虛守靜 則發之人事盛大也〕"라고 하였다.

4) 倮獸之火 : '倮獸'는 털이 짧은 호랑이나 표범과 같은 짐승을 의미하며, 이들은 방위상 중앙의 짐승을 상징한다. 따라서 '倮獸之火'는 '중앙의 불'이라는 의미가 된다. 이하에서 인용되는 '羽'·'毛'·'鱗'·'介'라는 표현 역시 구체적 짐승을 의미하기보다는 각 방위를 상징하는 불을 가리킨다.

5) 行 : 劉績은 "'行'은 '藏'에 대응하는 말로, 자기 자신에 대해 실행한다는 의미이다. 아래도 이에 따른다.〔行對藏而言 謂行於身也 下放此〕"라고 하였다.

6) 凡物開靜 形生理 : 劉績은 "'理'자까지 斷句하여야 한다.〔當理字爲句〕"라고 하였다.

정사를 펼친다.

土生數는 五라 土氣和하면 則君順時節而布政이라

③ 聽宮聲 : 이때는 土氣가 왕성한 때이므로 황색의 옷을 입고 단맛의 음식을 먹으며 宮調의 음악을 듣는다. 그러나 土가 비록 사계절에 고르게 분포되어 있지만 그것의 바른 자리는 6월이다.

此는 土王之時이니 故服黃味甘聽宮也라 然이나 土는 雖均王四季이나 而正位는 在六月也라

④ 治和氣 : 土는 조화를 주관하므로 和氣를 다스린다.

土는 主和이니 故治和氣라

⑤ 飮於黃后之井 : 중앙의 우물이다.

中央井也라

⑥ 以倮獸之火爨 : '倮獸'는 짧은 털의 짐승을 가리키니, 호랑이나 표범과 같은 종류이다.

倮獸는 謂淺毛之獸이니 虎豹之屬이라

⑦ 藏溫濡 : '藏'은 '감싸다'는 의미이다. 마음에서 간직하는 것은 온화함과 너그러움이니, 이들은 土氣를 돕는다.

藏은 謂包之라 在心君之所藏者는 溫和濡緩이니 所以助土氣라

⑧ 行敺養 : 길짐승과 날짐승의 종류 중 새싹을 해칠 수 있는 자들을 때때로 쫓아낸다는 의미이다. 이는 곡식을 잘 기르기 위해서이다.

謂 禽獸之屬能爲苗害者를 時敺逐之라 所以養嘉穀也라

⑨ 坦氣修通 : '坦'은 '평온하게 하다'는 의미이다. 土의 정사를 평온하게 행하면 그 기운이 잘 통하게 된다.

坦은 平也라 平土政하면 則其氣修通이라

⑩ 凡物開靜……至命 : 무릇 土氣가 왕성한 시기에 생겨난 사물은 단지 기운을 소통시키고 안정시키기만 하면 그 형체가 스스로 생겨나고, 이미 일정한 이치를 따르기만 하면 부여받은 생명을 소멸시키는 일이 없다.

凡土王之時에 所生之物은 但開通安靜하면 則其形自生하고 旣循理之常하면 則無殘盡於所賦之命也라

어진이를 존중하고 덕 있는 자에게 〈직위를〉 주면 帝가 되고, 몸소 仁을 실천하고 義를 행하며 忠을 실행하고 信을 사용하면 王이 되며, 계책을 살피고 예를 밝히며 병사를 선발하고 무기를 날카롭게 하면 霸가 된다. 산 사람을 안정시키고 죽은 시신을 잘 처리해 주며 어진이를 공경하고 백성들의 기본 편제를 잘 정비하면 나라의 인구가 많아지고, 공 있는 자에게는 반드시 상을 주고 벌을 줄 때는 신중히 살피며 재주 있는 자에게 벼슬을 주고 능력 있는 자에게 녹을 주면 나라가 강해지

며, 총 세입과 세출을 계산하고 〈한 해가 끝날 때〉 남은 재물을 뒷사람에게 넘겨주며 근본에 힘쓰고 말단을 억제하면 나라가 부유해지고, 법을 밝히고 계책을 살피며 五常을 세우고 능력 있는 자를 갖추면 나라가 잘 다스려지며, 〈서로〉 다른 직책들은 관직을 잘 나누면 나라가 안정된다.

尊賢授德則帝①요 **身仁行義**하고 **服忠用信則王**②이요 **審謀章禮**하고 **選士利械則霸**③라 **定生處死**하고 **謹賢修伍**[7]**則衆**④이요 **信賞審罰**하고 **爵材祿能則强**⑤이요 **計凡付終**하고 **務本飭末則富**⑥요 **明法審數立常備能則治**⑦하고 **同異分官則安**⑧이라

① 尊賢授德則帝 : 帝의 신하는 실질적으로는 스승이다. 그러므로 어진이를 존중하고 덕 있는 자에게 〈직위를〉 주면 帝가 될 수 있다.
帝者之臣은 其實師也라 故尊賢授德하면 則可爲帝也라

② 身仁行義 服忠用信則王 : '服'은 '실행하다'는 의미이다.
服은 行이라

③ 審謀章禮 選士利械則霸 : '章'은 '밝히다'는 의미이다.
章은 明이라

④ 定生處死 謹賢修伍則衆 : 산 사람은 안정시켜 준다. 죽은 사람은 잘 처리해 주니, 시신을 수습하여 매장해준다.
生者는 安定之라 死者는 處置之하여 斂葬其柩라

⑤ 信賞審罰 爵材祿能則强 : 재주를 지닌 자에게는 벼슬을 주고, 능력이 있는 자에게는 祿을 준다.
有材者는 爵之하고 有能者는 祿之라

⑥ 計凡付終 務本飭末則富 : '凡'은 〈세입과 세출의〉 '모든 숫자'를 말한다. '付終'은 한 해가 끝날 때 〈남은〉 재물을 뒷사람에게 넘겨주는 것을 말한다.
凡은 謂都數也라 付終은 謂財日月旣終에 付之後人이라

⑦ 明法審數立常備能則治 : '常'은 五常이다. '備能'은 재주 있고 능력 있는 자를 갖추어 보유한다는 의미이다.
常은 謂五常也라 備能은 謂才能之士備有之라

⑧ 同異分官則安 : 〈서로〉 같고 다른 직책들은 관직을 나누어 다스린다.
同異之職을 分官而治라

---

7) 修伍 : '伍'는 백성들을 편제하던 기초 단위이다. 앞의 〈立政〉에서 "열 집이 什이 되고, 다섯 집이 伍가 된다.〔十家爲什 五家爲伍〕"라고 하였다. 따라서 '修伍'는 백성들의 기본 편제를 잘 정비한다는 의미가 된다.

道로 백성을 통하게 하고 은혜로 기르며, 仁으로 친하게 하고 義로 기르며, 德으로 보답하게 하고 믿음으로 관계를 맺으며, 禮로써 상대하고 음악으로 조화시키며, 일로 기약하게 하고 관리로 다스리며, 힘으로 분발시키고 정성으로 위엄을 세운다.

通之以道하고 **畜之以惠**하며 **親之以仁**하고 **養之以義**하며 **報之以德**하고 **結之以信**하며 **接之以禮**하고 **和之以樂**하며 **期之以事**하고 **攻之以官**①[8]하며 **發之以力**하고 **威之以誠**이라

① 攻之以官 : '攻'은 '다스리다'는 의미이다.
攻은 治라

〈제후들의 會盟을〉 한번 거행하니 위아래가 예를 최대로 갖추었고, 두 번 거행하니 백성들 중 따르지 않는 자가 없었으며, 세 번 거행하니 토지가 개간되고 제후들간의 사적인 맹약이 폐기되었고, 네 번 거행하니 농민들이 편안하고 곡식이 풍족해졌으며, 다섯 번 거행하니 〈백성들의〉 부역이 가벼워졌고 세금은 9분의 1만 내었고, 여섯 번 거행하니 일의 변화를 미리 예측할 수 있었으며, 일곱 번 거행하니 제나라와 제후들이 협력하여 서로 쓰임이 되었고, 여덟 번 거행하니 믿음이 행해져 위엄이 서게 되었으며, 아홉 번 거행하니 제왕의 사업이 이루어졌다.

一擧而上下得終①하고 **再擧而民無不從**하며 **三擧而地辟散成**②하고 **四擧而農佚粟十**③하며 **五擧而務輕金九**④[9]하고 **六擧而絜知事變**⑤하며 **七擧而內外爲用**⑥하고 **八擧而勝行**[10]**威立**하며 **九擧而帝事成形**⑦이라

---

8) 攻之以官 : 劉績은 "뒤의 〈幼官圖〉에는 '攷之以言'으로 되어 있다.〔後作攷之以言〕"라고 하였다. 王念孫(淸)은 "뒤의 '中方本圖'에는 '攻之以官'이 '攻之以言'으로 되어 있다. 어떤 판본에는 '攷之以言'으로 되어 있는데 그것이 옳다. ≪堯典≫에 '詢事考言'이라 하였으니, 그러므로 '期之以事, 考之以言'이라 말하는 것이다."라고 하였다.(≪讀書雜志≫)

9) 五擧而務輕金九 : 이 구절은 해석이 다양하다. 張佩綸(淸)은 "'務'는 '物'의 오자이다. '金九'는 '金重'으로 고쳐야 한다. '重'의 하변이 훼손되면서 그 상변이 篆文의 '九'와 유사해졌다."라고 하였고(≪管子學≫), 安井衡(日)은 "'務'는 '茂'로 고쳐야 한다. 발음의 유사성으로 인해 잘못 쓰여졌다. '茂'는 '懋'와 같으니,≪僞古文尙書≫에 나오는 '懋遷有無'는 古文에 '貿易'으로 되어 있다. 여기서도 '務'는 '貿'로 읽어야 하며, 그 의미는 '무역이 편리해졌고, 천하의 金 중 그 10분의 9를 얻었다'가 된다."라고 하였고(≪管子纂詁≫), 郭沫若(中)은 "'務'는 徭役을 의미한다. 글자에 오류가 있다. '金九'에서 '九'는 '充'자가 훼손된 모양이다."라고 하였다.(≪管子集校≫) 역자는 이들의 견해는 참조만 하고, 舊注에 의거하여 해석하였다.

10) 勝行 : '勝'은 '信'의 의미로 해석하였다. 즉 李勉(中)의 견해에 따르면 고대에는 '勝'과 '信'의 古音이 유사해 서로 통용되었다고 한다.(≪今註今譯≫)

① 一擧而上下得終 : 제후들이 처음 모여 會盟하였을 때 위아래 모두 예를 최대로 갖출 수 있었다는 말이다. 이 〈1차 회맹부터〉 9차 회맹에 이르기까지, 제후들의 아홉 차례 회맹의 결과를 말하고 있다.

謂 初會諸侯에 上下得終其禮라 自此至九擧에 說九合諸侯之所致라

② 三擧而地辟散成 : '成'은 제후들이 자기네끼리 맹약을 맺고 齊를 섬기지 않은 것을 말한다. 3차 회맹에 이르러 제후들은 그들의 맹약을 폐기하고 齊나라에 朝會하였다.

成은 謂諸侯自盟要하여 不事於齊라 至三會에 則諸侯散其成而朝齊라

③ 四擧而農佚粟十 : 4차 회맹 이후 요역이 줄어들었으니, 농민들이 편안하고 즐거웠으며 곡식이 풍족해졌다.

四會之後에 徭役減省하니 故農人佚樂하고 而粟得十全이라

④ 五擧而務輕金九 : 5차 회맹 이후 전쟁은 멈추었고, 〈백성들의〉 부역은 가벼워졌으며, 세금은 〈수확의〉 9분의 1만 관청에 바쳤다.

五會之後에 兵戰旣息하고 事務轉輕하며 而金得九分一以供官也라

⑤ 六擧而絜知事變 : '絜'은 '에둘러 헤아리다'는 의미이고, 胡와 結의 반절이다.

絜은 圍度也라 胡結反이라

⑥ 七擧而內外爲用 : '外'는 제후를 가리킨다.

外는 謂諸侯라

⑦ 九擧而帝事成形 : 9차 회맹 이후 제나라의 위엄은 온 세상에 떨쳤으니, 비록 그 지위가 제후들의 수장에 머물렀지만 帝王의 사업이 이미 이루어졌다.

九會之後에 威行海內하니 雖居侯伯이나 帝王之事가 旣以成形이라

아홉 가지 근본[11]은 그 미치는 영향이 강하고 크니, 군주가 지켜야 할 바이다. 여덟 가지 구분[12]은 각자 담당해야 할 영역이 있으니 卿大夫와 宰相이 지켜야 할 바이다. 일곱 가지 승리하는 법[13]은 군대의 위엄을 갖추는 것이니 장군이 지켜야

---

11) 아홉 가지 근본 : 본서 〈九守〉편에 나오는 내용으로, 군주가 정치를 하면서 반드시 지켜야 할 9가지 수칙을 말한다. 즉 居位・察事・聽政・刑賞・咨詢・引導・愼密・參驗・督責의 9가지이다.

12) 여덟 가지 구분 : 두 가지 견해가 있다. 우선 何如璋(淸)은 〈君臣上〉편에서 언급되는 "主畫之 相守之 相畫之 官守之 官畫之 民役之 則又有符節印璽典法筴籍以相揆也", 즉 主・相・官・民・符節・印璽・典法・筴籍의 8가지를 가리킨다고 보았다.(≪管子析疑≫) 반면에 張佩綸(淸)은 〈五輔〉편에서 언급되는 "上下有義 貴賤有分 長幼有等 貧富有度", 즉 上・下・貴・賤・長・幼・貧・富의 8가지를 가리킨다고 보았다.(≪管子學≫)

13) 일곱……법 : 〈樞言〉편에서 언급되는 "衆勝寡 疾勝徐 勇勝怯 智勝愚 善勝惡 有義勝無義 有天道勝無天道"의 7가지를 말한다.

할 바이다. 여섯 가지 벼리〔紀〕[14]는 〈자기 자신을〉 엄밀히 살피는 것이니 賢人이 지켜야 할 바이다. 다섯 가지 벼리[15]는 게을리해서는 안 되는 것이니 서민이 지켜야 할 바이다. 〈이상의 사항들을 잘 지키면〉 군주가 움직이면 따르지 않는 사람이 없게 되고, 고요히 머물면 하나가 되지 않는 사람이 없게 된다.

九本은 **摶大**하니 **人主之守也**①요 **八分**은 **有職**하니 **卿相之守也**요 **七(官飾)勝**은 **備威**[16]하니 **將軍之守也**요 **六紀**는 **審密**하니 **賢人之守也**요 **五紀**는 **不解**하니 **庶人之守也**니 **動而無不從**하고 **靜而無不同**이라

① 九本……人主之守也 : '아홉 가지 근본' 이하는 관중이 단지 그 제목만 거론하고 있는데, 혹 그 구체적 세목은 다른 편들에 들어 있다. 단 이 책은 이리저리 흩어진 것이 많아서 내용을 알기 힘들다. 그러나 '아홉 가지 근본'은, 그 미치는 영향이 매우 강대하므로 군주가 지켜야 하는 것들이다.
自九本已下는 管氏但擧其目하니 或有數在於他篇이라 但此書는 多從散逸하여 無得而知라 然이나 九本은 所以摶擊强大하니 故人主守之라

다스려지거나 어지러워지게 되는 근본은 셋이고, 존귀한 자와 비천한 자 사이의 교제 방식은 넷이며, 부유하게 되거나 가난하게 되는 궁극적 이치는 다섯이고, 흥성하게 되거나 쇠퇴하게 되는 벼리는 여섯이며, 안전하게 되거나 위태롭게 되는 기미는 일곱이고, 강대국과 약소국 사이의 응대 방식은 여덟이며, 보존되거나 망하게 되는 度數는 아홉이다. 이들 방법을 잘 익힌 이후 이것을 대중을 모으는 '무리 부서'와 뭇 국가 비용을 담당하는 '재물 부서'에 각각 전한다. 〈그러면〉 그들은 살육함으로써 재물을 모으거나 권유함으로써 무리들을 모을 것이니, 이 두 부서가 각자 자기들의 名籍의 근본을

14) 여섯 가지 벼리〔紀〕: 〈五輔〉편에서 언급하는 厚生 · 輸財 · 遺利 · 寬政 · 匡急 · 振窮 6가지를 말한다. 참고로 郭沫若(中)은 바로 아래 단락에서 언급되는 '盛衰之六紀'를 가리키는 것으로 본다.(≪管子集校≫)

15) 다섯 가지 벼리〔紀〕: 〈立政〉편에서 언급되는 五事 즉 山林 · 川澤 · 田野 · 畜牧 · 工事의 5가지를 가리키는 것으로 추정해 볼 수 있다. 참고로 郭沫若은 바로 아래 단락에서 언급되는 '富貧之終五'를 가리키는 것으로 본다.(≪管子集校≫)

16) 七(官飾)勝備威 : '官飾' 2글자는 잘못 들어간 것으로 보인다. 이 점에 대해 張佩綸(淸)은 다음과 같이 말한다. "'十官'은 오히려 〈七法〉편에서 찾아볼 수 있만 '七管'은 통하지 않는다.……'官飾' 2자는 잘못 끼어 들어왔다. '七勝備威'로 고쳐야 한다. '七勝'은 〈樞言〉편에 보인다."(≪管子學≫)

갖추게 한다. 善을 일으킬 때는 반드시 〈상에 합당한지 아닌지를〉 세밀하게 살피고, 위엄을 집행할 때는 반드시 그 형벌에 합당한 죄인지 아닌지를 밝힌다.

治亂之本三이요 **卑尊之交四**요 **富貧之終五**요 **盛衰之紀六**이요 **安危之機七**이요 **强弱之應八**이요 **存亡之數九**라 **練之以散群傰署**①하고 **凡數財署**②라 **殺僇以聚財**③하거나 **勸勉以選衆**하여 **使二分具本**④이니 **發善必審於密**하고 **執威必明於中**⑤이라

① 練之以散群傰署 : '傰'은 '曹(관리)'와 같은 의미이다. 무릇 위에서 언급한 여러 방법들을 잘 익힌 이후에 대중(관리)에게 전하여, 무리담당 부서로 하여금 그 이름을 적고서 맡게 한다.
傰은 猶曹也라 凡上之諸數旣已精練하고 然後散之於衆하여 使傰曹署著其名以司之라

② 凡數財署 : '數'는 국가 비용의 숫자다. 재정을 담당하는 자에게 맡게 한다.
數는 謂國用之數라 使財者署라

③ 殺僇以聚財 : 어떤 자는 나라가 망함으로써 또 어떤 자는 집안이 망함으로써 모두 그 재물을 잃게 된다. 그러므로 '살육함으로써 재물을 모은다.'고 말하는 것이다.
或因亡國하여 或因滅家하여 莫不籍沒其財라 故曰殺戮以聚財也라

④ 勸勉以選衆 使二分具本 : 위의 '무리 부서'와 '재물 부서'가 각자 자기들이 해야 할 일을 알게 하여 각자 名籍의 근본을 갖추게 하면, '재물 부서'는 재물을 모을 줄 알게 되고 '무리 부서'는 대중을 모을 줄 알게 된다.
使上之傰署財署分知其事하여 各具其名籍之本하면 則財署知聚財하고 傰署知選衆이라

⑤ 發善必審於密 執威必明於中 : '發善'은 상을 수여하는 것을 말한다. '執威'는 형벌을 집행하는 것을 말한다.
發善은 謂行賞이라 執威는 謂行刑이라

이 글은 방위도[17]의 중앙에 자리잡고 있다.

此는 **居圖方中**[18]이라

이것은 時에 따르는 정치이니, 관중은 다섯 개의 그림으로 구별하여 '방위도'라

---

17) 방위도 : 원문 '圖'에 대한 해석이다. '圖'의 의미에 대해 劉績은 '明堂圖'라 하였고 何如璋 郭沫若 등은 '玄宮圖'라 하였다. 그러나 역자는 舊注에 의거하여 '方圖' 즉 '방위도'로 풀이하였다.

18) 居圖方中 : 劉績은 "'圖'는 明堂圖다. 즉 月令에 따라 '太廟 혹은 太室에 머문다'는 것과 같은 종류이다.〔圖 明堂圖也 卽月令居太廟太室類〕"라고 하였다.

고 하였는데, 土의 위치는 그 가운데에 자리 잡고 있다.

此는 **立時之政**이니 **管氏別五其圖**하여 **謂之方圖**이니 **而土位居中**이라

이상은 中方의 本圖이다.

右는 **中方本圖**라

東方本圖

봄에 겨울의 政令을 시행하면 날씨가 차가워지고, 가을의 정령을 시행하면 우레가 치며, 여름의 정령을 시행하면 〈음기가〉 가려지게 된다. 입춘으로부터 12일이 지난 地氣發[19]에는 봄에 할 일을 고시한다. 12일 후 小卯에는 밭갈이를 시작한다. 12일 후 天氣下[20]에는 〈농사일에 참여한 신하들에게〉 술과 음식을 베푼다. 12일 후 義氣至[21]에는 마을의 대문을 수리한다. 12일 후 淸明에는 〈어린 생물과 새끼 밴 짐승을 죽이지 말라는〉 禁令을 내린다.[22] 12일 후 始卯에는 남녀를 결혼시킨다. 12일 후 中卯, 그리고 다시 12일 후 下卯에도 始卯에서와 같은 일을 행하게 한다.

春에 **行冬政肅**①하고 **行秋政雷**②하며 **行夏政則闇**③이라 **十二地氣發**에 **戒春事**④하고 **十二小卯**에 **出耕**하며 **十二天氣下**에 **賜與**하고 **十二義氣至**에 **修門閭**하며 **十二淸明**에 **發禁**하고 **十二始卯**에 **合男女**하며 **十二中卯**와 **十二下卯**는 **三卯同事**⑤라

---

19) 地氣發 : '땅속으로부터 기운이 올라온다.'는 의미의 절기 명칭이다. 고대에는 1년에 총 30여 개의 절기를 두었는데, 대략 12일을 주기로 바뀌었다.

20) 天氣下 : '하늘의 기운이 내려온다.'는 의미의 절기 명칭이다.

21) 義氣至 : '의로운 기운이 이른다.'는 의미의 절기 명칭이다.

22) 淸明에는……내린다 : 봄은 점차 陰氣가 사라지고 陽氣가 피어나는 생성의 계절이다. 그러므로 고대 時令에서는 봄철에 생명을 죽이거나 해치는 행위를 금지하였다. 가령 ≪회남자≫ 〈時則〉에서는 孟春의 政令에 대해 "입춘의 날에 천자는 三公 九卿 大夫들을 거느리고 동쪽 교외에서 봄을 맞이한다.……이 달에는 벌목을 금지하고, 새 둥지를 부수거나 胎 속의 새끼를 죽이지 못하게 하며, 어린 사슴을 잡지 못하게 하고 부화 중인 알을 취하지 못하게 한다.〔立春之日 天子親率三公九卿大夫 以迎歲于東郊……禁伐木 毋覆巢殺胎夭 毋麛 毋卵〕"라고 하였다.

① 春 行冬政肅 : '肅'은 '차갑다'는 의미이다. 겨울의 기운이 올라타기 때문이다.
肅는 寒也라 冬氣乘之故也라

② 行秋政雷 : 봄은 양기이고 가을은 음기이다. 음기가 양기를 올라타므로 우레가 생긴다.
春陽하고 秋陰이라 陰乘陽하니 故雷라

③ 行夏政則閹 : 봄은 이미 陽이고 여름 또한 陽이니 양기가 겹쳐진다. 그러므로 음기가 가려지고 닫혀진다.
春旣陽하고 夏又陽이니 陽氣猥併이라 故掩閉也라

④ 十二地氣發 戒春事 : 여기서부터는 음양의 숫자이고 日辰의 이름이다. 당시에 나라들마다 政事가 달랐고 집안마다 풍속이 달랐다. 이것은 단지 齊나라에서만 행해진 것으로 천하에까지 두루 미치지 못하였다. 또한 秦나라의 焚書사건을 거치면서 어떤 문헌은 불에 타 없어져 자세한 내용을 찾아볼 수 없다. 빠진 부분은 유능한 사람을 기다려 본다.
自此已下는 陰陽之數이고 日辰之名이라 于時에 國異政하고 家殊俗이라 此但齊獨行하고 不及天下라 且經秦焚書에 或爲煨燼하니 無得而詳焉이라 闕之는 以待能者라

⑤ 十二始卯……三卯同事 : 三卯 〈즉 始卯와 中卯와 下卯에〉 하는 일이 모두 동일하다는 말이다. 다른 것들도 모두 이에 따른다.
謂三卯所用事同이라 他皆倣此라

木의 기운이 일어나는 계절인 봄에 군주는 청색 옷을 입고 신 음식을 먹으며, 角調[23]의 음악을 듣고 건조한 기운을 다스리며, 봄의 政令을 사용하고 동쪽에 있는 우물에서 물을 길어 먹으며, 남방의 불로 밥을 짓고 은혜로운 마음을 지니며, 짐승들을 쫓아 곡식을 기르고, 기운을 평온하게 하여 잘 통하게 한다. 무릇 사물들은 그 기운을 열어주고 안정시키면 형체가 스스로 생겨나고, 이치가 내면에 모이면 그것이 밖으로 드러난다.

八擧時節①에 **君服青色**하고 **味酸味**하며 **聽角聲**②하고 **治燥氣**③하며 **用八數**④요 **飮于青后之井**⑤하며 **以羽獸之火爨**⑥하고 **藏不忍**하고 **行敺養**하며 **坦氣修通**이라 **凡物開靜**이면 **形生理**하고 **合內**하면 **空周外**⑦라

① 八擧時節 : 木의 成數가 8이니, 木氣가 일어나면 군주는 木의 시기에 맞추어 정사를 펼친다.
木成數八이니 木氣擧하면 君則順時節布政이라

---

23) 角調 : 五音 가운데 角을 主音으로 하는 연주를 이른다.

② 君服青色……聽角聲 : 이때는 木氣가 왕성한 시기이므로 청색 옷을 입고 신맛의 음식을 먹으며 角調의 음악을 듣는다.
此는 木王之時이니 故服青하고 味酸하며 聽角이라
③ 治燥氣 : 봄에는 바람이 많고 건조하므로 건조한 기운을 잘 다스린다.
春多風而旱하니 故治燥氣라
④ 用八數 : 8운 또한 木의 成數다.
八亦木成數也라
⑤ 飮于青后之井 : 동쪽에 있는 우물이다.
東方井이라
⑥ 以羽獸之火爨 : '羽獸'는 남쪽의 붉은 새이다. 남쪽의 불을 사용하므로 '羽獸之火'라고 말하는 것이다.
羽獸는 南方朱鳥라 用南方之火이니 故曰羽獸之火라
⑦ 凡物開靜……空周外 : 봄은 仁을 주관하니, 그러므로 내면에 간직하는 것은 '차마 못하는 마음'이다. 그러한 이치가 내면에 모이면 밖으로 드러난다.
春은 主仁이니 故所藏者不忍之라 理合聚於內하면 出空於外라

강한 나라는 울타리가 되고 약한 나라는 그 안으로 服屬해 들어간다. 〈이와 같으므로 강한 나라가〉 움직이면 〈약한 나라는〉 따르지 않는 경우가 없고, 〈강한 나라가〉 조용히 머물면 〈약한 나라는〉 모두 그와 같이 조용히 머물게 된다. 〈강한 나라가〉 움직일 때는 禮에 근거하고, 이때 예는 반드시 그 마땅함을 얻는다. 〈이웃나라가〉 점차 우호적이지 않게 되면 귀천의 지위를 보존할 수 없게 되고, 〈그렇게 되면〉 머지않아 변고가 생기게 된다.

強國爲圈이요 **弱國爲屬**①이니 **動而無不從**하고 **靜而無不同**②이라 **擧發以禮**하고 **時禮必得**③이라 **和好不基**하면 **貴賤無司**하고 **事變日至**④라

① 強國爲圈 弱國爲屬 : 강한 나라는 약한 나라를 제어하는 것이고, 약한 나라는 〈강한 나라에〉 복속된다.
強國은 所以禁於弱國이고 弱國은 圈然也라
② 動而無不從 靜而無不同 : 강자가 움직이면 약자는 반드시 따르고, 강자가 조용히 있으면 약자 또한 반드시 그와 같이 한다.
強動이면 弱必從하고 強靜이면 弱必同이라
③ 擧發以禮 時禮必得 : 강한 나라는 움직일 때 반드시 예에 합당하게 한다. 이때 예는 반

드시 그 마땅함을 얻는다.

強國擧發에 必當以禮이라 時也에 禮也는 必得其宜라

④ 和好不基……事變日至 : 이웃나라가 점차 우호적이지 않게 되면 귀천의 지위를 보존할 수 없다. 이와 같으면 변고가 생겨 날로 평안하지 않게 된다. '基'는 '점차'라는 의미이다.

隣國和好不基면 貴賤之位無司存이라 如此면 則事變日至하여 無寧居라 基는 漸이라

이 글은 방위도의 동쪽 바깥에 자리잡고 있다.

此는 **居於圖東方方外**라

이상은 東方의 本圖이다.

右는 **東方本圖**라

南方本圖

여름에 봄의 정령을 내리면 바람이 자주 불고, 겨울의 정령을 내리면 초목의 잎이 시들어 떨어지고 심하면 우박이 내리며, 가을의 정령을 내리면 비가 자주 내린다. 立夏 후 12일이 지난 小郢에는 덕 있는 선비를 초빙하고, 12일 후 絶氣下에는 벼슬과 상을 내리며, 12일 후 中郢에는 술과 음식을 하사하고, 12일 후 中絶에는 〈보리 등 이른 곡식을〉 거두어 들이며, 12일 후 大暑至에는 〈장마를 대비해〉 修繕에 만전을 기한다.[24] 12일 후 中暑와 다시 12일 후의 大暑終의 행사는 小暑와 같다.

夏에 **行春政**하면 **風**①하고 **行冬政**하면 **落**②하고 **重則雨雹**③하며 **行秋政**하면 **水**④라 **十二小郢**에 **至德**하고 **十二絶氣下**에 **下爵賞**하며 **十二中郢**에 **賜與**하고 **十二中絶**에 **收聚**하며 **十二(大)〔小〕暑至**에 **盡善**한다 **十二中暑**와 **十二(小)〔大〕暑終**[25]은 **三暑同事**라

---

24) 修繕에……기한다 : 黎翔鳳(中)은 저본의 '善'을 '繕'으로 읽어야 한다고 하였는데, 그 근거로 그는 ≪周易略例≫의 "故有善邇而遠至"에 대한 注가 "修 治也"로 되어 있다는 사실을 든다. 즉 여기서 '善'은 곧 '繕'의 의미로 해석된 것이다.(≪管子校注≫) 역자 또한 이 견해에 의거하여 '善'을 '繕'으로 해석하였다. 여름철에는 장마비가 많이 오므로, 그에 대비해 제방이나 논밭을 잘 수리하고 정비할 필요가 있다.

25) 十二(大)〔小〕暑至……十二(小)〔大〕暑終 : 古本・劉本・朱本・趙本 등에는 "小暑終"으로 되어 있으나, 宋本에는 "大暑終"으로 되어 있다. 이에 대해 吳志忠은 "大暑至"의 '大'와 "小暑

① 夏……風 : 봄철의 별자리는 箕宿(기수)이니, 이 때문에 바람이 자주 분다.[26)]
春은 箕宿니 多風也라
② 行冬政 落 : 찬 기운이 만물을 말려 죽이므로 잎이 시들어 떨어지는 것이다.
寒氣肅殺하니 故凋落也라
③ 重則雨雹 : 그 재앙이 심하면 우박이 떨어지게 되는 것이니, 이는 水의 찬 기운에 의해 나타나는 현상이다.
其災重則雨雹하니 水寒所致라
④ 行秋政 水 : 가을철의 별자리는 畢宿(필수)[27)]이니, 이 때문에 장마비가 자주 내린다.
秋는 畢宿이니 多霖雨라

火의 기운이 일어나는 계절인 여름에 군주는 붉은색 옷을 입고 쓴 음식을 맛보며, 羽調의 음악을 듣고 양기를 다스리며, 여름의 정령을 사용하고 남쪽에 있는 우물물을 마시며, 서쪽의 불로 밥을 짓고 소박하고 순수한 마음을 지니며, 도탑고 너그러운 행위를 실천하고 기운을 평온하게 하여 잘 통하게 한다. 무릇 사물들은 그 기운을 열어주고 안정시키면 형체가 스스로 생겨나고 자라난다.

七擧時節①에 **君服赤色**하고 **味苦味**②하며 **聽羽聲**③하고 **治陽氣**하며 **用七數**④하고 **飮於赤後之井**⑤하며 **以毛獸之火爨**⑥하고 **藏薄純**⑦하며 **行篤厚**⑧하고 **坦氣修通**이라 **凡物開靜**이면 **形生理**⑨라

① 七擧時節 : 火의 成數는 7이니, 군주는 火의 시기에 맞추어 정사를 펼친다.
火는 成數가 七이니 君則順時節而布政이라
② 君服赤色 味苦味 : 이때는 火氣가 왕성한 시기이다. 그러므로 붉은색 옷을 입고 쓴맛의 음식을 맛본다.
此는 火王時라 故服赤하고 味苦也라
③ 聽羽聲 : 羽調는 북쪽의 소리이다. 火氣가 왕성한 시기에는 徵調(치조)의 음악을 듣지 않고 羽調의 음악을 듣는 것은 왕성한 양기를 억제하기 위해서이다.
羽는 北方聲也라 火王之時에 不聽徵而聽羽者는 所以抑盛陽이라

終"의 '小'가 서로 뒤바뀌었다고 주장한다. 절기의 진행 순서상으로 볼 때도 '小暑' '中署' '大暑'로 나열되는 것이 타당하다.

26) 봄철의……분다 : 箕宿는 고대 동양의 별자리인 이십팔수 중의 하나이다. 동방청룡 7宿 중 일곱 번째에 해당된다. '箕'는 곧 '키'의 의미를 지니므로, 고대인들은 이 별자리가 나타나면 키질할 때 바람이 많이 일어나는 것처럼 바람이 많이 불게 된다고 믿었다.

27) 畢宿(필수) : 畢宿는 이십팔수 중의 하나이고, 서방백호의 7宿 중 다섯 번째이다. 변경의 군대와 비를 관장하는 별이다.

④ 治陽氣 用七數 : 7은 赤火의 成數다.
七은 赤火之成數라

⑤ 飮於赤後之井 : 남쪽에 있는 우물이다.
南方井也라

⑥ 以毛獸之火爨 : '毛獸'는 서쪽의 백호이다. 서쪽의 火를 사용하므로 '毛獸之火'라고 말하는 것이다.
毛獸는 西方白虎라 用西方之火하니 故曰毛獸之火라

⑦ 藏薄純 : 왕성한 양기의 성질은 사치스럽고 방종하는 데 실수가 있다. 그러므로 마음에 간직하는 바는 소박함과 순수함이다.
盛陽之性은 失在奢縱이라 故所藏者는 省薄純素也라

⑧ 行篤厚 : 陽의 성질은 관대하고 온화하다. 그러므로 도탑고 너그러운 행위를 실천한다.
陽性은 寬和라 故行篤厚라

⑨ 凡物開靜 形生理 : 사물의 형체가 이미 생겨나면 자연히 이치를 따라 자라난다.
物形旣生이면 自然修理而長育也라

관제의 〈위계를〉 정하고 명분을 밝혀 신하들과 관리들의 직무를 살피면, 아랫사람이 윗사람을 능멸하지 않고 천한 사람이 귀한 사람을 능멸하지 않는다. 법도가 세워지고 통치 방침이 확립되어 패거리 짓는 백성이 없어지면, 윗사람은 존중되고 아랫사람은 스스로 낮추게 되고 멀고 가까움의 질서가 어긋나지 않는다.

定府官明名分하여 **而審責於群臣有司**면 **則下不乘上**하고 **賤不乘貴**요 **法立數得**하여 **而無比周之民**이면 **則上尊而下卑**하고 **遠近不乖**라

이 글은 방위도의 남쪽 바깥에 자리잡고 있다.

此는 **居於圖南方方外**라

西方本圖

가을에 여름의 정령을 시행하면 나뭇잎이 생겨나고, 봄의 정령을 시행하면 꽃이 피며, 겨울의 정령을 시행하면 나뭇잎들이 한꺼번에 떨어진다. 立秋 후 12일이 지난 期風至에 가을의 정사를 반포하고, 12일 후 小酉에 백관을 독려하며, 12일 후

白露下에 곡식을 거둬 들이고, 12일 후 復理에 신하들에게 상을 하사하며, 12일 후 始節에 부역을 동원하고, 12일 후 始酉에 남녀를 결혼시킨다. 12일 후의 中酉와 다시 12일 후의 下酉에 행하는 일은 始酉의 일과 동일하다.

秋에 **行夏政**하면 **葉**①하고 **行春政**하면 **華**②하며 **行冬政**하면 秏③라 **十二期風至**에 **戒秋事**하고 **十二小**(卯)〔**酉**〕[28]에 **薄百爵**하며 **十二白露下**에 **收聚**하고 **十二復理**에 **賜予**하며 **十二始節**에 **賦事**하고 **十二始**(卯)〔**酉**〕에 **合男女**라 **十二中**(卯)〔**酉**〕와 **十二下**(卯)〔**酉**〕는 三(卯)〔**酉**〕**同事**라

① 秋……葉 : 왕성한 양기가 올라타므로 서둘러 나무들이 잎을 피운다.
盛陽氣乘之하니 故奔木生葉라

② 行春政 華 : 작은 양기가 올라타므로 서둘러 나무들이 다시 꽃을 피운다.
少陽氣乘之하니 故奔木更生華라

③ 行冬政 秏 : 왕성한 음기가 말려 죽이므로 나뭇잎들이 다 떨어져버린다.
盛陰肅殺하니 故虛秏也라

金氣가 펼쳐지는 계절인 가을에 군주는 흰색 옷을 입고, 신 음식을 먹으며, 商調의 음악을 듣고, 습기를 다스리며, 金氣에 맞는 정령을 사용하고, 서쪽 우물에서 물을 길어 마시며, 북쪽의 불로 밥을 짓고, 공손함과 공경함의 마음을 지니고, 날카롭게 후려치는 행위를 실천하며, 기운을 평온하게 하여 잘 통하게 한다. 무릇 사물들은 그 기운을 열어주고 안정시키면 형체가 스스로 생겨나고 자라난다.

九和時節①에 **君服白色**하고 **味辛味**하며 **聽商聲**②하고 **治濕氣**③하며 **用九數**④하고 **飮于白後之井**⑤하며 **以介蟲之火爨**⑥하고 **藏恭敬**⑦하며 **行搏銳**⑧하고 **坦氣修通**이라 **凡物開靜**이면 **形生理**라

① 九和時節 : 金의 成數는 9이다. 金氣가 펼쳐지면 군주는 金의 절기에 맞추어 정사를 펼친다.
金의 成數는 九라 金氣和하면 君則順時節而布政이라

② 君服白色……聽商聲 : 이때는 金氣가 왕성한 시기이다. 그러므로 흰색 옷을 입고 신맛

---

28) 十二小(卯)〔酉〕 薄百爵 : 저본에는 '小卯'로 되어 있으나, 安井衡(日)의 견해에 의거하여 '小酉'로 바로잡았다. 그는 고대 한자에서 '卯'와 '酉'는 글자 모양이 서로 유사하였다는 점을 들어 '卯'를 '酉'로 고쳐야 한다고 본다. 그리고 '酉'의 위치는 서쪽이고 가을을 주관한다. 따라서 '小酉'는 가을의 절기 명칭이 될 수 있다는 것이다. 이와 동일한 이유로, 아래 문장에서 나오는 '卯' 역시 모두 '酉'로 고쳐야 한다고 주장하였다. 한편 '薄'은 '勉'의 의미로 보고, '百爵'은 '百官'의 의미로 보았다.(≪管子纂詁≫)

의 음식을 먹으며, 商調의 음악을 듣는다.

此는 金王之時라 故服白하고 味辛하며 聽商이라

③ 治濕氣 : 가을에는 장마비가 자주 내린다. 그러므로 습기를 다스린다.

秋多霖雨水라 故治濕이라

④ 用九數 : 9는 또한 金의 成數이다.

九는 亦金之成數라

⑤ 飮于白後之井 : 서쪽에 있는 우물이다.

酉方井이라

⑥ 以介蟲之火爨 : '介蟲(갑각류)'은 북쪽의 玄武를 상징한다. 북쪽의 불을 사용하므로 '介蟲之火'라고 말하는 것이다.

介蟲은 北方玄武也라 用北方之火니 故曰介蟲之火라

⑦ 藏恭敬 : 金의 성질은 청렴 결백이다. 그러므로 내면에 지니는 마음은 공손함과 공경함이다.

金性은 廉絜이라 故所藏者는 恭敬也라

⑧ 行搏銳 : 뾰족한 金의 성질은 강한 날카로움이다. 이때는 바야흐로 만물을 냉정하게 죽이는 때이다. 그러므로 강하고 예리한 것으로 후려친다고 말하는 것이니, 살기를 따르기 때문이다.

兌金性勁銳라 時方肅殺이라 故曰以勁銳搏擊이니 所以順殺氣也라

남자 여자가 살아갈 때 필요한 물품의 차이를 살피고, 향리의 什伍체제[29]를 정비하며, 축적된 식량이 얼마나 되는지 헤아리고, 관직의 숫자를 정리하며, 노약자를 기를 때 각자 필요한 식량의 차이를 구분하고, 〈가을 수확의〉 이익을 나눔에 있어 두루 공평하게 하여 사사로움이 없도록 한다.

間男女之畜①하고 **修鄕里之什伍**②하며 **量委積之多寡**하고 **定府官之計數**하며 **養老弱而勿通**③하고 **信利周而無私**④라

① 間男女之畜 : 남녀를 기를 때는 안과 밖의 차이가 있으니, 그러므로 이러한 차이를 잘 살펴야 한다.

男女之畜에 有內外之異이니 故須間之也라

29) 什伍체제 : 고대 향리의 호적 편제다. 다섯 가구를 묶어 伍로 삼고, 열 가구를 묶어 什으로 삼았다. 이러한 호적 편제는 전시에 군사체제로 전환되어, 다섯 사람이 伍가 되고 열 사람이 什이 되어 전쟁터로 출병하였다.

② 修鄕里之什伍 : 살기가 바야흐로 이르면 군대를 내어 정벌을 할 수 있다. 그러므로 향리의 什伍체제를 정비하는 것이다.
殺氣方至하면 可以出師征伐이니 故修什伍라

③ 養老弱而勿通 : 노인과 아이는 필요한 식량이 다르니, 그러므로 그들을 양육함에 있어 똑같이 하지 않는다.
老少異糧이니 故其養勿通이라

④ 信利周而無私 : 가을 수확의 이익을 나눔에 있어 두루 공평하게 하여 사사로움이 없게 한다.
申布秋利에 旣令周徧하여 無得有私라

이 글은 방위도의 서쪽 바깥에 자리잡고 있다.

此는 **居於圖西方方外**라

이상은 西方의 本圖이다.

右는 **西方本圖**라

北方本圖

겨울에 가을의 정령을 시행하며 안개가 끼고, 여름의 정령을 시행하면 우레가 생겨나며, 봄의 정령을 시행하면 수증기가 새어나온다. 입동 후 12일이 지난 始寒에는 형벌을 다 처리하고, 12일 후 小楡에는 신하들에게 〈술, 음식, 상 등을〉 하사하며, 12일 후 中寒에는 세금을 거둬들이고, 12일 후 中楡에는 대대적으로 거둬들여 정리하며, 12일 후 大寒至에는 모든 일을 멈추고 쉰다. 12일 후 大寒之陰과 다시 12일 후의 大寒終에도 大寒至와 같이 모든 일을 멈추고 쉰다.

冬에 **行秋政**하면 **霧**①하고 **行夏政**하면 **雷**②하며 **行春政**하면 **烝泄**③이라 **十二始寒**에 **盡刑**하고 **十二小楡**에 **賜予**하며 **十二中寒**에 **收聚**하고 **十二中楡**에 **大收**하며 **十二〈大〉寒至**에 **靜**[30]이라 **十二大寒之陰**과 **十二大寒終**은 **三寒同事**라

30) 十二〔大〕寒至 靜 : 저본에는 '大'가 없으나, 丁士涵(淸)의 견해에 의거하여 보충하였다. 정사함은 앞에서 '始寒' 및 '中寒'을 언급하였기 때문에 여기서는 그 다음 단계로 '大寒'으로 표현되어야 한다고 보았다.(≪管子校本≫)

① 冬……霧 : 가을에는 음습한 안개가 많다.
秋多陰霧라

② 行夏政 雷 : 왕성한 양기가 왕성한 음기를 올라타므로 우레가 생겨난다.
盛陽乘盛陰이니 故雷也라

③ 行春政 烝泄 : 少陽이 음을 올라타므로 수증기가 새어나온다.
少陽乘陰하니 故烝泄也라

水의 기운이 작용하는 계절인 겨울에 군주는 검은색 옷을 입고, 짠 음식을 먹으며, 徵調(치조)의 음악을 듣고, 음기를 다스리며, 겨울의 정령을 사용하고, 북쪽에 있는 우물에서 물을 길어 마시며, 동쪽의 불로 밥을 짓고, 자애롭고 너그러운 마음을 지니며, 담박하고 순박한 행위를 실천하고, 기운을 평온하게 하여 잘 통하게 한다. 무릇 사물들은 그 기운을 열어주고 안정시키면 형체가 스스로 생겨나고 자라난다.

六行時節①에 **君服黑色**하고 **味鹹味**②하며 **聽徵聲**③하고 **治陰氣**④하며 **用六數**⑤하고 **飮於黑后之井**⑥하며 **以鱗獸之火爨**⑦하고 **藏慈厚**⑧하며 **行薄純**⑨하고 **坦氣修通**이라 **凡物開靜**하면 **形生理**라

① 六行時節 : 水의 成數는 6이다. 군주는 水의 시기에 맞추어 정사를 행한다.
水는 成數가 六이라 君則順時節而布政也라

② 君服黑色 味鹹味 : 이때는 水氣가 왕성한 시절이므로 검은색 옷을 입고 짠 음식을 먹는다.
此는 水王之時니 故服黑하고 味鹹이라

③ 聽徵聲 : 羽調의 음악을 듣지 않고 徵調의 음악을 듣는 것은, 또한 왕성한 음기를 억누르기 위한 것이다.
不聽羽而聽徵者는 亦所以抑盛陰也라

④ 治陰氣 : 다스리지 않으면 왕성한 음기가 너무 지나치게 되는 것이니, 지나치게 거치면 음기를 다스린다.
不治則盛陰太過이니 太過則治陰氣也라

⑤ 用六數 : 6은 또한 水의 成數이다.
六은 亦水之成數라

⑥ 飮於黑后之井 : 북쪽에 있는 우물이다.
北方井也라

⑦ 以鱗獸之火爨 : 鱗獸는 동쪽의 청룡이다. 동쪽의 불을 사용하므로, '鱗獸之火'라고 말하는 것이다.
鱗獸는 東方靑龍也라 用東方之火이니 故曰鱗獸之火라

⑧ 藏慈厚 : 군주는 살리는 것을 좋아하고 죽이는 것을 싫어한다. 그러므로 형벌을 가하고 죽이는 시기에도 자애롭고 너그러운 마음을 지니는 것이니, 이는 남의 불행을 차마 보지 못하는 마음을 드러내보이는 것이다.
君人者는 好生惡殺이라 故於刑殺之時에 藏於慈厚하니 所以示其不忍也라

⑨ 行薄純 : 겨울의 사물은 소박하다. 그러므로 덜어냄과 담박함 그리고 순수함과 검소함을 실천한다.
冬物朴素라 故行省薄純儉이라

형벌 도구를 완성하고, 군주의 가르침이 연말까지 잘 실행되도록 한다. 〈백성들의〉 움직임과 머무름을 기록하지 않으면 그들의 행동거지를 헤아릴 수 없다. 사계절을 주의 깊게 살펴 계절별로 생성되는 사물들을 구별하고, 수출과 수입을 구별함으로써 교역량을 비슷하게 하며, 백성의 생명을 기르는데 필요한 물자를 밝혀 굳게 비축된 것을 풀고, 주고받는 양을 잘 살펴 이를 총괄적으로 제어한다.

器成於僇①하고 **教行於鈔**②라 **動靜不記**면 **行止無量**③이라 **戒審四時以別息**④하고 **異出入以兩易**⑤하며 **明養生以解固**⑥하고 **審取與以總之**⑦라

① 器成於僇 : 겨울은 형벌을 실행하는 시기이다. 그러므로 형벌 도구를 완성시키는 것이다.
冬은 行刑之時이라 故成僇器也라

② 教行於鈔 : '鈔'는 끝이다. 겨울은 사계절의 끝이니 한 해가 마무리되는 시기이다.
鈔는 末也라 冬爲四時之末이니 歲之將終也라

③ 動靜不記 行止無量 : 움직임과 머무름을 기록하면 행동거지를 헤아릴 수 있다.
記動靜하면 則行止可量이라

④ 戒審四時以別息 : '息'은 '생겨나다'는 의미이다. 사계절에 생겨나는 사물은 각자 다르므로 이들을 구별한다.
息은 生也라 四時生物은 各有不同이니 故須別之라

⑤ 異出入以兩易 : 수출과 수입이 이미 다르지만 또한 서로 차이가 없도록 해야 한다. 그러므로 '교역량을 비슷하게 한다'고 말하는 것이다.
出入既異이나 又竝令無差라 故曰兩易也라

⑥ 明養生以解固 : '固'는 '굳게 지켜 아낀다'는 의미이다. 생겨나면 길러야 하는 것이니 물자를 아낄 수 없다. 그러므로 '굳게 지켜 아끼는 것을 푼다'고 말하는 것이다.
固는 謂護恡也라 生既須養이니 則物不可恡이라 故曰解固라

⑦ 審取與以總之 : 또한 기르는 것이 때를 놓칠까 두려워한다. 그러므로 주고 받는 양의

많고 적음을 살펴서 총괄적으로 제어하는 것이다.
又恐所養過時라 故審取與之多少하여 以總統之라

〈제나라 桓公이〉 제후들과 1차 會盟하였을 때, "玄帝의 명령이 아니면 하루라도 군대를 동원하지 말라."고 명령하였다. 2차 회맹하였을 때, "고아와 노인을 돌보고, 병든 자를 먹이며, 홀아비와 과부를 거두라."고 명령하였다. 3차 회맹하였을 때, "토지세는 100분의 5를 거두고, 시장세는 100분의 2를 거두며, 관문의 통행세는 100분의 1을 거두고, 농기구와 베 짜는 기계를 부족하지 않게 하라."고 명령하였다. 4차 회맹하였을 때, "도로를 정비하고, 도량형을 같게 하며, 무게를 다는 수량의 단위를 통일하고, 산림과 연못의 출입을 때에 맞추어 금지하거나 허가하라."고 명령하였다. 5차 회맹하였을 때, "봄·여름·가을·겨울의 정기적인 제사를 지내고 천지와 산천의 제사를 갖출 때는 반드시 때에 맞게 행하라."고 명령하였다. 6차 회맹하였을 때, "그대의 땅에서 생산되는 것을 玄官에게 공물로 바치고 四輔에게 협조를 요청하여, 이로써 上帝에게 예를 다하라."고 명령하였다. 7차 회맹하였을 때, "관직에 있으면서 視·聽·言·行의 4가지 측면에서 무례한 자는 敎命을 어지럽힌 죄로 유배를 보내라."고 명령하였다. 8차 회맹하였을 때, "제후들 중 四義를 잘 세웠다는 점에서 이론이 없는 자는 천자의 玄官으로 천거하고 三公의 명령을 기다리라."고 명령하였다. 9차 회맹하였을 때, "너희 제후들의 영토 안에서 나는 재물과 나라가 소유하고 있는 것을 천자에게 예물로 바쳐라."고 명령하였다.

四輔

一會諸侯에 **令曰非玄帝之命**이면 **毋有一日之師役**①하라하고 **再會諸侯**에 **令曰養孤老**하고 **食常疾**하며 **收孤寡**하라하고 **三會諸侯**에 **令曰田租百取五**②하고 **市賦百取二**하며 **關賦百取一**하고 **毋乏耕織之器**하라하고 **四會諸侯**에 **令曰修道路**하고 **偕度量**하며 **一稱數**③하고 **藪澤以時禁發**

之④하라하고 **五會諸侯**에 **令曰修春秋冬夏之常祭**와 **食**⑤**天壤山川之故祀**에 **必以時**31)하라하고 **六會諸侯**에 **令曰以爾壤生物共玄官**⑥하고 **請四輔**⑦하여 **將以祀上帝**하라하고 **七會諸侯**에 **令曰官處四體而無禮者**는 **流之焉莠命**⑧하라하고 **八會諸侯**에 **令曰立四義而無議者**는 **尙之于玄官**하고 **聽于三公**⑨하라하고 **九會諸侯**에 **令曰以爾封內之財物**과 **國之所有**를 **爲幣**⑩하라하니라

① 一會諸侯……毋有一日之師役 : '玄帝'는 북쪽을 주관하는 天帝이다.32) 제나라 桓公이 처음 제후들과 會盟하였을 때, 제후들에게 마땅한 때가 아니면 군대를 출병하지 말 것을 명령하였다. 그러므로 玄帝의 명령이 없으면 하루라도 군대를 동원하지 말라고 명령한 것이다. 하루도 동원하면 안 되는데, 하물며 여러 날이 되겠는가?
玄帝는 北方之帝라 齊桓初會에 命諸侯不使非時出師라 故令曰컨대 若非玄帝有命之時면 毋得有一日之師役이라 一日尙不可인데 況多乎아

② 田租百取五 : 100분의 5를 취한다.
百分取五分이라

③ 修道路……一稱數 : '偕'는 '같다'는 의미이다. '稱'은 '斤兩'이다. '數'는 '多少'다.
偕는 同也라 稱은 斤兩也라 數는 多少也라

獺

④ 藪澤以時禁發之 : 초목의 잎이 진 이후에 산림에 들어가고, 수달이 물고기를 잡아 제사드리는 절기를 지낸 이후에 연못과 다리를 수리한다.
草木零落然後에 入山林하고 獺祭魚然後에 修澤梁也라

⑤ 修春秋冬夏之常祭 食 : 정기적인 제사와 〈그에 따른〉 정기적인 제사 음식에는 각각 그 계절에 마땅한 제물을 준비한다.
常所祭와 常所食에 各有時物也라

⑥ 以爾壤生物共玄官 : '玄官'은 하늘에 드리는 예를 주관하는 관리이다.
玄官은 主禮天之官也라

---

31) 修春秋冬夏之常祭……必以時 : 舊注에서는 '祭'와 '食'을 연결하여 "修春秋冬夏之常祭食 天壤山川之故祀 必以時"로 읽고 있는데, 이 경우 의미 소통이 어렵다. 이 점에 대해 兪樾(中)은 "'食'은 '飭'자가 훼손된 형태이다. '修'와 '飭'은 의미가 서로 비슷하다. '修春秋冬夏之常祭'와 '飭天壤山川之故祀' 두 구절은 서로 對文이 된다. 尹知章의 注(房玄齡의 注)에서는 '常祭食' 세 글자를 이어서 읽고, '常所祭 常所食'으로 해석하고 있는데 의미가 통하지 않는다."라고 하였다.(≪諸子平議≫) 참고로, 安井衡(日)은 '食'을 '饗' 즉 '祭之'의 의미로 해석한다.(≪管子纂詁≫) 역자는 兪樾의 견해에 의거하여 해석하였다.

32) 玄帝……天帝다 : 북쪽은 五行상 '水'에 해당하고 겨울철을 상징한다. 봄·여름·가을은 농사철에 힘써야 하므로 전쟁은 오직 살기가 왕성한 겨울철에만 허용된다.

⑦ 請四輔 : '四輔'는 '三公四輔'의 四輔이니, 제사를 돕고 예를 거행하는 직책이다.
四輔는 則三公四輔也이니 所以助祭行禮라

⑧ 官處四體而無禮者 流之焉莠命 : '官處'는 '處官(관직에 처하다)'이다. 관직에 앉아 있으면서 四體[33]에 무례한 사람은 命을 어지럽힌 죄목으로 유배를 보낸다는 것이다. '莠命'은 마치 강아지풀이 苗를 어지럽히듯이 가르침과 명령을 어지럽힌다는 의미이다.
官處는 謂處官也라 處官位而四體無禮者는 謂之莠命而流放焉이라 莠命者는 謂穢亂教命이니 若莠之穢苗也라

⑨ 立四義而無議者……聽于三公 : '四義'는 '계곡을 막지 말 것', '곡식을 저장하지 말 것', '嫡子를 바꾸지 말 것', '첩을 정실부인으로 삼지 말 것'의 〈4가지를〉 말한다. 제후들 중 이러한 命을 잘 받들어 異論이 없는 자는 천자의 玄官으로 천거하고 三公의 명령을 기다린다. '尙'은 '올리다'는 의미이다.
四義者는 謂無障谷・無貯粟・無易樹子・無以妾爲妻라 諸侯能順命而無異議者면 則尙之于天子玄官하고 聽三公之錫命이라 尙은 上也라

⑩ 以爾封內之財物……爲幣 : 예물로 삼는다.
爲幣禮라

아홉 차례의 회맹에서 대체적인 명령이 나왔으니, 천하의 제후들이 항상 〈齊나라에〉 이르러 명을 받았다. 천리 밖에서부터 2천리 이내의 제후들은 3년마다 조회를 와서 命을 받았고, 2년마다 제후의 三卿이 천자의 四輔를 좇아 명을 받았으며, 1년마다 정월 초하루에 대부를 보내 三公의 명을 받게 하였다. 2천리 밖부터 3천리 이내의 제후들은 5년마다 회맹에 참석하여 명을 받았고, 3년마다 名卿[34]을 보내 중요한 일에 대한 자문을 요청하였으며, 2년마다 대부를 보내 국내의 길흉사를 보고하였고, 7년마다 세자를 보내 禮義를 바로 잡았으며, 5년마다 대부를 보내 변경된 教令을 요청하였다. 3천리 밖의 제후들은 30년에 한번씩 이르러 조회를 하였다. 〈그런 제후국의 대부가 찾아오면〉 대부를 위해 객사를 설치하고 그곳에서 편안하게 머물게 하고, 〈자국에서 가져온〉 공물을 바치고 명령을 받게 하였다.

九會大令焉出하니 **常至**①[35]라 **千里之外 二千里之內諸侯**는 **三年而朝**하여 **習命**②하고 **二年**에

33) 四體 : 視・聽・言・行 네 가지를 말한다. 일찍이 공자는 "非禮勿視 非禮勿聽 非禮勿言 非禮勿動"라고 하였다.(≪論語≫ 〈顔淵〉)

34) 名卿 : 국내외로 유명한 신하, 혹은 군주의 특별한 신임을 받는 卿급의 신하를 말한다.

35) 九會大令焉出 常至 : 劉績은 "제후들에게 내리는 大命은 항상 〈천자에 대한〉 조회 중의 명

三卿使四輔③하며 **一年 正月朔日**에 **令大夫來修**하여 **受命三公**④이라 **二千里之外 三千里之內諸侯**는 **五年而會至**하여 **習命**⑤하고 **三年**에 **名卿請事**하며 **二年**에 **大夫通吉凶**하고 **七年**에 **重適入**하여 **正禮義**⑥하며 **五年**에 **大夫請變**⑦이라 **三千里之外諸侯**는 **世一至**⑧요 **置大夫以爲廷安**⑨하고 **入共受命焉**⑩이라

① 九會大令焉出 常至 : 앞서의 아홉 차례의 회맹에서 이미 대체적인 명령이 나왔으므로 천하의 제후들이 항상 이르러 명을 받는다는 말이다. 그 외에 朝聘하는 횟수는 거리의 멀고 가까움에 따라 차이가 있다.

謂上九會旣出大令하니 故天下諸侯常至라 非此之外는 則朝聘之數가 遠近各有差也라

② 諸侯……習命 : 조회 올 때에 말미암아 敎命을 받는다.

因朝而習敎命이라

③ 三卿使四輔 : 제후의 三卿이 천자의 四輔를 좇아 통제를 받는다.

諸侯의 三卿이 使天子四輔하여 以受節制也라

④ 令大夫來修 受命三公 : 三公에게 명을 받는다.

習所受命於三公이라

⑤ 諸侯……習命 : 회맹 때에 말미암아 이르러 명을 받는다.

因會而至하여 以習命也라

⑥ 重適入 正禮義 : '重'은 중책을 계승한다는 의미이다. '適'은 제후의 세자다.

重(適)[36]은 謂承重也라 適은 諸侯之世子也라

⑦ 大夫請變 : 변경된 敎令을 청한다.

請所變更之敎令也라

⑧ 諸侯 世一至 : 길이 너무 멀기 때문에 30년에 한번씩 찾아 온다.

道路旣遠하니 故世一至라

⑨ 置大夫以爲廷安 : 멀리 있는 나라의 대부는 그를 위해 객사를 설치한다. 올 때마다 그곳에서 편안히 머물게 한다.

其遠國大夫는 則爲置廷館이라 每來에 於此以安之也라

⑩ 入共受命焉 : 자기 나라의 특산물을 공물로 바치면서 명을 받는다.

入共國所有하고 因以受命이라

령에서 나왔다는 의미이다. 아래 문장이 그것이다.〔謂大命諸侯出常來朝會之命 卽下文是也〕" 라고 하였다.

36) 重(適) : '適'은 衍文으로 처리하였다. 뒤에 나오는 '適'자로 말미암아 잘못 붙여진 글자로 보인다.

이 글은 방위도의 북쪽 바깥에 자리잡고 있다.

此는 **居於圖北方方外**라

中央副圖

반드시 文德의 위엄을 지니고 무예를 지닌 관리를 얻어서, 그와 더불어 병사를 연습시키면 승리한다. 올바름에 힘써 그에 말미암으면 승리한다. 끝까지 〈그 계책이〉 종잡을 수 없으면 승리한다. 義를 행함에 가까우면 승리한다. 名과 實을 잘 다스리면 승리한다. 〈패배한 적으로부터 얻은 물건을〉 서둘러 나누어 주면 승리한다. 功의 유무를 살피는 일을 잘 하면 승리한다. 군대를 움직일 때 〈공격 전투에 필요한〉 도구를 잘 갖추면 승리한다. 〈계책의〉 근원을 찾아도 형상이 없으면 승리한다.

必得文威武官하여 **習**하면 **勝之**①요 **務時因**하면 **勝之**②요 **終無方**하면 **勝之**③요 **幾行義**하면 **勝之**④요 **理名實**하면 **勝之**⑤요 **急時分**하면 **勝之**⑥요 **事察伐**하면 **勝之**⑦요 **行備具**하면 **勝之**⑧요 **原無象**하면 **勝之**⑨라

① 必得文威武官……勝之 : 적에게 잘 승리하는 자는 반드시 文德의 위엄을 지니고 무예를 지닌 관리를 얻어서, 그와 더불어 병사들을 연습시키면 승리할 수 있다.
善勝敵者는 必得文德之威武藝之官하여 與之練習士卒하면 則可以勝之라

② 務時因 勝之 : '時'는 '是'다. 올바름에 힘써 그에 말미암아 이치를 거스르지 않으면 승리할 수 있다.
時는 是也라 務是因脩하여 不逆於理면 可以得勝也라

③ 終無方 勝之 : 처음부터 끝까지 그 계책이 변화무궁한 자는 승리한다.
從始至終에 計出無方者가 勝이라

④ 幾行義 勝之 : 義를 행함에 가까운 자가 승리할 수 있다.
庶幾行義者 可以勝이라

⑤ 理名實 勝之 : 名과 實을 가지런히 하여 어긋남이 없으면 승리를 얻을 수 있다.
整理名實하여 不謬妄하면 可以得勝이라

⑥ 急時分 勝之 : 패배한 적으로부터 얻은 물건을 마땅히 분배받아야 할 자에게 서둘러 나누어 주면 승리를 얻을 수 있다.
敗敵所得之物을 應受分者에 急分與之면 可以得勝이라

⑦ 事察伐 勝之 : 論功行賞에서 공이 있는 자를 잘 살펴서, 공이 없는 자가 함부로 상을 받지 않도록 하면 승리를 얻을 수 있다.
伐功行賞之事에 必察有功하여 不令無功者妄受면 可以得勝이라
⑧ 行備具 勝之 : 군대를 움직이고 병사를 부릴 때, 공격 전투에 필요한 도구를 반드시 갖추면 승리를 얻을 수 있다.
行師用兵에 必備其攻戰之具면 可以得勝이라
⑨ 原無象 勝之 : 계책이 기이하고 신묘하여 그 형상이 드러나지 않는 자가 승리한다.
奇計若神하여 無象可原者가 勝이라

〈군대를 부리는〉 근본이 정해지고 절대적인 위엄을 갖추면 승리하고, 〈군대의〉 비용 계산을 명확히 하면 승리하며, 〈적에 대한 정보가〉 명확하면 승리하고, 병사들의 선발을 명확히 하면 승리하며, 봉록의 체제를 명확히 하면 승리하고, 타 지역에서의 사용을 명확히 하면 승리하며, 생사의 문제를 명확히 하면 승리하고, 성공과 실패를 명확히 하면 승리하며, 의존하는 기이한 책략을 명확히 하면 승리하고, 허실을 명확히 하면 승리하며, 성쇠를 명확히 하면 승리한다.

本定獨威勝①하고 **定計財勝**②하며 **定聞知勝**③하고 **定選士勝**④하며 **定制祿勝**⑤하고 **定方用勝**⑥하며 **定綸理勝**⑦하고 **定死生勝**하며 **定成敗勝**하고 **定依奇勝**⑧하고 **定實虛勝**하며 **定盛衰勝**이라

① 本定獨威勝 : 군대를 부리는 근본이 정해지면 절대적인 위엄을 갖출 수 있는 자가 승리한다.
用師之本定이면 能獨威者가 勝이라
② 定計財勝 : 비용 계산이 먼저 살펴서 명확한 자가 승리한다.
計謀財用에 先審定者가 勝이라
③ 定聞知勝 : 적의 계책을 파악함에 있어 살펴서 명확히 할 수 있는 자가 승리한다.
聞知敵謀에 能審定者가 勝이라
④ 定選士勝 : 병사들을 엄선하는 데 있어 살펴서 명확히 할 수 있는 자가 승리한다.
精選士卒에 能審定者가 勝이라
⑤ 定制祿勝 : 봉록을 만들어 공이 있는 사람에게 주는 데 있어 살펴서 명확히 할 수 있는 자가 승리한다.
制祿亦與有功에 能審定者가 勝이라
⑥ 定方用勝 : 다른 나라에서 사용하는 바는 각기 다른데, 이것을 살펴서 명확히 할 수

있는 자가 승리한다.

異方所用은 各有不同인데 能審定者가 勝이라

⑦ 定綸理勝 : 군대를 운용하는 이치에 있어 살펴서 명확히 할 수 있는 자가 승리한다.

經綸之理에 能審定者가 勝이라

⑧ 定依奇勝 : 의존하는 기이한 책략을 살펴서 명확히 할 수 있는 자가 승리한다.

所依奇策을 能審定者가 勝이라

병기를 발동함에 있어 진실로 그 핵심을 얻으면 적이 예측하지 못한다. 용병이 편리하고 지극히 정성스러우면 적이 저항하지 못한다. 〈忠義를 행한 병사의〉 이름을 밝히고 〈공로를 세운〉 사실을 드러내면 병사들이 절개를 위해 목숨을 바친다. 기이한 계책을 적이 예상치 못한 방식으로 발휘하면 병사들은 기꺼이 〈그 계책에〉 쓰이고자 한다. 물자를 교류할 때 그 지역이 있는 것으로 말미암으면 무기가 충분히 갖추어진다. 〈병사들이〉 할 수 있고 이롭게 여기는 것으로 말미암아 갖추게 하면 구하는 것을 반드시 얻게 된다. 〈경영하는 바의〉 업무를 장악하고 〈행하는 바의〉 근본을 밝히면 병사들이 구차스러워하지 않는다. 갖추는 바에 일정함이 없으면 적에 대응할 방법이 없다.

擧機誠要則敵不量①하고 **用利至誠則敵不校**②하고 **明名章實則士死節**③하고 **奇擧發不意則士歡用**④하고 **交物因方則械器備**⑤하고 **因能利備則求必得**⑥하고 **執務明本則士不偸**⑦하고 **備具無常無方應也**⑧라

① 擧機誠要則敵不量 : 병기를 발동시킴에 있어 진실로 그 핵심을 얻으면 적이 예측할 수 없다.

發擧兵機에 誠得其要면 則敵不能量也라

② 用利至誠則敵不校 : 용병이 편리하고 또 지극히 정성스러우면 적이 감히 저항하지 못한다.

用兵便利하고 又能至誠이면 則敵不敢校也라

③ 明名章實則士死節 : 忠義를 행한 병사의 이름을 밝히고 공로를 세운 사실을 드러내면, 병사들은 절개를 위해 목숨을 바치며 구차한 삶을 구하지 않는다.

明忠義之名하고 章功勞之實하면 士則死節하며 不求苟生이라

④ 奇擧發不意則士歡用 : 기이한 계책을 적이 전혀 예상치 못한 방식으로 발휘하면, 병사들은 기꺼이 그 계책의 쓰임이 되고자 한다.

奇謀之擧에 發彼不意하면 則士樂爲用이라

⑤ 交物因方則械器備 : 물자를 교류할 때 그 지역에 있는 것으로 말미암으면 무게가 충분히 갖추어지게 된다.
交質之物에 因方之有하면 則器械備具也라

⑥ 因能利備則求必得 : 병사들이 할 수 있고 이롭게 여기는 것으로 말미암아 갖추게 하면, 구하는 것을 반드시 얻게 된다.
因彼所能所利而備之면 則所求必得이라

⑦ 執務明本則士不偸 : 경영하는 바의 업무를 장악하고 행하는 바의 근본을 밝히면 병사들이 구차스러워하지 않는다.
執所營之務하고 明所爲之本하면 則士不苟且라

⑧ 備具無常無方應也 : 갖추는 바에 일정함이 없는 자는 적에 대응할 방법이 없다.
其所備具無有常者는 所以應敵에 無方이라

심원한 것을 듣기 때문에 지극한 이치를 들을 수 있고, 새로운 것을 보기 때문에 아직 드러나지 않은 것을 볼 수 있으며, 심원한 것을 생각하기 때문에 아직 시작되지 않은 것을 알 수 있고, 떨치고 일어나는 것이 놀랄만하기 때문에 적은 미처 헤아릴 수 없으며, 움직임이 매우 창성하기 때문에 적의 보물을 얻을 수 있고, 심원한 계책을 세우기 때문에 견실하여 다시 옛날의 쇠약함으로 돌아가지 않는다.

聽於鈔故能聞未極①하고 **視於新故能見未形**②하며 **思於濬故能知未始**③하고 **發於驚故能至無量**④하며 **動於昌故能得其寶**⑤하고 **立於謀故能實不可故也**⑥라

① 聽於鈔故能聞未極 : '鈔'는 '深遠하다'는 의미이다. 듣는 바가 심원함에 있으므로 지극한 이치를 들을 수 있다.
鈔는 深遠也라 所聽在於深遠하니 故能聞於極理라

② 視於新故能見未形 : '未形'이라는 것은, 새로운 일이 일어나려고 하면 보는 것이 새로운 데 있기 때문에 아직 형체로 드러나지 않은 것을 보게 된다.
未形者는 新事將起면 所視者在新이니 故見未形也라

③ 思於濬故能知未始 : '未始'는, 일삼는 바가 심원한 자는 그 생각하는 바가 깊으므로 아직 시작되지 않은 것을 알게 된다.
未始者는 事之深浚者는 所思在沈이니 故知未始라

④ 發於驚故能至無量 : 떨치고 일어나는 것이 놀랄만하므로 적은 미처 헤아릴 수 없다.
發擧可驚이니 故敵不能量이라

⑤ 動於昌故能得其寶 : 거동이 매우 성대하므로 적들이 두려워하여 보물을 바친다.
擧動昌盛이니 故敵懼而輸寶也라

⑥ 立於謀故能實不可故也 : 그 세우는 바가 모두 심원한 계책을 사용하므로, 항상 견실하여 다시 옛날처럼 쇠퇴하지 않는다.[37)]
其所建立이 皆用深謀하니 故常堅實하여 不復衰故라

기계가 완성되고 教命이 지켜지면 먼길도 마다 않게 되고, 號令이 자세하고 教命이 올바르게 시행되면 산과 강도 험난하게 여기지 않으며, 〈군주의 덕이〉 넓고 한결같고 〈그 행위가〉 순수하고 확고하면 자유자재로 움직여도 대적할 적이 없게 되고, 號令을 신중히 하고 깃발의 무늬를 자세히 하면, 공격하는 병사들이 〈아군의 도움을〉 기다리지 않는다. 권모술수가 명확하여 반드시 승리할 수 있으면 자애로운 자도 용맹스러워지고, 병기의 성능이 뛰어나면 어리석은 자도 지혜로운 자[38)]가 되며, 아군이 공격할 때 적군이 제대로 지키지 못하면 서투른 자도 재주를 발휘하게 된다.

器成教守則不遠道里①하고 **號審教施則不險山河**②하며 **博一純固則獨行而無敵**③하고 **愼號審章則其攻不待**④라 **權與明必勝則慈者勇**⑤하고 **器無方則愚者智**⑥하며 **攻不守則拙者巧**⑦라

① 器成教守則不遠道里 : 사용할 기계가 완성되고 教命이 확고하게 지켜지기 때문에 〈어디든지〉 가고자 하면 이를 수 있어 먼 길을 꺼리지 않게 된다.
器用完成하고 教命堅守니 故欲往則至하여 不憚道里之遠也라

② 號審教施則不險山河 : 號令이 자세하고 教命이 제대로 시행되면 뜨거운 물과 불 위로 나아가는 것도 주저하지 않을 것이니, 어찌 산과 강을 험난하게 여기겠는가!
號令審悉하고 教命施行하면 則赴湯火而不顧이니 豈險難於山河也라

③ 博一純固則獨行而無敵 : 군주의 덕이 넓고 한결같고 그 행위가 순수하고 확고하면, '나(군주)'를 우러러보기를 마치 時雨[39)]와 같고 '나'를 반가워하기를 마치 椒蘭(초란)[40)]과 같이 할 것이니, 누가 그런 군주를 대적할 수 있겠는가!
德博而一하고 行純而固하면 則仰我如時雨하고 歡我如椒蘭할지니 誰能敵之인져

---

37) 그 세우는……않는다 : 劉績은 "다른 판본의 주에는 '계책을 세우는 것이 실질적으로 효과가 있으므로 옛날처럼 쇠퇴하지 않게 한다.'로 되어 있다.〔別本注 立謀能有實效 不使衰故也〕"라고 하였다.

38) 지혜로운 자 : 병기를 효과적으로 사용할 수 있는 사람이라는 의미의 은유적 표현이다.

39) 時雨 : 때 맞추어 내리는 단비라는 의미이다.

40) 椒蘭(초란) : 산초나무와 난초, 즉 향기가 좋은 薰香을 가리키는데, 이는 곧 귀한 친척을 상징한다.

④ 愼號審章則其攻不待 : 號令을 신중히 하고 깃발의 무늬를 분명히 하면 공격하는 병사들이 앞다투어 선봉에 설 것이니, 어찌 뒤를 돌아보면서 〈아군의 도움을〉 기다리겠는가?
愼號令하고 審旗章하면 則攻者爭先登이니 豈顧後而相待乎아

⑤ 權與明必勝則慈者勇 : 권모술수가 명확하고 간략하여 반드시 적에게 승리할 수 있으면 자애롭고 인자한 자도 오히려 용감히 분발할 것인데, 하물며 성품이 거친 소인에게 있어서랴!
權謀明略하여 必能勝敵이면 則慈仁者도 猶致勇奮일지니 況惡少哉인져

⑥ 器無方則愚者智 : 병기의 성능이 뛰어나 대응하는 적군의 병졸들이 반드시 철저히 대비해야 할 정도이면, 어리석은 자도 그것을 익혀서 '지혜로운 자'가 될 수 있는데, 하물며 어리석지 않은 자에 있어서랴!
器用無方하여 應卒必備면 則愚者習而成智이니 況不愚乎인져

⑦ 攻不守則拙者巧 : 아군의 공격이 오묘하여 적군이 지킬 수 없으면 서투른 자도 이것을 익혀 교묘하게 활용할 것인데, 하물며 서투르지 않은 자에 있어서랴!
我攻旣妙하여 彼不能守면 則拙者習而成巧일지니 況不拙乎인져

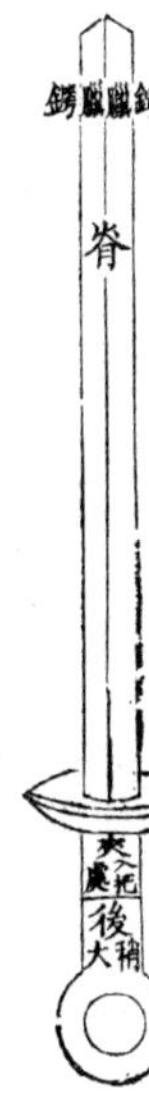

劍

병사들을 자주 움직임에 있어 十號[41]를 신중히 하고, 九章[42]을 자세히 밝히며, 十器[43]를 수선하고 익히고, 五官[44]을 잘 익히며, 三官[45]을 부지런히 닦는다. 우두머리가 되는 장수는 반드시 설정되어 있어야 하고, 계책은 반드시 먼저 정해져 있어야 한다. 천하의 우수한 재료들을 수집하고, 장인들은 우수한 무기 제조를 연구하며, 무기가 완성되면 그 성능의 우열을 시험한다. 천하의 호걸을 불러들이고 천하의 뛰어난 인재들을 거느리며, 군대

41) 十號 : 본서 〈兵法〉편에 나오는 "定一至·行二要·縱三權·施四教·發五機·設六行·論七數·守八應·審九器·章十號" 구절에서 열 번째 항목으로 '十號'라는 표현이 나온다. 그것의 구체적인 내용은 알 수 없으나, 열 가지 종류의 君號를 가리키는 것으로 보인다.

42) 九章 : 본서 〈兵法〉편에 九章이 언급된다. 그것은 9개의 신호 깃발로 日章·月章·龍章·虎章·鳥章·蛇章·鵲章·狼章·稻章 등이다.

43) 十器 : 〈兵法〉편에서는 九器로 언급된다. 弓·矢·刀·矛·劍·戟·甲·胄·盾 등의 병장기를 말한다.

44) 五官 : 〈兵法〉편에 나온다. 구체적 내용은 教其目·教其身·教其足·教其手·教其心의 5가지 훈련, 즉 5가지 신체 기관을 훈련시키는 것을 말한다.

45) 三官 : 〈兵法〉편에 나온다. 군대의 진격과 후퇴 등에서 사용하는 鼓·金·旗의 3가지 도구를 말한다.

를 움직일 때는 비바람처럼 빠르고 공격할 때는 우레와 번개처럼 신속히 한다.

數也動에 **愼十號**①하고 **明審九章**하며 **飭習十器**하고 **善習五官**하며 **謹修三官**이요 **必設常主**하고 **計必先定**②이라 **求天下之精材**③하고 **論百工之銳器**하며 **器成**에 **角試否臧**이라 **收天下之豪傑**하고 **有天下之稱材**④하며 **(說)行若風雨**[46]하고 **發如雷電**이라

① 數也動 愼十號 : 병사를 자주 움직이면 반드시 十號와 九章 등을 신중히 한다. 이것은 근거가 있으니, 그 숫자는 다른 편(〈兵法〉)에서 찾아볼 수 있다.
兵既數動이면 必愼十號九章等이라 此有因이니 其數在他篇이라

② 必設常主 計必先定 : 군대의 우두머리가 되는 장수는 반드시 일정하게 정해져 있어야 하고, 군대의 계책 또한 반드시 먼저 정해져 있어야 한다.
軍之主將은 既必有常하고 軍之計謀는 亦須先定이라

③ 求天下之精材 : '精材'는 군대의 병장기로 만들 수 있는 것이다.
精材는 可以爲軍之器用者라

④ 收天下之豪傑 有天下之稱材 : '稱材'는 재능이 그 쓰임에 합치되는 것을 의미한다.
稱材는 謂材稱其所用也라

이 글은 방위도의 중앙에 자리잡고 있다.

此는 **居於圖方中**이라

이것은 中央圖의 副圖이다.

此는 **中圖之副也**라

東方副圖

〈동쪽의〉 깃발은 청색을 숭상하고, 병기는 矛를 숭상하며, 형벌은 새벽과 밤이 교차하는 차가운 시기에 집행하여 해로움을 제거한다. 병기가 완성되면 적이 지킬

46) (說)行若風雨 : 저본에는 '說'이 있으나, 許維遹(中)의 견해에 의거하여 衍文으로 처리하였다. 허유휼은 "'說'은 앞 문자의 '銳'자로 인해 잘못 덧붙여진 글자이다. 〈兵法〉편의 '聚若時雨 分若飄風', 〈輕重甲〉편의 '動若風雨 發若雷霆', ≪淮南子≫ 〈修務〉편의 '合如雷電 解如風雨' 및 〈兵略〉편의 '卒如雷霆 疾如風雨' 등이 모두 이와 같은 어법으로 쓰였으니 그 증거가 된다."라고 하였다.(≪管子集校≫)

수 없게 되고, 〈최상의〉 용병법은 적이 알지 못하게 하는 것이며, 아군의 훈련이 드러나지 않게 하고, 적이 예상치 못한 때에 출병한다. 적이 알지 못하게 하는 용병법을 쓰므로 아무도 막을 수 없고, 예상치 못한 때에 출병하므로 아무도 대응할 수 없다. 아무도 대응할 수 없으므로 완벽하게 승리하여 〈아군의〉 피해가 없고, 아무도 막을 수 없으므로 반드시 승리하여 천하무적이 된다.

旗物尚青①하고 **兵尚矛**②하며 **刑則交寒害釱**③[47]라 **器成不守**④하고 **經不知**⑤하며 **教習不著**⑥하고 **發不意**⑦니 **經不知故莫之能**圉하고 **發不意故莫之能應**하고 **莫之能應故全勝而無害**하고 **莫之能**圉**故必勝而無敵**이라

① 旗物尚青 : 〈동쪽은〉 木氣가 주로 하므로 청색을 숭상한다.
木을 用事하니 故尚青이라

② 兵尚矛 : 봄철에 나오는 새싹의 뾰족한 모양을 본떴다.
象春物之芒銳라

③ 刑則交寒害釱 : 형벌은 새벽과 밤이 교차하는 시간에 집행한다. 이 시간은 여전히 차갑지만 봄을 주관하는 때이다. 사람이 어쩔 수 없이 형벌을 집행하기 때문에 해로움을 제거하여 금지시킨다. '釱'는 어떤 판본에는 '鈦'로 되어 있다.
其行刑戮은 則於初旦夜盡之交라 其時尚寒主春이라 人不得已而行刑하니 故離害而釱禁이라 釱은 或爲鈦이라

④ 器成不守 : 사용할 병기가 완성되면 적이 막을 수 없다.
器用旣成하면 則敵不能圉守也라

⑤ 經不知 : '經'은 '法'이다. 〈최상의〉 용병법은 적이 알 수 없게 하는 것이다.
經은 法也라 用兵之法은 敵不能知也라

⑥ 教習不著 : 아군의 훈련을 적에게 드러나지 않게 한다. '著'은 '밝게 드러나다'는 의미이다.
我之教習을 敵不能著라 著는 猶明著라

⑦ 發不意 : 군대를 출병할 때는 적이 예상치 못한 때에 행한다.
其所擧發에 出敵不意라

네 가지 機務 사항에 밝지 않으면 9일이 지나지 않아 병사들이 흩어지고 군대가 놀란다. 要路를 방어하고 지키는 것을 세밀히 하지 않으면 8일이 지나지 않아 외적이 기회를 엿본다. 〈소문이〉 생겨나는 바를 신중히 막지 않으면 7일이 지나지

47) 刑則交寒害釱 : 劉績은 "'釱'는 사람의 발에 차꼬를 채우는 것을 말한다. 아마도 〈'害釱'〉는 '轄釱'로 고쳐야 할 것 같다.〔釱 鉗械人足也 恐當作轄釱〕"라고 하였다.

않아 내부에서 참소하는 음모의 말이 생겨나게 된다. 常道를 어기는 것을 금지하지 않으면 6일이 지나지 않아 도둑들이 일어나게 된다. 죽은 자들이 〈제사〉 음식을 먹지 못하면 4일이 지나지 않아 군용 물자들이 적의 수중으로 넘어가게 된다.

四機不明이면 **不過九日而游兵驚軍**①하고 **障塞不審**이면 **不過八日而外賊得間**②하고 **由守不愼**이 **不過七日而內有讒謀**③하고 **詭禁不修**면 **不過六日而竊盜者起**④하고 **死亡不食**이면 **不過四日而軍財在敵**⑤이라

① 四機不明 不過九日而游兵驚軍 : '네 가지 機務'는 위에서 언급된 '〈병기가 완성되면〉 적이 지키지 못함', '〈최상의 용병법은〉 적이 알지 못하게 하는 것', '〈아군의 훈련이〉 드러나지 않게 함', '적이 예상치 못한 때에 출병함'이다.
四機는 卽上不守不知不著不意也라

② 障塞不審 不過八日而外賊得間 : '障塞'은 要路를 방어하고 지키는 것이다.
障塞者는 所以防守要路也라

③ 由守不愼 不過七日而內有讒謀 : '由守'는 〈소문이〉 생겨나는 바를 막는 것을 말한다.
由守는 所由而防守者라

④ 詭禁不修 不過六日而竊盜者起 : '詭禁'은 常道를 어기는 것을 금지하는 것이다.
詭禁은 所以禁詭常也라

⑤ 死亡不食 不過四日而軍財在敵 : 죽은 자들이 〈제사〉 음식을 먹지 못하면 그 귀신들은 반드시 원망하고 노여워한다. 그러므로 군용 물자가 적의 수중에 넘어가게 된다.
死亡者不享食하면 鬼神必怨怒이니 故軍財在敵이라

이 글은 방위도의 동쪽 바깥에 자리잡고 있다.

此는 **居於圖東方方外**라

이 글은 동방도의 副圖이다.

此는 **東圖之副也**라

南方副圖

〈남쪽의〉 깃발은 붉은색을 숭상하고, 병기는 戟을 숭상하며, 형벌은 변두리에서 불태운다. 반드시 명령을 단일화하고, 반드시 적군의 장수에 대해 밝게 알며, 반드

시 적국의 정치 상황에 대해 밝게 알고, 반드시 적국의 병사에 대해 밝게 알아야 한다. 이 네 가지가 갖추어지면 '다스림'으로 '혼란'을 공격하고 '성공'으로 '실패'를 공격하는 형태가 된다.

旗物尙赤①하고 **兵尙戟**②이요 **刑則燒交疆郊**③라 **必明其一**④하고 **必明其將**하며 **必明其政**하고 **必明其士**니 **四者備則以治擊亂**하고 **以成擊敗**라

① 旗物尙赤 : 〈남쪽은〉 火氣를 위주로 하므로 붉은색을 숭상한다.
火用事이니 故尙赤이라
② 兵尙戟 : 위로 빽빽하게 치솟는 여름철 식물의 모습을 본떴다.
象夏物之森聳이라
③ 刑則燒交疆郊 : 그 형벌은 변두리에서 불태운다.
其用刑은 則於疆郊焚燒而交也라
④ 必明其一 : '一'은 명령을 단일화시키는 것을 말한다.
一은 謂號令不二라

자주 전쟁하면 병사들이 피곤하고, 자주 승리하면 군주가 교만해진다. 교만한 군주가 피로한 백성을 부리면 나라가 위태로워진다. 최선책은 전쟁하지 않는 것이고, 차선책은 명령체계를 통일하는 것이다. 大勝은 여러 승리들이 쌓인 것이니, 승리하되 의롭지 않은 전쟁이 없을 때라야 대승이라 할 수 있다. 대승은 이기지 못하는 전쟁이 없는 것이다.

數戰則士疲하고 **數勝則君驕**니라 **驕君使疲民則危國**이라 **至善**은 **不戰**①이요 **其次**는 **一之**②니라 **大勝者**는 **積衆**③이니 **勝而無非義者焉可以爲大勝**④이라 **大勝**은 **無不勝也**라

① 至善 不戰 : 최선의 용병은 오직 전쟁하지 않는 것이다!
用兵之善者는 其唯不戰乎인저
② 其次 一之 : 차선의 용병은 전쟁을 하더라도 명령체계를 하나로 통일하는 것이다.
其次善者는 雖戰而號令一이라
③ 大勝者 積衆 : 여러 승리들이 쌓인 이후에 대승이라 할 수 있다.
積衆然後에 可以大勝이라
④ 勝而無非義者焉可以爲大勝 : 승리하는 까닭은 모두 크게 의롭기 때문이다. 그러므로 대승을 이룰 수 있는 것이다.
所以勝은 皆大義이니 故成大勝也라

이 글은 방위도의 남쪽 바깥에 자리잡고 있다.

此는 **居於圖南方方外**라

이것은 남방도의 副圖이다.

此는 **南圖之副也**라

西方副圖

〈서쪽의〉 깃발은 흰색을 숭상하고, 병기는 劍을 숭상하며, 형벌은 〈가을 절기가 낮에서〉 밤으로 이어진다는 현상을 본받아 신체를 단절한다. 〈군대를 출병할 때는〉 단서를 보이지 않고, 〈군대를 철수시킬 때는〉 후미를 노출시키지 않는다. 단서가 보이지 않는 것은 '道'이고, 후미를 노출시키지 않는 것은 '德'이다. 도는 헤아릴 수 없고 덕은 계산할 수 없다. 헤아릴 수 없으면 여러 강대국들이 도모할 수 없고, 계산할 수 없으면 속임수를 쓰는 자들이 감히 대적하지 못한다. 이러한 도와 덕을 갖추어 시행하면 움직이거나 머무르거나 항상 공을 세우게 된다.

旗物尚白①하고 **兵尚劍**②이요 **刑**은 **則紹昧斷絶**③이라 **始乎無端**하고 **卒乎無窮**이니 **始乎無端**은 **道也**요 **卒乎無窮**은 **德也**라 **道不可量**이요 **德不可數**니 **不可量則衆强不能圖**하고 **不可數則爲詐不敢鄉**이라 **兩者備施**④면 **動靜有功**이라

① 旗物尚白 : 〈서쪽은〉 金氣가 주도하므로 흰색을 숭상한다.
金用事하니 故尚白이라

② 兵尚劍 : 金의 날카로운 성질을 본떴다.
象金性之利也라

③ 刑 則紹昧斷絶 : 그 형벌은 〈가을 절기가〉 낮에서 밤으로 이어진다는 현상을 본받아, 신체를 절단해 죽인다.
其用刑은 則繼晝之昧하여 斷絶而戮之也라

④ 兩者備施 : '두 가지'는 '도'와 '덕'을 말한다.
兩者는 謂道德也라

道로 기르고 德으로 양육한다. 도로 기르면 백성들이 화목하고, 덕으로 양육하

면 백성들이 화합하게 된다. 백성들이 화목하고 화합하면 일을 잘 익힐 수 있고, 일을 잘 익힐 수 있으면 한마음으로 일을 행하게 된다. 모두 다 한마음으로 일을 행하고 익히면 아무도 해칠 수 없다.

畜之以道하고 **養之以德**이니 **畜之以道則民和**하고 **養之以德則民合**이라 **和合故能習**하고 **習故能偕**①라 **偕習以悉**②하면 **莫之能傷也**라

① 習故能偕 : '諧'는 함께 일을 행한다는 의미이다.
諧는 謂同爲其事라
② 偕習以悉 : '悉'은 '모두'이다.
悉은 盡也라

이 글은 방위도의 서쪽 바깥에 자리잡고 있다.

此는 **居於圖西方方外**라

이 글은 서방도의 副圖이다.

此는 **西圖之副也**라

北方副圖

〈북쪽의〉 깃발은 흑색을 숭상하고, 병기는 방패를 숭상하며, 형벌은 흐르는 물에 빠뜨려 익사시키는 것이다.

旗物尙黑①하고 **兵尙脅盾**②이요 **刑則游仰灌流**③[48]라

① 旗物尙黑 : 〈북쪽은〉 水氣가 주도하므로 흑색을 숭상한다.
水用事하니 故尙黑이라
② 兵尙脅盾 : 〈겨울철에〉 사물들이 닫히는 현상을 본떴다. 방패는 혹 옆구리에 끼기도

48) 刑則游仰灌流 : 許維遹(中)은 "'仰'은 '休'의 오자인 듯하다. ≪설문해자≫에 '休은 沒이다. 溺과 같은 의미의 글자이다.'라고 하였다. 이 때는 水가 작용하므로 水刑을 사용하는 것이다. 尹知章(房玄齡)의 주에는 '仰藥死'라고 되어 있는데 옳지 않다."라고 하였다.(≪管子集校≫) 역자는 허유율의 견해에 의거하여 해석하였다.

하므로 '脅盾'이라 말한다.
象時物之閉라 盾은 或署之於脅하니 故曰脅盾이라

③ 刑則游仰灌流 : 그 형벌은 물에 빠뜨려 독약을 먹여 죽이고, 그런 다음 곧 흐르는 물에 던져 버리는 것이다.
其用刑은 則流縱之所使仰藥[49]死하고 而旣乃投之於灌流라

용병의 술수에 밝으면 군대를 다스릴 줄 알게 되고, 병기의 성능을 살피면 승리할 방법을 찾게 되며, 계책에 밝으면 적에게 승리하게 되고, 널리 덕을 통하게 하면 천하가 안정된다. 종묘가 안정되면 남녀가 길러지고, 〈사농공상〉 네 방면으로 관직을 나누어 설정하면 위엄이 서고 덕이 행해진다. 〈그 결과〉 법도와 의례를 제정하여 명령을 내릴 수 있다.

察數而知治하고 **審器而識勝**하며 **明謀而適勝**하고 **通德而天下定**이라 **定宗廟**하면 **育男女**①하고 **官四分則可以立威行德**이니 **制法儀**하여 **出號令**②이라

① 定宗廟 育男女 : 종묘가 보존되면 남녀가 길러진다.
宗廟存하면 則男女育也라

② 制法儀 出號令 : 인재를 선택하여 관직을 수여할 때 네 방면으로 나누어 설정한다.
擇才授官에 四面分設이라

최상의 용병은 영토를 얻고자 하는 것이 아니라, 〈적국의〉 백성을 벌하고 그 군주를 바로잡는 것이다. 義를 세운 후 승리를 더하고, 위엄을 지극히 한 후 德으로 채우고, 〈순리에 따라 적국을〉 지킨 이후에 법과 제도를 정비하면, 승리의 마음이 천하를 불태우게 된다. 백성들이 이롭게 여기는 것을 세워주고 해롭게 여기는 것을 제거해주면 백성들이 따르게 된다. 〈천자의 직할지로부터〉 6천리 영역에 제후들을 세워주면 〈천자의 三公이나 四輔와 같은〉 大人들이 따르게 된다. 동맹한 제후들이 자기 나라들을 잘 다스릴 수 있게 하면 제후들이 복종하게 된다. 하늘에 〈제사를 지내어〉 天命을 요청하면 땅은 기운이 조화롭게 되고, 그 결과 생물들이 〈이러한 조화로운 기운을〉 따르게 된다.

至善之爲兵也는 **非地是求也**요 **罰人是君也**①[50]라 **立義而加之以勝**하고 **至威而實之以德**하며 **守**

49) 仰藥 : '독약을 먹다'는 의미이다.

之而後修면 **勝心焚海內**② 요 **民之所利立之**하고 **所害除之則民人從**③하고 **立爲六千里之侯則大人從**④하고 **使國君得其治則人君從會**⑤하고 **請命於天**하고 **地知氣和則生物從**⑥이라

① 至善之爲兵也……罰人是君也 : 최상의 용병은 그 나라 영토를 얻고자 하는 것이 아니고, 벌할 만한 사람을 다스리기 위한 것이다. 紂나 桀과 같은 사람은 집집마다 누구나 죽일 수 있다.

至善之兵은 不求其地이고 所以君可罰人이라 若紂桀之人은 比屋可誅也라

② 立義而加之以勝……勝心焚海內 : 이미 적국을 얻었으면 순리에 따라 지키고, 그런 다음에 그 나라의 법과 제도를 정비한다. 이와같이 하면 승리하고자 하는 강한 마음이 천하를 불태울 수 있다.

既獲敵人之國이면 順而守之하고 然後修其法制라 如此면 則强勝之心可以焚灼於海內라

③ 民之所利立之 所害除之則民人從 : 이롭게 여기는 것을 세워주고 해롭게 여기는 것을 제거해 주면 사람들이 따르게 된다.

立利除害면 則人從也라

④ 立爲六千里之侯則大人從 : 아홉 차례의 會盟한 이후 천자가 명령을 내려 侯와 伯을 세웠으니, 각각 3천리 씩 거리를 두고 대면하게 하여 사방에 서로 6천리의 거리를 두게 되었다.[51] '대인'은 천자의 三公과 四輔를 가리킨다.

既九會之後에 天子加命하여 立爲侯伯하니 面各三千里하여 四方相距六千里라 大人은 謂天子의 三公四輔也라

⑤ 使國君得其治則人君從會 : '國君'은 천하의 동맹한 제후들을 말한다.

國君은 謂天下同盟諸侯라

---

50) 非地是求也 罰人是君也 : '罰人是君也'의 의미가 명확하지 않다. 때문에 이 구절의 해석을 둘러싸고 여러 의견들이 제시되었다. 豬飼彦博(日)은 "'罰人是君也'를 '人是罰也'로 고쳐야 한다."라고 하였는데, 이렇게 고치면 앞의 '非地是求也'와 대구를 이루게 된다. 許維遹(中)은 "'是'는 '之'와 같다. '罰人是君'은 '罰民之君'이라는 말과 같다. 尹知章의 주(房玄齡의 주)에는 '所以君可罰人'으로 되어 있는데 오류가 심하다."라고 하였다. 張佩綸(中)은 "'罰'은 '非'로 고쳐야 한다. '그 나라 영토를 구하고자 함이 아니라, 그 나라 백성들을 바르게 이끌기 위함이다.'라는 의미이다."라고 하였다. 郭沫若(中)은 "'罰人是君'은 '罪人是問'의 오자다. 이른바 백성을 조문하고 죄인을 벌한다는 의미이다."라고 하였다. 한편 黎翔鳳(中)은 여러 고전문헌들에 쓰인 용례들을 들어 '罰人是君也'에서 '罰'은 '伐'로 '是'는 '正'의 의미로 해석할 수 있다는 점을 입증한다. 그리고 '人'은 본래 '民'이었는데 唐 太宗 李世民을 忌諱하기 위해 고친 글자로 본다. 이 경우 '罰人是君也'는 '그 나라의 백성을 정벌하고 그 나라 군주를 바로 잡는다〔伐其民而正其君也〕'의 의미로 해석할 수 있게 된다. 역자는 黎翔鳳의 견해에 의거하여 해석하였다.

51) 아홉……되었다 : 周代의 봉건제도에 의하면, 중앙에 천자가 직접 통치하는 영역이 있고, 거기서부터 3천리까지는 侯를 封하고, 거기서 다시 3천리 밖으로는 伯을 封하게 되어 있다. 이렇게 되면 중앙 직할지로부터 천하는 6천리의 거리를 두고 여러 侯와 伯들이 포진하게 된다.

⑥ 請命於天 地知氣和則生物從 : 천지의 귀신들에게 제사 지내어 귀신들로 하여금 덕이 합치되게 하면 사계절의 기운이 조화롭게 됨을 알 수 있으니, 그 결과 생물들이 이러한 조화로운 기운을 따르게 된다는 의미이다.
謂郊祀天地神祇하여 使之合德하면 則四氣和可知이니 故生物從之라

급하게 처리해야 할 일과 천천히 처리해야 할 일에 대한 계산이 서 있으면, 〈급하게 처리해야 할 일에서의〉 위험과 〈천천히 처리해야 할 일에서의〉 위험에서 어려울 게 없게 된다. 무기의 이로움에 밝으면 어려운 일을 당해도 흔들리지 않게 된다. 선후의 이치를 잘 살피면 출병하여도 곤란함을 겪지 않게 된다. 나아가고 물러나는 정도에 통달하면 〈적진에〉 깊이 들어가도 위태롭지 않게 된다. 움직일 때와 멈출 때를 잘 살피면 공을 얻어도 해롭지 않게 된다. 취할 때와 줄 때의 구분에 밝으면 땅을 얻어도 집착하지 않게 된다. 명령을 내리는 일을 신중히 관리하면 일을 추진하면 공을 얻게 된다.

計緩急之事則危危而無難①하고 **明於器械之利則涉難而不變**하고 **察於先後之理則兵出而不困**하고 **通於出入之度則深入而不危**하고 **審於動靜之務則功得而無害也**하고 **著於取與之分則得地而不執**②하고 **慎於號令之官則擧事而有功**이라

① 計緩急之事則危危而無難 : 완급을 조절해야 할 일에 대한 계산이 이미 모두 정해져 있으면, 두 가지 상황에서 일어날 수 있는 위험은 어려울 것이 없다. 완급을 조절해야 할 일은 모두 〈각기〉 위험할 수 있는 이유가 있다. 그러므로 '위험과 위험'이라고 말한 것이다.[52]
緩急之事에 皆已計定하면 則二者之危無所難이라 緩急之事는 皆有可危之理이니 故曰危危라
② 著於取與之分則得地而不執 : 아끼고 집착하지 않는다는 의미이다.
謂不悋執이라

이 글은 방위도의 북쪽 바깥에 자리잡고 있다.

此는 **居於圖北方方外**라

이 글은 북방도의 副圖이다.

此는 **北圖之副也**라

---

52) 완급을……것이다 : 劉績은 "다른 판본의 註에는, '급하게 처리해야 할 일과 천천히 처리해야 할 일이 이미 정해져 있으면, 계책이 비록 위험해도 그 위험을 처리함에 있어 끝내 어려움이 없다.'로 되어 있다.〔別本註 緩急之事 已有定 計雖危 其司危 終無所難也〕"라고 하였다.

제9편 유관도 幼官圖

경언 9 經言 九

*본 〈幼官圖〉는 비록 글의 순서는 일정한 차이가 있지만, 바로 앞의 〈幼官〉과 내용이 거의 동일하다. 본래는 〈유관〉의 도판이었는데 도판은 사라지고 해설문만 남은 결과라고 한다. 郭沫若은 명칭을 〈玄宮圖〉가 되어야 한다고 주장하면서, 그의 ≪管子集校≫에서 '현궁도'를 새롭게 만들어 첨부하기도 하였다.

中央本圖

한밤중 텅 빈 고요한 시간에 고요한 상태를 유지하면서 사람과 사물을 살필 것이니, 이때는 사람과 사물이 한가하다.

土氣가 조화를 이루는 시절에 군주는 황색 옷을 입고, 단 음식을 먹으며, 宮調의 음악을 듣고, 和氣를 다스리며, 늦여름의 규칙을 사용하고, 중앙의 우물에서 물을 길어 마시며, 중앙의 불로 밥을 짓고, 온화하고 너그러운 마음을 지니며, 짐승들을 쫓아 곡식을 기르고, 기운을 평온하게 하여 잘 통하게 한다. 〈이처럼 土氣가 왕성한 시기에〉 모든 사물들은 그 기운을 열어주고 안정시키면 형체가 스스로 생겨나 자라나고, 일정한 이치를 따르기만 하면 〈자연으로부터 부여받은〉 수명에 이르게 된다.

若因夜虛에 **守靜人物**이니 **人物則皇**이라 **五和時節**에 **君服黃色**하고 **味甘味**하며 **聽宮聲**하고 **治和氣**하며 **用五數**하고 **飮於黃后之井**하며 **以倮獸之火爨**하고 **藏溫濡**하며 **行敺養**하고 **坦氣修通**이라 **凡物開靜**하면 **形生理**하고 **常**이면 **至命**이라

어진이를 존중하고 덕 있는 자에게 〈직위를〉 주면 帝가 되고, 몸소 仁을 실천하고 義를 행하며 忠을 실행하고 信을 사용하면 王이 되며, 계책을 살피고 예를 밝히며 병사를 선발하고 무기를 날카롭게 하면 覇가 된다. 산 사람을 안정시키고 죽은 시신을 잘 처리해 주며 어진이를 공경하고 백성들의 기본 편제를 잘 정비하면 나

라의 인구가 많아지고, 공 있는 자에게는 반드시 상을 주고 벌을 줄 때는 신중히 살피며 재주 있는 자에게 벼슬을 주고 능력 있는 자에게 녹을 주면 나라가 강해지며, 총 세입과 세출을 계산하고 〈한 해가 끝날 때〉 남은 재물을 뒷사람에게 넘겨주며 근본에 힘쓰고 말단을 억제하면 나라가 부유해지고, 법을 밝히고 계책을 살피며 五常을 세우고 능력 있는 자를 갖추면 나라가 잘 다스려지며, 같고 다른 여러 관직들을 잘 나누면 나라가 안정된다.

尊賢授德則帝이요 **身仁行義服忠用信則王**이요 **審謀章禮**하고 **選士利械則霸**라 **定生處死**하고 **謹賢修伍則眾**이요 **信賞審罰**하고 **爵材祿能則强**이요 **計凡付終**하고 **務本飾末則富**요 **明法審數**하고 **立常備能則治**요 **同異分官則安**이라

백성은 道로 통하게 하고 은혜로 기르며, 仁으로 친하게 하고 義로 기르며, 德으로 보답하게 하고 믿음으로 관계를 맺으며, 禮로써 상대하고 음악으로 조화시키며, 일로 기약하게 하고 말을 살펴보며, 힘으로 분발시키고 정성으로 위엄을 세운다.

通之以道하고 **畜之以惠**하며 **親之以仁**하고 **養之以義**하며 **報之以德**하고 **結之以信**하며 **接之以禮**하고 **和之以樂**하며 **期之以事**하고 **(攻)〔攷〕之以言**[1)]하며 **發之以力**하고 **威之以誠**이라

〈제후들의 會盟을〉 한번 거행하니 위아래가 예를 최대로 갖추었고, 두 번 거행하니 백성들 중 따르지 않는 자가 없었으며, 세 번 거행하니 토지가 개간되고 제후들간의 맹약이 폐기되었고, 네 번 거행하니 농민들이 편안하고 곡식이 풍족해졌으며, 다섯 번 거행하니 〈백성들의〉 부역이 가벼워졌고 세금은 9분의 1만 내었고, 여섯 번 거행하니 일의 변화를 미리 예측할 수 있었으며, 일곱 번 거행하니 齊나라와 제후들이 협력하여 서로 쓰임이 되었고, 여덟 번 거행하니 믿음이 행해져 위엄이 서게 되었으며, 아홉 번 거행하니 제왕의 사업이 이루어졌다.

一擧而上下得終하고 **再擧而民無不從**하며 **三擧而地辟散成**하고 **四擧而農佚粟十**하며 **五擧而**

---

1) (攻)〔攷〕之以言 : 저본에는 '攻之以言'으로 되어 있으나, 戴望(淸)이 "'攻'은 다른 판본에 따라 '攷'로 고쳐야 한다. '攻'은 '攷'자의 誤字이다."라고 한 것에 의거하여 바로잡았다.(≪管子校正≫) 安井衡(日) 또한 "古本에는 '攻'이 '攷'로 되어 있다."라고 하였다.(≪管子纂詁≫) 참고로, 앞의 〈幼官〉에는 '攻之以官'으로 되어 있다.

務輕金九하고 **六擧而絜知事變**하며 **七擧而內外爲用**하고 **八擧而勝行威立**하며 **九擧而帝事成形**이라

아홉 가지 근본은 그 미치는 영향이 강하고 크니, 군주가 지켜야 할 바다. 여덟 가지 구분은 각자 담당해야 할 영역이 있으니 卿大夫와 宰相이 지켜야 할 바다. 일곱 가지 승리하는 법은 군대의 위엄을 갖추는 것이니 장군이 지켜야 할 바다. 여섯 가지 벼리〔紀〕는 〈자기 자신을〉 엄밀히 살피는 것이니 賢人이 지켜야 할 바다. 다섯 가지 벼리는 게을리해서는 안 되는 것이니 서민이 지켜야 할 바다. 〈이상의 사항들을 잘 지키면〉 군주가 움직이면 따르지 않는 사람이 없게 되고, 고요히 머물면 하나가 되지 않는 사람이 없게 된다.

九本搏大하니 **人主之守也**요 **八分有職**이니 **卿相之守也**요 **七(官飾)**[2] **勝備威**이니 **將軍之守也**요 **六紀審密**이니 **賢人之守也**요 **五紀不解**이니 **庶人之守也**니 **動而無不從**하고 **靜而無不同**이라

다스려지거나 어지러워지게 되는 근본은 셋이고, 존귀한 자와 비천한 자 사이의 교제 방식은 넷이며, 부유하게 되거나 가난하게 되는 궁극적 이치는 다섯이고, 흥성하게 되거나 쇠퇴하게 되는 벼리는 여섯이며, 안전하게 되거나 위태롭게 되는 기미는 일곱이고, 강대국과 약소국 사이의 응대 방식은 여덟이며, 보존되거나 망하게 되는 度數는 아홉이다. 이들 방법을 잘 익힌 이후 이것을 대중을 모으는 '무리 부서'와 뭇 국가 비용을 담당하는 '재물 부서'에 각각 전한다. 〈그러면〉 그들은 살육함으로써 재물을 모으거나 권유함으로써 무리들을 모을 것이니, 이 두 부서가 각자 자기들의 名籍의 근본을 갖추게 한다. 善을 일으킬 때는 반드시 〈상에 합당한지 아닌지를〉 세밀하게 살피고, 위엄을 집행할 때는 반드시 그 형벌에 합당한 죄인지 아닌지를 밝힌다.

治亂之本三이요 **卑尊之交四**요 **富貧之終五**요 **盛衰之紀六**이요 **安危之機七**이요 **强弱之應八**이요 **存亡之數九**라 **練之以散群傰署**하고 **凡數財署**라 **殺僇以聚財**하거나 **勸勉以選衆**일지니 **使二分具本**이라 **發善**에 **必審於密**하고 **執威**에 **必明於中**이라

---

2) 官飾 : '官飾' 두 글자는 앞의 〈幼官〉에서와 마찬가지로 衍文으로 처리하였다.

이 글은 방위도의 중앙에 자리잡고 있다.

此는 居圖方中이라

이상은 中方의 本圖이다.

右는 中方本圖라

中央副圖

반드시 文德의 위엄을 지니고 무예를 지닌 관리를 얻어서, 그와 더불어 병사를 연습시키면 승리한다. 올바름에 힘써 그에 말미암으면 승리한다. 끝까지 〈그 계책이〉 종잡을 수 없으면 승리한다. 義를 행함에 가까우면 승리한다. 名과 實을 잘 다스리면 승리한다. 〈패배한 적으로부터 얻은 물건을〉 서둘러 나누어 주면 승리한다. 功의 유무를 살피는 일을 잘 하면 승리한다. 군대를 움직일 때 〈공격 전투에 필요한〉 도구를 잘 갖추면 승리한다. 〈계책의〉 근원을 찾아도 형상이 없으면 승리한다.

必得文威武官하여 習하면 勝之요 務時因하면 勝之요 終無方하면 勝之요 幾行義하면 勝之요 理名實하면 勝之요 急時分하면 勝之요 事察伐하면 勝之요 行備具하면 勝之요 原無象하면 勝之라

〈군대를 부리는〉 근본이 정해지고 절대적인 위엄을 갖추면 승리하고, 〈군대의〉 비용 계산을 명확히 하면 승리하며, 〈적에 대한 정보가〉 명확하면 승리하고, 병사들의 선발을 명확히 하면 승리하며, 봉록의 체제를 명확히 하면 승리하고, 타 지역에서의 사용을 명확히 하면 승리하며, 생사의 문제를 명확히 하면 승리하고, 성공과 실패를 명확히 하면 승리하며, 의존하는 기이한 책략을 명확히 하면 승리하고, 허실을 명확히 하면 승리하며, 성쇠를 명확히 하면 승리한다.

本定獨威하면 勝이요 定計財면 勝이요 定聞知면 勝이요 定選士면 勝이요 定制祿이면 勝이요 定方用하면 勝이요 定綸理이면 勝이요 定死生이면 勝이요 定成敗면 勝이요 定依奇면 勝이요 定實虛이면 勝이요 定盛衰면 勝이라

병기를 발동함에 있어 진실로 그 핵심을 얻으면 적이 예측하지 못한다. 용병이 편리하고 지극히 정성스러우면 적이 저항하지 못한다. 〈忠義를 행한 병사의〉 이름을 밝히고 〈공로를 세운〉 사실을 드러내면 병사들이 절개를 위해 목숨을 바친다. 기이한 계책을 적이 예상치 못한 방식으로 발휘하면 병사들은 기꺼이 〈그 계책에〉 쓰이고자 한다. 물자를 교류할 때 그 지역에 있는 것으로 말미암으면 무기가 충분히 갖추어진다. 〈병사들이〉 할 수 있고 이롭게 여기는 바에 말미암아 갖추게 하면 구하는 것을 반드시 얻게 된다. 〈경영하는 바의〉 업무를 장악하고 〈행하는 바의〉 근본을 밝히면 병사들이 구차스러워하지 않는다. 갖추는 바에 일정함이 없으면 적을 대응할 방법이 없다.

擧機誠要則敵不量이요 **用利至誠則敵不校**요 **明名章實則士死節**이요 **奇擧發不意則士歡用**이요 **交物因方則械器備**요 **因能利備則求必得**이요 **執務明本則士不偷**니 **備具無常**이면 **無方應也**라

심원한 것을 듣기 때문에 지극한 이치를 들을 수 있고, 새로운 것을 보기 때문에 아직 드러나지 않은 것을 볼 수 있으며, 심원한 것을 생각하기 때문에 아직 시작되지 않은 것을 알 수 있고, 떨치고 일어나는 것이 놀랄만하기 때문에 적은 미처 헤아릴 수 없으며, 움직임이 매우 창성하기 때문에 적의 보물을 얻을 수 있고, 심원한 계책을 세우기 때문에 견실하여 다시 옛날의 쇠약함으로 돌아가지 않는다.

聽於鈔故能聞無極[3]이요 **視於新故能見未形**이요 **思於濬故能知未始**요 **發於驚故能至無量**이요 **動於昌故能得其寶**요 **立於謀故能實不可故也**라

기계가 완성되고 敎令이 지켜지면 먼길도 마다 않게 되고, 號令이 자세하고 敎命이 올바르게 시행되면 산과 강도 험난하게 여기지 않으며, 〈군주의 덕이〉 넓고 한결같고 〈그 행위가〉 순수하고 확고하면 자유자재로 움직여도 대적할 적이 없게 되고, 號令을 신중히 하고 깃발의 무늬를 자세히 하면, 공격하는 병사들이 〈아군의 도움을〉 기다리지 않는다. 권모술수가 명확하여 반드시 승리할 수 있으면 자애로운 자도 용맹스러워지고, 병기의 성능이 뛰어나면 어리석은 자도 지혜로운 자가

3) 無極 : 앞의 〈幼官〉에는 '未極'으로 되어 있다.

되며, 아군이 공격할 때 적군이 제대로 지키지 못하면 서투른 자도 재주를 발휘하게 된다.

器成敎守則不遠道里하고 **號審敎施則不險山河**하며 **博一純固則獨行而無敵**하고 **愼號審章則其攻不待**라 **權與明必勝則慈者勇**하고 **器無方則愚者智**하며 **攻不守則拙者巧**라

병사들을 자주 움직임에 있어 十號를 신중히 하고, 九章을 자세히 밝히며, 十器를 수선하고 익히고, 五官을 잘 익히며, 三官을 부지런히 닦는다. 우두머리가 되는 장수는 반드시 설정되어 있어야 하고, 계책은 반드시 먼저 정해져 있어야 한다. 천하의 우수한 재료들을 수집하고, 장인들은 우수한 무기 제조를 연구하며, 무기가 완성되면 그 성능의 우열을 시험한다. 천하의 호걸을 불러들이고 천하의 뛰어난 인재들을 거느리며, 군대를 움직일 때는 비바람처럼 빠르고 공격할 때는 우레와 번개처럼 신속하게 한다.

數也動에 **愼十號**하고 **明審九章**하며 **飭習十器**하고 **善習五官**하며 **謹修三官**이라 **必設常主**하고 **計必先定**이니 **求天下之精材**하고 **論百工之銳器**하며 **器成角試否臧**이라 **收天下之豪傑**하고 **有天下之稱材**하며 **(說)行若風雨**[4]하고 **發如雷電**이라

이 글은 방위도의 중앙에 자리잡고 있다.

此는 **居於圖方中**이라

이상은 中方의 副圖이다.

右는 **中方副圖**라

東方本圖

봄에 겨울의 政令을 시행하면 날씨가 차가워지고, 가을의 정령을 시행하면 우레가 치며, 여름의 정령을 시행하면 〈음기가〉 가려지게 된다. 입춘으로부터 12일이

4) (說)行若風雨 : '說'은 앞의 〈幼官〉에서와 마찬가지로 衍文으로 처리하였다.

지난 地氣發에는 봄에 할 일을 고시한다. 12일 후 小卯에는 밭갈이를 시작한다. 12일 후 天氣下에는 〈농사일에 참여한 신하들에게〉 술과 음식을 베푼다. 12일 후 義氣至에는 마을의 대문을 수리한다. 12일 후 淸明에는 〈어린 생물과 새끼 밴 짐승을 죽이지 말라는〉 禁令을 내린다. 12일 후 始卯에는 남녀를 결혼시킨다. 12일 후 中卯, 그리고 다시 12일 후 下卯에도 始卯에서와 같은 일을 행하게 한다.

春에 **行冬政肅**하고 **行秋政雷**하며 **行夏政則闇**이라 **十二地氣發**에 **戒春事**하고 **十二小卯**에 **出耕**이라 **十二天氣下**에 **賜與**하고 **十二義氣至**에 **修門閭**라 **十二淸明**에 **發禁**하고 **十二始卯**에 **合男女**이니 **十二中卯**와 **十二下卯**는 **三卯同事**라

木의 기운이 일어나는 계절인 봄에 군주는 청색 옷을 입고 신 음식을 먹으며, 角調의 음악을 듣고 건조한 기운을 다스리며, 봄의 政令을 사용하고 동쪽에 있는 우물에서 물을 길어 먹으며, 남방의 불로 밥을 짓고 은혜로운 마음을 지니며, 짐승들을 쫓아 곡식을 기르고, 기운을 평온하게 하여 잘 통하게 한다. 무릇 사물들은 그 기운을 열어주고 안정시키면 형체가 스스로 생겨나고, 이치가 내면에 모이면 그것이 밖으로 드러난다.

八擧時節에 **君服靑色**하고 **味酸味**하며 **聽角聲**하고 **治燥氣**하며 **用八數**하고 **飮於靑後之井**하며 **以羽獸之火爨**하고 **藏不忍**하며 **行敺養**하고 **坦氣修通**이라 **凡物開靜**이면 **形生理**하고 **合內**면 **空周外**라

강한 나라는 울타리가 되고 약한 나라는 그 안으로 服屬해 들어간다. 〈이와 같으므로 강한 나라가〉 움직이면 〈약한 나라는〉 따르지 않는 경우가 없고, 〈강한 나라가〉 조용히 머물면 〈약한 나라는〉 모두 그와 같이 조용히 머물게 된다. 〈강한 나라가〉 움직일 때는 예에 근거하고, 이때 예는 반드시 그 마땅함을 얻는다. 〈이웃나라가〉 점차 우호적이지 않게 되면 귀천의 지위를 보존할 수 없게 되고, 〈그렇게 되면〉 머지않아 변고가 생기게 된다.

强國爲圈이요 **弱國爲屬**이니 **動而無不從**하고 **靜而無不同**이라 **擧發以禮**하고 **時禮必得**이라 **和好不基**하면 **貴賤無司**하고 **事變日至**라

이글은 방위도의 동쪽 바깥에 자리잡고 있다.

此는 居於圖東方之外라

이상은 東方의 本圖다.

右는 東方本圖라

東方副圖

〈동쪽의〉 깃발은 청색을 숭상하고, 병기는 矛를 숭상하며, 형벌은 새벽과 밤이 교차하는 차가운 시기에 집행하여 해로움을 제거한다. 병기가 완성되면 적이 지킬 수 없게 되고, 〈최상의〉 용병법은 적이 알지 못하게 하는 것이며, 아군의 훈련이 드러나지 않게 하고, 적이 예상치 못한 때에 출병한다. 적이 알지 못하게 하는 용병법을 쓰므로 아무도 막을 수 없고, 예상치 못한 때에 출병하므로 아무도 대응할 수 없다. 아무도 대응할 수 없으므로 완벽하게 승리하여 〈아군의〉 피해가 없고, 아무도 막을 수 없으므로 반드시 승리하여 천하무적이 된다.

旗物尙靑하고 兵尙矛하며 刑則交寒害釱라 器成不守하고 經不知하며 敎習不著하고 發不意라 經不知故莫之能圉하고 發不意故莫之能應이니 莫之能應故全勝而無害하고 莫之能圉故必勝而無敵이라

矛

네 가지 機務 사항에 밝지 않으면 9일이 지나지 않아 병사들이 흩어지고 군대가 놀란다. 要路를 방어하고 지키는 것을 세밀히 하지 않으면 8일이 지나지 않아 외적이 기회를 엿본다. 〈소문이〉 생겨나는 바를 신중히 막지 않으면 7일이 지나지 않아 내부에서 참소하는 음모의 말이 생겨나게 된다. 常道를 어기는 것을 금지하지 않으면 6일이 지나지 않아 도둑들이 일어나게 된다. 죽은 자들이 〈제사〉 음식을 먹지 못하면 4일이 지나지 않아 군용 물자들이 적의 수중으로 넘어가게 된다.

四機不明하면 不過九日而游兵驚軍이요 障塞不審하면 不過八日而外賊得間이요 由守不愼하면

不過七日而內有讒謀요 **詭禁不修**하면 **不過六日而竊盜者起**요 **死亡不食**하면 **不過四日而軍財在敵**이라

이 글은 방위도의 동쪽 바깥에 자리잡고 있다.

此는 **居於圖東方方外**라

이상은 東方圖의 副圖이다.

此는 **東圖之副也**라

南方本圖

여름에 봄의 정령을 내리면 바람이 자주 불고, 겨울의 정령을 내리면 초목의 잎이 시들어 떨어지고 심하면 우박이 내리며, 가을의 정령을 내리면 비가 자주 내린다. 立夏 후 12일이 지난 小郢에는 유덕한 선비를 초빙하고, 12일 후 絶氣下에는 벼슬과 상을 내리며, 12일 후 中郢에는 술과 음식을 하사하고, 12일 후 中絶에는 〈보리 등 이른 곡식을〉 거두어 들이며, 12일 후 大暑至에는 〈장마를 대비해〉 修繕에 만전을 기한다. 12일 후 中暑와 다시 12일 후의 大暑終의 행사는 小暑와 같다.

夏에 **行春政**하면 **風**하고 **行冬政**하면 **落**하고 **重則雨雹**하며 **行秋政**하면 **水**라 **十二小郢**에 **至德**하고 **十二絶氣下**에 **下爵賞**하며 **十二中郢**에 **賜與**하고 **十二中絶**에 **收聚**하며 **十二(大)〔小〕暑至**에 **盡善**이니 **十二中暑**와 **十二(小)〔大〕暑終**[5]은 **三暑同事**라

火의 기운이 일어나는 계절인 여름에 군주는 붉은색 옷을 입고 쓴 음식을 맛보며, 羽調의 음악을 듣고 양기를 다스리며, 여름의 정령을 사용하고 남쪽에 있는 우물물을 마시며, 서쪽의 불로 밥을 짓고 소박하고 순수한 마음을 지니며, 도탑고 너그러운 행위를 실천하고 기운을 평온하게 하여 잘 통하게 한다. 무릇 사물들은 그 기운을 열어주고 안정시키면 형체가 스스로 생겨나고 자라난다.

---

5) 十二(小)〔大〕暑終 : 저본에는 '十二小暑終'으로 되어 있으나, 앞의 〈幼官〉에서와 마찬가지로 吳志忠의 견해에 의거하여 '十二大暑終'으로 바로잡았다.

七擧時節에 君服赤色하고 味苦味하며 聽羽聲하고 治陽氣하며 用七數하고 飮於赤後之井하며 以毛獸之火爨하고 藏薄純하며 行篤厚하고 坦氣修通이라 凡物開靜이면 形生理라

관제의 〈위계를〉 정하고 명분을 밝히며 신하들과 관리들의 직무를 살피면, 아랫사람이 윗사람을 능멸하지 않고 천한 사람이 귀한 사람을 능멸하지 않는다. 법도가 세워지고 통치 방침이 확립되어 패거리 짓는 백성이 없어지면, 윗사람은 존중되고 아랫사람은 스스로 낮추게 되고 멀고 가까움의 질서가 어긋나지 않는다.

定府官하고 明名分하여 而審責於群臣有司則下不乘上하고 賤不乘貴요 法立數得하여 而無比周之民則上尊而下卑하고 遠近不乖라

이 글은 방위도의 남쪽 바깥에 자리잡고 있다.

此는 居於圖南方方外라

이상은 南方의 本圖이다.

右는 南方本圖라

南方副圖

〈남쪽의〉 깃발은 붉은색을 숭상하고, 병기는 戟을 숭상하며, 형벌은 변두리에서 불태운다. 반드시 명령을 단일화하고, 반드시 적군의 장수에 대해 밝게 알며, 반드시 적국의 정치 상황에 대해 밝게 알고, 반드시 적국의 군사에 대해 밝게 알아야 한다. 이 네 가지가 갖추어지면 '다스림'으로 '혼란'을 공격하고 '성공'으로 '실패'를 공격하는 형태가 된다.

旗物尙赤하고 兵尙戟하며 刑則燒交疆郊라 必明其一하고 必明其將하며 必明其政하고 必明其士니라 四者備則以治擊亂하고 以成擊敗라

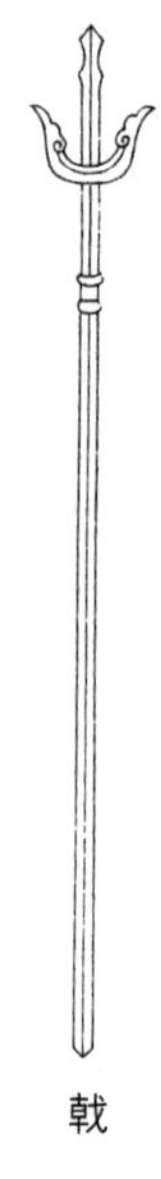

戟

자주 전쟁하면 병사들이 피곤하고, 자주 승리하면 군주가 교만해진다. 교만한 군주가 피로한 백성을 부리면 나라가 위태로워진다. 최선책은 전쟁하지 않는 것이고, 차선책은 명령체계를 통일하는 것이다. 大勝은 여러 승리들이 쌓인 것이니, 승리하되 의롭지 않은 전쟁이 없을 때라야 대승이라 할 수 있다. 대승은 이기지 못하는 전쟁이 없는 것이다.

數戰則士疲하고 **數勝則君驕**니 **驕君使疲民則危國**이라 **至善**은 **不戰**이요 **其次**는 **一之**라 **大勝者**는 **積衆**이니 **勝而無非義者**라야 **焉可以爲大勝**이라 **大勝**은 **無不勝也**라

이 글은 방위도의 남쪽 바깥에 자리잡고 있다.

此는 **居於圖南方方外**라

이상은 南方圖의 副圖이다.

右는 **南方副圖**라

西方本圖

가을에 여름의 정령을 시행하면 나뭇잎이 생겨나고, 봄의 정령을 시행하면 꽃이 피며, 겨울의 정령을 시행하면 나뭇잎들이 한꺼번에 떨어진다. 立秋 후 12일이 지난 期風至에 가을의 정사를 반포하고, 12일 후 小酉에 백관을 독려하며, 12일 후 白露下에 곡식을 거둬 들이고, 12일 후 復理에 신하들에게 상을 하사하며, 12일 후 始節에 부역을 동원하고, 12일 후 始酉에 남녀를 결혼시킨다. 12일 후의 中酉와 다시 12일 후의 下酉에 행하는 일은 始酉의 일과 동일하다.

秋에 **行夏政**하면 **葉**하고 **行春政**하면 **華**하며 **行冬政**하면 耗라 **十二期風至**에 **戒秋事**하고 **十二小(卯)〔酉〕**[6]에 **薄百爵**하며 **十二白露下**에 **收聚**하고 **十二復理**에 **賜予**하며 **十二始(前)節**[7]에 **賦事**하고 **十二始(卯)〔酉〕**에 **合男女**니 **十二中(卯)〔酉〕**와 **十二下(卯)〔酉〕**는 **三(卯)〔酉〕同事**라

6) 十二小(卯)〔酉〕: 저본에는 '小卯'로 되어 있으나, 앞의 〈幼官〉에서와 마찬가지로 安井衡(日)의 견해에 의거하여 '小酉'로 바로잡았다. 아래도 같다.

7) 十二始(前)節 : '前'은 앞의 〈幼官〉에 근거하여 衍文으로 처리하였다.

金氣가 펼쳐지는 가을이 되면 군주는 흰색 옷을 입고, 신 음식을 먹으며, 商調의 음악을 듣고, 습기를 다스리며, 金氣에 맞는 정령을 사용하고, 서쪽 우물에서 물을 길어 마시며, 북쪽의 불로 밥을 짓고, 공손함과 공경함의 마음을 지니고, 날카롭게 후려치는 행위를 실천하며, 기운을 평온하게 하여 잘 통하게 한다. 무릇 사물들은 그 기운을 열어주고 안정시키면 형체가 스스로 생겨나고 자라난다.

九和時節에 **君服白色**하고 **味辛味**하며 **聽商聲**하고 **治濕氣**하며 **用九數**하고 **飮於白後之井**하며 **以介蟲之火爨**하고 **藏恭敬**하며 **行搏銳**하고 **坦氣修通**이라 **凡物開靜**이면 **形生理**라

남자 여자가 살아갈 때 필요한 물품의 차이를 살피고, 향리의 什伍체제를 정비하며, 축적된 식량이 얼마나 되는지 헤아리고, 관직의 숫자를 정리하며, 노약자를 기를 때 각자 필요한 식량의 차이를 구분하고, 가을 수확의 이익을 나눔에 있어 두루 공평하게 하여 개인적인 차이가 없도록 한다.

間男女之畜하고 **修鄕里之什伍**하며 **量委積之多寡**하고 **定府官之計數**하며 **養老弱而勿通**하고 **信利周而無私**라

이 글은 방위도의 서쪽 바깥에 자리잡고 있다.

此는 **居於圖西方方外**라

이상은 西方의 本圖이다.

右는 **西方本圖**라

西方副圖

〈서쪽의〉 깃발은 흰색을 숭상하고, 병기는 劍을 숭상하며, 형벌은 〈가을 절기가 낮에서〉 밤으로 이어진다는 현상을 본받아 신체를 단절한다. 〈군대를 출병할 때는〉 단서를 보이지 않고, 〈군대를 철수시킬 때는〉 후미를 노출시키지 않는다. 단

서가 보이지 않는 것은 '도'이고, 후미를 노출시키지 않는 것은 '덕'이다. 도는 헤아릴 수 없고 덕은 계산할 수 없다. 헤아릴 수 없으면 여러 강대국들이 도모할 수 없고, 계산할 수 없으면 속임수를 쓰는 자들이 감히 대적하지 못한다. 이러한 도와 덕을 갖추어 시행하면 움직이거나 머무르거나 항상 공을 세우게 된다.

旗物尙白하고 兵尙劍하며 刑則紹昧하여 斷絶이라 始乎無端하고 卒乎無窮이니 始乎無端은 道也요 卒乎無窮은 德也라 道不可量이요 德不可數니 不可量則衆强不能圖하고 不可數則爲詐不敢鄕이라 兩者備施면 動靜有功이라

道로 기르고 德으로 양육한다. 도로 기르면 백성들이 화목하고, 덕으로 양육하면 백성들이 화합하게 된다. 백성들이 화목하고 화합하면 일을 잘 익힐 수 있고, 일을 잘 익힐 수 있으면 한마음으로 일을 행하게 된다. 모두 다 한마음으로 일을 행하고 익히면 아무도 해칠 수 없다.

畜之以道하고 養之以德이니 畜之以道則民和하고 養之以德則民合이라 和合故能習하고 習故能偕니 偕習以悉하면 莫之能傷也라

이 글은 방위도의 서쪽 바깥에 자리잡고 있다.

此는 居於圖西方方外라

이상은 西方의 副圖이다.

右는 西方副圖라

北方本圖

겨울에 가을의 정령을 시행하며 안개가 끼고, 여름의 정령을 시행하면 우레가 생겨나며, 봄의 정령을 시행하면 수증기가 새어나온다. 입동 후 12일이 지난 始寒에는 형벌을 다 처리하고, 12일 후 小楡에는 신하들에게 〈술, 음식, 상 등을〉 하사

하며, 12일 후 中寒에는 세금을 거둬들이고, 12일 후 中榆에는 대대적으로 거둬들여 정리하며, 12일 후 大寒至에는 모든 일을 멈추고 쉰다. 12일 후 大寒之陰과 다시 12일 후의 大寒終에도 大寒至와 같이 모든 일을 멈추고 쉰다.

冬에 **行秋政**하면 **霧**하고 **行夏政**하면 **雷**하며 **行春政**하면 **烝泄**이라 **十二始寒**에 **盡刑**하고 **十二小榆**에 **賜予**하며 **十二中寒**에 **收聚**하고 **十二中榆**에 **大收**하며 **十二〔大〕寒至**에 **靜**[8]이라 **十二大寒之陰**과 **十二大寒終**은 **三寒同事**라

겨울철에 군주는 검은색 옷을 입고, 짠 음식을 먹으며, 徵調(치조)의 음악을 듣고, 음기를 다스리며, 겨울의 정령을 사용하고, 북쪽에 있는 우물에서 물을 길어 마시며, 동쪽의 불로 밥을 짓고, 자애롭고 너그러운 마음을 지니며, 담박하고 순박한 행위를 실천하고, 기운을 평온하게 하여 잘 통하게 한다. 무릇 사물들은 그 기운을 열어주고 안정시키면 형체가 스스로 생겨나고 자라난다.

六行時節에 **君服黑色**하고 **味鹹味**하며 **聽徵**(치)**聲**하고 **治陰氣**하며 **用六數**하고 **飮於黑後之井**하며 **以鱗獸之火爨**하고 **藏慈厚**하며 **行薄純**하고 **坦氣修通**이라 **凡物開靜**이면 **形生理**라

형벌 도구를 완성하고, 군주의 가르침이 연말까지 잘 실행되도록 한다. 〈백성들의〉 움직임과 머무름을 기록하지 않으면 그들의 행동거지를 헤아릴 수 없다. 사계절을 주의 깊게 살펴 계절별로 생성되는 사물들을 구별하고, 수출과 수입을 구별함으로써 교역량을 양립시키며, 백성의 생명을 기르는데 필요한 물자를 밝혀 굳게 비축된 것을 풀고, 주고 받는 양을 잘 살펴 이를 총괄적으로 제어한다.

器成於僇하고 **教行於鈔**라 **動靜不記**면 **行止無量**이라 **戒審四時以別息**하고 **異出入以兩易**하며 **明養生以解固**하고 **審取與以總之**라

〈제나라 桓公이〉 제후들과 1차 會盟하였을 때, "玄帝의 명령이 아니면 하루라도 군대를 동원하지 말라."고 명령하였다. 2차 회맹하였을 때, "고아와 노인을 돌보

8) 十二〔大〕寒至 靜 : 앞의 〈幼官〉에서와 마찬가지로 丁士涵(淸)의 견해에 의거하여 '大'자를 보충하였다.

고, 병든 자를 먹이며, 홀아비와 과부를 거두라."고 명령하였다. 3차 회맹하였을 때, "토지세는 100분의 5를 거두고, 시장세는 100분의 2를 거두며, 관문의 통행세는 100분의 1을 거두고, 농기구와 베 짜는 기계를 부족하지 않게 하라."고 명령하였다. 4차 회맹하였을 때, "도로를 정비하고, 도량형을 같게 하며, 무게를 다는 수량의 단위를 통일하고, 산림과 연못의 출입을 때에 맞추어 금지하거나 허가하라."고 명령하였다. 5차 회맹하였을 때, "봄・여름・가을・겨울의 정기적인 제사를 지내고 천지와 산천의 제사를 갖출 때는 반드시 때에 맞게 행하라."고 명령하였다. 6차 회맹하였을 때, "그대의 땅에서 생산되는 것을 玄官에게 공물로 바치고 四輔에게 협조를 요청하여, 이로써 上帝에게 예를 다 하라."고 명령하였다. 7차 회맹하였을 때, "관직에 있으면서 視・聽・言・行의 4가지 측면에서 무례한 자는 敎命을 어지럽힌 죄로 유배를 보내라."고 명령하였다. 8차 회맹하였을 때, "제후들 중 四義를 잘 세웠다는 점에서 이론이 없는 자는 천자의 玄官으로 천거하고 三公의 명령을 기다리라."고 명령하였다. 9차 회맹하였을 때, "너희 제후들의 영토 안에서 나는 재물과 나라가 소유하고 있는 것을 천자에게 예물로 바쳐라."고 명령하였다.

一會諸侯에 **令曰非玄帝之命**이면 **毋有一日之師役**하라하고 **再會諸侯**에 **令曰養孤老**하고 **食常疾**하며 **收孤寡**하라하고 **三會諸侯**에 **令曰田租百取五**하고 **市賦百取二**하며 **關賦百取一**하고 **毋乏耕織之器**하라하고 **四會諸侯**에 **令曰修道路**하고 **偕度量**하며 **一稱數**하고 (**毋征**)[9] **藪澤以時禁發之**하라하고 **五會諸侯**에 **令曰修春秋冬夏之常祭**와 **食天壤山川之故祀**에 **必以時**하라하고 **六會諸侯**에 **令曰以爾壤生物共玄官**하고 **請四輔**하여 **將以祀上帝**하라하고 **七會諸侯**에 **令曰官處四體而無禮者**는 **流之焉莠命**하라하고 **八會諸侯**에 **令曰立四義而無議者**는 **尙之于玄官**하고 **聽于三公**하라하고 **九會諸侯**에 **令曰以爾封內之財物**과 **國之所有**를 **爲幣**하라하니라

아홉 차례의 회맹에서 대체적인 명령이 나왔으니, 천하의 제후들이 항상 〈齊나라에〉 이르러 명을 받았다. 천리 밖에서부터 2천리 이내의 제후들은 3년마다 조회를 와서 命을 받았고, 2년마다 제후의 三卿이 천자의 四輔 좇아 명을 받았으며, 1년마다 정월 초하루에 대부를 보내 三公의 명을 받게 하였다. 2천리 밖부터 3천리

9) 毋征 : 앞의 〈㓜官〉에는 '毋征' 2글자가 없으며, 이것이 있을 때 의미가 잘 통하지 않는다. 〈㓜官〉에 근거하여 衍文으로 처리하였다.

이내의 제후들은 5년마다 회맹에 참석하여 명을 받았고, 3년마다 名卿을 보내 중요한 일에 대한 자문을 요청하였으며, 2년마다 대부를 보내 국내의 길흉사를 보고하였고, 7년마다 세자를 보내 禮義를 바로 잡았으며, 5년마다 대부를 보내 변경된 教令을 요청하였다. 3천리 밖의 제후들은 30년에 한번씩 이르러 조회를 하였다. 〈그런 제후국의 대부가 찾아오면〉 대부를 위해 객사를 설치하고 그곳에서 편안하게 머물게 하고, 〈자국에서 가져온〉 공물을 바치고 명령을 받게 하였다.

九會大令焉出하니 常至라 千里之外 二千里之內諸侯는 三年而朝하여 習命하고 二年에 三卿使四輔하며 一年 正月朔日에 令大夫來修하여 受命三公이라 二千里之外 三千里之內諸侯는 五年而會至하여 習命하고 三年에 名卿請事하며 二年에 大夫通吉凶하고 七年에 重適入하여 正禮義하며 五年에 大夫請變이라 三千里之外諸侯는 世一至요 置大夫以爲廷安하고 入共受命焉이라

이 글은 방위도의 북쪽 바깥에 자리잡고 있다.

此는 居於圖北方方外라

이상은 北方의 本圖이다.

右는 北方本圖라

北方副圖

〈북쪽의〉 깃발은 흑색을 숭상하고, 병기는 방패를 숭상하며, 형벌은 흐르는 물에 빠뜨려 익사시키는 것이다.

旗物尙黑하고 兵尙脅盾하며 刑則游仰灌流라

용병의 술수에 밝으면 군대를 다스릴 줄 알게 되고, 병기의 성능을 살피면 승리할 방법을 찾게 되며, 계책에 밝으면 적에게 승리하게 되고, 널리 덕을 통하게 하면 천하가 안정된다. 종묘가 안정되면 남녀가 길러지고, 〈사농공상〉 네 방면으로

관직을 나누어 설정하면 위엄이 서고 덕이 행해지니, 〈그 결과〉 법도와 의례를 제정하여 명령을 내릴 수 있다.

察數而知治하고 **審器而識勝**하며 **明謀而適勝**하고 **通德而天下定**이라 **定宗廟**하면 **育男女**하고 **官四分**이면 **則可以立威行德**이니 **制法儀**하여 **出號令**이라

최상의 용병은 영토를 얻고자 하는 게 아니라, 〈적국의〉 백성을 벌하고 그 군주를 바로잡는 것이다. 義를 세운 후 승리를 더하고, 위엄을 지극히 한 후 德으로 채우고, 〈순리에 따라 적국을〉 지킨 이후에 법과 제도를 정비하면, 승리의 마음이 천하를 불태우게 된다. 백성들이 이롭게 여기는 것을 세워주고 해롭게 여기는 것을 제거해주면 백성들이 따르게 된다. 〈천자의 직할지로부터〉 6천리 영역에 제후들을 세워주면 〈천자의 三公이나 四輔와 같은〉 大人들이 따르게 된다. 동맹한 제후들이 자기 나라들을 잘 다스릴 수 있게 하면 제후들이 복종하게 된다. 하늘에 〈제사를 지내어〉 天命을 요청하면 땅은 기운이 조화롭게 되고, 그 결과 생물들이 〈이러한 조화로운 기운을〉 따르게 된다.

至善之爲兵也는 **非地是求也**요 **罰人是君也**라 **立義而加之以勝**하고 **至威而實之以德**하며 **守之而後修**하면 **勝心焚海內**요 **民之所利立之**하고 **所害除之則民人從**하고 **立爲六千里之侯則大人從**하고 **使國君得其治則人君從會**하고 **請命於天**하면 **地知氣和則生物從**이라

완급을 조절해야 할 일에 대한 계산이 서 있으면, 〈급하게 처리해야 할 일에서의〉 위험과 〈천천히 처리해야 할 일에서의〉 위험에서 어려울 게 없게 된다. 무기의 이로움에 밝으면 어려운 일을 당해도 흔들리지 않게 된다. 선후의 이치를 잘 살피면 출병하여도 곤란함을 겪지 않게 된다. 나아가고 물러나는 정도에 통달하면 〈적진에〉 깊이 들어가도 위태롭지 않게 된다. 움직일 때와 멈출 때를 잘 살피면 공을 얻어도 해롭지 않게 된다. 취할 때와 줄 때의 구분에 밝으면 땅을 얻어도 집착하지 않게 된다. 명령을 내리는 일을 신중히 관리하면 일을 추진하면 공을 얻게 된다.

計緩急之事則危危而無難하고 **明於器械之利則涉難而不變**하고 **察於先後之理則兵出而不**

困하고 通於出入之度則深入而不危하고 審於動靜之務則功得而無害也하고 著於取與之分則得地而不執하고 愼於號令之官則擧事而有功이라

이 글은 방위도의 북쪽 바깥에 자리잡고 있다.

此는 居於圖北方方外라

이상은 北方圖의 副圖이다.

此는 北圖之副也라

제10편 오보 五輔

외언 1 外言 一

* 본편의 첫머리에서는 통치자가 聖王이 되어 그 명성이 길이 후세에까지 미칠 수 있는 방법에 대해 말하고 있다. 저자는 그 핵심이 民心을 얻는데 있다고 보고, "민심을 얻는 길은 백성을 이롭게 하는 것보다 더 나은 게 없고, 백성을 이롭게 하는 길은 정치를 통해 백성을 가르치는 것보다 더 나은 게 없다."고 말한다. 이에 그는 정치를 통해 백성을 가르치는 길을 德·義·禮·法·權의 5가지 측면에서 논하면서, 그 구체적 세목으로 德의 六興, 義의 七體, 禮의 八經, 法의 五務, 權의 三度를 하나씩 제시하고 있다.

六興·七體·八經·五務·三度 이 다섯 가지는 그것으로 國政을 보필할 수 있다는 의미이다.

謂六興·七體·八經·五務·三度니 **此五者**는 **可以輔弼國政也**라

옛날에 聖王이 성대하고 널리 알려진 名譽와 두텁고 위대한 功業을 얻어 세상에 드러나고 후세에도 잊혀지지 않은 것은 민심을 얻었기 때문이니, 〈그렇지 않은 경우는〉 일찍이 들어본 적이 없다. 폭군이 나라를 잃고 사직을 위태롭게 하고 종묘를 무너뜨리면서 세상에서 사라지게 된 까닭은 민심을 잃었기 때문이니, 〈그렇지 않은 경우는〉 일찍이 들어본 적이 없다. 지금 영토를 지닌 군주들은 모두 머물 때는 편안하기를 바라고, 움직일 때는 위엄 있기를 바라며, 싸울 때는 승리하길 바라고, 지킬 때는 견고하길 바란다. 〈그리하여〉 큰 욕심을 지닌 자는 천하에서 王者가 되고자 하고, 작은 욕심을 지닌 자는 제후들 가운데서 霸者가 되고자 한다. 그러나 민심을 얻는데는 힘쓰지 않고 있으니, 그 결과 〈禍가 이르러〉 작은 경우에는 군대가 패배하고 영토가 깎이며, 큰 경우에는 자기 몸이 죽고 나라가 망하게 된다. 그러므로 "민심을 얻는 데 힘쓰지 않을 수 없으니, 이것이 천하에서 가장 중요한 일이다."라고 말하는 것이다.

古之聖王이 **所以取明名**[1]**廣譽·厚功大業**하여 **顯於天下**하고 **不忘於後世**에 **非得人者**를 **未之嘗聞**①이요 **暴王之所以失國家·危社稷·覆宗廟**하여 **滅於天下**는 **非失人者**를 **未之嘗聞**②이라

今有土之君이 **皆處欲安動欲威**하고 **戰欲勝守欲固**하며 **大者欲王天下**하고 **小者欲霸諸侯**③로되 **而不務得人**이니 **是以小者兵挫而地削**하고 **大者身死而國亡**④이라 **故曰 人不可不務也**⑤니 **此天下之極也**라

① 古之聖王……未之嘗聞 : 민심을 얻지 못하였는데도, 당대에 名譽가 드러나고 功業이 후세에까지 전해지도록 할 수 있는 자는 일찍이 들어본 적이 없다.
不得於人한데 而能使名譽顯當時하고 功業流後世者는 則未嘗聞이라

② 暴王之所以失國家……未之嘗聞 : 민심을 잃지 않았는데도, 나라를 잃고 종묘를 무너지게 한 자 또한 일찍이 들어본 적이 없다.
不失於人한데 而能使失國하고 覆宗者는 亦未嘗聞이라

③ 大者欲王天下 小者欲霸諸侯 : 제후들 가운데 큰 이익을 지향하는 자는 천하에서 王者가 되고, 작은 이익을 지향하는 자는 제후들의 霸者가 됨을 말한다.
言 諸侯欲大利하면 則王天下하고 欲小利하면 則霸諸侯也라

④ 不務得人……大者身死而國亡 : 이미 민심을 얻는데 힘쓰지 않기 때문에 반드시 禍가 이르게 되니, 〈그 禍가〉 작은 경우에는 영토가 깎이고 큰 경우에는 나라가 망한다.
既不務得人故必致禍하니 小則地削하고 大則國亡이라

⑤ 人不可不務也 : 마땅히 민심을 얻는데 힘써야 한다.
當務得之於人이라

〈일반적으로〉 말한다. "그렇다면 민심을 얻는 길은 백성을 이롭게 하는 것보다 더 나은 것이 없고, 백성을 이롭게 하는 길은 정치를 통해 백성을 가르치는 것보다 더 나은 것이 없다." 그러므로 정치를 잘 하는 군주의 나라는, 농지는 잘 개간되고 도읍 안은 〈인구로〉 가득 차고, 조정은 한가하고 관청은 잘 다스려지며, 公法은 잘 시행되어 사적으로 왜곡하는 일이 금지되고, 곡식 창고는 가득 차고 감옥은 텅 비어 있으며, 현명한 사람들은 등용되고 간사한 자들은 내쳐진다.

曰 然則得人之道는 **莫如利之**요 **利之之道**는 **莫如教之以政**[2)]이라 **故善爲政者**는 **田疇墾而國邑**

---

1) 明名 : 孫蜀丞(中)은 여기서의 '明'을 顯明의 明이 아니라, 威 또는 盛의 의미로 본다. 그는 그 근거로, ≪淮南子≫ 〈說林〉의 "長而愈明"에 대한 주에 "明 猶盛也"로 되어 있다는 점을 든다.(≪管子集校≫) 이런 견해에 따를 때 '明名'은 '威名' 또는 '盛明'의 의미가 된다. 역자 또한 이에 의거하여 해석하였다.

2) 莫如教之以政 : 孫星衍(淸)은 ≪群書治要≫의 인용문에 의거하여 '以政' 2자를 衍文으로 보았다. 이 경우 앞의 "莫如利之"와 문장 형태가 대구를 유지하게 된다. 그러나 許維遹(中)은 바로 다음 문장에서 "故善爲政者"가 이어진다는 점을 들어 '以政' 2자는 衍文이 아니라고

實하고 **朝廷閒而官府治**하며 **公法行而私曲止**하고 **倉廩實而囹圄空**하며 **賢人進而姦民退**라

이런 나라의 군자들은 中正의 태도를 높게 여기고 아첨을 낮게 여기며, 士民들은 武勇을 귀하게 여기고 〈구차하게〉 이익 얻는 것을 천시하며, 서민들은 농사짓기를 좋아하고 〈비용이 들어가는〉 음식을 싫어한다. 이에 물자가 풍족해지고 음식과 땔나무가 넉넉해진다. 그 결과 윗사람들은 반드시 관대해져 〈죄 지은 자들을〉 풀어주고 사면해주게 되며, 아랫사람들은 반드시 순종적이 되어 남을 질시하거나 원망하지 않으니, 위아래가 조화를 이루어 예의를 지니게 된다. 그러므로 머물 때는 편안하고 움직일 때는 위엄이 있으며, 전쟁을 하면 승리하고 지키면 견고하다. 이 때문에 한번의 전쟁으로 제후들을 바로잡게 된다.

其君子는 **上中正而下諂諛**하고 **其士民**은 **貴武勇而賤得利**①하며 **其庶人**은 **好耕農而惡飮食**②이니 **於是財用足**③**而飮食薪菜**[3)] **饒**④라 **是故上必寬裕而有解舍**⑤하고 **下必聽從而不疾怨**하여 **上下和同而有禮義**라 **故處安而動威**하고 **戰勝而守固**라 **是以一戰而正諸侯**라

① 其君子……貴武勇而賤得利 : 구차하게 얻는 이익을 천시한다.
賤苟得之利也라

② 其庶人 好耕農而惡飮食 : 비용이 들어가는 음식을 싫어한다.
惡費用之飮食이라

③ 財用足 : 농사짓기를 좋아하므로 물자가 풍족해지는 것이다.
好耕農하니 故財用足이라

④ 飮食薪菜饒 : 〈음식에 들어가는〉 비용을 줄이면 땔나무가 넉넉해진다.
省費用하면 則薪菜饒라

⑤ 上必寬裕而有解舍 : '解'는 '놓아주다'는 의미이고, '舍'는 '죄를 용서하다'는 의미이다.
解는 放也요 舍는 免也라

〈그러나〉 정치를 잘 하지 못하는 군주의 나라는 다음과 같다. 농지는 황폐해지고 도읍은 텅 비고, 조정 안은 흉흉하고 관청은 다스려지지 않으며, 公法은 폐지되

주장하였다.(≪管子集校≫) 역자는 허유휼의 견해에 의거하여 해석하였다.

3) 薪菜 : 여기서 '菜'는 '采' 또는 '採'의 의미로 볼 수 있다. 따라서 '薪菜'는 곧 '채취해 놓은 땔감'을 가리키는 말로, '采薪'이라고도 한다.

고 사적으로 왜곡하는 일이 벌어지고, 곡식 창고는 텅 비고 감옥은 가득 차며, 현명한 사람들은 물러나고 간사한 자들이 등용된다.

不能爲政者[4]는 **田疇荒而國邑虛**하고 **朝廷兇**①**而官府亂**②하며 **公法廢而私曲行**하고 **倉廩虛而囹圄實**하며 **賢人退而姦民進**이라

① 朝廷兇 : 소인들이 앞다투어 나아가기 때문에 흉흉하다.
小人競進이니 故兇이라

② 官府亂 : 소인들이 법을 운용하기 때문에 어지럽다.
小人用法이니 故亂이라

그런 나라의 군자들은 아첨을 숭상하고 中正의 태도를 낮게 치고, 士民들은 이익 얻음을 중시하고 武勇을 천시하며, 서민들은 〈비용이 들어가는〉 음식을 좋아하고 농사 짓기를 싫어한다. 이에 물자가 부족하고 음식과 땔나무가 결핍된다. 〈그 결과〉 윗사람들은 더욱더 잔악하고 구차해져 〈죄 지은 자들을〉 풀어주고 사면해주는 일이 없게 되며, 아랫사람들은 더욱더 눈치나 살피면서 의심을 품고 순종하지 않게 된다. 〈이처럼〉 위아래가 서로 재촉하니 서로 화합하지 못하게 된다. 그러므로 머물 때는 편안하지 못하고 움직일 때는 위엄이 없으며, 전쟁을 하면 승리하지 못하고 지키면 견고하지 못하게 된다. 이 때문에 〈禍가 이르러, 그 禍가〉 작은 경우는 군대가 패배하고 영토가 깎이게 되고 큰 경우는 자기 자신이 죽고 나라가 망하게 된다. 따라서 이런 것으로 볼 때 정치는 신중하지 않을 수 없는 것이다.

其君子는 **上諂諛而下中正**하고 **其士民**은 **貴得利而賤武勇**하며 **其庶人**은 **好飲食而惡耕農**이니 **於是**에 **財用匱而食飲薪菜乏**이라 **上彌殘苟**①[5]**而無解舍**하고 **下愈覆鷙而不聽從**②하여 **上下交引而不和同**③이라 **故處不安而動不威**하고 **戰不勝而守不固**라 **是以**로 **小者兵挫而地削**하고 **大者身死而國亡**이라 **故以此觀之**면 **則政不可不愼也**라

① 上彌殘苟 : 윗자리에 있는 자가 소인이니, 때문에 잔악하고 구차하다.
居上位者가 小人이니 故殘賊苟且也라

---

4) 不能爲政者 : '能'은 '善'의 의미로 해석된다. 이에 대해 孫蜀丞(中)은 "≪荀子≫ 〈勸學〉의 '非能水也'에 대한 주에서 '能 善也'로 되어 있다."라고 하였다.

5) 苟 : 劉績은 "'苟'자는 곧 '苛'자의 오자이다.〔苟字 乃苛字之誤也〕"라고 하였다.

② 下愈覆鷙而不聽從 : '覆'은 '살피다'는 의미이고 '鷙'는 '의심하다'는 의미이다. 윗사람이 이미 잔학하고 구차하여 〈사람들의 잘못을〉 너그럽게 용서하지 않기 때문에, 아랫 사람들은 〈윗사람의〉 눈치만 살피면서 의심을 품게 되는 것이다. '鷙'는 勅과 吏의 반절이다.

覆은 察也요 鷙는 疑也라 上旣殘苟而不舍하니 故下伺察而懷疑라 鷙는 勅吏反이라

③ 上下交引而不和同 : 윗사람들은 아랫사람들이 많은 재물을 가져다 바치기를 재촉하고, 아랫사람들은 윗사람들이 은혜를 베풀고 잘 보호해주기를 촉구한다. 양쪽 모두 〈원하는 바를〉 얻지 못하니, 그러므로 서로 화합하지 못한다.

上은 引下以供御하고 下는 引上以恩覆이라 二俱不得이니 故不和同也라

德에는 六興이 있고, 義에는 七體가 있으며, 禮에는 八經이 있고, 法에는 五務가 있으며, 權에는 三度가 있다.

德有六興하고 **義有七體**하며 **禮有八經**하고 **法有五務**하며 **權有三度**라

이른바 六興이란 무엇인가? 〈첫째는〉 농지를 개간하고 주택을 정비하고 작물을 심고 士民을 권면하고 농사를 권장하고 담장과 지붕을 수리하는 것이니, 이런 것을 가리켜 '백성의 삶을 도탑게 한다'고 한다. 〈둘째는〉 숨어 있는 이익을 개발하고 쌓인 것을 내보내고 도로를 수리하고 관문과 시장을 편리하게 하고 〈재화를〉 보낼 때 반드시 숙박하는 곳을 신중히 하는 것이니, 이런 것을 가리켜 '재물을 유통시킨다'고 한다. 〈셋째는〉 고인 물을 터서 흘러가게 하고 제방과 도랑을 수리하고 물가의 넘치는 물을 터주고 쌓여 있는 진흙을 무너뜨리고 〈냇물이나 도랑이〉 막힌 것을 통하게 하고 나루와 다리를 신중히 하는 것이니, 이런 것을 가리켜 '백성에게 이익을 끼친다'고 한다. 〈네째는〉 거둬들이는 세금을 줄이고 부역을 경감하고 형벌 집행을 늦추고 죄를 사면하고 작은 허물은 용서하는 것이니, 이런 것을 가리켜 '정치를 관대히 한다'고 한다. 〈다섯째는〉 어른과 노인을 봉양하고 아이와 고아를 자애롭게 대하고 홀아비와 과부를 불쌍히 여기고 병든 사람을 문병하고 재난과 喪을 당한 사람을 위로하는 것이니, 이런 것을 가리켜 '백성의 위급함을 구제한다'고 한다. 〈여섯째는〉 추위에 떠는 사람에게 옷을 입혀주고 굶주리고 목마른 사람에게 먹을 것을 주고 가난한 사람을 구제하고 피곤하고 헐벗은 사람을 구하고 찢어지게

궁핍한 사람에게 재물을 대주는 것이니, 이런 것을 가리켜 '백성의 곤궁함을 구제한다'라고 한다. 대체로 이상의 여섯 가지는 德을 일으키는 행위들이다. 이들 여섯 가지가 베풀어지면 백성들이 바라는 바를 얻지 못하는 게 없게 될 것이다. 무릇 백성들이 자신들이 원하는 바를 반드시 얻게 된 이후에 윗사람의 말에 순종하고, 윗사람의 말에 순종한 이후에 정치가 잘 이루어질 수 있다. 그러므로 "덕은 일으키지 않을 수 없다"라고 말하는 것이다.

所謂六興者何오 **曰 辟田疇**하고 **(利)〔制〕壇宅**①[6]하고 **修樹蓺**하고 **勸士民**하고 **勉稼穡**하고 **修牆屋**이니 **此謂厚其生**②이라 **發伏利**[7]③하고 **輸墆積**④하고 **修道途**하고 **便關市**⑤하고 **愼將宿**⑥이니 **此謂輸之以財**⑦요 **導水潦**하고 **利陂溝**하고 **決潘**[8]**渚**⑧하고 **潰泥滯**⑨하고 **通鬱閉**⑩하고 **愼津梁**이니 **此謂遺之以利**⑪요 **薄徵斂**하고 **輕征賦**하고 **弛刑罰**하고 **赦罪戾**하고 **宥小過**이니 **此謂寬其政**⑫이요 **養長老**하고 **慈幼孤**하고 **恤鰥寡**하고 **問疾病**하고 **弔禍喪**이니 **此謂匡其急**⑬이요 **衣凍寒**하고 **食饑渴**하고 **匡貧窶**하고 **振罷露**⑭하고 **資乏絶**이니 **此謂振其窮**⑮이라 **凡此六者**는 **德之興也**라 **六者旣布**면 **則民之所欲**을 **無不得矣**니 **夫民必得其所欲然後**에 **聽上**하고 **聽上然後**에 **政可善爲也**라 **故曰 德不可不興也**라

① (利)〔制〕壇宅 : '壇'은 집의 토대이다.
壇은 堂基라

② 此謂厚其生 : 이상의 여섯 가지는 백성의 삶을 기르고 도탑게 할 수 있다.
上六者는 可以養厚其生也라

③ 發伏利 : 사람을 이롭게 하는 일들 중 오랫 동안 쌓인 채 묻혀 있는 것을 개발하여 사용한다.
利人之事에 積久隱伏者를 發而用之라

④ 輸墆積 : '墆'는 '쌓여 있다'는 의미이다.
墆는 貯積也라

---

6) (利)〔制〕壇宅 : 저본에는 '利壇宅'으로 되어 있으나, 王念孫(淸)의 견해에 의거하여 '制壇宅'으로 바로잡았다. 왕염손은 隸書의 '制'자 형태가 '利'자와 유사하다는 점을 근거로, '利'는 '制'로 고쳐야 한다고 주장하였다.(≪讀書雜志≫) 의미상으로 볼 때도 '利壇宅'은 의미가 잘 통하지 않는다.

7) 伏利 : 劉績은 "'伏利'는 사람들이 아직 개발되지 않은 이익을 말한다.〔伏利 謂人所未發之利也〕"라고 하였다.

8) 潘 : 劉績은 "≪列子≫에서 물이 넘치면서 소용돌이치는 것을 '潘'이라 하였다.〔列子 水之溢洄曰潘〕"라고 하였다.

⑤ 便關市 : 설치된 관문과 시장을 모두 편리하게 만든다는 의미이다.
謂 所置關市를 皆令要便也라

⑥ 愼將宿 : 재화를 보낼 때 반드시 숙박하는 곳을 신중히 한다.
將送貨財에 必愼止宿이라

⑦ 此謂輸之以財 : 이상의 다섯 가지는 모두 재화를 늘리는 방법들이다. 그러므로 '재화를 유통시키는 것'이라고 하는 것은 백성들에게 재화를 주는 것이다.
上五者는 皆生財之術이라 故曰輸財는 所以納財於民이라

⑧ 決潘渚 : '潘'은 '넘치다'는 의미이다. 물가의 넘치는 물을 터서 통하게 한다. 潘의 音은 翻(번)이다.
潘은 溢也라 渚潘溢者를 疏決之하여 令通이라 潘音은 翻이라

⑨ 潰泥滯 : 쌓여 있는 진흙 또한 무너뜨리고 터서 통하게 한다.
泥塗爲滯者를 亦潰決之하여 令通也라

⑩ 通鬱閉 : '鬱閉' 또한 냇물이나 도랑이 막혀 있는 것을 가리킨다.
鬱閉는 亦謂川瀆有遏塞者라

⑪ 此謂遺之以利 : 이상의 여섯 가지는 백성에게 이익을 끼치는 것들이다.
上之六者는 所以遺利於民이라

⑫ 此謂寬其政 : 이상의 다섯 가지는 政事를 관대히 하는 것들이다.
上之五者는 所以寬裕其政이라

⑬ 此謂匡其急 : 이상의 다섯 가지는 백성의 위급함을 구하는 것이다.
上之五者는 所以救民之急이라

⑭ 振罷露 : 병들고 헐벗은 사람은 구휼하여 구제한다.
疾憊裸露者는 有以賑救之라

⑮ 此謂振其窮 : 이상의 다섯 가지는 백성의 궁핍함을 구휼하는 것이다.
上之五者는 所以賑民之窮乏이라

"백성이 德을 알았다 하더라도 아직 義를 알지 못한다면 행실을 밝혀 義로 이끈다. 義에는 일곱 가지 體가 있다. 일곱 가지 體란 무엇인가?"

"효도·공경·자애로움·은혜로움으로 어버이와 친척을 봉양하고, 공손함·삼가함·충성스러움·미더움으로 군주와 윗사람을 섬기며, 〈행실이〉 中正하고 마땅함에 합치함으로써 예절을 행하고, 반듯함·가지런함·절제함·굽힘으로 형벌을 피하며, 세밀하게 아끼고 쓰임새를 줄임으로써 기근을 대비하고, 돈독함·후함·순수함·굳건함으로 재난을 대비하며, 화합·협력·〈하나로〉모음·화목으로 도적을

대비한다. 대체로 이상의 일곱 가지는 義의 體(구체적인 것)이다. 무릇 백성은 반드시 義를 안 이 후에 中正하게 되고 中正한 이후에 화합과 조화를 이루게 되며, 화합과 조화를 이룬 이후에 편안히 머물 수 있고, 편안히 머문 이후에 거동에 위엄이 있게 되며, 거동에 위엄이 있은 다음에 전쟁에서 승리하고 굳건히 지킬 수 있다. 그러므로 '義는 실행하지 않을 수 없다'고 말하는 것이다."

曰 民知德矣로되 **而未知義然後**에 **明行以導之義**①라 **義有七體**니 **七體者何**오 **曰 孝悌慈惠**로 **以養親戚**하고 **恭敬忠信**으로 **以事君上**하며 **中正比宜**로 **以行禮節**②하고 **整齊**撙詘로 **以**辟**刑僇**③하며 **纖嗇省用**으로 **以備饑饉**④하고 **敦**懞**純固**로 **以備禍亂**⑤하며 **和協輯睦**으로 **以備寇戎**이라 **凡此七者**는 **義之體也**라 **夫民必知義然後中正**하고 **中正然後和調**하며 **和調乃能處安**하고 **處安然後動威**하니 **動威乃可以戰勝而守固**라 **故曰 義不可不行也**라

① 明行以導之義 : 행실 다음의 일곱 가지 義이다.
  行은 卽七義라
② 中正比宜 以行禮節 : '比'는 '합치하다'는 의미이다. 행실이 이미 中正하면서 또한 마땅함에 합치한다.
  比는 合也라 行既中正하고 而又合宜也라
③ 整齊撙詘 以辟刑僇 : '撙'은 '절제하다'는 의미이니, 스스로 절제하고 낮춘다는 말이다.
  撙은 節也라 言自節而卑屈也라
④ 纖嗇省用 以備饑饉 : '纖(섬)'은 '세밀하다'는 의미이고, '嗇'은 '아끼다'는 의미이다. 이미 세밀하게 또 아끼기 때문에 재화의 사용을 절약한다.
  纖은 細也요 嗇은 悋也라 既細又悋하니 故財用省也라
⑤ 敦懞純固 以備禍亂 : '懞'은 '후하다'는 의미이고, 莫과 江의 반절이다.
  懞은 厚也요 音은 莫江反이라

"백성들이 義를 알았다 하더라도 아직 禮를 모른다면 八經을 가다듬어 禮로 이끈다."
"이른바 八經이란 무엇인가?"
"윗사람과 아랫 사람 사이에 義가 있고, 귀한 사람과 천한 사람 사이에 구분이 있고, 어른과 아이 사이에 차등이 있고, 가난한 사람과 부자 사이에 법도가 있다."
대개 이들 여덟 가지[9]는 禮의 經(법칙)이다. 그러므로 윗사람과 아랫 사람 사이

9) 여덟 가지 : 윗사람, 아랫사람, 귀한 사람, 천한 사람, 어른, 아이, 가난한 사람, 부자의 8가지를 말한다.

에 義가 없으면 어지러워지고, 귀한 사람과 천한 사람 사이에 구분이 없으면 다투게 되며, 어른과 아이 사이에 차등이 없으면 질서가 어그러지고, 가난한 사람과 부자 사이에 법도가 없으면 절제를 잃게 된다. 윗사람과 아랫사람 사이의 관계가 어지러워지고, 귀한 사람들과 천한 사람들이 서로 다투고, 어른과 아이 사이에 질서가 어그러지고, 가난한 사람과 부자가 절제를 잃고서 그 나라가 어지러워지지 않았다는 말은 들어 본 적이 없다. 그러므로 聖王은 이 여덟 가지 예를 가다듬어 백성들을 이끈다.

曰 民知義矣로되 **而未知禮**면 **然後飾八經以導之禮**라 **所謂八經者何**오 **曰 上下有義**하고 **貴賤有分**하고 **長幼有等**하고 **貧富有度**라 **凡此八者**는 **禮之經也**라 **故上下無義則亂**하고 **貴賤無分則爭**하며 **長幼無等則倍**①하고 **貧富無度則失**②이라 **上下亂**하고 **貴賤爭**하고 **長幼倍**하고 **貧富失而國不亂者**는 **未之嘗聞也**라 **是故聖王**은 **飭此八禮**하여 **以導其民**이라

① 長幼無等則倍 : '倍'는 '어그러지다'는 의미이다.
倍는 乖戾也라
② 貧富無度則失 : 그 절제를 상실한다.
失其節制라

이들 여덟 가지가 각각 그 마땅함을 얻게 되면 임금된 자는 中正하여 사사로움이 없고, 신하된 자는 충성스럽고 믿음직하여 당파를 짓지 않으며, 아비된 자들은 자애로움과 은혜로 가르치고, 자식된 자들은 효성스러움과 공손함으로 정중한 태도를 취하며, 형된 자들은 관대함과 너그러움으로 〈동생들을〉 가르치고, 동생된 자들은 온화함과 순종함으로 〈형들을〉 공경하며, 남편된 자들은 돈독함과 넉넉함으로 한결같은 태도를 유지하고, 아내된 자들은 〈서로〉 권하고 독려하면서 정절을 지킨다. 무릇 이와 같으면 아랫사람이 윗사람을 배신하지 않고, 신하가 군주를 시해하지 않으며, 천한 사람이 귀한 사람을 넘어서지 않고, 아이가 어른을 능멸하지 않으며, 소원한 사람이 친한 사람을 이간질하지 않고, 신임자가 구임자를 이간질하지 않으며, 작은 것이 큰 것을 능멸하지 않고, 무절제함이 의로움을 파괴하지 않는다. 대개 이들 여덟 가지는 禮의 經(법칙)이다. 무릇 사람은 반드시 禮를 안 이후에 공손하고 삼가게 되고, 공손하고 삼가게 된 이후에 〈남을〉 존중하고 〈남에게〉 양보하게 되며, 존중하고 양보하게 된 이후에 어린이와 어른 그리고 귀한 사

람과 천한 사람이 서로 〈법도를〉 넘어서지 않게 된다. 어린이와 어른, 귀한 사람과 천한 사람이 서로 〈법도를〉 넘어서지 않으므로 어지러움이 발생하지 않고 근심이 생기지 않는다. 그러므로 禮는 삼가지 않을 수 없다고 말하는 것이다.

八者各得其義則爲人君者中正而無私하고 **爲人臣者忠信而不黨**하며 **爲人父者慈惠以敎**하고 **爲人子者孝悌以肅**하며 **爲人兄者寬裕以誨**하고 **爲人弟者比順以敬**①하며 **爲人夫者敦懞以固**하고 **爲人妻者勸勉以貞**이라 **夫然則下不倍上**하고 **臣不殺君**하며 **賤不踰貴**하고 **少不陵長**하며 **遠不間親**하고 **新不間舊**하며 **小不加大**하고 **淫不破義**라 **凡此八者**는 **禮之經也**니 **夫人必知禮然後恭敬**하고 **恭敬然後尊讓**하며 **尊讓然後少長貴賤不相踰越**이니 **少長貴賤不相踰越**이라 **故亂不生而患不作**이라 **故曰 禮不可不謹也**라

① 爲人弟者比順以敬 : '比'는 '온화하다'는 의미이다.
比는 和라

"백성이 禮를 알았다 하더라도 아직 〈각자〉 힘써야 할 바를 알지 못한다면, 法을 반포하여 능력에 따라 일을 맡긴다. 능력에 따라 일을 맡김에는 五務가 있다."

"五務란 무엇인가?"

"군주는 신하의 능력을 가려 벼슬을 맡기고, 大夫는 벼슬에 임하여 〈자신이 수행해야 할〉 일을 밝게 파악하며, 관청의 수장은 일을 맡음에 있어 직분을 지키고, 선비는 자기 몸을 닦아 재능을 이루며, 서민은 농사를 짓고 재배하는 것이다."

군주가 신하의 능력을 가려 벼슬을 맡기면 일이 번잡하지 않고, 대부가 벼슬에 임하여 일을 밝게 판별하면 〈모든〉 조치가 때에 맞으며, 관청의 수장이 일을 맡아서 직무를 충실히 수행하고, 선비가 자기 몸을 닦고 재능을 다듬으면 그의 賢良이 드러나게 되며, 서민이 농사를 짓고 재배하면 財用이 풍족해진다. 그러므로 '무릇 이 다섯 가지는 힘써야 할 임무다'라고 말하는 것이다. 무릇 백성은 반드시 〈자신이 수행해야 할〉 임무를 안 이후에 마음이 한결같아지고, 마음이 한결같아진 이후에 생각이 전일해진다. 마음이 한결같고 생각이 전일해진 이후에 〈백성이 이룬〉 功이 볼만 해진다. 그러므로 〈각자의〉 능력은 힘쓰지 않을 수 없다고 말하는 것이다.

曰 民知禮矣로되 **而未知務然後布法以任力**이라 **任力有五務**라 **五務者何**오 **曰 君擇臣而任官**하고 **大夫任官辯事**①하며 **官長任事守職**하고 **士修身功材**②[10]하며 **庶人耕農樹藝**라 **君擇臣而任官**

則事不煩亂하고 **大夫任官辯事則擧措時**하며 **官長任事守職則動作和**하고 **士修身功材則賢良發**하며 **庶人耕農樹藝則財用足**이라 **故曰 凡此五者**는 **力之務也**니 **夫民必知務然後心一**하고 **心一然後意專**하며 **心一而意專然後功足觀也**라 **故曰 力不可不務也**라

① 大夫任官辯事 : '辨'은 '밝다'는 의미이다. 맡은 바의 일에 밝다.
辨은 明也라 能[11]明所任之事也라

② 士修身功材 : '材'는 '재능'를 의미한다. 유능한 선비는 이미 자기 몸을 닦으면, 반드시 재능에서 공을 이루어낸다.
材는 謂藝라 能士는 旣修身하면 必於藝能有功也라

"백성이 자신들의 '임무'를 안다 하더라도 아직 權[12]을 알지 못한다면, 三度를 살펴 움직이게 한다."

"이른바 三度란 무엇인가?"

"위로는 하늘의 상서로움을 살피고, 아래로는 땅의 마땅함을 살피며, 가운데로는 사람의 순조로움을 살핀다. 이것이 이른바 '삼도'이다."

그러므로 '天時가 상서롭지 않으면 홍수와 가뭄이 있게 되고, 地道가 마땅하지 않으면 기근이 들며, 人道가 순조롭지 않으면 재앙과 어지러움이 생긴다.'고 말한다. 이러한 세 가지의 발생은 정치가 불러들인다. 그러므로 '때를 살펴 일을 거행하고, 일에 의해 백성을 움직이며, 백성에 의해 국가를 움직이고, 국가에 의해 천하를 움직인다. 천하가 움직인 이후에 功名이 이루어질 수 있다.'라고 말한다. 그러므로 백성은 반드시 權을 알고 난 후에야 행동거지가 적절하게 되고, 행동거지가 적절하면 백성들이 서로 화합하게 되고, 백성들이 서로 화합하면 功名이 이루어지게 된다. 그러므로 '權은 살피지 않을 수 없다고 말하는 것이다.

曰 民知務矣로되 **而未知權然後考三度以動之**니 **所謂三度者**는 **何**오 **曰 上度之天祥**하고 **下度**

10) 士修身功材 : 王念孫(淸)은 ≪爾雅≫에서 "功 成也"라고 한 것 등에 의거하여 '功'을 '成'으로 해석하였다. 그에 의하면 '修身功材'는 '任官辯事' 및 '任事守職'과 對를 이룬다고 한다. 따라서 尹知章(房玄齡)의 注는 잘못 되었다고 보았다.(≪讀書雜志≫) 역자는 舊注에 따르지 않고 왕염손의 견해에 의거하여 해석하였다.

11) 能 : 앞의 "不能爲政者"의 경우와 마찬가지로, 여기서 '能'은 '善'의 의미로 해석된다.

12) 權 : 舊注에 의하면 '權'은 三度, 즉 '하늘의 상서로움'·'땅의 마땅함'·'사람의 순조로움'을 알 수 있는 능력을 말한다.

之地宜하며 **中度之人順**이 **此所謂三度**라 **故曰 天時不祥則有水旱**하고 **地道不宜則有饑饉**하며 **人道不順則有禍亂**이라 **此三者之來也**는 **政召之**라 **曰 審時以擧事**①하고 **以事動民**②하며 **以民動國**③하고 **以國動天下**④라 **天下動然後功名可成也**라 **故民必知權然後擧錯得**⑤이니 **擧錯得則民和輯**하며 **民和輯則功名立矣**라 **故曰 權不可不度也**라

① 審時以擧事 : '時'는 하늘이 상서롭고 땅이 마땅하고 사람이 순조로운 때를 말한다. 그 '때'를 얻으면 일이 이루어질 수 있다.
時는 則天祥地宜人順之時也라 得其時하면 則事可成이라
② 以事動民 : 일이 이루어지면 백성을 움직일 수 있다.
事成하면 則民可動이라
③ 以民動國 : 백성이 번창하면 국가를 움직일 수 있다.
民昌하면 則國可動이라
④ 以國動天下 : 국가가 강하면 천하를 움직일 수 있다.
國强하면 則天下可動也라
⑤ 民必知權然後擧錯得 : '權'은 三度를 알 수 있는 능력을 말한다.
權은 謂能知三度라

그러므로 말한다. "五經(다섯 가지 준칙)[13]이 이미 반포되었으면, 그 다음에는 간사한 사람을 몰아내고, 속임수와 거짓을 일삼는 자를 꾸짖으며, 남을 헐뜯는 간특한 자를 물리치고, 무절제한 말을 듣지 말고, 지나친 기교를 짓지 말라."

만약 백성 가운데 무절제한 행위와 사악한 성정을 지니고 무절제한 말을 일삼고 지나친 기교를 부리면서, 위로는 군주에게 아첨하고 아래로는 백성을 미혹시키고, 나라 대중들을 동요시킴으로써 백성의 일을 해치는 자가 있다면 사형을 시키거나 추방한다.

그러므로 말한다. "무릇 군주가 안으로는 백성을 잃고 밖으로는 제후를 잃고, 군대가 패배하고 영토가 삭감되고, 명예가 실추되고 나라가 훼손되고, 사직이 뒤집어지고 자기 몸이 위태롭게 되는 까닭이 지나친 무절제함에 있지 않다는 말을 들어본 적이 없다."

"어떻게 그런 줄을 아는가?"

---

13) 五經(다섯 가지 준칙) : 이상에서 언급한 다섯 가지 준칙을 말한다. 즉 德에서의 六興, 義에서의 七體, 禮에서의 八經, 法에서의 五務, 權에서의 三度를 말한다.

“무절제한 음악은 귀를 현혹시키고 무절제한 볼거리는 눈을 현혹시키며, 귀와 눈이 좋아하는 바는 마음을 현혹시키고, 마음이 좋아하는 바는 백성을 상하게 한다. 백성이 상하고서 군주 자신이 위태로워지지 않는다는 말을 들어 본 적이 없다.”

〈그러므로〉 말한다. “텅 빈 황무지를 백성으로 채우고, 농지를 개간하며, 담장과 집을 수리하면 국가가 부유해진다. 음식을 절제하고 의복을 검소하게 하면 財用이 풍족해진다. 어질고 착한 사람을 등용하고 공로에 힘쓰고 덕과 은혜를 베풀면 賢人이 진출한다. 간사한 사람을 몰아내고 속임수와 거짓을 일삼는 자를 꾸짖고 남을 헐뜯는 간특한 자를 물리치면 간사한 사람이 저지된다. 기근을 대비하고 재해를 구제하고 피로한 사람들을 구휼하면 나라가 안정된다.”

故曰 五經既布然後逐姦民하고 **詰詐僞**하고 **屛讒慝**하고 **而毋聽淫辭**하고 **毋作淫巧**니 **若民有淫行邪性**하고 **樹爲淫辭**하고 **作爲淫巧**하고 **以上諂君上而下惑百姓**하고 **移國動衆**하여 **以害民務者**면 **其刑死流**①라 **故曰 凡人君之所以內失百姓**하고 **外失諸侯**하고 **兵挫而地削**하고 **名卑而國虧**하고 **社稷滅覆**하고 **身體危殆非生於諂淫者**는 **未之嘗聞也**라 **何以知其然也**오 **曰 淫聲諂耳**하고 **淫觀諂目**하며 **耳目之所好**는 **諂心**이라 **心之所好傷民**이니 **民傷而身不危者**는 **未之嘗聞也**라 **曰 實壙虛**하고 **墾田疇**하며 **修牆屋則國家富**요 **節飮食**하고 **撙衣服則財用足**이요 **擧賢良**하고 **務功勞**하며 **布德惠則賢人進**이요 **逐姦人**하고 **詰詐僞**하며 **去讒慝則姦人止**요 **修饑饉**하고 **救災害**하며 **振罷露則國家定**이라

① 其刑死流 : 큰 죄를 지은 자는 죽이고, 작은 죄를 지은 자는 추방한다.
大罪는 死하고 小罪는 流라

현명한 왕이 힘쓰는 바는 다음과 같다. 첫째, 근본적인 일을 강조하고 쓸모 없는 일을 제거하여 백성을 부유하게 만드는 것이다. 둘째, 현인을 선발하고 유능한 사람을 등용하여 백성을 다스릴 수 있게 하는 것이다. 셋째는 세금을 적게 매기고 백성에게서 구차하게 취함이 없고 성실과 사랑으로 대하여야 백성들과 친해질 수 있는 것이다. 이 세 가지는 霸王의 일이다. 이런 일에는 근본이 있으니 仁義가 그 핵심이다.

明王之務는 **在於强本事去無用然後民可使富**①요 **論賢人用有能而民可使治**요 **薄稅斂**하고 **毋苟於民**②하고 **待以忠愛而民可使親**이라 **三者霸王之事也**니 **事有本而仁義其要也**라

① 明王之務 在於强本事去無用然後民可使富 : '근본적인 일'은 農業과 蠶業이고, '쓸모 없는 일'은 말단적인 〈상공업이다.〉
本事는 謂農桑也요 無用은 謂末作也라
② 毋苟於民 : 백성에게 구차하게 취함이 없는 것을 가리킨다.
謂無苟取於民이라

지금 工人의 기술이 정교한데도 백성들이 일상용품에서 부족하게 되는 것은, 군주가 노리개를 좋아하기 때문이다. 농부가 수고하는데도 세상 사람들이 굶주리게 되는 것은, 군주가 진기하고 괴이한 것을 좋아하여 풍성한 方丈(음식)을 눈앞에 진열하기 때문이다. 〈베 짜는〉 여인네의 기술이 정교한데도 세상 사람들이 추위에 떨게 되는 것은, 군주가 화려한 繡를 좋아하기 때문이다. 그러므로 넓은 띠는 좁게 해야 하고 큰 소매는 찢어야 하며, 화려한 수는 물들여야 하고 조각한 것은 깎아 내야 하며, 아로새긴 것은 쪼아내야 하고 관문은 살피기만 할 뿐 관세를 매기지 말아야 하며, 시장의 가게에는 세금을 거둬들이지 말아야 한다. 옛날의 훌륭한 장인은 그의 지식과 기술로 노리개를 만드는데 힘쓰지 않았다. 그러므로 쓸모없는 물건을 만드는 자가 있으면 법을 집행하는 자가 놓치지 않았다.

今工以巧矣로되 **而民不足於備用者**는 **其悅在玩好**①요 **農以勞矣**로되 **而天下饑者**는 **其悅在珍怪**하여 **方丈**[14]**陳於前**②이요 **女以巧矣**로되 **而天下寒者**는 **其悅在文繡**③라 **是故博帶梨**④하고 **大袂列**⑤하며 **文繡染**⑥하고 **刻鏤削**⑦하며 **雕琢采**⑧하고 **關幾而不征**⑨하며 **市廛而不稅**⑩라 **古之良工**은 **不勞其知巧以爲玩好**라 **是故無用之物**은 **守法者不失**⑪이라

① 民不足於備用者 其悅在玩好 : 군주가 노리개를 좋아하면 백성이 말단적인 작업에 힘쓰게 되니, 그러므로 쓰임새를 갖추기에 부족하게 된다.
君悅玩好하면 則民務末作하니 故備用不足이라
② 方丈陳於前 : 풍성한 음식을 앞에 진열하면 비용이 많이 든다. 그러므로 농부는 수고하여도 굶주림을 면하지 못하게 되는 것이다.
方丈陳前하면 則役用廣이라 故農勞而不免於饑라

---

14) 方丈 : 차려진 음식이 1丈 높이가 되는 것을 의미한다. 이 말은 ≪맹자≫ 〈盡心 下〉의 "한 길이나 되는 밥상에 음식이 가득 차려져 있는 것과 侍妾을 수백 명 두는 일을 나는 뜻을 이루더라도 하지 않을 것이다.〔食前方丈 侍妾數百人 我得志弗爲也〕"라는 구절에서 유래하였다.

③ 天下寒者 其悅在文繡 : 군주가 화려한 繡를 좋아하면 베 짜는 여인의 몸이 상하게 되니, 그러므로 세상 사람들이 추위에 떨게 되는 것이다.

君悅文繡하면 則女工傷이니 故天下寒이라

④ 博帶梨 : 넓은 띠를 쪼개어 좁게 한다. '梨'는 '쪼개다'는 의미이다.

梨博帶하여 以就狹也라 梨는 割也라

⑤ 大袂列 : 큰 소매를 찢어 작게 만든다.

列大袂하여 以從小라

⑥ 文繡染 : 화려한 繡를 물들여 단순한 색으로 만든다.

染文繡하여 爲純色이라

⑦ 刻鏤削 : 조각한 것을 깍아내어 순수하고 소박하게 한다.

削刻鏤하여 爲純素라

⑧ 雕琢采 : 아로새긴 것을 쪼아내어 평평하게 한다.

采雕琢하여 爲純漫이라

⑨ 關幾而不征 : '幾'는 '살피다'는 의미이다. 단지 특이한 상황만 살필 뿐 세금을 매기지 않는다.

幾는 察也라 但使察非常而不征賦也라

⑩ 市廛而不稅 : '廛'은 시장에서 물건을 두는 곳이다. 단지 廛의 수를 기록하여 알기만 할 뿐 세금을 거두어들이지 않는다.

廛은 市中置物處라 但藉知其數不稅斂이라

⑪ 無用之物 守法者不失 : 혹 쓸모 없는 물건을 만드는 자가 있으면, 법을 집행하는 자는 반드시 잡아서 죽여, 〈그런 자를〉 놓치지 않도록 한다.

或爲無用物이면 守法者는 必得而誅之하여 不使漏失也라

管子 4卷

明 吳郡 趙氏本
唐 司空 房玄齡 註

제11편 주합 宙合
외언 2 外言 二

* '宙'는 往來古今의 시간을 말하고, '合'은 上下前後左右의 六合 즉 공간을 말한다. 따라서 '宙合'은 시간과 공간을 총괄하는 거대 개념이 된다. 이것은 위로는 하늘 위에까지 통하고 아래로는 땅의 아래까지 흐르며, 밖으로는 四海 밖까지 나가 천지를 하나로 감싼다. 관자는 이러한 거대 개념을 사용하여 천지를 넘어서는 보다 궁극적이고 근원적인 이치를 제시하고자 하였다. 군주는 이러한 宙合의 이치를 파악하고 그것을 현실 정치에 적절히 적용할 수 있는 지혜를 길러야 한다고 주장하고 있는 것이다. 이를 위해 관자는 대략 13항목의 구체적인 가르침을 제시하고, 그것들의 의미를 하나씩 설명하고 있다.

옛날과 지금을 '宙'라 한다. 진술하는 도가 이미 옛날에 통하고 또한 지금에도 합치되니, 두루 적용되지 않는 때가 없다.[1)]

古往今來曰宙也라 **所陳之道**는 **旣通往古**하고 **又合來今**하여 **無不包羅也**라

왼쪽은 五音을 잡고 오른쪽은 五味를 잡는다.[2)]

左操五音하고 **右執五味**①라

---

1) 옛날과……없다 : 여기서 언급되는 '宙'는 일종의 시간개념에 해당한다. ≪淮南子≫〈齊俗訓〉에서는 이를 바탕으로 공간개념과 연결시켜 "옛날과 지금을 가리켜 '宙'라 하고, 동서남북의 사방과 위와 아래를 가리켜 '宇'라고 한다.〔往古來今 謂之宙 四方上下 謂之宇〕"라고 하였다.

2) 왼쪽은……잡는다 : 비유적 표현이다. '왼쪽'은 군주를, '오른쪽'은 신하를 각각 상징한다.

① 左操五音 右執五味 : 첫 번째 항목이다.
第一擧目이라

〈군주가〉 먹줄·수준기·그림쇠 등과 같은 규범을 지니고 여러 통치 수단들을 갖추면, 〈백성들이 선을〉 최대로 발현하여 크게 이루게 된다. 오직 때와 덕이 符節처럼 합치해야 한다.

懷繩與準鉤하고 **多備規軸**하면 **減溜大成**이니 **是唯時德之節**① 이라

① 懷繩與準鉤……是唯時德之節 : 두 번째 항목이다.
第二擧目이라

봄에는 새로 난 나물을 캐고, 가을에는 열매를 따며, 여름에는 서늘한 그늘로 피하고, 겨울에는 따뜻한 곳에 머문다.

春采生하고 **秋采蓏**하며 **夏處陰**하고 **冬處陽**① 이라

① 春采生……冬處陽 : 세 번째 항목이다.
第三擧目이라

위대한 賢人의 덕은 길이 유지된다. 밝으면 지혜롭고 지혜로우면 밝으니, 떨치고 일어나면 곧 쇠락하게 된다. 밝고 지혜로우면 곧 크게 행세하게 된다.

大賢之德長이니 **明乃哲**하고 **哲乃明**하니 **奮乃苓**이라 **明哲乃大行**① 이라

① 大賢之德長……明哲乃大行 : 네 번째 항목이다.
第四擧目이라

〈은밀한〉 해를 입더라도 화를 내지 않고, 원망스러워도 〈비난을〉 말하지 않으며, 하고자 하는 바가 있어도 〈계획을〉 드러내지 않아야 한다.

毒而無怒하고 **怨而無言**하며 **欲而無謀**① 라

① 毒而無怒……欲而無謀 : 다섯 번째 항목이다.
第五擧目이라

법도와 의례를 크게 헤아려, 마치 잠에서 깨어 있는 듯 잠을 자고, 어둠에서 밝음을 보듯이 하며, 요임금시대의 敫처럼 한다.

大揆度儀하여 **若覺臥**하고 **若晦明**하며 **若敫之在堯也**①라

① 大揆度儀……若敫之在堯也 : 여섯 번째 항목이다.
第六擧目이라

아첨하는 자를 찾지 말고, 아양떠는 자를 모으지 말며, 흉악한 자를 기르지 말고, 남을 헐뜯는 자를 보지 말라. 바르지 않으면 나라의 황폐함이 심해진다.

毋訪于佞하고 **毋蓄于諂**하며 **毋育于凶**하고 **毋監于讒**하라 **不正**이면 **廣其荒**①이라

① 毋訪于佞……廣其荒 : 일곱 번째 항목이다.
第七擧目이라

〈아집에 갇혀 있는〉 자잘한 자는 쓰지 말고, 나는 새를 법도로 삼으라.

不用其區區하고 **鳥飛准繩**①이라

① 不用其區區 鳥飛准繩 : 여덟 번째 항목이다.
第八擧目이라

마음은 진실되어야 하고, 耳目은 단정해야 한다. 정치를 바꾸어 백성을 이롭게 하라.

讂充末衡이라 **易政利民**①이라

① 讂充末衡 易政利民 : 아홉 번째 항목이다.
第九擧目이라

흉악한 일을 범하지 말고, 가까운 이익만 구하지 말고 근심거리를 멀리하라. 그 거처를 높이 하면 위험이 왔을 때 아무도 구하지 못한다.

毋犯其凶하고 **毋邇其求而遠其憂**하라 **高爲其居**면 **危顚莫之救**①라

① 毋犯其凶……危顚莫之救 : 열 번째 항목이다.
第十擧目이라

얕을 수 있고 깊을 수 있고, 가라앉을 수 있고 뜰 수 있고, 굽을 수 있고 곧을 수 있고, 말할 수 있고 침묵할 수 있다.

可淺可深하고 **可浮可沈**하고 **可曲可直**하고 **可言可默**①이라

① 可淺可深……可言可默 : 열한 번째 항목이다.
第十一擧目[3]이라

하늘에는 하나의 때만 있지 않고, 땅에는 하나의 이로움만 있지 않으며, 인간의 삶에는 하나의 일만 있지 않다. 그대가 보는 것을 바르게 하고, 그대의 행위를 확고히 하며, 그대의 발자취를 깊이 하라.

天不一時하고 **地不一利**하며 **人不一事**라 **可正而視**하고 **定而履**하며 **深而迹**①이라

① 天不一時……深而迹 : 열두 번째 항목이다.
第十二擧目[4]이라

무릇 천지는 한번 험난하면 한번 평온하니, 마치 북이 소리를 지니고 있다가 그것을 치면 그에 따라 소리가 울려 나오는 것과 같다. 천지는 만물의 자루이고, 宙合은 천지를 감싸 안는다.

夫天地는 **一險一易**니 **若鼓之有**㨾하여 擿擋**則擊**이라 **天地**는 **萬物之**橐이요 **宙合**은 **有橐天地**①라

① 夫天地……有橐天地 : 열세 번째 항목이다.
第十三擧目이라

"왼쪽은 五音을 잡고 오른쪽은 五味를 잡는다." 이 말은 군주와 신하 사이의 구

3) 第十一擧目 : 劉績은 "'열한 번째 항목'은 '人不一事' 아래에 놓여야 한다.〔第十一擧目 當在人不一事下〕"라고 하였다.
4) 第十二擧目 : 劉績은 "'열두 번째 항목'은 '擊下' 아래에 놓여야 한다.〔第十二擧目 當在則擊下〕"라고 하였다.

분을 말한다.

군주는 명령을 내리니 편하다. 그러므로 왼쪽에 선다. 신하는 힘을 쓰니 수고롭다. 그러므로 오른쪽에 선다. 무릇 五音은 서로 소리가 다르지만 조화를 이룰 수 있다. 이는 군주가 내리는 명령이 망령됨이 없고 〈따라서 백성들이〉 따르지 않는 바가 없다는 말이다. 〈이처럼〉 잘 따르고 명령이 실행되면 정치가 잘 이루어진다. 五味는 서로 맛이 다르지만 조화를 이룰 수 있다. 이는 신하들이 〈각자의〉 맡은 바에 힘쓰면 잘못됨이 없고 얻지 못하는 바가 없게 된다는 점을 말한다. 〈그렇게〉 얻고 힘쓰면 재물이 많아진다. 그러므로 군주가 명령을 내리는 것은 나라를 바르게 하려는 것이지 백성들의 욕망을 획일화하려는 것이 아니다. 사랑한다는 점에서는 같지만, 사랑하는 방법은 어느 하나만 옳은 것이 아니다.

左操五音하고 **右執五味**는 **此言君臣之分也**①라 **君出令佚**하니 **故立于左**②요 **臣任力勞**하니 **故立于右**③라 **夫五音不同聲而能調**는 **此言君之所出令無妄也**④**而無所不順**이니 **順而令行政成**⑤이라 **五味不同物而能和**는 **此言臣之所任力無妄也**⑥ **而無所不得**이니 **得而力務財多**⑦라 **故君出令**은 **正其國而無齊其欲**⑧이요 **一其愛而無獨與是**⑨라

① 左操五音……此言君臣之分也 : 왼쪽은 陽으로 군주의 도이고, 오른쪽은 陰으로 신하의 도다. 그러므로 군주와 신하 사이에는 구분이 있다고 말하는 것이다.
左陽君道이고 右陰臣道라 故曰君臣之分也라

② 君出令佚 故立于左 : 군주는 단지 명령만 내릴 뿐이다. 그러므로 '편하다'고 말하는 것이다. 대개 '오른쪽'은 실질적인 일에 힘쓴다. 그러므로 '왼쪽(군주)'은 편하고 '오른쪽(신하)'은 수고롭다.
君但出令이니 故曰佚이라 凡右爲用事하니 故左佚而右勞라

③ 臣任力勞 故立于右 : 신하는 힘을 쓴다. 그러므로 '수고롭다'고 말한다.
臣則任力하니 故曰勞라

④ 夫五音不同聲而能調 此言君之所出令無妄也 : 五音은 비록 서로 다르지만 樂師가 모두 조율할 수 있다. 이것은 곧 온갖 제도들이 비록 각각 다르지만 군주가 모두 다 조정할 수 있는 것에 비유된다. 그러므로 군주가 내리는 명령에 망령됨이 없다.
五音雖有不同이나 樂師盡能調之라 喩百度雖各有別이나 君則盡能裁之라 故所出無妄이라

⑤ 無所不順 順而令行政成 : 군주가 명령을 내림에 모두 따르고 받들면 정치가 잘 이루어진다.
君出令에 皆順奉之하면 則政成이라

⑥ 五味不同物而能和 此言臣之所任力無妄也 : 五味는 요리사가 조화시킬 수 있다. 〈마찬가지로〉 온갖 직책들은 신하들이 각자의 직책을 맡아 지키면 잘못됨이 없다.
五味는 宰夫가 能和之라 百職은 臣守任之면 而無妄也라

⑦ 無所不得 得而力務財多 : 신하들이 〈각자의〉 직책을 맡아 마땅함을 얻는데 힘쓸 수 있으면 재물이 반드시 많아진다.
臣能任職하여 得宜務하면 而財必多也라

⑧ 君出令 正其國而無齊其欲 : 백성들이 특이한 것을 욕망하면, 그 욕망에 따라서 가르친다.
民欲既異常하면 隨其欲而敎之也라

⑨ 一其愛而無獨與是 : 왕과 신하는 그 사랑하는 감정은 같아야 하지만, 온 나라를 걸쳐 두루 살펴보면 한 가지 방법만 있는 게 아니다. 즉 사랑하는 법은 하나가 아니니, 어느 하나의 방법만이 옳은 게 아니다.
王臣其愛宜一이나 率土周之無所獨與라 則是愛不一이니 毋獨與是也라

왕이 베풀면서 사사로움이 없으면 천하 백성들이 찾아와 복종하게 될 것이다. 신하들은 맡은 일에 힘쓰면서 함께 충성할 뿐 그 이익을 다투지 않으며, 자기 일을 놓치지 않을 뿐 그 명예를 소유하지 않는다. 〈이처럼 신하들이〉 서로 존경하면서 질투하지 않으면, 〈나라 안의〉 부부들이 서로 화목하고 부지런해질 것이다. 군주가 '音'을 잃으면[5] 반드시 風敎와 律令이 흩어지고, 風敎와 律令이 흩어지면 나라가 어지러워지고 망하게 된다. 신하가 '味'를 떠나면[6] 백성이 길러지지 않고, 백성이 길러지지 않으면 대중들이 흩어진다. 군주와 신하가 각자 자기 직분을 다할 수 있으면 나라가 평안해질 것이다. 그러므로 이런 것을 '큰 덕'이라 이름한다.

王施而無私면 則海內來賓矣라 臣任力同其忠而無爭其利하고 不失其事而無有其名하고 分敬而無妒則夫婦和勉矣라 君失音則風律必流①하고 流則亂敗이요 臣離味則百姓不養②하고 百姓不養則衆散亡이니 君臣各能其分則國寧矣라 故名之曰不德[7]이라

5) 군주가……잃으면 : 앞서 "왼손으로는 五音을 잡는다.〔右執五味〕"고 하였다. 따라서 '音'을 잃는다는 말은, 군주가 자신의 직분을 잃는 상황을 비유적으로 표현한 것이다.

6) 신하가……떠나면 : 앞서 "오른손으로는 五味를 잡는다"고 하였다. 따라서 '味를 떠난다.'는 말은, 신하가 자신의 직책을 벗어나는 상황을 비유적으로 표현한 것이다.

7) 名之曰不德 : '不德'에 대한 해석은 두 가지 방식의 접근이 가능하다. 첫째는 '不'를 '丕'의 誤字로 보는 것이다. 이때 '丕德'은 '큰 덕'으로 해석된다. 둘째는 '不德'을 ≪노자≫ 38장에서 언급되는 "上德不德 是以有德"의 '不德'으로 보는 것이다. 이때 '不德'은 자신의 덕을 덕으로 내세우지 않는 겸손한 태도의 上德을 의미하게 된다. 역자는 첫 번째의 방식을 취하여 해석하였다.

① 君失音則風律必流 : '流'는 '흩어지다'는 의미이다.
流는 謂蕩散이라

② 臣離味則百姓不養 : 신하들이 '味'를 떠나면, 온갖 직책들이 텅 비게 되므로 백성들이 길러지지 않는다.
臣離味면 百職曠하니 故百姓不養也라

"군주가 먹줄·수준기·그림쇠 등과 같은 규범을 지니고 여러 통치 수단들을 갖추면, 〈백성들이 선을〉 최대로 발현하여 크게 이루게 된다. 오직 때와 덕이 符節처럼 합치해야 한다."

무릇 먹줄은 휘어 있는 것을 바르게 하는 도구이고, 수준기는 울퉁불퉁한 것을 무너뜨려 평평하게 하는 도구이며, 그림쇠는 굽은 것을 곧게 펴는 도구이다. 이는 聖君과 賢相이 제도를 운용하는 것을 말한다. 〈인재를〉 널리 구하여 놓치는 바가 없으면 그에 말미암아 유능한 인재들을 남김없이 갖추게 된다. 동일한 나라이고 동일한 백성인데, 桀과 紂는 이들을 어지럽혀 망했고 湯임금과 武王은 이들을 다스려 창성해졌다. 〈湯임금과 武王은〉 도리를 밝힘으로써 가르치고 법을 밝힘으로써 〈규범을〉 지키게 하였으니, 백성들이 이와 같이 선하게 된 것은 바로 湯임금과 武王의 공이다.

懷繩與準鉤하고 **多備規軸**하면 **減溜大成**이니 **是唯時德之節**이라 **夫繩**은 **扶撥以爲正**이요 **準**은 **壞險以爲平**①이요 **鉤**는 **入枉而出直**②이니 **此言聖君賢佐**[8]**之制擧也**③라 **博而不失**하면 **因以備能而無遺**④라 **國猶是國也**요 **民猶是民也**로되 **桀紂以亂亡**하고 **湯武以治昌**⑤이라 **章道以教**하고 **明法以期**니 **民之興善也如此**는 **湯武之功是也**⑥라

① 準 壞險以爲平 : 수준기는 반드시 이전의 높고 가파른 것을 무너뜨린 이후에 평평하게 된다.
準은 必壞舊高峻而後以爲平也라

② 鉤 入枉而出直 : 匠人이 그림쇠를 사용하면 굽은 것에 나아가 곧은 것을 얻어낸다.
工人用鉤하면 則就枉取直也라

③ 此言聖君賢佐之制擧也 : 제도에 의해 어진 사람을 등용하는 방법은 그림쇠를 사용하는 것과 같다는 말이다.
言 制以擧賢之法은 用鉤也라

④ 博而不失 因以備能而無遺 : 등용하는 바가 이미 넓으면 굽은 것이나 곧은 것이나 모두

8) 賢佐 : 古本·劉本·朱本 등에는 '賢相'으로 되어 있다.

다 사용하기 때문에 잃는 바가 없다. 비록 닭처럼 울고 개처럼 도둑질해도 취하지 못할 바가 없으니,[9] 모두 각자의 장점이 있기 때문에 모두 갖추어 쓸 수 있는 것이다.
所擧旣博하면 則枉直咸盡이니 故無所失이라 雖雞鳴狗盜라도 無所不取니 皆有所長이라 故能備之라

⑤ 國猶是國也……湯武以治昌 : 湯임금의 백성이 桀의 백성이기도 하고, 武王의 백성이 紂의 백성이기도 하다. 그런데 桀과 紂의 경우는 이들로 망하였으니 이를 어지럽혔기 때문이고, 湯임금과 武王의 경우는 이들로 창성하였으니 이를 다스렸기 때문이다.
湯之國人이 亦桀之國人이요 武之國人이 亦紂之國人이라 桀紂는 以之亡하니 亂之故也이고 湯武는 以之昌하니 治之故也라

⑥ 章道以教……湯武之功是也 : 湯임금과 武王이 창성하게 된 것은 교화를 밝혔기 때문이다. 사람들이 善을 일으키는 것 또한 〈교화를〉 밝게 드러냈기 때문이다.
湯武之昌은 教化明也라 人之興善은 亦章明也라

"多備規軸者"라는 것은 〈크고 작은〉 통치 수단이 이루어졌다는 의미이다.

무릇 통치 수단들이 두루 갖추어지면, 큰 곳에 처하여도 다함이 없고 작은 곳에 들어가도 막히지 않는다. 이는 발자국에서 신발의 법을 구하는 것과 같으니, 그 어디에 간들 善이 이르지 않겠는가? 善에 도달하여 〈선을 행할〉 준비가 되어 있으면 〈백성들이〉 가볍게 군주를 따르니, 이 때문에 선이 결핍됨이 없다. 그러므로 잘 가르치는 사람은 그런 것에서 잘 본받는다.

하늘이 만물을 길러냄은 이루 다 헤아릴 수 없고 땅이 만물을 化生함은 끝이 없다. 〈어리석은 속인은〉 이른바 옳다고 여기면 그른 것을 무시하고 그르다고 여기면 옳은 것을 무시한다. 그런데 옳음과 그름은 함께 있어 반드시 교대로 온다. 진실로 어떤 것을 옳은 것으로 믿게 되면, 반드시 그것의 문제를 미리 살필 수 없고 그것에 대해 깊이 사려 할 수 없다. 그러다가 〈그것의 문제가〉 예상치 못한 순간 갑자기 나타나게 된다.[10] 그러므로 성인은 널리 듣고 많이 보고 道를 쌓아 사물을 받아들인다. 〈그리하여〉 사물이 이르면 성인은 그것의 형태에 따라 대응하므로, 모든 사물은 균등하게 성인의 은혜를 입게 된다.

---

9) 닭처럼……없으니 : 秦나라에 초빙된 맹상군이 참소로 처형당하게 되었는데 食客 중 닭처럼 우는 자와 개처럼 도둑질하는 자의 도움으로 위기를 벗어날 수 있었다.(≪史記≫ 〈孟嘗君列傳〉)

10) 진실로……된다 : 이 부분에 대한 舊注의 주석은 그 의미가 분명하지 않아 따르지 않았다.

多備規軸者는 **成軸**[11)]**也**①니 **夫成軸之多也**면 **其處大也不究**하고 **其入小也不塞**②라 **猶迹求履之憲也**③니 **夫焉有不適善**④이리오 **適善**하여 **備也**면 **僊也**니 **是以無乏**⑤이라 **故諭教者**는 **取辟焉**⑥이라 **天淯陽**에 **無計量**하고 **地化生**에 **無法厓**⑦니 **所謂是而無非**하고 **非而無是**⑧니 **是非有**하여 **必交來**라 **苟信是**면 **(以)〔必〕有不可先(規)〔窺〕之**⑨[12)]하고 **必有不可識慮之**라 **將卒然而不戒而至**⑩[13)]라 **故聖人**은 **博聞多見**하여 **畜道以待物**⑪하고 **物至而對形**하니 **曲均存矣**⑫라

① 多備規軸者 成軸也 : '規'는 원을 바르게 그리는 도구이고, '軸'은 規를 돌리는 것이다. 크고 작은 도구들이 모두 갖추어졌으니, 그러므로 '多備'인 것이다. 네모는 엄함과 강함을 주관하고, 원은 부드러움과 온화함을 주관한다. 지금 '規'를 사용하는 것은 은혜를 베풀어 사람들을 끌어들이고자 함이다.

規者는 正圓器이요 軸者는 轉規라 大小悉須備하니 故多備라 方은 主嚴剛하고 圓은 主柔和라 今用規者는 欲施恩引物也라

② 夫成軸之多也……其入小也不塞 : '究'는 '다하다'는 의미이다. 큰 軸은 큰 곳에 사용하고, 작은 곳에서는 작은 것을 사용한다. 처하는 사물에 따라 거기에 마땅한 것을 사용하니, 그러므로 큰 것과 작은 것이 있는 것이다.[14)]

究는 窮也라 大軸用大하고 處小用小라 處因物施宜니 故有大小也라

③ 猶迹求履之憲也 : '발자국'은 신발이 만들어내는 것이고, '선'은 은혜가 낳는 것이다. '憲'은 法이다. 발자국을 본떠서 신발의 법을 구하면 신발의 법을 얻을 수 있다. 〈이와 마찬가지로〉 은혜를 베풀어 선한 마음을 구하면 선한 마음이 생겨날 수 있다.

迹者는 履之所出이요 善者는 恩之所生이라 憲은 法也라 擬迹而求履法하면 履法可得이요 施恩而求善心하면 善心可生也라

④ 夫焉有不適善 : 은혜로써 선을 좇기 때문에 〈선에〉 이르지 못하는 곳이 없다.

以恩驅善하니 故無不適也라

---

11) 成軸 : 본래적 의미는 '軸이 완성되다'는 뜻이지만, 후대에 법식이나 법규가 완성됨을 상징적으로 표현하는 말이 되었다.

12) (以)〔必〕有不可先(規)〔窺〕之 : 丁士涵(淸)의 견해에 의거하여 '以'를 '必'로, '規'를 '窺'로 바로잡았다.(≪管子校本≫)

13) 將卒然而不戒而至 : 저본에는 "然將卒而不戒"로 되어 있으나, 許維遹(中)의 견해에 의거하여 바로잡았다. 그는 본서의 "苟信是 必有不可先窺之 必有不可識慮之 將卒然而不戒而至 故聖人博聞多見 畜道以待物" 구절의 의미는, ≪회남자≫ 〈說山〉편에서 "事或不可前規 物或不可慮 卒然不戒而至 故聖人畜道以待時"로 표현되었다고 보았다.(≪管子集校≫)

14) 究 窮也……故有大小也 : 劉績은 "다른 판본의 주에는 '成軸이 이미 많으니 사물에 말미암아 마땅한 것을 사용한다. 크고 작은 곳에 처할 때마다 〈적절하게〉 사용하는 것이다.'로 되어 있다.〔別本註 成軸旣多 因物施宜 隨大小而 用之者也〕"라고 하였다.

⑤ 適善……是以無乏 : '僊'은 가볍게 따르는 모습이다. 이미 모두 善에 도달하여 은혜에 의해 선을 행할 준비가 되어 있는 사람은 군주에게 가볍게 따른다. 선이 이미 준비되어 있고 순종하는 마음이 있는데 그 어디에서 〈선이〉 결핍되겠는가? 따라서 〈선을〉 구하는 자는 선해지지 않는 경우가 없다.

僊은 輕順貌라 旣皆適善하여 能備以恩爲善者는 輕順人君이라 善旣備順인데 何所乏哉리오 則求者는 無不善也라

⑥ 故諭教者 取辟焉 : '辟'은 法이다. 취하여 규범으로 삼는다.

辟은 法也라 取爲規矩也라

⑦ 天淯陽……無法厓 : '淯'은 '育'의 옛날 글자이다. 하늘은 양기로 만물을 生育하니, 사물의 생성됨은 이루 헤아릴 수 없다. 땅은 음기에 의해 만물을 化育하니, 사물의 생성과 화육은 끝이 없다. 군주의 은혜는 〈이러한〉 하늘과 땅의 두터움과 넓음을 본받는다.

淯은 古育字라 天은 以陽氣育生萬物하니 物生不可計量이라 地는 以陰氣化萬物하니 物之生化無有崖畔이라 君之恩은 法天地之厚廣也라

⑧ 所謂是而無非 非而無是 : 한편으로 은혜를 베풀 뿐만 아니라 다른 한편으로는 사물을 따라야 한다. 이를 따라 옳다고 하는 경우는 그르다고 할 수 없으며, 이를 따라 그르다고 하는 경우는 옳다고 할 수 없다.

亦旣行恩하고 又須順物하니 當順而是之는 不得有非하고 當順而非之는 不得有是也라

⑨ 是非有……(以)〔必〕有不可先(規)〔窺〕之 : 옳음과 그름이 이미 있으면 반드시 이 둘을 함께 오게 하여 검증해야 한다. 옳음이 이미 신뢰할 수 있다면 그름은 덮을 수 없다. 그러므로 먼저 은혜와 의로움으로 〈그름을〉 그치게 하고 고치게 한다.

是非旣有면 必使二者俱來하여 得以驗之라 是旣信之有矣면 非則不可掩이라 故先以恩義令息改也라

⑩ 必有不可識慮之 將卒然而不戒而至 : '不可識'은 그릇된 음모가 은밀히 숨어 있어 뜻을 헤아릴 수 없다는 의미이다. 그것은 혹 화의 근원을 품고 있을 수 있으므로 반드시 미리 염려하여 방어하다가, 그 일이 이루어지려고 하면 반드시 은밀히 대비해야 하는 것이니, 상대에게 미리 경고해서는 안 된다.

不可識은 謂其非謀隱伏하여 意在不測이라 或包藏禍心이니 故必有以防慮之하여 如其事將終이어든 必當陰備待之니 不可戒告於彼也라

⑪ 聖人……畜道以待物 : 도로써 사물을 받아들이면, 포용하지 못할 것이 없다.

以道待物하면 物無不容也라

⑫ 物至而對形 曲均存矣 : '對'는 '짝하다'는 의미이다. 사물이 이르면 크고 작은 은혜로 크고 작은 사물에 대응한다. 이렇게 하면 〈모든 사물은〉 균등하게 모두 은혜 가운데 놓이게 되니 놓치는 것이 없다.

對는 配也라 物至矣면 以多少之恩으로 配大小之形이라 如此하면 則均平皆在於恩中하니 無遺失也라

'減'은 '극진하다'는 의미이고, '溜'는 '발현하다'는 의미이다. 〈군주의 가르침이〉 두루 감싸 다 얻지 못하는 것이 없다는 말이다. 그러므로 "〈선을〉 최대로 발현하여 크게 이룬다."고 말하는 것이다. 성공의 방법은 반드시 법도를 지니는 것이고, 반드시 덕을 두루 베풀고 때를 자세히 살피는 것이다. 때와 덕이 만나는 것은 일이 이루어지는 조건이니, 이는 마치 符節을 합하는 것과 같다. 그러므로 "오직 때와 덕이 符節처럼 합치되어야 한다."고 말하는 것이다.

減은 **盡也**요 **溜**는 **發也**라 **言徧環畢**하여 **莫不備得**이라 **故曰減溜大成**①이라 **成功之術**은 **必有巨獲**②[15]하고 **必周於德審於時**라 **時德之遇**는 **事之會也**니 **若合符然**이라 **故曰是唯時德之節**③이라

① 言徧環畢……故曰減溜大成 : '減溜'는 '최대로 발현한다'는 의미이다. 군주가 이미 균등하게 은혜를 베풀었으므로 사람들이 선을 최대로 발현하게 된다. 또한 이미 선을 최대로 발현하고, 군주의 가르침이 치우치지 않아 두루 감싸니 갖추어 얻지 못함이 없다.
減溜는 盡發이라 君旣均施以恩하니 故物盡發於善이라 亦旣盡善하고 君敎不偏하여 減順環圓之周하니 無不備得也라

② 成功之術 必有巨獲 : '巨'는 '크다'는 의미이다. 공이 크면 큰 수확을 이루게 된다.
巨는 大也라 功大면 成大獲이라

③ 是唯時德之節 : 덕이 이미 두루 베풀어지고 때 또한 자세히 살펴, 덕과 때가 마치 符節처럼 합치된다면, 그 어떤 공이 이루어지지 않겠는가?
德旣周하고 時又審하여 二者遇會이 若合符契하면 則何功而不成也오

"봄에는 새로 난 나물을 캐고, 가을에는 열매를 따며, 여름에는 서늘한 그늘에 머무르고, 겨울에는 따뜻한 곳에 머문다." 이것은 성인의 움직임과 고요함, 엶과 닫음, 굽힘과 펼침, 채움과 수축함, 취함과 베풂이 반드시 때에 말미암는다는 의미이다. 때가 되면 움직이고 때가 아니면 고요히 머문다. 그러므로 옛날의 선비는 뜻이 있어도 함부로 드러내지 않았다. 그러므로 다스림에 관한 말을 단속하여 마음속 깊이 간직하였다.

春采生·秋采蓏·夏處陰·冬處陽이라 **此言聖人之動靜·開闔·詘信·浧儒**[16]**·取與之**

15) 必有巨獲 : 王念孫(淸)은 '巨獲'은 '矩矱'(구확)으로 읽어야 된다고 하였다.(≪讀書雜志≫) 安井衡(日) 또한 '巨'의 古字는 '矩'이고, '獲'은 '矱'의 誤字라고 주장한다.(≪管子纂詁≫) 이렇게 볼 경우 '巨獲'은 '矩矱' 즉 '법도'라는 의미가 된다. 舊注에서는 "巨 大也 功大 成大獲"으로 풀이하고 있으나, 역자는 이를 따르지 않고 왕염손 등의 견해를 수용하여 해석하였다.

必因於時也니 **時則動**하고 **不時則靜**이라 **是以古之士**는 **有意而未可陽也**라 **故愁**[17] **其治言**하고 **含愁而藏之也**①라

① 是以古之士……含愁而藏之也 : 세상을 구하고자 하는 뜻을 지니고 있어도 시대의 어지러움이 극심하면, 아직 밝게 드러내어 의론할 수 없다. 그러므로 시대를 다스리는 말을 은밀히 단속하여 마음 속에 간직한다고 말하는 것이다.
有意濟世라도 時亂方殷이면 未可明論이라 故曰 理代之言을 陰愁而藏之라

賢人은 난세에 처하여 道가 실행될 수 없음을 알면 깊이 숨어 자신을 낮춤으로써 罰을 피하였고, 고요히 침묵함으로써 禍를 면하였다. 그 피하는 모습이 여름에는 서늘한 곳으로 나아가고 겨울에는 따뜻한 곳으로 나아가, 추위와 더위의 재난을 벗어나는 것과 같았다. 이는 죽음을 두려워하여 충성하지 않는 게 아니다. 무릇 강력한 忠言을 하다가 죽임을 당하면 공과 은택이 더해지지 못한다. 〈이런 태도로〉 나아가면 군주의 義를 손상시키고 물러나면 신하의 생명이 해를 입게 되니, 그 이롭지 않음이 더욱 심해진다. 그러므로 뒤로 물러나더라도 곧은 지조와 공부를 버리지 않고 또한 책읽기를 그치지 않고 좋은 세상이 오기를 기다린다. 그러므로 微子[18]는 紂의 어지러움에 참여하지 않았으니, 〈나중에〉 宋나라에 봉해져 殷나라 遺民의 군주가 되었다. 〈그 결과〉 殷나라 조상의 종묘가 없어지지 않고 후세에까지 이어지게 된 것이다. 그러므로 "위대한 賢人의 덕은 길이 유지된다."고 말하는 것이다.

賢人之處亂世也에 **知道之不可行**이면 **則沈抑以辟罰**하고 **靜默以侔免**①이니 **辟之也**는 **猶夏之就凊**하고 **冬之就溫焉**하여 **可以無及於寒暑之災矣**②요 **非爲畏死而不忠也**③라 **夫强言以爲僇**하여 **而功澤不加**④요 **進傷爲人君嚴之義**⑤하고 **退害爲人臣者之生**[19]⑥하니 **其爲不利**

16) 涅儒 : 王念孫(淸)은 '涅'은 '逞'의 誤字로 '盈'의 의미를 지니고, '儒'는 '偄'의 誤字로 '縮'의 의미를 지닌다고 보았다.(≪讀書雜志≫)

17) 愁 : 王念孫(淸)은 ≪鄕飮酒義≫에 나오는 "秋之爲言愁也"에 대한 鄭玄의 주에 의거하여, '愁'는 '揫'와 통하고 그 의미는 '歛'이라고 보았다.(≪讀書雜志≫)

18) 微子 : 殷나라 紂王의 庶兄으로 微 땅에 봉해졌던 사람으로, 殷나라 말기에 紂王이 폭정을 자행하자 자주 찾아가 간하였으나 들어주지 않자 마침내 도망가 숨었다. 武王은 은나라를 멸망시킨 후 그를 宋 땅에 봉하여 殷나라의 종묘사직을 보존하게 하였다.

19) 進傷爲人君嚴之義 退害爲人臣者之生 : 이 구절은 해석하기가 까다롭고, 舊注의 주석은 牽强附會에 가깝다. 이에 丁士涵(淸)은 '嚴'을 衍文으로 처리하고, 이 구절의 의미를 "나아

彌甚⑦이라 **故退身不舍端修業**하고 **不息版**⑧**以待清明**⑨이라 **故微子不與於紂之難而封於宋**하여 **以爲殷主**라 **先祖不滅**하고 **後世不絶**이라 **故曰大賢之德長**⑩이라

① 靜默以侔免 : '侔'는 '취하다'는 의미이다.
侔는 取也라

② 辟之也……可以無及於寒暑之災矣 : 여름에 서늘한 곳에 가지 않고 겨울에 따뜻한 곳에 가지 않으면, 곧 추위와 더위의 재앙이 이르게 되니 끝내 이익이 없다. 이것은 '賢者가 난세를 피하지 않으면 곧 형벌과 허물을 초래하게 되니, 그 어떤 영화를 얻을 수 있겠는가?'를 비유하였다.
夏에 不就凊하고 冬에 不就溫하면 更以寒暑致災하니 終無益也라 喩賢者不避亂世면 更招刑譴하니 何榮之可得哉오

③ 非爲畏死而不忠也 : 賢人이 난세를 피하는 것이 어찌 죽음을 두려워하여 충성하지 않는 것이겠는가? 단지 아무런 이익도 없이 헛되이 죽기 때문이다.
賢人之避亂世가 豈畏死而不忠哉리오 但以無益而徒死也라

④ 夫強言以爲僇 而功澤不加 : 말할 때가 아니면 반드시 형벌을 받거나 죽임을 당한다. 이미 형벌을 받거나 죽임을 당하면 어떤 공과 은택이 더해질 수 있겠는가?
時非所言이면 必致刑僇이라 旣刑僇矣면 何功澤之加哉리오

⑤ 進傷爲人君嚴之義 : 신하가 나아가면 남도 상하게 하고, 군주는 이로 인해 더욱더 가혹해진다.
臣進而遇傷人하고 君因此로 益加其嚴酷也라

⑥ 退害爲人臣者之生 : 물러나면 해를 입지는 않지만, 신하는 이로 인해 더욱더 삶이 구차해진다.
退而不遇害이나 而人臣因此로 轉更偸生也라

⑦ 其爲不利彌甚 : 난세를 피하지 않아 해를 입으면, 군주는 더욱더 가혹해지고 신하 또한 더욱 삶이 구차해지니, 〈상하 모두〉 이롭지 않음이 더욱 심하다.
不避亂世而遇害하면 則君益其嚴酷하고 臣亦偸生하니 不利彌甚也라

⑧ 不息版 : '版'은 책이다.
版은 牘也라

⑨ 以待淸明 : 賢者는 비록 뒤로 물러나더라도, 끝내 자신의 곧은 지조를 버리지 않고 공부를 멈추지 않으며 또한 책읽기를 그치지 않으니, 이것은 난세가 맑아지기를 기다리고 날개를 펼칠 수 있는 風雲을 기다리기 때문이다.

가면 군주의 義를 손상시키고, 물러나면 신하의 생명을 해친다."라고 간명하게 처리하였다.(≪管子校本≫)

賢者는 雖復退身이라도 終不舍其端操하고 不息修業하며 亦不息其版籍하니 所以俟亂世淸明하고 候風雲以擧翼也라

⑩ 先祖不滅……故曰大賢之德長 : 오래 갈 수 있고 위대해 질 수 있는 것이 바로 賢人의 德業이다.

可久可大가 則賢人之德業이라

"밝으면 지혜롭고 지혜로우면 밝으니, 떨치고 일어나면 곧 쇠락하게 된다. 밝고 지혜로우면 곧 크게 행세하게 된다." 이것은 다음과 같은 의미이다. '자신의 장점을 자랑하고 자신의 흥성함을 으스대고 스스로 잘난체하면서, 남에게 방자하고 제멋대로 굴고 남을 능멸하고 업신여기면, 이런 태도로 인해 사람들이 항상 실패하게 된다.' 그러므로 성인은 이 점을 책에 적어 후세에 전하면서, "크게 흥성하면 이내 쇠락하게 되니, 흥성하면서 쇠락하지 않는 경우는 일찍이 존재한 적이 없다."라고 경고하였다. 그러므로 道를 지닌 사람은 저울대를 평평하게 하지 않고,[20] 자신의 양을 가득 채우지 않으며, 자신의 즐거움에 너무 의존하지 않고, 자신의 기준을 너무 밀고 나가지 않는다. 〈그러므로 道를 지닌 사람은〉 자신의 작위가 높으면 선비들에게 공손히 대하고, 녹이 많으면 남에게 베푸는 데 힘쓰며, 세운 공이 대단해도 자랑하지 않고, 이룬 성과가 밝게 드러나도 뽐내지 않는다. 무릇 명예와 실질이 서로 어그러진 지 오래되었다. 그러므로 사방 이웃의 호의를 끊고 빈객들과의 교제를 하지 않는다. 지혜로운 사람은 명예와 실질 둘 다 지킬 수 없다는 사실을 안다. 이에 둘 중에 하나만 취하기 때문에, 편안하여 아무런 근심이 없다.

明乃哲·哲乃明·奮乃苓·明哲乃大行은 **此言 擅美主盛自奮也**는 **以琅湯凌轢人**[21]이니 **人之敗也常自此**라 **是故聖人著之簡筴**하여 **傳以告後進曰**컨대 **奮盛**하면 **苓落也**니 **盛而不落者未之有也**라 **故有道者**는 **不平其稱**하고 **不滿其量**하며 **不依其樂**[22]하고 **不致其度**①라 **爵尊**

20) 저울대를……않고 : 저울대는 추가 무겁거나 가벼우면 한쪽으로 기운다. 기우는 모습은 자신을 낮추는 태도가 되고, 평평한 모습은 자신을 고집하는 뻣뻣한 태도의 비유적 표현이다.

21) 以琅湯凌轢人 : 丁士涵(淸)에 의하면 '琅'은 '浪'으로 읽어야 하고, 이때 '浪'은 곧 '放'(방탕함)의 의미가 된다. 그리고 '湯'은 '蕩'으로 읽어야 하고, 이때 '蕩' 역시 '放'의 의미가 된다. 총괄컨대 '浪'·'蕩'·'凌'·'轢' 4자의 의미는 모두 비슷한 의미를 지닌다고 보았다.(≪管子校本≫)

22) 不依其樂 : 兪樾(淸)은 '依'를 '殷'의 의미로 해독하였다. 齊나라 사람들의 말에서 '依'와

則肅士하고 **祿豐則務施**하며 **功大而不伐**하고 **業明而不矜**이니 **夫名實之相怨久矣**[23)]라 **是故絶而無交**②라 **惠者**[24)]는 **知其不可兩守**하고 **乃取一焉**이라 **故安而無憂**③라

① 故有道者……不致其度 : '도를 지닌 사람'은 탕임금과 무왕이다. 때문에 〈이들은〉 저울대를 평평하게 하거나 자신의 양을 가득 채우지 않았다. 자신의 즐거움에 의존하거나 자신의 기준을 밀고 나가지 않는다는 것은, 자신의 밝음을 감추기 위한 것이다.
有道者는 則湯武也라 所以不平稱滿量라 〔不〕依樂致度者[25)]는 所以晦其明이라

② 絶而無交 : 명예를 지니고 〈동시에〉 실질적 이익을 차지하면 반드시 사람들의 원망을 사게 되는 것이니, 그 유래가 오래되었다. 때문에 〈도를 지닌 사람은〉 사방 이웃의 호의를 끊고 빈객들과의 교제를 막았으니, 명예와 실질을 〈모두 독점했다는〉 소문을 싫어하기 때문이다.
有名有實하면 必爲人怨이니 其來久라 所以絶四隣之好하고 杜賓客之交하니 惡其名實之聞也라

③ 惠者……故安而無憂 : 명예와 실질적 이익은 두 가지 모두 지킬 수 없다. 그러므로 단지 그 중 하나만을 가지니, 이로 인해 원망이 그치게 된다. 따라서 마음이 편안하여 근심이 없는 것이다.
名實은 不可兩守라 故但存其一하니 怨從此而息이라 所以安然而無憂也라

"해를 입더라도 화를 내지 않는다."는 것은 성급히 분노하는 행위를 억제하고 〈상대의〉 분노를 감추는 법을 멈추게 한다는 의미이다. "원망하는 것이 있어도 말하지 않는다."는 것은 말은 신중하지 않을 수 없다는 의미이다. 말을 조심하지 않으면 오히려 자기 몸이 상하게 된다. "하고자 하는 바가 있어도 계획을 드러내지 않는다."는 것은 계획을 누설하지 말아야 한다는 말이다. 계획이 누설되면 재앙이 이른다. 무릇 분노를 표출하는 것이 빨리 일어나고, 적의 의도를 발견할 방법이

'殷'은 그 소리가 같았기 때문에 서로 통용되었다는 것이다. 따라서 '不依其樂'은 곧 '不殷其樂'으로 읽어야 한다는 것이다.(≪諸子平議≫) 역자는 舊注에 근거하여 해석하였다.

23) 夫名實之相怨久矣 : 여기서 '怨'은 '違'로 해석될 수 있다. 이 점에 대해 許維遹(中)은 "怨은 違와 같다. ≪廣雅≫ 〈釋詁〉에 '違 怨也'로 되어 있다."라고 하였다.(≪管子集校≫)

24) 惠者 : '惠'는 '慧'와 통한다. 이 점에 대해 尹桐陽(中)은 "惠는 慧와 같으니 '智'의 의미이다. ≪荀子≫ 〈君道〉에 '其知惠足以規物'이라는 구절이 있는데, 宋本에는 '惠'가 '慧'로 되어 있다."라고 하였다.(≪管子新釋≫)

25) 〔不〕依樂致度者 : 저본에는 '依樂致度(자신의 즐거움에 의존하고 자신의 기준을 밀고 나간다.)'로 되어 있으나, 뒤의 '晦其明(자신의 밝음을 감춘다)'와 모순된다. 따라서 내용상으로 볼 때 '依樂致度' 앞에 '不'이 잘못 빠진 것으로 판단하여 '不'자를 보충하였다.

없으며, 말이 가볍고 계획이 누설되면 반드시 재앙이 자기 몸에 이르게 된다. 그러므로 "해를 입더라도 화를 내지 않고, 원망하는 것이 있어도 말하지 않으며, 하고자 하는 바가 있어도 계획을 드러내지 않는다."라고 말하는 것이다.

毒而無怒는 **此言止忿速**하고 **濟沒法也**①요 **怨而無言**은 **言不可不愼也**니 **言不周密**하면 **反傷其身**②이라 **(故曰)**[26]**欲而無謀**는 **言謀不可以泄**이라 **謀泄災極**③이라 **夫行忿速遂**하고 **沒法賊發**하며 **言輕謀泄**하면 **災必及於身**이라 **故曰 毒而無怒**하고 **怨而無言**하며 **欲而無謀**라

① 毒而無怒……濟沒法也 : '毒'은 은밀히 해치는 것이다. 〈상대가 나를 은밀히 해칠 때〉 그에 따라 화를 내면, 상대는 내가 화를 내고 원한을 품는 이유를 알고서, 그에 따라 자신이 화를 내는 법을 감추고 사용하지 않는다. 지금 '화를 내지 않는다'는 것은, 성급히 분노하는 행위를 억제하고 〈상대방의〉 분노를 감추는 법을 차단시키기 위한 것이다.

毒者는 陰爲賊害라 從而怒之면 彼知其所以行毒怨恨하여 續赴其行毒之法을 沒而不用이라 今不爲怒者는 所以止此忿速하고 濟斷沒法也라

② 怨而無言……反傷其身 : 원망과 분노는 단지 마음 속에 간직할 뿐 입으로 말하지 않아야 한다는 의미이다. 자신의 원망을 누설하고 상대를 도모할 계획을 은밀히 품고 있으면, 오히려 자기 몸이 상하게 된다.

言怨怒但可藏之在心하여 不言之口라 以泄其恨하고 陰懷他計하면 反被傷身也라

③ 欲而無謀……謀泄災極 : 하고자 하는 일이 있어 바야흐로 그것을 시도하려고 하면 그 계획을 누설하지 말아야 한다. 계획이 누설되면 반드시 재앙이 이르게 된다. 그러므로 "재앙이 이른다"고 말하는 것이다.

旣欲其事하여 方始圖之면 無使謀泄이라 泄謀면 災必至니 故曰災極이라

"법도와 의례를 크게 헤아려, 마치 잠에서 깨어나 앉듯이 하고, 어둠에서 밝음을 보듯이 한다." 이것은 안색을 그윽히 함으로써 스스로 궁구하고 정신을 고요히 함으로써 깊이 사려 한다는 말이다. 〈그럼에도 깨닫지 못하는 바가 있으면〉 賢者에 의지하여 그를 이용할 수 있다. 어질고 선량한 사람에 의해 이미 밝아지면 이로움과 해로움의 이치에 통하게 되고, 그에 따라 어리석음에서 벗어나게 된다. 그러므로 "마치 잠에서 깨어나 앉듯이 하고, 어둠에서 밝음을 보듯이 하며, 敖처럼 한다."

26) (故曰) : 王念孫(淸)은 '故曰'을 衍文으로 보았다. 아래 문장의 '故曰'로 인해 잘못 끼어들었다는 것이다.(≪讀書雜志≫) 豬飼彦博(日) 등 다른 주석가들도 이에 동의하여 역자도 이들의 견해를 따랐다.

라고 말하는 것이다.

大揆度儀・若覺臥・若晦明①은 **言淵色以自詰也**하고 **靜默以審慮**이라 **依賢可用也**②라 **仁良既明**이면 **通於可不利害之理**하여 **循發蒙也**③라 **故曰 若覺臥・若晦明・若敖之在堯也**④라

① 大揆度儀……若晦明 : 군주의 자질이 비록 지혜롭지 않지만, 의례와 법도를 크게 헤아려 의문이 있으면 賢者에게 물어, 마치 잠에서 깨어나 앉고 어둠에서 나와 밝음을 보는 것처럼 한다면 큰일을 이룰 수 있다는 말이다.

言人君才質이 雖不慧이나 但大揆度儀法하여 有疑하면 則問之賢하여 若覺而臥하고 若從晦而視明하면 可以成大也라

② 言淵色以自詰也……依賢可用也 : 군주가 아직 깨닫지 못하는 바가 있으면, 안색을 그윽이 함으로써 스스로 窮究하고, 정신을 고요히 함으로써 깊이 사려해야 한다. 〈그래도〉 깨닫지 못하는 바가 있으면 賢者에게 의지하여 질문한다. 그러므로 현자는 쓸모 있는 존재가 된다.

君有所未晤하면 當淵寂其色以自窮詰하고 靜默其神以審思慮라 有所不晤면 依賢以問之라 故其爲可用也라

③ 仁良既明……循發蒙也 : 어질고 선량한 사람에게 질문하여 그 일에 대해 이미 밝게 되고 이로움과 해로움의 이치를 알게 되면 환하게 깨닫게 된다. 이에 그것을 따라 사용하면 군주의 몽매함은 사라져 저절로 밝아지게 된다.

問於仁良하여 其事既明하고 見利害之理하면 則通晤라 循而用之면 其蒙自發明也라

④ 若覺臥……若敖之在堯也 : '敖'는 요임금의 아들 丹朱이다. 그는 거만하고 공손하지 않아 '敖'라고 불렸다. 요임금시대에 敖는 비록 그 자질이 평범하고 낮았지만, 위로는 聖人이 재위하고 아래로는 賢人들이 자리잡고 있어, 그 행동이 규범을 따르고 항상 예법에 의해 움직였으며, 마침내 잘못된 바탕을 고쳐 밝게 되었다. 그러므로 순임금의 조정에 손님이 되고 여러 제후들에게 덕을 양보하였다. ≪서경≫에서 말하길 "丹朱처럼 오만하지 말라."라고 하였다.

敖는 堯子丹朱라 慢而不恭하니 故曰敖라 敖는 在堯時에 雖凡下材이나 但以聖人在上하고 賢人在下位하여 動而履規矩하고 常自禮法하니 竟以改邪爲明이라 故賓虞朝하고 讓德群后라 書曰 無若丹朱敖라

"아첨하는 자를 찾지 말라."는 말은 아첨하는 자를 쓰지 말라는 의미이다. 아첨하는 자를 쓰면 사사로운 행위가 많이 일어난다. "아양떠는 자를 모으지 말라."는 말은 아양떠는 자의 말을 듣지 말라는 의미이다. 아양떠는 자의 말을 들으면 윗사람이 속게 된다. "흉악한 자를 기르지 말라."는 말은 포악한 자를 부리지 말라는 의

미이다. 포악한 자를 부리면 백성이 상하게 된다. "남을 헐뜯는 자를 보지 말라."는 말은 남을 헐뜯는 자의 말을 듣지 말라는 의미이다. 남을 헐뜯는 자의 말을 들으면 선비를 잃게 된다.

毋訪于佞은 **言毋用佞人也**니 **用佞人則私多行**이라 **毋蓄于諂**은 **言毋聽諂**이니 **聽諂則欺上**이요 **毋育于凶**은 **言毋使暴**이니 **使暴則傷民**이요 **毋監于讒**은 **言毋聽讒**이니 **聽讒則失士**라

무릇 '사사로움을 행하는 자', '윗사람을 속이는 자', '백성을 상하게 하는 자'·'선비를 잃게 하는 자' 이 네 종류의 사람을 쓰는 것이, 군주의 '의로움'이 해쳐지고 군주의 '바름'이 상실되는 원인이다. 무릇 군주된 자가 이미 그 의로움과 바름을 상실하고 〈군주라는〉 명예에 의지하면, 신하된 자들은 불충하고 사악한 마음으로 작록이나 추구하게 되고, 풍속을 어지럽히고 세상을 망가뜨림으로써 안락함을 훔치고 향락을 탐닉한다. 〈이렇게 되면〉 비록 군주의 위엄이 크다 할지라도 손상될 수 있다. 그러므로 "바름이 없으면 나라의 황폐함이 심해진다."라고 말한다. 이 때문에 옛사람들은 이들 네 가지가 생겨날 단초를 봉쇄하고 그것들이 이루어질 가능성을 틀어막았으며, '의로움'과 '바름'을 잘 지키고 백성을 잘 다스렸다. 그러므로 이것을 책에 기록하여 후세 사람들에게 전해 알리면서 말하였다. "원한이 깊이 쌓이면 그로 인해 군주의 위엄이 바닥에 떨어진다."

夫行私·欺上·傷民·失士 此四者用이 **所以害君義失正也**라 **夫爲君上者 旣失其義正**하고 **而倚以爲名譽**하면 **爲臣者**는 **不忠而邪**하여 **以趨爵祿**하고 **亂俗敗世**하여 **以偸安懷樂**이면 **雖廣其威**라도 **可損也**라 **故曰 不正**은 **廣其荒**이라 **是以古之人**은 **阻其路**하고 **塞其遂**하며 **守而物修**라 **故著之簡筴**하여 **傳以告後世人曰 其爲怨也深**이면 **是以威盡焉**이라

"〈아집에 갇혀 있는〉 어리석고 옹졸한 자는 쓰지 않는다."는 말은 비웃음을 강조하는 말이다. 〈어리석고 옹졸한 자는〉 그 사람 됨됨이 선량함이 없으므로 비워야 한다고 말하는 것이다. 무릇 견고하여 움직이지 않고 고정불변하여 꼼짝하지 않으면 반드시 때를 잃게 되니, 때를 잃으면 일이 망가져 이루어지지 않는다. 마음이 바르고 오류가 없더라도 '현명하다'고 할 수 없고, 정직하여도 무능하면 '아름답다'고

할 수 없다. 성인에 대해 '현명하다', '아름답다'라고 말하는 이유는, 성인이 사물의 변화와 더불어 변화하기 때문이다. 〈그러므로 성인의 덕은〉 깊은 샘처럼 마르지 않고 가늘고 약하게 흐르면서 잘 베풀어 준다. 이 때문에 성인의 덕은 흐르고 흘러 만물을 고루 윤택하게 해 준다. 그러므로 "성인은 천지의 化育에 참여한다."라고 말하는 것이다.

不用其區區者는 **虛也**라 **人而無良焉**이니 **故曰虛也**라 **凡堅解**[27)]**而不動**하고 陼陧[28)]**而不行**이면 **其於時必失**이니 **失則廢而不濟**라 (失)〔天〕**植**[29)]**之正而不謬**도 **不可賢也**요 (植)〔**直**〕**而無能**[30)]하면 **不可**(善)〔**美**〕[31)]**也**니 **所賢美於聖人者**는 **以其與變隨化也**라 **淵泉而不盡**하고 **微約而流施**라 **是以德之流潤澤均加于萬物**이라 **故曰 聖人參于天地**라

"나는 새를 법도로 삼으라."는 말은 大人의 義를 말한다. 무릇 새의 비행은 반드시 산을 돌아서 계곡에 모이니, 산을 돌아 날지 않으면 곤란하고 계곡에 모이지 않으면 죽는다. 산과 계곡의 위치는 반드시 반듯한 것은 아니니, 산을 빙 돌아서 계곡에 모이게 되는 것이다. 〈새의 비행이〉 굽은 것은 사실이지만 그것을 '繩(법도)'라 명칭하는 것은 다음과 같은 이유 때문이다. '새는 북쪽에서 날아올라 남쪽으로 가려고 하면 〈비록 산을 돌아 날기는 하지만〉 남쪽에 이르고, 남쪽에서 날아올라 북쪽으로 가려고 하면 〈비록 산을 돌아 날기는 하지만〉 북쪽에 이른다. 진실로 〈본래 의도한〉 큰 뜻을 얻을 수 있다면 작은 결점으로 그 큰 뜻이 손상되지 않는

27) 堅解 : '堅'과 '解'는 의미가 서로 상반되어 의미상 뒤의 '陼陧'와 호응하지 못한다. 그러므로 丁士涵(淸)은 '解'는 '觡'의 誤字이고, '觡'은 곧 '堅'의 의미를 지닌다고 보았다.(≪管子校本≫) 역자도 이 견해를 따랐다.

28) 陼陧 : '如陼如陧' 즉 고정불변한 모습을 형용하는 말이다.

29) (失)〔天〕植 : 저본에는 '失植'으로 되어 있으나, 許維遹(中)의 견해에 의거하여 '天植'으로 바로잡았다. 그는 "'失'은 '天'으로 되어야 한다. 〈版法〉의 '正彼天植'에 대해 〈版法解〉에서는 '天植 心也'로 풀이하고 있다."라고 하였다.(≪管子集校≫)

30) (植)〔直〕而無能 : 저본에는 '植'으로 되어 있으나, 郭沫若(中)의 견해에 의거하여 '直'으로 바로잡았다. 그는 "'植而無能'은 '正而不謬'와 對文이다. '植'은 마땅이 '直'이 되어야 한다. '直'은 '正'과 같다. 앞의 '植'자로 인해 잘못 쓰여졌다."라고 하였다.(≪管子集校≫)

31) (善)〔美〕 : 저본에는 '善'으로 되어 있으나, 郭沫若(中)의 견해에 의거하여 '美'로 바로잡았다. 아래 구절에서 '賢美'라는 말이 있는 것으로 볼 때 '善'은 '美'의 誤字라는 것이다.(≪管子集校≫)

다.' 그러므로 성인이 이를 찬미하여 책에 기록하여 말하기를, "천리 길은 먹줄처럼 곧게 갈 수 없고, 만 가구의 도읍은 수준기처럼 평준화할 수 없다."라고 하였다. 대인이 행동할 때는 반드시 기존의 常道를 준수하는 것은 아니니, 오직 〈시대 상황에 합당한〉 義를 세우는 것을 현명하다고 여긴다는 의미이다. 그러므로 군주가 신하를 논할 때[32]는 이 방법 〈즉 權道를〉 놓쳐서는 안 된다.

鳥飛准繩은 **此言大人之義也**①라 **夫鳥之飛也**에 **必還山集谷**이니 **不還山則困**하고 **不集谷則死**라 **山與谷之處也**에 **不必正直而還山集谷**이요 **曲則曲矣而名繩焉**은 **以爲鳥起于北**에 **意南而至于南**하고 **起于南**에 **意北而至于北**하니 **苟大意得**이면 **不以小缺爲傷**②이라 **故聖人美而著之**③**曰 千里之路**는 **不可扶以繩**④이요 **萬家之都**는 **不可平以准**⑤이라 **言大人之行**은 **不必以先(帝)**[33]**常**이니 **義立之謂賢**⑥이라 **故爲上者之論其下也**⑦에 **不可以失此術也**⑧라

① 鳥飛准繩 此言大人之義也 : 나는 새의 법도는 굽음을 곧음으로 삼는다. 大人의 義는 權道이지만 道에 합치한다.
鳥飛准繩은 曲以爲直이라 大人之義는 權而合道라

② 鳥起于北……不以小缺爲傷 : 새가 남쪽이나 북쪽에 깃들 생각을 한다면 산의 계곡을 따라 구불구불 날아가야 한다. 〈그러나〉 진실로 남쪽이나 북쪽으로 도달하고자 하는 큰 뜻을 이룬다면, 곧게 날지 않았다는 작은 결점으로 인해 그것의 큰 뜻이 손상되지 않는다. 성인이 權道를 행하는 것 또한 이와 같다. 진실로 義에 합치되는 큰 이룸을 얻는다면 常道에 어긋남과 작은 허물로 인해 그 뜻이 손상되지 않는다.
鳥意將集南北하면 亦隨山谷而曲飛라 苟遂南北之大意면 不以曲飛小缺爲傷이라 聖人行權亦猶是也라 苟得合義之大致면 不以反經小過而爲傷也라

③ 故聖人美而著之 : 나는 새의 일을 찬미하여 서책에 기록하였다.
美飛鳥之事하여 著之簡策也라

④ 千里之路 不可扶以繩 : 천리 길을 곧 바르게 가려고 하면 반드시 궁하게 된다.
繩直千里路하면 必窮也라

⑤ 萬家之都 不可平以准 : 만 가구의 삶을 평준화하면 반드시 막히게 된다.
平准萬家居하면 必塞也라

⑥ 言大人之行……義立之謂賢 : 〈기존의〉 常道를 지키는 것으로 변화의 도를 삼으면 반드

---

32) 군주가……논할 때 : 인재를 등용할 때를 말한다. 군주가 인재를 구하여 신하를 등용할 때에, 신하의 작은 결점으로 인해 그의 큰 장점을 놓쳐서는 안 된다는 것이다.

33) 不必以先(帝)常 : 저본에는 '帝'가 있으나, 王念孫(淸)의 견해에 의거하여 衍文으로 처리하였다.(≪讀書雜志≫)

시 곤란하게 된다.

守常爲變道하면 必躓也라

⑦ 故爲上者之論其下也 : 의론하여 이치를 따르고자 한다.

議欲理也라

⑧ 不可以失此術也 : 이 방법은 權道를 말한다.

此術은 權道라

'譞充'(현충)은 마음에 대한 것으로, 마음은 진실되어야 한다는 의미이다. '末衡'(말형)은 귀와 눈에 대한 것으로, 귀와 눈은 단정해야 한다는 의미이다. 中正은 다스림의 근본이다. 귀는 듣는 것을 관장하는데, 들을 때는 반드시 있는 그대로 들어야 한다. 들음이 자세한 것을 '聰(귀밝음)'이라고 한다. 눈은 보는 것을 관장하는데, 볼 때는 반드시 있는 그대로 보아야 한다. 봄이 자세한 것을 '明(눈밝음)'이라고 말한다. 마음은 생각하는 것을 관장하는데, 생각하는 것은 반드시 말로 순조롭게 표현되어야 한다. 말로 순조롭게 표현됨을 얻은 것을 '知(지혜로움)'이라고 말한다. 귀 밝고 눈 밝은 상태에서 지혜롭기까지 하면 〈듣고 보고 생각하는 것이〉 넓어진다. 듣고 보고 생각하는 것이 넓고 어리석지 않으면 정치를 바꿀 수 있는 것이다. 정치가 바뀌면 백성이 이롭게 되고, 이롭게 되면 백성을 권면할 수 있고, 권면하면 백성들에게 禮樂을 알릴 수 있다.

듣는 것이 있는 그대로 듣지 못하고 자세하지 못하면 귀가 밝지 못하고, 자세히 듣지 못하고 귀가 밝지 못하면 오류가 생긴다. 보는 것이 자세하지 못하면 눈이 밝지 못하고, 보는 것이 자세하지 않고 밝지 못하면 잘못이 생긴다. 생각하는 것이 말로 순조롭게 표현되지 못하면 지혜롭지 못하고, 말로 표현되지 못하고 지혜롭지 못하면 어리석어진다. 오류가 있고 잘못이 있는 상태에서 어리석기까지 하면 근심이 생기고, 근심이 생기면 정치가 가혹해지고, 정치가 가혹해지면 정치가 험악해지게 되는 것이다. 정치가 험악해지면 백성이 해롭게 되고, 백성이 해롭게 되면 원망하게 되며, 원망하면 흉하게 된다. 그러므로 "마음은 진실되어야 하고, 耳目은 단정해야 한다."라고 말하고, "정치를 바꾸어 백성을 이롭게 하라."고 말하는 것이다.

譞充은 言心也니 心欲忠이요 末衡은 言耳目也니 耳目欲端이라 中正者는 治之本也라 耳司聽하여

聽必順聞이니 **聞審**을 **謂之聽**①이요 **目司視**하여 **視必順見**이니 **見察謂之明**②이요 **心司慮**하여 **慮必順言**이니 **言得謂之知**③요 **聽明以知則博**하고 **博而不惛**이 **所以易政**[34)] **也**④라 **政易**하여 **民利**니 **利**하면 **乃勸**하고 **勸**하면 **則告**⑤라 **聽不順**이면 **不審不聽**이니 **不審不聽則繆**요 **視不察**이면 **不明**이니 **不察不明則過**요 **慮不得**이면 **不知**니 **不得不知則昏**이라 **繆過以昏則憂**하고 **憂則所以伎苛**니 **伎苛所以險政**이라 **政險民害**하고 **害乃怨**하고 **怨則凶**이라 **故曰讒充末衡**은 **言易政利民也**라

① 耳司聽……謂之聽 : 귀가 듣는 것이 순조롭고 또한 자세하므로 '聽'이라 한다.
耳之所聞이 旣順且審이니 故謂之聽이라
② 目司視……見察謂之明 : 눈이 있는 그대로 보는 것을 '明'이라 한다.
目之順視曰明이라
③ 心司慮……言得謂之知 : 마음이 사려하는 바가 이미 순조롭고 또한 얻음이 있으므로 '智'라 한다.
心之所慮가 旣順且得이니 故謂之智라
④ 聽明以知則博……所以易政也 : 귀밝음·눈밝음·지혜로움 세 가지가 이미 넓어졌기 때문에 일에 지나침이 없고 거동이 이에 중도를 얻으니, 예를 제정하고 음악을 짓고 기존의 낡은 정치를 바꿀 수 있다.
聽也·明也·智也 三者가 旣博하니 故事無過하고 擧乃得中하니 可制禮作樂易先古政이라
⑤ 政易……則告 : 백성들이 이미 권면되었으므로 그들에게 禮樂을 알릴 수 있다.
民旣勸勉하니 故可以禮樂告之라

"흉악한 일을 범하지 말라."는 말은中正의 태도로 삼가라는 말이다. "가까운 이익만 구하지 말라."는 말은 군주가 실패하는 것은 항상 금과 옥 말과 여자를 탐하고 곡식과 재화를 베푸는 데 인색하기 때문이라는 말이다. 백성으로부터 마구 거둬들이면 모든 백성들이 원망하게 된다. "근심거리를 멀리한다."는 말은 이것은 군주가 나라를 망치는 원인은 항상 쾌락을 가까이하고 미녀들을 세우고, 밖으로는 말타고 사냥하는 것을 탐닉하고 안으로는 미녀의 음탕한 소리에 빠지는 데 있다는 말이다. 〈이렇게 되면〉 아래의 신하들은 해이해지고 나태해지며 관리들 또한 바른 도리를 잃게 되어, 결국 나라가 어지러워져 망하게 된다. "높은 곳에 있다가 떨어지면 아무도 구하지 못한다."는 말은 군주가 존귀한 지위와 큰 권력을 지니고서 남에게 자랑

34) 易政 : 劉績은 "'정치를 바꾼다'는 것은 〈정치를〉 평이하게 하여 백성의 실정에 다가서는 것을 말한다.〔按 易政 所謂平易近民也〕"라고 하였다.

하기를 좋아하고, 성대한 권세를 내세우면서 賢人으로 자처하고 자신을 영웅시하는 것을 경계하는 말이다. 우쭐대면 반드시 실패하게 되고, 스스로 영웅시하면 반드시 망하게 된다.

윗사람이 성대한 권세를 내세우고 賢人을 자처하면서 士民을 부리면, 나라가 어지러워지고 온 백성들이 마음으로 원망하게 되니, 이런 나라는 반드시 망한다. 이것은 마치 높은 산위에서 깊은 연못으로 떨어지면 그 죽음은 필연적인 것과 같다. 그러므로 "가까운 이익만 구하지 말고 근심거리를 멀리하며, 높은 곳에 있다가 떨어지면 아무도 구하지 못한다."라고 말한다.

毋犯其凶은 **言中正以蓄愼也**요 **毋邇其求**는 **言上之敗**는 **常貪於金玉馬女**하고 **而恪愛於粟米貨財也**니 **厚藉斂于百姓**이면 **則萬民懟怨**이요 **遠其憂**는 **言上之亡其國也 常邇其樂**하고 **立優美而外淫于馳騁田獵**하고 **內縱于美色淫聲**이라 **下乃解怠惰失**하고 **百吏皆失其端**이면 **則煩亂以亡其國家矣**라 **高爲其居·危顚莫之救**는 **此言尊高滿大而好矜人以麗**하고 **主盛處賢而自予雄也**①라 **故盛必失而雄必敗**라 **夫上旣主盛處賢**하여 **以操士民**이면 **國家煩亂**하고 **萬民心怨**이니 **此其必亡也**라 **猶自萬仞之山**으로 **播而入深淵**이면 **其死而不振也必**이라 **故曰 毋邇其求而遠其憂·高爲其居·危顚莫之救也**라

① 高爲其居……主盛處賢而自予雄也 : 군왕이 우쭐하는 마음이 심하여 스스로를 賢人으로 자처하고 자신을 영웅으로 여긴다는 말이다. '予'는 '허락하다'는 의미이다.
言 君王豪盛하여 處己以賢自許하고 以爲英雄이라 予는 許也라

"얕을 수 있고 깊을 수 있고, 가라앉을 수 있고 뜰 수 있고, 굽을 수 있고 곧을 수 있고, 말할 수 있고 침묵할 수 있다." 이것은 〈핵심적인〉 뜻을 헤아려 功을 구하라는 의미이다. 하늘에는 하나의 때만 있지 않고, 땅에는 하나의 이로움만 있지 않으며, 인간의 삶에는 하나의 일만 있지 않다. 그러므로 사람들이 종사하는 일은 다양하지 않을 수 없고, 사람들이 지니는 명칭과 지위는 서로 다르지 않을 수 없다. 현명한 자는 일을 잘 살피니, 그러므로 개별 사물에 국한되지 않고 도에 두루 통한다. 도라는 것은 끝없는 높은 곳까지 통하고 끝없는 먼 데까지 상세하며 뭇 사물의 생성에 연결되어 있다. 그러므로 하나의 말만 분별하고 하나의 다스림만 살피고 하나의 일에만 종사하는 사람은, 한쪽으로 치우친 말이나 할 수 있을 뿐

〈다양한 사례를〉 널리 들어 설명할 수 없다. 이로 말미암아 성인은 하나의 말만으로는 〈여러 말들을〉 두루 겸할 수 없다는 사실을 알기에 널리 연구하여 그 의미를 헤아리고, 하나의 일만으로는 〈여러 일들을〉 두루 겸할 수 없다는 사실을 알기에 〈개별적인 일들에〉 이름을 붙여 설명하고 그 功能을 비교해 준다.

可淺可深·可沈可浮·可曲可直·可言可默은 此言指意要功[35]之謂也①요 天不一時②하고 地不一利③하며 人不一事④라 是以著業不得不多요 人之名位不得不殊⑤方[36]이라 明者는 察于事하니 故不官⑥于物而旁通于道⑦라 道也者는 通乎無上하고 詳乎無窮하며 運乎諸生⑧이라 是故辯于一言하고 察于一治하고 攻于一事者는 可以曲說而不可以廣擧⑨라 聖人由此知言之不可兼也라 故博爲之治而計其意⑩하고 知事之不可兼也니 故名爲之說而况其功⑪이라

① 可淺可深……此言指意要功之謂也 : 무릇 얕음과 깊음 굽음과 곧음 등과 같은 일들은, 모두 상세히 말할 수 있는 말들 중의 핵심이다. 반드시 그런 것을 얻어야만 攻을 이룰 수 있다.
凡此淺深曲直諸事는 皆可詳之言之指意要라 必得此然이라야 可以成功이라

② 天不一時 : 봄·가을·여름·겨울은 각자 나름의 때가 있다.
春秋夏冬은 各有其時라

③ 地不一利 : 五土[37]와 十地[38]는 각자 나름의 이익이 있다.
五土十地는 各有其利라

④ 人不一事 : 士農工商의 계층에는 각자 나름의 일이 있다.
士農工商은 各有其事라

⑤ 是以著業不得不多 人之名位不得不殊 : 자연의 시기와 땅의 이로움도 하나가 아닌데, 하물며 사람들이 행하는 事業과 名位가 어찌 다양하지 않겠는가?
天時地利도 猶有不一인데 況於人之著事業及其名位가 豈得不多而殊乎리오

35) 指意要功 : 于省吾(中)에 의하면 '指'는 '稽' 즉 '計'의 의미를 지닌다고 한다. 따라서 '計意'와 '要功'은 서로 對文이 된다고 본다.(≪管子新證≫) 역자는 이러한 견해에 의거하여 해석하였다.

36) 是以著業不得不多 人之名位不得不殊方 : 舊注에서는 '方'을 뒷 구절에 붙이고 있다. 이에 대해 許維遹(中)은 "'多' 다음에 '端'이 탈락되었고, '方'은 앞 구절에 속해야 한다. 尹知章의 註에서는 '殊'까지 斷句하는데 옳지 않다. ≪회남자≫ 〈泰族〉에서는 이 문장을 차용하여 '是以緒業不得不多端 趨行不得不殊方'라고 말하고 있으니 그 증거가 된다."라고 하였다.(≪管子集校≫)

37) 五土 : 산림, 내와 못, 구릉, 물가의 평지, 저지대 등 다섯 종류의 토지를 말한다.

38) 十地 : 열 종류의 땅을 이르는 듯한데, 그 구체적인 내용은 알 수 없다.

⑥ 官 : '官'은 '위주로 하다'는 의미이다.
官은 主也라

⑦ 于物而旁通于道 : '方'은 法術이다. 法術에 밝은 선비는 천지를 살펴 어느 하나에만 국한되지 않는다는 이치를 알았기 때문에 "어느 한 사물의 功用만을 주장하지 않고, 정해진 방향 없이 도에 두루 통한다."고 말하는 것이다.
方은 謂法術이라 言法術通明之士는 察於天地하여 知不可專一이라 故云컨대 不主一物功用하고 無方旁通於道也라

⑧ 道也者……運乎諸生 : 뭇 사물들은 도에 말미암아 생겨난다.
諸物은 由道而生이라

⑨ 是故辯于一言……可以曲說而不可以廣擧 : 능력이 적은 사람은 단지 하나의 말만 분별하고 하나의 이치만 살피고 하나의 일만 종사한다는 의미이다. 이와 같은 사람은 오직 한쪽으로 치우친 말만 드러내 보일 수 있을 뿐 두루 포괄하기에는 부족하다.
言寡能之人은 但辯一言하고 察一理하고 攻一事라 如此者는 唯可以示一曲之說하여 未足以廣包也라

⑩ 聖人由此知言之不可兼也 故博爲之治而計其意 : 하나의 말로는 여러 말들을 포괄할 수 없음을 안다. 그러므로 널리 여러 말들을 연구하여 말하는 바의 의미를 다시 헤아리고 살펴 사람들에게 알려 깨우쳐 준다.
知一言不可兼群言이라 故博爲理衆言하여 而復計度所言之意以告諭之也라

⑪ 知事之不可兼也 故名爲之說而況其功 : 또한 하나의 일만으로는 여러 일들을 겸하기에 부족하다는 사실을 안다. 그러므로 개별적인 일에 모두 이름을 붙이고 그것에 대해 일일이 설명하고, 또한 그 일의 功能을 이해하지 못할까 걱정하여 〈다른 것들과〉 비교하여 밝게 알려준다.
又知一事不足以兼衆事라 故每事皆立名而爲之說하고 又恐未明其功하니 故比況而曉告之라

한 해에는 봄·여름·가을·겨울이 있고, 한 달에는 상순·중순·하순이 있으며, 하루에는 아침과 저녁이 있고, 밤에는 저녁과 새벽이 있으며, 中星의 별자리 순서는 각자 그 맡은 바가 있다.[39] 그러므로 "하늘에는 하나의 때만 있지 않다."고 말하는 것이다. 산의 언덕은 높고 험하고, 연못의 샘은 넓게 흐르며, 샘은 넘쳐흘러 마르지 않고, 얕은 물은 모인 물을 이어 흐르지만 가득차지 않으며, 땅은 높거

39) 中星의……있다 : 고대인들은 계절의 변화를 中星의 출현 순서를 통해 파악하였다. "孟春의 달 즉 정월에는 招搖가 寅의 방향을 가리키고, 저녁에는 參宿가 남쪽 하늘 중간에 나타나고, 새벽에는 尾宿가 남쪽 하늘 중간에 나타난다.〔孟春之月 招搖指寅 昏參中 旦尾中〕"라고 하였다.(≪淮南子≫ 〈天文〉)

나 낮고 비옥하거나 척박하여 사물마다 각자 마땅한 곳이 있다. 그러므로 "땅에는 하나의 이로움만 있지 않다."고 말하는 것이다. 고을마다 풍속이 있고 나라마다 법이 있으며, 음식들은 서로 맛이 다르고 의복들은 서로 모양이 다르며, 세상에서 사용하는 기계들 즉 곡자・직각자・먹줄・수준기 그리고 저울과 계산기 등은 각 품목별로 이루어져 있다. 그러므로 "인간의 삶에는 하나의 일만 있지 않다."라고 말하는 것이다. 이상은 天・地・人 세 영역에는 각각 그 마땅함이 있다는 점을 설명하였다. 〈그러나〉 그 자세한 내용은 다 드러낼 수 없다.

歲有春秋冬夏하고 **月有上下中旬**하며 **日有朝暮**하고 **夜有昏晨**하며 **半星**①**辰序各有其司**[40)]라 **故曰天不一時**②요 **山陵岑巖**하고 **淵泉閎**[41)]**流**하며 **泉踰瀷**③**而不盡**하고 **薄承瀷而不滿**④하며 **高下肥磽**에 **物有所宜**라 **故曰地不一利**⑤요 **鄕有俗**하고 **國有法**하며 **食飮不同味**하고 **衣服異采**하며 **世用器械**에 **規矩繩準**과 **稱量數度**는 **品有所成**이라 **故曰人不一事**⑥니 **此**는 **各事之儀**[42)]라 **其詳不可盡也**⑦라

① 半星 : 별은 절반은 숨어 있고 절반은 드러난다.
星은 半隱半見也라

② 故曰天不一時 : 이상은 "하늘에는 하나의 때만 있지 않다"의 내용을 대략적으로 거론한 것이다. '半星辰序'는 별이 낮에는 숨어 있고 밤에는 드러나 항상 절반만 보이니, 차서에 이르러서는 관리가 이로써 본보기로 삼는 것을 말한다.
此以上은 略擧天時不一이라 半星辰序는 言其星辰晝隱夜出하여 常見半하고 至於次序라 有司以爲法也라

③ 瀷 : '瀷'은 한군데로 모여 흘러가는 물을 말한다.
瀷은 湊漏之流也라

④ 泉踰瀷而不盡 薄承瀷而不滿 : 샘이 넘쳐 앞에 모이면 그 모인 물이 뒤이어 흘러가니, 이는 그 흐름이 끊기지 않고 계곡에 이르게 하고자 함이다. 작은 물이 이미 멈추면 얕

---

40) 半星辰序 各有其司 : 이 구절의 의미에 대해 王念孫(淸)은 "'半星辰序'는 앞의 '夜有昏晨'을 이어받는 말이다. '半星'은 中星이다.……中星은 하늘의 중간 쯤에 머물므로 '半星'이라 말한다. '辰序'는 十二辰의 순서이다. '司'는 '주관하다'는 의미이다. 十二辰의 별자리가 저녁 및 새벽에 하늘의 중간 쯤에 머무는 데에는 각각 순서가 있고, 그것에 의해 열두 달을 주관한다. 그러므로 '半星辰序 各有其司'라고 말하는 것이다. 尹知章의 주는 틀렸다."라고 하였다.(≪讀書雜志≫) 역자 또한 왕염손의 견해에 의거하여 해석하였다.

41) 閎 : '閎'은 곧 '宏'의 의미로 해석할 수 있다.

42) 各事之儀 : 安井衡(日)에 의하면 '儀'는 '宜'와 통한다고 한다. 따라서 "各事之儀"는 '天地人의 일에는 각각 그 마땅함이 있다'는 의미가 된다.(≪管子纂詁≫)

은 물이 뒤이어 흘러가니, 비록 모인 물을 이어 흐르지만 항상 가득차지 않은 상태로 흘러간다.

泉逾而前하면 瀷隨而後하니 欲其流不盡至溪谷이라 小旣停하면 薄隨至而泄하니 雖承瀷而常不滿之流也라

⑤ 故曰地不一利 : 이상은 "땅에는 하나의 이로움만 있지 않다."를 대략적으로 설명하였다.
此以上은 略言地不一利也라

⑥ 故曰人不一事 : 이상은 "인간의 삶에는 하나의 일만 있지 않다."를 거론하였다.
此以上은 擧人之事不一也라

⑦ 其詳不可盡也 : 이것은 天·地·人 세 영역의 각자 마땅한 바를 단지 대략적으로 제시하였다. 그러므로 그 자세한 내용은 다 드러내지 못하였다.
此는 天地人三者之儀를 但略擧之하니 故其詳不盡也라

"그대가 보는 것을 바르게 하라."는 말은 아름다움과 추함을 관찰하고 좋음과 나쁨을 구별하는 것은 자세히 살피지 않을 수 없다는 의미이다. 〈아름다움과 추함, 좋음과 나쁨 등을〉 확실히 구분하여 섞이지 않기 때문에 다스림이 후회스럽지 않게 된다. "그대의 행위를 확고히 하라."는 말은 자신의 자리에 머물고 자신의 길을 가고 자신의 일을 행하면 백성들이 각자 자기 직책을 지켜 어지럽지 않게 된다는 의미이다. 이렇게 하면 통치자의 嫡統을 보존하여 끝이 좋게 된다. "그대의 발자취를 깊이 하라."는 말은 〈통치 기준을 적은〉 문장을 명확히 하고 도덕법칙에 일정함이 있으면 후세 사람들이 모두 바른 이치를 닦아 미혹되지 않는다는 의미이다. 이렇게 하면 군주의 명성이 〈영원히〉 그치지 않게 된다.

可正而視는 **言察美惡**하고 (審)[43]**別良苦**[44]를 **不可以不審**이라 **操分不雜**하니 **故政治不悔**라 **定而履**는 **言處其位**하고 **行其路**하고 **爲其事則民守其職而不亂**이라 **故葆統而好終**이라 **深而迹**은 **言明墨章書**[45]하고 **道德有常**이면 **則後世人人修理而不迷**라 **故名聲不息**이라

---

43) (審) : 저본에는 '審'이 있으나, 王念孫(淸)의 견해에 의거하여 衍文으로 처리하였다. "察美惡"과 "別良苦"과 對文이 되는데, 뒷문장에 나오는 '審'이 잘못 끼어든 것으로 보았다. (≪讀書雜志≫)

44) 良苦 : 古本·劉本·朱本에는 모두 '良善'으로 되어 있다.

45) 明墨章書 : '章書'의 사전상의 의미는 '奏章' 즉 상소문이다. 그러나 문맥에 잘 들어맞지 않는다. 王念孫(淸)은 '書'를 '畫'의 오자라고 주장하는데, 이 또한 문맥에 적절하지 않다. 따라서 역자는 '章書'의 문자 자체의 의미를 좇아 법령과 같은 통치 기준을 적은 문장 내지는 글로 이해하였다.

“무릇 천지는 한번 험난하면 한번 평온한데, 마치 북이 소리를 간직하고 있다가 〈북을〉 치면 그에 따라 소리가 울려나오는 것과 같다.”라는 말은 진실로 선창함이 있으면 반드시 그에 화답함이 있고, 그 화답함에 어긋남이 없으면 천지의 도를 다 발현한다는 의미이다. 그림자는 굽은 사물을 반듯한 것으로 나타내지 않고, 울림은 시끄러운 소리에 아름다운 소리로 반향하지 않는다.[46] 이 때문에 성인은, 사물은 가는 것에 따라 반드시 그에 상응하는 것이 온다는 이치에 밝다. 그러므로 군자는 그가 앞서 행하는 바를 조심하고 또 조심한다.

夫天地一險一易若鼓之有㯓①擿擋則擊②은 **言苟有唱之**면 **必有和之**하고 **和之不差**면 **因以盡天地之道③**라 **景不爲曲物直**하고 **響不爲惡聲美④**라 **是以聖人**은 **明乎物之(性)〔往〕者必以其類來也⑤**[47]라 **故君子繩繩乎慎其所先**이라

① 㯓 : ‘㯓’자는 ‘響’자가 되어야 한다.
　㯓은 當爲響이라

② 擿擋則擊 : 험난함과 평온함은 마치 ‘어려움〔否〕’과 ‘편안함〔泰〕’[48]과 같다. 무릇 천지가 서로 막히거나 호응하는 현상은 〈군주의〉 덕에 반응하여 나타나는데, 이는 마치 북이 소리를 간직하고 있다가 두드리는 것에 따라 울리는 것과 같다.
　險易는 猶否泰也라 夫天地否泰는 應德而至니 猶鼓之含響應擊而鳴者也라

③ 言苟有唱之……因以盡天地之道 : ‘唱’은 ‘치다’는 의미이다. 작게 치면 작게 화답하고, 크게 치면 크게 화답한다. 그러므로 “치는 것에 화답함이 어긋남이 없다”고 말하는 것이다. 치는 것에 따라 반응하여 소리가 나는 것은, 마치 천지가 〈군주의〉 덕에 반응하

---

46) 그림자는……않는다 : “무릇 그림자는 구부러진 사물을 곧게 나타내지 않고, 메아리는 맑은 소리에 탁한 소리로 반향하지 않는다.〔夫景不爲曲物直 響不爲淸音濁〕”라고 하였다. (≪淮南子≫ 〈兵略〉)

47) 物之(性)〔往〕者必以其類來也 : 安井衡(日)의 견해에 의거하여 ‘性’을 ‘往’으로 수정하였다. 그는 舊注에서 “惡聲往則惡響來”로 되어 있다는 점에 의거하여, 이 문장은 본래 ‘往’으로 되어 있었음이 분명하다고 주장하였다.(≪管子纂詁≫) 尹桐陽(中)과 孫蜀丞(中)도 이러한 견해에 동조하였다.

48) ‘어려움’〔否〕과 ‘편안함’〔泰〕 : ‘否’와 ‘泰’의 의미는 ≪주역≫의 否卦와 泰卦에서 그 연원을 찾아볼 수 있다. 비괘와 태괘의 卦象은 각각 ‘䷋’ ‘䷊’로 표현된다. 體로 보면 하늘이 위에 있고 땅이 아래에 있는 비괘가 正位이지만, 用으로 보면 ‘地上天下’의 형태로 된 태괘가 正位가 된다. ≪주역≫은 감응과 조화를 중시하므로, 땅의 기운이 아래로 내려오고 하늘의 기운이 위로 올라가는 형태의 태괘가 길하다. 반면에 비괘는 ‘天上地下’의 형태로 되어 있어, 하늘과 땅이 각자 자기 자리만 고수하므로 상호 교류와 감응이 이루어질 수 없으므로 흉하다.

여 '어려움'과 '편안함'이 나타나는 것과 같다.

唱則擊也라 小則小和하고 大則大和라 故曰和擊而不差라 應擊爲響은 象天地應德爲否泰也라

④ 景不爲曲物直 響不爲惡聲美 : 사물이 굽으면 그림자도 굽고, 내는 소리가 시끄러우면 울리는 소리도 시끄럽다. 이는 또한 천도가 선한 자에게 복을 주고 음란한 자에게 재앙을 주어, 사람이 하는 행위에 따라 보답이 이르는 것에 비유될 수 있다.

物曲則影曲하고 聲惡則響惡이라 亦況天道福善禍淫하니 隨事而至也라

⑤ 是以聖人 明乎物之(性)〔往〕者必以其類來也 : 시끄러운 소리를 내면 시끄러운 소리가 오는 것이니, 이는 마치 선을 쌓으면 경사가 넘치고 악을 쌓으면 재앙이 넘치는 것과 같다.

惡聲往하면 則惡響來하니 猶積善餘慶하고 積惡餘殃이라

"천지는 만물의 자루이고, 宙合은 천지를 포괄하는 자루이다." 천지는 만물을 감싸니, 그러므로 "만물의 자루다."라고 말하는 것이다. 宙合이라는 것은 위로는 하늘 위에까지 통하고 아래로는 땅의 아래까지 흐르며, 밖으로는 四海 밖까지 나가 천지를 하나로 감싸고, 흩어지면 무한에 이르니 〈높은〉 산처럼 무어라 이름할 수 없다. 이것은 그 크기로는 밖이 없을 정도로 크고 그 작기로는 안이 없을 정도로 작다. 그러므로 "천지를 포괄하는 자루다."라고 말하는 것이다.

宙合의 의미는 함부로 전해지지 않으니, 그것을 전일하게 늘 행하면 궁해지지 않지만, 경박하게 대하면 평범한 사람은 다스리지 못한다. 이러한 宙合의 도가 안으로 많으면 부유해지고 때에 맞게 나가면 합당해진다. 성인의 도는 부유하면서 합당한 것을 귀하게 여긴다. 무엇을 일러 '합당함'이라 하는가? 망령됨이 없는 정치에 근본을 두고, 고정됨이 없는 일에서 움직이며,[49] 변화에 적절히 반응하는 것을 잃지 않는 것을 '합당함'이라 한다. 변화가 이르지 못함이 없고 합당함에 반응하지 못함이 없다 해도, 근본이 잘못되면 감히 분노하지 못한다. 그러므로 이를 이름하여 '宙合'이라 명칭하였다.

天地萬物之橐也①요 **宙合有橐天地**②는 **天地苴萬物**하니 **故曰萬物之橐**③이요 **宙合之意**는 **上通於天之上**하고 **下泉於地之下**하며 **外出於四海之外**하고 **合絡天地以爲一裹**④하며 **散之至于無間**하니 **不可名而山**⑤이니 **是大之無外**하고 **小之無內**[50]라 **故曰有橐天地**라 **其義不傳**⑥하여

49) 고정됨이……움직이며 : 원문 "運乎無方之事"에 대한 직역이다. 일을 수행함에 있어 상황에 따라 적절히 융통성을 발휘한다는 의미이다.

一典品之不極하고 **一薄然而典品無治也**⑦라 **多內則富**하고 **時出則當**이라 **而聖人之道**는 **貴富以當**이니 **奚謂當**오 **本乎無妄之治**하고 **運乎無方之事**하고 **應變不失之謂當**이라 **變無不至**하고 **無〔不〕有應當**[51)]이라도 **本錯**이면 **不敢忿**⑧이라 **故言而名之曰宙合**⑨이라

① 天地萬物之橐也 : 군자는 선악의 행위는 반드시 〈그에 상응하는〉 보답을 〈가져온다는〉 이치를 안다. 그러므로 선도하는 행위를 조심하고 또 조심한다. 천지는 類로써 반응하니, 천지가 善하면 만물이 그에 따라 반응한다. 즉 善이 앞서면 그것을 따라 善이 반응하니, 마치 자루에 물건을 담는 것과 같다. 그러므로 "천지는 만물의 자루다."라고 말하는 것이다.

君子는 知善惡必報하니 繩繩戒愼先이라 天地以類이니 善天地면 萬物從而應之라 則善在先應在後하니 如橐之盛物也라 故曰 天地는 萬物之橐이라

② 宙合有橐天地 : 宙合의 도는 천지에 앞서 善을 행하도록 가르친다. 그러므로 천지를 감싸는 것이 된다.

宙合之道는 教以先天地行善이라 故橐天地也라

③ 天地苴萬物 故曰萬物之橐 : 만물을 천지 안으로 감싸기 때문에 '자루'가 된다.

苴裹萬物在天地之中이니 故爲橐也라

④ 宙合之意……合絡天地以爲一裹 : 宙合은 널리 善을 쌓아 위로 하늘에 통하고, 아래로는 땅에 들어가 천지를 포괄하여 하나의 '보자기'가 된다.

宙合은 廣積善以通天上하고 入地下包絡天地하여 爲一裹也라

⑤ 散之至于無間 不可名而山 : 宙合의 안이므로 '흩어진다'고 말한다. 그것의 궁극은 엿볼 수 없으니, 마치 〈높은〉 산처럼 무어라 이름할 수 없는 것과 같다.

宙合之裏故散이라 其終上은 能無偸觀하니 猶不可得其名若山然也라

⑥ 故曰有橐天地 其義不傳 : 진실로 마땅한 사람이 아니면 도는 헛되이 행해지지 않는다. 그러므로 그것의 의미는 함부로 전해질 수 없다.

苟非其人이면 道不虛行이라 故其義不可妄傳也라

⑦ 一典品之不極 一薄然而典品無治也 : '典'은 항상함이다. 宙合의 도를 오롯하게 하여 항상 실행하면 궁해지는 일이 없다. 그러나 경박하여 신중히 받들 수 없으면 이 도는 아

---

50) 不可名而山……小之無內 : '山'자에 대해서는 주석가들마다 의견이 다양하다. 우선 劉績(淸)은 "'山'은 '止'의 誤字이다.〔山乃止字誤〕"라고 하였다. 이에 대해 洪頤煊(淸)은 '山是'는 '由是'로 고쳐 써야 한다고 하였고, 張佩綸(淸)은 '山是'는 곧 '寔'자의 誤字라고 하였으며, 郭沫若(中)은 '山是'은 '字之'의 오류라고 보았다.(≪管子集校≫) 이처럼 의견이 다양하므로 어느 하나의 견해에 따르기가 어렵다. 이에 舊注에 의거하여 번역하였다.

51) 無〔不〕有應當 : 저본에는 '不'이 없으나, 安井衡(日)의 견해에 의거하여 보충하였다.(≪管子纂詁≫)

마도 그치게 될 것이다. 〈그러하니〉 평범한 사람은 이 도를 신중히 다스릴 수 없다.
典은 常也라 宙合之道를 專一而能常行하면 則不有窮이라 若乃輕薄不能崇重하면 則此道或幾乎息矣라 常品之人은 不能重理也라

⑧ 變無不至……不敢忿 : '當'은 합당한 공이 있는 사람에게 상을 주는 것을 의미한다. 합당한 공이 있는 사람에게 상을 주는 것을 착오가 있어 사용하지 못하는 까닭은 변화가 이르지 못하였기 때문이다. 그러므로 비록 사물을 이용하지 못하더라도 감히 분노하지 못한다.
當은 謂行賞以當功이라 當功所以錯而不用者는 則以變不至也라 故雖不用物이라도 不敢忿怒也라

⑨ 故言而名之曰宙合 : 옛날부터 전해지는 이름 짓는 법을 찾아서 '宙合'이라 이름하였다.
尋古遺言之立名하여 名曰宙合也라

제12편 추언 樞言

외언 3 外言 三

*'樞言'이란 '지도리가 되는 핵심적인 말'이란 의미이다. 일종의 격언이나 금언 같은 종류의 글이다. 이 편에서는 治國과 經世와 관련된 다양한 지혜의 말들을 단편적으로 늘어 놓고 있다. 첫머리에서는 '道'와 '氣'를 언급하면서 일단 도가적 분위기를 띄우고 있다. 이러한 분위기는 중간 쯤에서 '無' 및 '美醜'의 문제를 언급하면서 극치를 이룬다. 그러나 전반적인 내용은 名과 實의 문제, 백성의 삶을 풍족하게 하고 국가를 튼튼히 할 수 있는 실질적인 정책, 타국과의 관계에 있어서의 바른 도리, 天時와 地利의 중요성, 예와 법의 존재 의미와 그 필요성, 霸者와 王者의 차이점 등 현실사회에서 治國과 經世에 필요한 핵심적인 이치들에 대한 언급이다. 따라서 郭沫若 같은 사람은 이 글을 齊나라의 稷下學宮에서 활동했던, 그리고 黃老學的 성향을 지녔던 전국시대의 사상가 宋牼의 작품으로 추정하기도 한다.

'지도리'는 가운데에 자리 잡고서 외부를 움직여, 그 움직임을 무한하게 하는 것이다. 말의 경우는, 깊이 마음을 헤아려 발언하면 변화를 이루어 일정함이 없다. 그러나 그 작용은 마치 '지도리'와 같다. 그러므로 '樞言'이라 말하는 것이다.

樞者는 **居中以運外**에 **動而不窮者也**요 **言則慮心而發口**에 **變而無主者也**니 **其用若樞**라 **故曰 樞言**이라

관자가 말하였다. 도는 하늘에 있어서는 '태양'이고 사람에 있어서는 '마음'이다. 그러므로 氣가 있으면 생성되고 氣가 없으면 죽게 되니, 생성 현상은 氣에 의해 나타난다. 〈實에 합당한〉 名이 있으면 다스려지고 〈實에 합당한〉 名이 없으면 어지러워지니, 다스림은 名과 實의 일치 여부에 달려 있다.

管子曰 道之在天者는 **日也**①요 **其在人者**는 **心也**②라 **故曰 有氣則生**하고 **無氣則死**니 **生者**는 **以其氣**③[1]요 **有名則治**하고 **無名則亂**이니 **治者**는 **以其名**④[2]이라

---

1) 生者 以其氣 : 일부 판본에는 이 구절이 없다. 이에 대해 許維遹(中)은 "趙本・凌本・花齋本

① 道之在天者 日也 : '태양'은 萬物이 그것으로 말미암아 빛을 쪼이고, 萬象이 그것으로 말미암아 드러난다. 〈따라서〉 功이 그것보다 더 큰 것이 없으니, 그러므로 그것을 가리켜 '도'라고 하는 것이다.

日者는 萬物由之以照하고 萬象由之以顯이라 功莫大焉이니 故謂之道也라

② 其在人者 心也 : '마음'은 만물이 그것으로 말미암아 사려되고, 온갖 이치가 그것으로 말미암아 판단된다. 〈따라서〉 행위가 그것보다 더 큰 것이 없으니, 그러므로 그것을 가리켜 '도'라고 하는 것이다.

心者는 萬物由之以慮하고 萬理由之以斷이라 云爲莫大焉이니 故謂之道라

③ 有氣則生 ……以其氣 : 태양과 마음은 생성으로 功을 삼는데, 그 생성은 氣에 의해 주도된다. 이는 곧 氣는 道의 작용이니 더욱더 중시해야 한다는 말이다.

日與心은 以生成爲功한데 而生成以氣爲主라 此는 言氣者道之用也니 尤宜重也라

④ 有名則治……以其名 : 사물이 이미 생성되면 모름지기 법을 세워 다스리게 되는데, 그 다스림은 名과 實의 일치에 있다. 그러므로 實이 名에 일치하면 다스려지고, 名이 實보다 무거우면 어지러워진다.

物旣生成이면 須立法以治之한데 在於名實相副라 故實稱其名則治하고 名重其實則亂이라

'樞言'에서 말하였다. "백성을 사랑하고, 이롭게 하고, 재산을 늘려주고, 편안케 하라. 이 네 가지는 도에서 나온다. 帝王이 이들을 사용하면 천하를 다스리게 될 것이다." 제왕은 먼저 해야 할 일과 나중에 해야 할 일을 잘 살펴야 한다. 백성과 땅을 앞세우면 모든 것을 얻을 것이요, 존귀함과 교만함을 앞세우면 모든 것을 잃을 것이다. 그러므로 선대의 왕들은 먼저 해야 할 일과 나중에 해야 할 일에 신중하였다.

樞言曰 愛之利之益之安之 四者는 **道之出**①이니 **帝王者用之而天下治矣**라 **帝王者 審所先所後**니 **先民與地則得矣**②요 **先貴與驕則失矣**③라 **是故先王**은 **愼(貴在)**[3]**所先所後**니라

纂詁本에는 '死' 아래에 '生者 以其氣' 다섯 글자가 있지만, 尹知章의 注에 근거해 보면 이 다섯 글자가 없는 듯하다.(≪管子集校≫) 그러나 劉績(淸)은 말하길, "여러 판본에는 '生者 以其氣'가 없는데, 옳지 않다.〔諸本 無生者以其氣五字 非〕"라고 하였다.(≪管子補註≫)

2) 治者 以其名 : 일부 주석가는 이 다섯 글자를 衍文으로 본다. 대표적으로 張佩綸(淸)은 "'治者以其名'은 衍文이다. 尹知章의 注에 근거해 보아도 이 다섯 글자가 없다."라고 하였다.(≪管子學≫)

3) 貴在 : 王念孫(淸)은 '貴在' 두 글자가 아래 문장에서 나오는 "愼貴在擧賢"으로 인해 잘못 첨가된 衍文으로 보았다.(≪讀書雜志≫) 역자도 이를 따랐다.

① 四者 道之出 : 네 가지는 도에서 생겨난다. 그러므로 "도에서 나온다"고 말하는 것이다.
四者는 從道而生이라 故曰道之出也라

② 先民與地則得矣 : 백성은 군주의 '땅'이고, 군주는 백성의 '하늘'이다. 이 두 가지를 앞세우면 얻지 못할 것이 없을 것이다.
民者는 君之地요 君者는 民之天이라 先此二者면 則無所不得矣라

③ 先貴與驕則失矣 : 존귀하면서 멈추지 않으면 교만해지고, 교만하면서 멈추지 않으면 망하게 된다. 이 두 가지를 앞세우면 잃지 않는 게 없을 것이다.
貴而不已則驕하고 驕而不已則亡이라 先此二者면 則無所不失矣라

군주는 존귀한 사람에 대해 신중히 하지 않을 수 없고, 백성에 대해 신중히 하지 않을 수 없으며, 부유함에 대해 신중히 하지 않을 수 없다. 존귀한 사람에 대해 신중히 하는 것은 어진 사람을 얼마나 잘 등용하느냐에 달려 있고, 백성에 대해 신중히 하는 것은 관리를 얼마나 잘 임용하느냐에 달려 있으며, 부유함에 대해 신중히 하는 것은 토지를 얼마나 잘 활용하는가에 달려 있다. 그러므로 군주가 비천해지는가 존귀해지는가, 무시되는가 존중되는가는 이 세 가지에 달려 있으니 삼가 신중하지 않을 수 없다.

人主는 **不可以不愼貴**요 **不可以不愼民**이요 **不可以不愼富**니 **愼貴**는 **在擧賢**하고 **愼民**은 **在置官**하며 **愼富**는 **在務地**라 **故人主之卑尊輕重**이 **在此三者**니 **不可不愼**①이라

① 故人主之卑尊輕重……不可不愼 : 이 세 가지를 신중히 하면 존귀해지고 존중되며, 이 세 가지를 소홀히 하면 비천해지고 무시된다.
愼三則尊以重하고 忽三則卑以輕이라

나라에는 '보물'이 있고 '도구'가 있으며 '財用'이 있다. 성곽, 험난한 지형, 저장된 식량은 '보물'이고, 성인과 지혜로운 사람은 '도구'이며, 진주와 옥은 말단적인 '재용'이다. 先王은 '보물'과 '도구'를 중시하고 말단적인 '재용'은 경시하였다. 그래서 천하를 다스릴 수 있었던 것이다.

國有寶하고 **有器**하며 **有用**이니 **城郭·險阻·蓄藏**은 **寶也**①요 **聖智**는 **器也**②요 **珠玉**은 **末用也**[4]③라 **先王**은 **重其寶器而輕其末用**이라 **故能爲天下**라

---

4) 珠玉 末用也 : '末'은 衍文이라는 견해가 있다. 劉師培(中)는 "'末'은 아마도 注文으로 인해

① 城郭……寶也 : 성곽이 완전하고 험난한 지형이 정비되면 도적이 그치게 되고, 저장된 식량이 쌓이면 백성이 굶주리지 않게 된다. 그러므로 〈성곽·험난한 지형·저장된 식량은〉 보물이 되는 것이다.
城郭完하고 險阻修하면 則寇盜息하고 蓄藏積하면 民無饑라 故爲寶也라

② 聖智 器也 : 聖人은 통하지 못하는 것이 없고 지혜로운 자는 빠뜨리는 계책이 없으니, 이 두 사람을 거느릴 수 있으면 〈모든〉 일을 이룰 수 있다. 그러므로 '도구'라 말하는 것이다.
聖은 無不通하고 智는 無遺策이니 二者可操以成事라 故曰器라

③ 珠玉 末用也 : 진주와 옥은 굶주려도 먹을 수 없고 추워도 입을 수 없다. 비용이 많이 들면서도 이익은 적다. 그러므로 '말단적인 財用'이 되는 것이다.
珠玉者는 饑不可食하고 寒不可衣라 費多而益少니 故爲末用也라

〈군주를〉 살게 하여 죽지 않게 하는 것이 둘이고, 군주가 〈군주의 지위에〉 자립하려고 해도 자립하지 못하게 하는 것이 넷이다. '지나치게 기뻐하는 것'·'노여워하는 것'·'미워하는 것'·'욕망하는 것'은 천하를 망치게 하는 것이다. 그러나 현자는 이러한 교훈을 보배로 여긴다.

生而不死者二①요 **立而不立者四**②니 **喜也者·怒也者·惡也者·欲也者**는 **天下之敗也**로되 **而賢者寶之**라

① 生而不死者二 : '보배'와 '도구'를 말한다.
謂寶與器라

② 立而不立者四 : 군주가 비록 자립하고자 하여도 진주와 옥을 중시하면, 자립할 수 없게 하는 것이 네 가지이니 기뻐함·노여워함·미워함·욕망함이다.
人君이 雖欲自立이나 而重珠玉하면 則不令得立者가 四이니 謂喜怒惡欲이라

善을 행하는 자는 〈진주와 옥을〉 좋게 여기지 않는다. 그러므로 〈진주와 옥을〉 좋게 여기는 것은 행할 바가 아니다. 그러므로 先王은 〈저장된 식량을〉 좋게 여기는 태도를 중시한다.

잘못 첨가된 글자인 것 같다. '用'은 '寶', '器'와 더불어 竝文이다. 앞에서 '有寶 有器 有用'이라 하였으니, 아래에서도 '重其寶器 而輕其用'이라고 하여 '末'자가 없어야 한다."라고 하였다.(≪管子斠補≫)

爲善者는 **非善也**①라 **故善無以爲也**라 **故先王貴善**②이라

① 爲善者 非善也 : 저 구슬과 옥을 좋게 여기지 않는다.
非善此珠玉也라
② 故先王貴善 : 저장된 식량을 좋게 여기는 태도를 중시한다.
貴善蓄藏이라

왕업을 이루는 군주는 백성에게 쌓고, 패업을 이루는 군주는 병사들에게 쌓으며, 쇠락하는 군주는 귀족들에게 쌓고, 망하는 군주는 여자와 보옥에 쌓는다. 그러므로 先王은 그 쌓는 바를 신중히 하였다.

王主積于民①하고 **霸主積于(將)戰士**②[5]하며 **衰主積于貴人**③하고 **亡主積于婦女珠玉**④이라 **故先王**은 **愼其所積**이라

① 王主積于民 : 〈백성이〉 부족함이 없게 한다
無不足이라
② 霸主積于(將)戰士 : 병졸들이 용감하게 분투한다.
卒勇奮라
③ 衰主積于貴人 : 그 교만함을 조장한다.
益其驕라
④ 亡主積于婦女珠玉 : 그 망함을 빠르게 한다.
速其亡也라

"빨리하라, 빨리하라"고 독려하는 것은 만물이 많기 때문이고, "행하라, 행하라"라고 채촉하는 것은 만물에는 때가 있기 때문이며, "〈연구에〉 힘써라, 힘써라"라고 권면하는 것은 만물의 관념이 매우 많기 때문이다.

疾之疾之는 **萬物之師也**[6]요 **爲之爲之**는 **萬物之時也**요 **强之强之**는 **萬物之指也**[7]라

---

5) 霸主積于(將)戰士 : 저본에는 '將'이 있으나, 王念孫(淸)의 견해에 의거하여 衍文으로 처리하였다. 왕염손은 舊注에서 단지 "卒勇奮"라고 언급한 것을 바로 그 증거라고 보았다.(≪讀書雜志≫)

6) 疾之疾之 萬物之師也 : 郭沫若(中)에 의하면 '師'는 '衆'의 의미를 지닌다.(≪管子集校≫)

7) 强之强之 萬物之指也 : '指'는 宋本에는 '脂'로 되어 있으나, 본 趙本을 비롯해 古本·劉本·朱本 등에는 모두 '指'로 되어 있다. 郭沫若(中)에 의하면 여기서 '指'는 '物'과 상대가 되는

무릇 나라들 사이에는 세 종류의 제어 방식이 있다. 남을 제어하는 나라가 있고, 남에게 제어 당하는 나라가 있으며, 남에게 제어되지도 않지만 남 또한 제어할 수 없는 나라가 있다. 어떻게 그런 줄을 아는가?

凡國有三制하니 **有制人者**하고 **有爲人之所制者**하고 **有不能制人**하고 **人亦不能制者**라 **何以知其然**고

덕이 성대하고 의리가 높아도 남에게 자국의 명성을 요구하길 좋아하지 않고, 백성의 수가 많고 군대가 강하여도 그것으로 남에게 환난을 생기게 하지 않으며, 천하에 큰일이 있어도 자기 나라를 앞세우지 않는다면, 이런 나라가 남을 제어하게 된다.

德盛義尊而不好加名於人①하고 **人衆兵强而不以其國造難生患**②하고 **天下有大事而好以其國後**③하면 **如此者**는 **制人者也**④라

① 德盛義尊而不好加名於人 : 남에게 〈자국의〉 명성을 요구하는 자는, 남 또한 그에게 〈자국의〉 명성을 요구한다.
加名于人者는 人亦加之也라

② 人衆兵强而不以其國造難生患 : 남에게 근심과 어려움을 생기게 하는 자는, 남 또한 그에게 근심과 어려움을 생기게 한다.
患難於人者는 人亦患難之라

③ 天下有大事而好以其國後 : 겸손하면 이익을 받게 된다.
謙하면 受益也라

④ 如此者 制人者也 : 남에게 자신을 낮추는 사람은 남의 위에 서게 된다.
下人者는 在人上이라

덕이 성대하거나 의리가 높지 않으면서도 남에게 자국의 명성을 요구하길 좋아하고, 백성의 수가 많거나 군대가 강하지 않으면서도 그런 나라를 이끌어 남에게 환난이 생기게 하는 것을 좋아하며, 자기 편 나라들을 믿고 명성과 이익을 바란다면, 이런 나라는 남에 의해 제어당한다.

말로, '旨' 즉 '관념'이 된다. 따라서 이 구절은, 만물의 관념이 매우 많기때문에 부지런히 공부하지 않으면 안 된다는 뜻으로 해석될 수 있다는 것이다.(≪管子集校≫)

德不盛義不尊而好加名于人하고 **人不衆兵不强而好以其國造難生患**하고 **恃與國幸名利**①면 **如此者**는 **人之所制也**②라

① 恃與國幸名利 : 자기편 나라들을 믿고 남에게 양보하지도 않으면서 매번 명성과 이익을 바란다는 말이다.
言恃黨與之國하고 又不爲推讓하며 每輒幸其名利也라

② 如此者 人之所制也 : 남을 깔보는 자는, 남 또한 그를 깔보게 된다. 息侯가 鄭나라를 정벌한 것과 같다.[8)]
陵人者는 人反陵之라 息侯伐鄭之比라

남이 나아가면 나 또한 나아가고, 남이 물러나면 나 또한 물러나며, 남이 수고하면 나 또한 수고하고, 남이 편히 쉬면 나 또한 편히 쉰다. 이처럼 나아가고 물러나고 수고하고 쉬는 것을 남들과 함께 한다면, 이러한 나라는 남을 제어할 수도 없지만 남 또한 나를 제어할 수 없다.

人進亦進하고 **人退亦退**하며 **人勞亦勞**하고 **人佚亦佚**하여 **進退勞佚**을 **與人相胥**①하면 **如此者**는 **不能制人**하고 **人亦不能制也**라

① 進退勞佚 與人相胥 : '胥'는 '보다'는 의미이다. 항상 남들을 살펴 그들과 함께 나아가고 물러나고 수고하고 쉰다.
胥는 視也[9)]라 常視人하여 與之俱進退勞佚也라

사람을 지극히 사랑하더라도 사사로이 이롭게 해서는 안 되고, 사람을 지극히 미워하더라도 사사로이 해롭게 해서는 안 된다. 그러므로 先王은 합당함을 중시하였고, 은밀함을 중시하였다. '周(은밀함)'이란, 입으로 표현되지 않고 얼굴색으로

---

8) 息侯가……같다 : 춘추시대 息나라 군주가 鄭나라 군주가 자신과의 약속을 어겼다는 명목으로 정나라를 공격하였는데, 결과적으로는 오히려 식나라의 군주 자신이 크게 패하고 모욕을 당하게 되었다는 내용이다. 이 사건을 놓고 후세 사람들은 식나라 군주가 자신의 덕이나 힘을 헤아리지 못한 채 남을 정벌하려고 하였으니, 그가 군대를 잃고 모욕을 당하는 것은 당연하다고 평가하였다.(≪春秋左氏傳≫ 隱公 11년)

9) 胥 視也 : 王念孫(淸)은 "'胥'의 의미를 '視'로 본 문헌은 없다. '胥'는 '待'이다. 남들과 함께 기다린다는 의미이다. 본서 〈君臣〉에서 '胥令而動者也'〔명령을 기다려 움직이는 자이다.〕라고 하였다. 尹知章의 注에서 '胥 視也'라고 하였는데 옳지 않다."라고 하였다.(≪讀書雜志≫) 역자 또한 이 견해를 수용하고 舊注를 따르지 않았다.

드러나지 않으며, 용이 되기도 하고 뱀이 되기도 하는 것처럼 숨겨진 재능을 수시로 행하고, 하루에도 다섯 번씩 변하는 것을 말한다. 그러므로 先王은 적은 것을 가지고 많은 것처럼 과장하지 않으며, 先王은 일을 독단적으로 행하거나 공을 독차지하지 않았다.

愛人甚而不能利也①며 **憎人甚而不能害也**②[10]라 **故先王**은 **貴當**③**貴周**④니 **周者**는 **不出于口**하고 **不見于色**하며 **一龍一蛇**⑤하고 **一日五化之謂周**⑥라 **故先王**은 **不以一過二**⑦하며 **先王**은 **不獨擧**하고 **不擅功**⑧이라

① 愛人甚而不能利也 : 사랑함이 심하지만 이롭게 하지 않으면 원망하는 마음이 생긴다.
愛甚不利면 生其怨心이라

② 憎人甚而不能害也 : 미워함이 심하지만 해롭게 하지 않으면 해치려는 마음이 생긴다.
憎甚不害면 生其賊心이라

③ 貴當 : 사랑하면 반드시 이롭게 하고, 미워하면 반드시 해롭게 한다.
愛必利하고 憎必害라

④ 貴周 : 깊고 은밀하여 헤아릴 수 없는 것이 '周'다.
深密不測則周也라

⑤ 一龍一蛇 : 한편으로 용이 되기도 하고 한편으로 뱀이 되기도 한다는 것은 사람의 나가고 물러섬을 비유한다.
一則爲龍하고 一則爲蛇는 喩人行藏[11]이라

⑥ 一日五化之謂周 : 나가고 물러서는 것이 다섯 번 변하므로 '五化'라 말한다.
行藏五變하니 故曰五化라

⑦ 不以一過二 : 적은 것으로 많은 것을 비유하면 대중이 놀란다.
以少喩多하면 衆所驚也라

⑧ 不獨擧 不擅功 : 일을 혼자 진행하고 공을 독차지하면 사람들이 싫어한다.
獨擧擅功하면 人之所疾이라

---

10) 愛人甚而不能利也 憎人甚而不能害也 : 舊注에서는 "愛甚不利 生其怨心 憎甚不害 生其賊心"으로 풀이하고 있다. 그러나 陶鴻慶(淸)은 이러한 풀이가 매우 잘못되었다는 점을 지적하면서 "이것은 先王이 사람을 이롭게 하거나 해롭게 하는 것이 개인적인 愛憎으로 하지 않는다는 것을 말하고 있는 것일 뿐이다. 아래 문장에서 '無私愛也 無私憎也'가 바로 그 증거이다."(≪讀管子札記≫) 역자 또한 舊注를 따르지 않고 도홍경의 견해에 의거하여 해석하였다.

11) 行藏 : "用之則行 舍之則藏〔등용되면 나아가 섬기고 등용되지 않으면 물러나 은거한다.〕"라고 하였다.(≪論語≫ 〈述而〉) 이후 '行藏'은 出處와 行迹을 가리키게 되었다.

先王은 약속을 하지 않고 조약을 맺지 않았다. 약속을 하면 〈약속이라는 묶음이〉 풀릴 수 있고, 조약을 맺으면 〈조약이라는 끈이〉 끊어질 수 있기 때문이다. 그러므로 친함은 〈형식적인〉 약속이나 조약에 있지 않다.

先王은 **不約束**하고 **不結紐**니 **約束則解**①하고 **結紐則絶**②이라 **故親不在約束結紐**③라

① 約束則解 : 〈약속이라는〉 묶음이 있으므로 풀 수 있다.
有束하니 故可得而解라
② 結紐則絶 : 〈조약이라는〉 끈이 있으므로 끊을 수 있다.
有紐니 故可得而絶이라
③ 故親不在約束結紐 : 서로 친함은 마음으로부터 생겨난다.
相親은 從心生也라

先王은 재화로 교제하지 않고 땅을 나누지 않고도 천하를 다스렸다. 〈그럼에도 불구하고 여전히〉 천하에 고칠 수 없는 자가 있으면, 채찍질하여 고치게 하였다.

先王은 **不貨交**①하고 **不列地**②하여 **以爲天下**라 **天下不可改**[12)]**也**③에 **而可以鞭箠使也**④라

① 先王 不貨交 : 재화로 교제하면 사람들의 마음에 친함과 소원함이 있게 된다.
貨交면 則人心有親疏라
② 不列地 : 땅을 나누면 사람들의 마음에 따름과 배반하는 〈두 마음이〉 있게 된다.
列地면 則人心有向背라
③ 天下不可改也 : 친함과 소원함 따름과 배반함이 '改'다. '改'는 '분별하다'는 의미이다.
親疎向背가 是其改也라 改는 謂分別이라
④ 可以鞭箠使也 : 만약 고치지 않으면 채찍으로 위협하니, 그러면 복종하지 않는 마음을 품지 못한다.
若乃不改면 而以鞭箠威之하니 則無思不服이라

〈선왕은〉 천하에 나가면 **天時**와 **地利**에 힘썼으니, 눈으로 보는 것에 여유가 있어도 '눈밝음'을 사용하지 않았고, 귀로 보는 것에 여유가 있어도 '귀밝음'을 사용하지 않았다. 이 때문에 천자의 모습을 유지할 수 있었다. 관직을 맡은 자 또한 이와

12) 改 : 舊注에서는 '改'를 '分別'로 풀이하였다. 그러나 '改'에는 '分別'이라는 의미가 있지 않고 의미도 통하지 않아 역자는 舊注에 따르지 않고, '改'의 일반적인 의미 즉 '고치다'로 해석하였다.

같으니, 天時에 따르면 하늘의 도움을 받고, 地利를 활용하면 사람을 얻는다.[13] 이미 天時를 따르고 地利를 활용하였으므로 하늘의 도움과 사람을 얻을 수 있는 것이다.

時也利也는 **出爲之也**①니 **餘目不明**하고 **餘耳不聽**②이라 **是以能繼天子之容**③이라 **官職亦然**④하니 **時者得天**하고 **義者得人**⑤이니 **旣時且義**니 **故能得天與人**이라

① 時也利也 出爲之也 : 선왕은 행할 바가 있으면, 반드시 위로는 天時를 얻고 아래로는 地利를 최대로 활용하였다.
先王은 有所出爲면 必上得天時하고 下盡地利라
② 餘目不明 餘耳不聽 : 진실로 天時와 地利가 아니면, 〈선왕은〉 비록 눈으로 보는 것에 여유가 있어도 그 눈밝음을 사용하지 않았고, 귀로 듣는 것에 여유가 있어도 그 귀밝음을 사용하지 않았다.
苟非時利면 雖目視有餘라도 不用其明하고 耳聽有餘라도 不用其聽也라
③ 是以能繼天子之容 : 천자의 모습은 天時와 地利를 따르는 것일 뿐이다.
天子之容은 時利而已라
④ 官職亦然 : 〈관직〉 또한 天時와 地利를 따른다.
亦時利也라
⑤ 時者得天 義者得人 : '義'는 곧 地利이다.
義는 卽利也라

선왕은 용맹함으로 변경 문제를 처리하지 않았으므로 변경이 안정되었다. 변경이 안정되면 이웃 나라와 친하게 되고, 이웃 나라와 친하면 군주의 행위가 마땅함을 얻게 될 것이다.

先王은 **不以勇猛爲邊竟則邊竟安**이니 **邊竟安則隣國親**하고 **隣國親則擧當矣**라

사람은 본디 서로 미워한다. 〈이처럼〉 사람의 마음은 사납기 때문에 法으로 다스려야 한다. 법은 禮에서 나왔고 예는 다스림에서 나왔으니, 예를 행함이 도다. 만물은 예를 행한 이후에 안정된다.

---

13) 地利를……얻는다 : "義者得人"에 대한 해석이다. 舊注에서는 '義'를 '利' 즉 '地利'로 파악하였기 때문이다. 다음에 나오는 "旣時且義"의 경우도 마찬가지이다.

人故[14]**相憎也**라 **人之心悍**이니 **故爲之法**이니 **法出于禮**하고 **禮出于治**[15]라 **治禮**는 **道也**니 **萬物待治禮而後定**이라

무릇 만물은 음과 양 둘이 생겨난 후 이들이 뒤섞여 드러난 것이다. 先王은 이러한 '뒤섞임'의 원리에 근거하여, 들어가고 나오는 바[16]를 신중히 하였다. 비천함에 의해 비천함을 헤아리면 비천함을 파악할 수 없고, 존귀함에 의해 존귀함을 헤아리면 존귀함을 파악할 수 없으니, 桀과 舜의 경우가 이에 해당한다.[17] 선왕이 상반되는 두 측면을 모두 중시하는 이유이다.

凡萬物은 **陰陽兩生而參視**니 **先王**은 **因其參而愼所入所出**이라 **以卑爲卑**면 **卑不可得**이요 **以尊爲尊**이면 **尊不可得**이니 **桀舜是也**니 **先王之所以冣重也**[18]라

얻으면 반드시 살고 잃으면 반드시 죽은 것은 무엇인가? 오직 '無'[19]다. 이것을 얻은 요・순・우・탕・문・무・孝已[20]가 모두 이것에 의해 功業을 이루었다. 천하는 반드시 이 '무'에 의해 살아가는 것이니, 그러므로 선왕이 이를 중시하였다.

得之必生하고 **失之必死者**는 **何也**오 **唯無**[21]라 **得之 堯・舜・禹・湯・文・武・ 孝已斯待以**

---

14) 故 : 郭沫若(中)에 따르면 고대에 '故'와 '固'는 통용되었다.(≪管子集校≫)

15) 禮出于治 : 何如璋(淸)은 '治'는 곧 '名'의 誤字로 보았다. 앞서 "治者 以其名"이라 하였고, 또 아래에 "故先王貴名"이라는 구절이 있는 것이 그 증거라는 것이다. 또한 ≪論語≫에서 "名不正則言不順 言不順則事不成"이라 하였는데, 그 의미가 같다는 것이다.(≪管子析疑≫)

16) 들어가고……바 : 陰과 陽, 卑와 尊, 혹은 反과 正의 두 측면을 의미한다.

17) 桀과……해당한다 : 음과 양은 서로 비교함으로써 상호 구별되듯이, 폭군 桀과 성군 舜은 서로를 비교함으로써 그 차별상이 드러나게 된다는 의미이다.

18) 先王之所以冣重也 : '冣(취)'는 古本・劉本・朱本 등에 '最'로 되어 있다. 여기서 '冣'는 陰과 陽, 尊과 卑 정면과 반면을 모두 아우른다는 의미를 지닌다.

19) 無 : 여기서 '무'는 존재의 본원 혹은 만물의 근본적인 원리, 즉 '도'와 같은 의미로 쓰였다.

20) 孝已 : ?~?. 殷나라 高宗의 아들이다. 어려서 모친을 잃었는데, 고종이 후처에 빠져 효기를 내쫓았다. 그럼에도 불구하고 효기는 부모에 대한 효를 다하였으며, 효기가 죽자 천하 사람들이 모두 슬퍼하였다고 한다.

21) 無 : 郭沫若(中)은 '氣'의 誤字로 보았다. '氣'의 古字는 '炁'인데, 이것의 글자 형태가 '无' 혹은 '無'와 자형이 비슷하여 잘못 표기되었다고 한다.(≪管子集校≫)

成이니 **天下必待以生**이라 **故先王重之**라

하루 동안 먹지 못하면 흉년 든 해와 같고, 사흘 동안 먹지 못하면 기근이 든 해와 같고, 닷새 동안 먹지 못하면 재난이 든 해와 같고, 이레 동안 먹지 못하면 나라가 없어지고, 열흘 동안 먹지 못하면 누구나 할 것 없이 모두 죽는다.

一日不食이면 **比歲歉**하고 **三日不食**이면 **比歲饑**하고 **五日不食**이면 **比歲荒**하고 **七日不食**이면 **無國土**[22)]하고 **十日不食**이면 **無疇類盡死矣**라

先王은 성실함과 미더움을 중시하였다. 성실함과 미더움은 천하 사람들의 마음을 하나로 묶는 것이다. 어진 대부는 종친을 의지하지 않고, 지극한 덕성의 선비는 외부의 권세에 의지하지 않는다.

先王은 **貴誠信**이니 **誠信者**는 **天下之結也**[①]라 **賢大夫**는 **不恃宗**하고 **至士**는 **不恃外權**이라

① 誠信者 天下之結也 : 미더움과 성실함은 천하 사람들의 마음을 단단히 묶는 요인이다.
信誠者는 所以結固天下之心也라

통상적인 이익은 功이 되지 못하고, 통상적인 준비는 쓰임이 되지 못한다. 그러므로 국가를 보존하고 사직을 안정시키는 것은 홀연히 세운 계책에 있을 뿐이다.

坦坦之利는 **不以功**이요 **坦坦之備**는 **不爲用**[①]이라 **故存國家定社稷**은 **在卒謀**[23)]**之間耳**라

① 坦坦之備 不爲用 : '坦坦'은 평평하여 뛰어나거나 특이함이 없는 것이다. 그러므로 공을 세우고 쓰임을 이룰 수 없다.
坦坦은 謂平平非有超而異者라 故不能立功而成用也라

성인의 마음 씀은 다음과 같다. 두루뭉실하여 넓으면서 둥글고, 숨기고 숨긴듯하여 그 문을 찾을 수 없으며, 어지럽고 어지러운 듯하여 마치 뒤엉킨 실타래 같고, 일정한 차례가 있어 마치 정연하게 다스려지는 듯하다. 그러므로 알고자 하는

22) 無國土 : 許維遹(中)은 '土'를 '士'의 오자로 보았다.(≪管子集校≫)
23) 卒謀 : '卒'은 '猝'의 假借字로 보았다. 따라서 '卒謀'는 '홀연히 세운 계책'이라는 의미이다.

자에게는 알려주고, 이익을 얻고자 하는 자에게는 이롭게 해주며, 용감해지고자 하는 자에게는 용기를 주고, 귀해지고자 하는 자에게는 귀하게 해준다. 상대가 귀해지고자 할 때는 귀하도록 해 주니 사람들은 나를 禮가 있다고 말하고, 상대가 용감해지고자 할 때는 용기를 주니 사람들은 나를 공손하다고 말하며, 상대가 이익을 얻고자 할 때는 이롭게 해주니 사람들은 나를 어질다고 말하고, 상대가 알고자 할 때는 알려주니 사람들은 나를 총명하다고 말한다.

聖人은 **用其心**이 **沌沌乎**[24)] **博而圜**하고 **豚豚乎**[25)] **莫得其門**[①]하며 **紛紛乎若亂絲**하고 **遺遺乎若有〔所〕從治**[26)]라 **故曰 欲知者**를 **知之**하고 **欲利者**를 **利之**하며 **欲勇者**를 **勇之**하고 **欲貴者**를 **貴之**라 **彼欲貴**에 **我貴之**하니 **人謂我有禮**하고 **彼欲勇**에 **我勇之**하니 **人謂我恭**하며 **彼欲利**에 **我利之**하니 **人謂我仁**하고 **彼欲知**에 **我知之**하니 **人謂我**慜이라

① 沌沌乎……莫得其門 : 어떤 판본에는 "沌沌乎博圜 豚豚乎莫得而聞也"로 되어 있다.
一本作 沌沌乎博圜 豚豚乎莫得而聞也라

경계하고 또 경계하라! 은미한 것도 특이하게 살피고, 움직일 때는 반드시 생각하며, 남들이 알지 못하게 하고, 갑자기 닥치는 일도 반드시 대비하라.

戒之戒之하라 **微而異之**[①]하고 **動作必思之**하며 **無令人識之**하고 **卒來者必備之**하라

① 微而異之 : 사람들의 마음이 서로 다른 것은 얼굴이 다른 것과 같다. 명령을 이미 따르고 수확하고자 하여도, 때를 놓치면 거두어 들일 것이 없다.[27)]
人心不同은 其猶面焉이라 令旣順欲穫이라도 失時면 無所收라

---

24) 沌沌乎 : 어지럽게 뒤섞여 아직 분명하지 않은 모습에 대한 표현이다. ≪장자≫ 〈齊物論〉에는 司馬의 注를 인용하여 "沌 混沌不分察也"로 되어 있다.

25) 豚豚乎 : 丁士涵(淸)은 '豚'을 '遯'의 假借字로 보았다. 따라서 '豚豚乎'는 '遯遯乎', 즉 '隱隱乎'와 같다.(≪管子校本≫)

26) 遺遺乎若有〔所〕從治 : 저본에는 '所'가 없으나, 古本・劉本・朱本 등에 의거하여 보충하였다. 郭沫若(中)에 의하면 '遺遺'는 '循循' 혹은 '逡逡'이 되어야 한다. 고대의 草書에서 '遺'와 '逡'의 자형이 서로 비슷하여 잘못 쓰여졌다는 것이다. 그리고 '循循'의 의미는, ≪논어≫ 〈子罕〉의 "夫子循循然善誘人"에 대한 何晏의 注에서 말하듯이, '次序貌' 즉 '차례와 순서가 있는 모양'이 된다.(≪管子集校≫)

27) 사람들의……없다 : 원문 "微而異之"에 대한 注인데, 원문과 주가 서로 연결되지 않는다. 혹 다른 곳의 주가 잘못 들어온 것이 아닌가 하는 의심이 든다.

남에게 믿음을 주는 사람은 그 성품이 어질고, 속일 수 없는 사람은 그 성품이 지혜롭다. 이미 지혜롭고 또한 어질면, 이런 사람을 '成人(훌륭한 사람)'이라 한다.

信之者는 **仁也**요 **不可欺者**는 **智也**니 **既智且仁**이면 **是謂成人**이라

천한 사람은 본래 존귀한 사람을 섬기고, 어리석은 사람은 본래 현명한 사람을 섬긴다. 〈그러나〉 존귀한 사람이 자신의 존귀함을 완성할 수 있는 것은, 존귀하면서도 천한 사람을 섬길 수 있기 때문이다. 현명한 사람이 자신의 현명함을 완성할 수 있는 것은, 현명하면서도 어리석은 사람을 섬길 수 있기 때문이다. 〈따라서〉 추함은 아름다움의 근본이고, 천함은 존귀함의 근본이며, 미천함은 귀함의 근본이다.[28] 그러므로 先王은 이런 것들을 귀하게 여겼다.

賤固事貴하고 **不肖固事賢**이니 **貴之所以能成其貴者**는 **以其貴而事賤也**요 **賢之所以能成其賢者**는 **以其賢而事不肖也**라 **惡者**는 **美之充也**[29]요 **卑者**는 **尊之充也**요 **賤者**는 **貴之充也**라 **故先王貴之**라

하늘은 '때'로 작용하고, 땅은 '자원'으로 작용하며, 사람은 '덕'으로 작용하고, 귀신은 '길흉'으로 작용하고, 짐승은 '힘'으로 작용한다. 이른바 덕은 남보다 먼저 행하는 것을 말한다. 그러므로 덕은 남보다 앞장서는 것보다 나은 것이 없다. 그러나 적을 상대할 때는 뒤늦게 하는 것보다 나은 것이 없다.[30]

天以時使하고 **地以材使**하며 **人以德使**하고 **鬼神以祥使**하며 **禽獸以力使**라 **所謂德者**는 **先之之謂也**라 **故德莫如先**이나 **應適莫如後**[31]라

---

28) 추함은……근본이다 : ≪老子≫ 27장에도 이와 비슷한 발언을 찾아볼 수 있다. "선한 사람은 불선한 사람의 스승이고, 불선한 사람은 선한 사람의 바탕이다.〔善人者 不善人之師 不善人者 善人之資〕"라고 하였다.

29) 惡者 美之充也 : 許維遹(中)에 의하면, '充'은 '統'의 假借字이고, 이때 '統'은 '本'의 의미를 지닌다. 따라서 "惡者 美之充也"는 아래 문장에서 나오는 "愛者 憎之始也 德者 怨之本也"와 동일한 문장 형태로 볼 수 있다는 것이다.(≪管子集校≫)

30) 적을……없다 : 덕을 행할 때는 솔선수범하여 앞장서 행해야 하지만, 남과 다툴 때는 부득이한 태도로 마지못해 응대하라는 것이다. 앞에서도 "天下有大事 而好以其國後"라고 하였다. 이러한 '貴後'의 태도는 낮춤을 강조하는 노자철학과 상통한다.

先王 중 음모를 한번 공정한 방법을 두 번 사용한 사람은 霸者가 되었고, 오직 공정한 방법만 사용한 사람은 王者가 되었으며, 공정한 방법을 한번 음모를 두 번 사용한 사람은 영토가 깎였고, 오직 음모만 사용한 사람은 망했다.

先王[32]**用一陰二陽者**[33]는 **霸**요 **盡以陽者**는 **王**이요 **以一陽二陰者**는 **削**이요 **盡以陰者**는 **亡**이라

〈일을 행할 때〉 많고 적음만으로 헤아리지 말고, 무겁고 가벼움만으로 저울질하지 말며, 짧고 깊만으로 측정하지 말라. 이 세 가지를 신중히 살피지 않으면 큰일을 행할 수 없다.

量之不以少多하고 **稱之不以輕重**하며 **度之不以短長**이라 **不審此三者**는 **不可擧大事**라

경계할 수 있는가? 삼갈 수 있는가? 은밀히 숨을 수 있는가? 그대의 기장을 심을 수 있는가? 그대의 보리를 심을 수 있는가? 봄에 싹이 나지 않으면 여름에 수확하지 못하는가?

能戒乎아 **能敕乎**아 **能隱而伏乎**아 **能而稷乎**아 **能而麥乎**[34]아 **春不生而夏無得乎**아

대중들이 마음 씀에 있어서, 사랑하는 것이 곧 미워함의 시작이 되고, 덕을 베푸는 것은 원망이 생겨나는 근본이다. 오직 현명한 자만은 그렇지 않다.

---

31) 應適莫如後 : '適'은 '敵'의 의미를 지닌다. 戴望(淸)에 의하면 고대에 '適'과 '敵'은 통용되었다고 한다.(≪管子校正≫)

32) 先王 : 戴望(淸) 및 安井衡(日)의 견해를 따라 衍文으로 처리하는 것이 합당하지만, 저본을 따르는 것도 의미에 지장이 없다.

33) 用一陰二陽者 : 郭沫若(中)은 '陰陽'을 오늘날 말하는 '正負'의 문제로 이해하였다.(≪管子集校≫) 즉 '陰'은 음모술수의 측면으로, '陽'은 공명정대한 방법으로 본 것이다.

34) 能而稷乎 能而麥乎 : '而'자의 쓰임과 의미에 대해서는 주석가들마다 다양한 의견을 제시하였다. 우선 宋翔鳳(淸)은 '能'과 '而'는 동일한 의미를 지니는데, 후대 사람들이 '而'를 '能'으로 고친 후 본래의 '而'를 그대로 둠으로써 현재와 같은 형태의 문장이 되었다고 보았다.(≪管子識誤≫) 安井衡(日)은 '而'는 단지 어조사에 불과하다고 보았다.(≪管子纂詁≫) 兪樾(淸)은 '而'는 '爲'가 되어야 한다고 보았다.(≪諸子平議≫) 何如璋(淸)은 '而'는 '汝'로 해독해야 한다고 보았다.(≪管子析疑≫) 이들 견해 중 역자는 하여장의 견해에 의거하여 해석하였다.

衆人之用其心也에 **愛者**는 **憎之始也**요 **德者**는 **怨之本也**니 **唯賢者不然**[35]이라

先王은 섬기는 태도로 이웃 나라들과 교제하였고, 덕으로 사람들과 화합하였다. 이 두 가지 태도를 합하지 않으면 〈이웃 나라들과의 교제가〉 이루어지는 것도 없고 〈백성들과〉 친해지는 것도 없을 것이다.

先王은 **事以合交**하고 **德以合人**이니 **二者不合**이면 **則無成矣**요 **無親矣**라

무릇 나라가 망하는 것은 그 나라의 장점에서 비롯되고, 사람이 스스로 실패하는 것은 그 사람의 장점에서 비롯된다. 그러므로 헤엄을 잘 치는 사람은 다리 밑 연못에 빠져 죽고, 활을 잘 쏘는 사람은 들판 한가운데서 죽게 된다.[36]

凡國之亡也는 **以其長者也**요 **人之自失也**는 **以其所長者也**라 **故善游者**는 **死于梁池**하고 **善射者**는 **死于中野**라

생명은 먹을거리에 달려 있고, 다스림은 일에 달려 있다. 일을 잘 하지 않고서 잘 다스려졌다는 것은, 옛날부터 지금까지 있었던 적이 없다.

命屬于食하고 **治屬于事**니 **無善事而有善治者**는 **自古及今**에 **未嘗之有也**라

다수는 소수를 이기고 빠른 것은 느린 것을 이기며, 용감한 사람은 겁쟁이를 이기고 지혜로운 자는 우둔한 자를 이기며, 선한 자는 악한 자를 이기고 의로운 자는 의롭지 않은 자를 이기며, 천도를 따르는 자는 천도를 따르지 않는 자를 이긴

---

35) 衆人之用其心也……唯賢者不然 : 王念孫(淸)은 이 구절을 衍文으로 보았다. 즉 아래 문장에서 나오는 "衆人之用其心也 愛者憎之始也 德者 怨之本也 生其事親也 妻子具則孝衰矣 其事君也 有好業 家室富足 則行衰矣 爵祿滿則忠衰矣 唯賢者不然"의 일부가 이곳으로 잘못 끼어들었다는 것이다. 그는 그 근거로 아래의 문장에 대해서는 尹知章의 注가 달려 있지만, 현재의 이 구절에 대해서는 尹知章의 注가 없다는 점을 들었다.(≪讀書雜志≫) 역자도 이 견해에 의거하여 衍文으로 처리하였다.

36) 활을……죽는다 : 활을 잘 쏘는 사람은 사냥을 즐기게 되고, 사냥을 즐기다 보면 언젠가는 사냥하던 들판에서 짐승에 받히거나 어떠한 사고로 죽게 된다는 의미이다.

다. 무릇 이러한 일곱 가지 승리 요소는 많을수록 좋으니, 이들을 종신토록 사용하는 자는 〈백성이〉 많아진다.

衆勝寡하고 **疾勝徐**하며 **勇勝怯**하고 **智勝愚**하며 **善勝惡**하고 **有義勝無義**하며 **有天道勝無天道**니 **凡此七勝者**는 **貴衆**이니 **用之終身者衆矣**라

군주가 안일함과 욕망을 좋아하여 몸을 망치고 나라를 잃는 자는 위태롭다. 그 덕이 백성을 품기에 부족한 자는 위태롭다. 형벌을 밝게 드러내면서 선비를 천하게 여기는 자는 위태롭다. 제후들이 자신의 위엄을 빌리고 있는데도 오랫동안 위험을 모르는 자는 위태롭다. 자신의 몸은 이미 늙었는데도 태자를 공경할 줄 모르는 자는 위태롭다. 많은 곡식과 재물을 쌓아두고 그것들이 썩어나가는데도 백성들에게 베풀지 않는 자는 위태롭다.

人主好佚欲하여 **亡其身失其國者殆**요 **其德不足以懷其民者殆**요 **明其刑而賤其士者殆**요 **諸侯假之威**하여 **久而不知極已者**[37]**殆**요 **身彌老不知敬其適子者殆**요 **蓄藏積陳朽腐**로되 **不以與人者殆**요

무릇 사람에게는 세 가지 명분이 있다. 잘 다스려지는 것, 부끄러움을 아는 것, 일을 잘 처리하는 것이다. 일에는 두 가지 명분이 있다. 일을 바로잡는 것과 일을 잘 살피는 것이다. 이들 다섯 가지를 갖추면 천하가 다스려질 것이다. 명분이 바르면 다스려지고, 명분이 기울어지면 어지러워지며, 명분이 없으면 죽는다. 그러므로 先王은 명분을 중시하였다.

凡人之名三이니 **有治也者**하고 **有恥也者**하고 **有事也者**요 **事之名二**니 **正之察之**라 **五者而天下治矣**라 **名正則治**하고 **名倚則亂**하며 **無名則死**라 **故先王貴名**이라

---

37) 諸侯假之威 久而不知極已者 : 許維遹(中)에 의하면 '之'는 '其'와 같고, '極'은 '止'의 의미를 지닌다. 그는 그 근거로 ≪呂氏春秋≫ 〈音初〉의 高誘의 注에서 "之 猶其也"라고 말한 점, 그리고 ≪詩經≫ 〈南山傳〉에서 "極 止也"라고 말한 점을 들었다.(≪管子集校≫) 한편 郭沫若(中)은 '之'는 제후를 가리키는 것이고, '極'은 '亟'과 같은 글자로 '急'의 의미를 지닌다고 보았다.(≪管子集校≫) 역자는 이들 견해 중 '之'를 '其'의 뜻으로 본 허유율의 의견과 '極'을 '急'의 뜻으로 본 곽말약의 의견에 의거하여 해석하였다.

先王이 천하를 취할 때는 멀리 있는 자는 예로 대하였고, 가까이 있는 자는 친근함으로 대하였다. 친근함과 예는 천하를 취하는 방법이고, 멀고 가까움은 천하 각국의 거리가 서로 다르기 때문이다.

先王이 **取天下**에 **遠者以禮**하고 **近者以體**[38)]하니 **體・禮者**는 **所以取天下**요 **遠・近者**는 **所以殊天下之際**라

날마다 늘이면서도 적어질까 걱정하는 것은 오로지 '충성'이고, 날마다 덜어내면서도 많아질까 걱정하는 것은 오로지 '욕망'이다. '충성'을 많게 하고 '욕망'을 적게 하는 것은 지혜이니, 〈이는〉 신하 된 자가 도를 넓히는 길이다. 신하 된 자가 나라에 끼친 공로가 없는데도 부유하고, 나라는 가난한 것은 그 신하의 크나큰 죄다. 신하 된 자가 나라에 끼친 공로가 없는데도 작위가 높고, 군주의 위세가 낮은 것은 그 신하된 자의 크나큰 죄다. 나라에 공로가 없으면서 존귀하고 부유한 자를 그 누가 賢人으로 받들겠는가?

日益之而患少者惟忠이요 **日損之而患多者惟欲**이라 **多忠少欲**은 **智也**니 **爲人臣者之廣道也**라 **爲人臣者**가 **非有功勞于國也**요 **家富而國貧**이면 **爲人臣者之大罪也**며 **爲人臣者**가 **非有功勞于國也**요 **爵尊而主卑**면 **爲人臣者之大罪也**니 **無功勞于國而貴富者**를 **其唯尙賢乎**[39)]아

대중들의 마음 씀에서, 사랑하는 것은 곧 미워함의 시작이고, 덕을 베푸는 것은 원망이 생겨나는 근본이다. 그래서 사람들은 어버이를 섬김에 있어 아내와 자식이 갖추어지면 효심이 쇠퇴해지고, 군주를 섬김에 있어 생업이 잘 되어 집안이 풍족하게 되면 〈신하로서의〉 행위가 약해지며, 작위와 봉록이 만족스러우면 충성심이 줄어들게 된다. 오직 賢者만이 그렇지 않다. 그러므로 先王은 신하들의 〈욕구를〉 가득 채워주지 않았다. 군주가 〈신하들의 욕구에〉 역행하는 태도를 지니면, 신하들은 〈군주에게〉 순종하는 태도를 지니게 된다.

衆人之用其心也에 **愛者**는 **憎之始也**①요 **德者**는 **怨之本也**②라 (**生**)**其事親也**[40)]에 **妻子具則孝**

38) 近者以體 : 鄭玄은 ≪禮記≫ 〈學記〉에서 '體'를 '親'으로 풀이하였다. 安井衡(日) 또한 '體'는 '親'과 같다고 하였다.(≪管子纂詁≫)

39) 其唯尙賢乎 : 郭沫若(中)은 '唯'자를 '誰'자로 읽어야 한다고 하였다.(≪管子集校≫)

衰矣요 **其事君也**에 **有好業**하여 **家室富足則行衰矣**요 **爵祿滿則忠衰矣**라 **唯賢者不然**③이라 **故先王不滿也**니 **人主操逆**하면 **人臣操順**이라

① 愛者 憎之始也 : 사랑이 다하면 미움이 이른다.
愛盡而憎至라
② 德者 怨之本也 : 덕이 다하면 원망이 생긴다.
德竭而怨〔生〕[41]이라
③ 唯賢者不然 : 賢者는 처음과 끝이 한결같다.
賢者는 有始有卒이라

先王은 영예와 치욕을 중시하였는데, 영예와 치욕은 각자의 행위에 달려 있다. 천하는 사사로이 사랑하지도 않고 사사로이 미워하지도 않는다. 선을 행하는 자는 복을 받게 되고 불선을 행하는 자는 화를 받게 되는 것이니, 화와 복은 각자의 행위에 달려 있다. 그러므로 선왕은 행위를 중시하였다.

先王重榮辱하니 **榮辱在爲**라 **天下**에 **無私愛也**요 **無私憎也**라 **爲善者有福**하고 **爲不善者有禍**이니 **禍福在爲**라 **故先王重爲**라

상을 명확히 하여 함부로 주지 않고, 형벌을 명확히 하여 함부로 가하지 않는다. 상과 벌이 명확한 것이 덕이 지극한 것이다. 그러므로 先王은 상과 벌을 명확히 하는 것을 중시하였다.

明賞不費하고 **明刑不暴**이니 **賞罰明則德之至者也**라 **故先王貴明**이라

천도는 거대하나 제왕은 이를 잘 사용한다. 〈제왕이 천도를 본받아〉 사랑할 것은 사랑하고 미워할 것은 미워하면 천하는 안정될 수 있다. 그러나 사랑함과 미워함이 너무 심하면 천하는 반드시 닫히고 막히게 된다.

天道大而帝王者用이라 (愛惡愛惡)〔**愛愛惡惡**〕[42]이면 **天下可祕**[43]요 **愛惡重**하면 **閉必固**라

---

40) (生)其事親也 : '生'은 衍文이다. 이 '生'자는 舊注 "德竭而怨生"의 '生'이 본문으로 잘못 붙은 것으로 보인다.

41) 德竭而怨〔生〕: 본문에 붙어 있던 '生'을 注文으로 복원시켰다.

釜鼓[44]가 가득 차면 사람들은 평미레로 밀어 평평하게 만들고, 사람이 가득 차면 하늘은 평미레로 밀어 평평하게 만든다. 그러므로 先王은 가득 채우지 않았다.

釜鼓滿則人概之요 **人滿則天概之**[45]라 **故先王不滿也**라

先王이 남긴 글은 마음에서 공경하고 받들어야 하는데 대중은 이를 알지 못한다. 그러므로 〈선왕의 글은〉 일이 있을 때도 받들어 읽어야 하고 일이 없어도 받들어 읽어야 한다.

先王之書는 **心之敬執也**로되 **而衆人不知也**라 **故有事**에 **事也**며 **毋事**에 **亦事也**라.

나는 일을 두려워하여 감히 일을 함부로 만들지 않고, 나는 말을 두려워하여 감히 말을 함부로 하지 못한다. 그러므로 나이 60이 넘으면서 말이 어눌하게 되었다.[46]

吾畏事하여 **不欲爲事**[47]하고 **吾畏言**하여 **不欲爲言**이라 **故行年六十而老吃也**라

---

42) (愛惡愛惡)〔愛愛惡惡〕: 저본에는 "愛惡愛惡"로 되어 있으나, 郭沫若(中)의 견해에 의거하여 "愛愛惡惡"로 바로잡았다.(≪管子集校≫)

43) 天下可祕 : ≪廣雅≫에서 '秘'는 '密'로 풀이되고 있으며, 이때 '密'은 '安定'과 통한다.

44) 釜鼓 : 고대에 量을 재던 기구인 釜와 鼓를 아울러 이르는 말이다. 춘추시대에는 1釜가 6斗 4升이었으나, 전국시대에 들어와서는 10斗로 늘어났다. 이는 10말 들이 용량인 1斛에 가깝다. 한편 ≪廣雅≫ 〈釋器〉에서는 '斛'을 '鼓'라고 부른다고 하였다.

45) 釜鼓滿則人概之 人滿則天概之 : ≪意林≫에서는 이 구절을 인용하여 앞의 "爵祿滿 則忠衰矣" 아래에 두었다.

46) 나이……되었다 : 郭沫若(中)은 이 말을 통해 이 글을 쓴 저자가 宋牼일 것으로 추정하였다. 그 근거로 우선 이 편의 글은 처음에 도가의 말로 시작하면서 가득참을 경계하고 욕심을 줄일 것을 주장하였고, 이어서 名을 바로 잡을 것을 주장하면서 동시에 예법과 인의와 聖智를 비방하지 않았는데, 이러한 논조는 뒤에 나오는 〈心術〉·〈內業〉·〈白心〉 등과 비슷하다는 것이다. 또한 저자는 "나이 60이 넘으면서 말이 어눌하게 되었다"고 말하면서 스스로 연장자임을 자처하였는데, 당시 宋牼은 稷下學宮에서 先輩의 위치에 있어, 맹자도 그를 '先生'으로 호칭하였고 순자도 그를 존칭하여 '子宋子'로 불렀다는 것이다. 따라서 이 편의 저자는 宋牼으로 보는 것이 타당하다고 하였다.(≪管子集校≫)

47) 吾畏事 不欲爲事 : 郭沫若(中)은 '不欲'을 '不敢'으로 해독하였다. 이렇게 읽어야 앞의 '畏'와 호응하게 된다는 것이다.(≪管子集校≫)

管子 5卷

明 吳郡 趙氏本
唐 司空 房玄齡 註

제13편 팔관 八觀

외언4 外言 四

＊이 편에서는 국가 전체의 건강함을 판단하는 8가지 관찰법을 제시하고 있다. 그 구체적 내용은 다음과 같다. 첫째, 田野가 관리되는 상태를 통해 그 나라 백성들의 굶주림 여부를 알 수 있다. 둘째, 山澤에서 산출되는 뽕과 삼과 가축의 상황을 통해 그 나라의 빈부를 알 수 있다. 셋째, 궁궐과 수레와 의복의 상태에 대한 관찰을 통해 그 나라의 사치 여부를 알 수 있다. 넷째, 기근 여부 및 군대의 복무 상황 그리고 국가의 비용 상황에 대한 관찰을 통해 그 나라의 실속 여부를 알 수 있다. 다섯째, 고을의 관습과 풍속 및 교화되는 상황에 대한 관찰을 통해 그 나라의 治亂 여부를 알 수 있다. 여섯째, 조정에서 일이 이루어지는 상황들에 대한 관찰을 통해 그 나라의 强弱을 알 수 있다. 일곱째, 법령이 설치되고 그것이 시행되는 상황에 대한 관찰을 통해 군주의 통치 능력을 알 수 있다. 여덟째, 국제 관계 및 국내 상황에 대한 관찰을 통해 그 나라의 存亡을 알 수 있다.

큰 성은 완전하지 않으면 안 되고, 성곽 주위는 외부와 통하면 안 되며, 마을의 경계를 짓는 담장은 옆으로 구멍이 뚫려 있으면 안 되고, 마을로 통하는 문은 잘 닫혀 있지 않으면 안 되며, 집의 담당과 대문의 빗장은 평소 잘 수리되어 있지 않으면 안 된다. 그러므로 큰 성이 완전하지 않으면 나라를 어지럽히고 도적질하는 자들이 음모를 꾸미고, 성곽 주위가 외부로 통하면 교묘하게 넘나드는 자들이 생기며, 마을의 경계를 짓는 담장이 옆으로 구멍이 뚫려 있으면 약탈하고 도둑질하는 자들이 그치지 않고, 마을 문이 닫혀 있지 않아 안팎이 서로 통하면 남녀 사이에 분별이 없어지며, 집의 담장이 수리되지 않고 문의 빗장이 든든하지 않으면 비록 좋은 재화가 있어도 지킬 수 없다.

大城不可以不完이요 **郭周不可以外通**이요 **里域不可以橫通**①이요 **閭閈不可以毋闔**②이요 **宮垣關閉**를 **不可以不修**라 **故大城不完則亂賊之人謀**하고 **郭周外通則姦遁踰越者作**하고 **里域橫通則攘奪竊盜者不止**하며 **閭閈無闔**하여 **外內交通則男女無別**하고 **宮垣不備**하고 **關閉不固**면 **雖有良貨**라도 **不能守也**라

① 里域不可以橫通 : '橫通'은 옆으로 통하는 것을 말한다.
橫通은 謂從旁而通也라

② 閭閈不可以毋闔 : '闔'은 사립문이다.
闔은 扇也라

그러므로 형세상 나쁜 짓을 할 수 없으면 간교하고 사특한 사람들이 성실한 사람으로 변하고, 금지와 처벌이 엄하면 나태한 사람들이 반듯해지며, 법령이 널리 드러나면 오랑캐들이 감히 침범하지 못하고, 포상에 대한 믿음이 확실하면 공을 세우는 자들이 장려되며, 가르침과 교훈에 의해 좋은 풍습을 학습한 자들이 많아지면 백성은 자신도 모르는 사이에 변화된다.

故形勢不得爲非則姦邪之人慤愿①하고 **禁罰威嚴則簡慢之人整齊**하고 **憲令著明則蠻夷之人不敢犯**하며 **賞慶信必則有功者勸**하고 **敎訓習俗者衆則(君)民化變而不自知也**②[1]라

① 故形勢不得爲非則姦邪之人慤愿 : 금지와 통제가 완벽하여 그 형세상 나쁜 짓을 할 수 없으면, 간교하고 사특한 사람들이 없어지고 마음으로부터 변하여 성실한 사람들이 된다.
禁禦周固하여 形勢不得爲非면 則姦邪之人無하고 從生心而變爲慤愿이라

② 敎訓習俗者衆則(君)民化變而不自知也 : 좋지 않던 풍속이 선하게 되었지만 선함이 선한 줄 모르는 것이 마치 芝草와 蘭草가 있는 방에 들어갔지만 향기가 향기로운 줄 모르는 것과 같다.
習俗而善이나 不知善之爲善이라 猶入芝蘭之室이나 不知芳之爲芳也라

---

1) 則(君)民化變而不自知也 : 저본에는 '君'이 있으나, 兪樾(淸)의 견해에 의거하여 衍文으로 처리하였다. 그는 "'化變而不自知也'는 '民'에 대한 말이지 '君'에 대한 말이 아니다. 이 '君'자는 아래에 나오는 '明君枉上位'라는 구절로 인해 잘못 끼어든 글자이다."라고 하였다.(≪諸子平議≫)

그러므로 현명한 군주가 위에 있으면 刑이 줄고 罰이 적어진다. 이는 刑을 내릴 만한데 刑을 내리지 않고 罰을 줄만한데 벌을 주지 않기 때문이 아니다. 현명한 군주는 〈아예 범죄로 통하는〉 문을 닫아버리고 〈범죄로 가는〉 길을 막아버리고 〈범죄의〉 흔적을 덮어 버려서, 백성들이 근본적으로 음란과 비행의 영역에 접할 수 없게 한다. 그 결과 백성이 바른 길을 걷고 선을 행하는 것이 마치 자기 본성인 것처럼 한다. 그러므로 죄와 벌이 적어지고 백성이 잘 다스리지게 되는 것이다.

是故明君在上位면 **刑省罰寡**니 **非可刑而不刑**하고 **非可罪而不罪也**라 **明君者**는 **閉其門**하고 **塞其塗**하고 **弇其迹**하여 **使民毋由接於淫非之地**①라 **是以民之道正行善也若性然**이라 **故罪罰寡而民以治矣**라

① 明君者……使民毋由接於淫非之地 : 이미 非行으로 나가는 문을 닫아버리고, 또한 잘못을 생기게 하는 길을 막아버리며, 죄를 이루는 흔적을 모두 덮어버린다. 이와 같이하면 백성은 저절로 단정하고 정직하게 되니, 음란과 비행의 영역에 접하고자 하여도 그곳에 도달할 길이 없게 된다.
既閉出非之門하고 又塞生過之塗하며 成罪之迹을 莫不掩匿이라 如此면 則自然端直하니 欲接淫非之地라도 其路無由也라

田野를 다니면서 밭 갈고 김매는 것을 지켜보고 그 농사를 헤아려보면, 굶주린 나라인지 배부른 나라인지를 알 수 있다.

行其田野하여 **視其耕芸**[2)]하고 **計其農事而饑飽之國可以知也**라

밭갈이가 깊지 않고 김매는 것이 부지런하지 않으며, 〈작물을〉 토양에 맞게 심지 않고 밭이 풀로 덮여 잡초로 가득하면, 그리고 경작지가 반드시 비옥하지도 않지만 그 거친 것이 반드시 척박하지도 않은 상황에서, 인구수로 그 田野의 면적을 비교해 보았을 때 풀로 덮힌 밭이 많고 개간된 땅이 적으면, 비록 홍수나 가뭄이

2) 行其田野 視其耕芸 : 許維遹(中)에 의하면 '行'과 '視'는 양립하는 개념이며, '行' 또한 '視'의 의미를 지닌다고 한다. 그 근거로 ≪禮記≫ 〈月令〉의 "循行國邑 周視田野" 구절에서 '行'과 '視'는 양립하는 개념으로 쓰였고, 이때 '循行'은 곧 '巡視'와 같다는 점을 들었다. 또한 ≪禮記≫ 〈樂記〉의 鄭玄 注에서도 "行은 視와 같다"고 하였다.(≪管子集校≫) 허유휼의 이러한 견해는 부분적으로는 참고할 만하지만, 여기서는 '行'의 본래 의미를 취하여 해석하는 것이 전체 문맥에 적합하다.

없어도 굶주린 나라의 田野이다.

其耕之不深하고 **芸之不謹**하며 **地宜不任**하고 **草田多穢**하며 **耕者不必肥**이요 **荒者不必墝**라 **以人猥計其野**①에 **草田多而辟田少者**는 **雖不水旱**이라도 **饑國之野也**라

① 以人猥計其野 : '猥'는 '衆'의 의미이다. 사람이 많고 적음에 따라 田野의 넓고 좁음을 계산한다.
猥는 衆也라 以人衆之多少로 計其野之廣狹也라

이와 같은 상황에서 백성이 적으면 그 토지를 지킬 수 없고, 백성이 많으면 나라는 가난하고 백성은 굶주리게 된다. 여기에다 수해를 당하거나 가뭄이 들면 백성은 흩어져 수습되지 않는다. 저 백성들을 지킬 수 없게 되면 성이 견고하지 않고, 백성이 굶주리게 되면 백성을 전쟁에 동원할 수 없으며, 백성이 흩어져 수습하지 못하면 나라가 폐허가 된다. 그러므로 말하길, "토지를 지니고 한 나라를 다스리면서 경작하고 김매는 일에 힘쓰지 않으면, 남의 나라에 목숨을 맡기고 사는 군주가 된다."라고 하였다. 그러므로 "田野를 다니면서 밭 갈고 김매는 것을 지켜보고 그 농사를 헤아려보면, 굶주린 나라인지 배부른 나라인지를 알 수 있다."고 말하는 것이다.[3)]

若是而民寡則不足以守其地하고 **若是而民衆則國貧民饑**하며 **以此遇水旱則衆散而不收**라 **彼民不足以守者**는 **其城不固**하고 **民饑者**는 **不可以使戰**이요 **衆散而不收則國爲丘墟**라 **故曰 有地君國而不務耕芸**은 **寄生之君也**라 **故曰 行其田野**하여 **視其耕芸**하고 **計其農事**면 **而饑飽之國**을 **可知也**라

산지와 늪지를 다니면서 거기서 산출되는 뽕과 삼을 살펴보고 가축의 생산을 헤아려보면, 가난한 나라인지 부자 나라인지 알 수 있다.

行其山澤하여 **觀其桑麻**하고 **計其六畜之産**이면 **而貧富之國**을 **可知也**라

무릇 산지와 늪지가 광대하면 초목이 쉽게 많아지고, 토양이 비옥하면 뽕과 삼

3) 이상은 첫 번째 '觀'이다. 田野의 관리상태를 관찰함으로써 그 나라 백성들의 굶주림 여부를 알 수 있다는 것이다.

을 심기가 쉽고, 목초가 풍부하면 가축이 쉽게 번식한다. 〈그러나〉 산지와 늪지가 넓어도 초목의 남벌을 금지하지 않고, 토양이 비옥하여도 뽕과 삼을 심는 기술이 없고, 목초가 많아도 가축에 세금을 부과한다면, 이는 재화가 들어오는 문을 막는 행위가 된다. 그러므로 말하길 "계절에 따라 산출되는 재화가 만들어지지 않으면, 금과 옥이 비록 많아도 가난한 나라라고 한다."라고 하였다. 그러므로 "산지와 늪지를 다니면서 거기서 산출되는 뽕과 삼을 살펴보고 가축의 생산을 헤아려보면, 가난한 나라인지 부자 나라인지 알 수 있다."라고 말하는 것이다.[4)]

夫山澤廣大則草木易多也요 **壤地肥饒則桑麻易植也**요 **薦草多衍則六畜易繁也**①라 **山澤雖廣**이라도 **草木毋禁**하고 **壤地雖肥**라도 **桑麻毋數**하며 **薦草雖多**라도 **六畜有征**②이면 **閉貨之門也**③라 **故曰 時貨不遂**④면 **金玉雖多**라도 **謂之貧國也**라 **故曰 行其山澤**하여 **觀其桑麻**하고 **計其六畜之産**하면 **而貧富之國**을 **可知也**라

① 薦草多衍則六畜易繁也 : '薦'은 무성한 풀이다. 장자가 말하길, "사슴은 풀을 먹는다."[5)] 라고 하였다.
薦은 茂草也라 莊周曰 麋鹿食薦이라

② 六畜有征 : '征'은 세금이다.
征은 賦라

③ 閉貨之門也 : 산출될 수 있는 재화가 없는 것이 마치 문을 닫아버린 것과 같다.
無貨可出이 若閉門然이라

④ 時貨不遂 : '時貨'는 곡물·비단·가축의 생산을 말한다.
時貨는 謂穀帛畜産也라

나라의 도읍에 들어가 궁궐을 보고 수레와 의복을 살펴보면, 사치스러운 나라인지 검소한 나라인지 알 수 있다.

入國邑하여 **視宮室**하고 **觀車馬衣服**하면 **而侈儉之國**을 **可知也**라

무릇 나라의 성곽은 거대하지만 田野가 협소하면 그런 전야로는 백성을 기르기에

4) 이상은 두 번째 '觀'이다. 山澤에서 산출되는 뽕과 삼과 가축의 상황을 관찰함으로써 그 나라의 빈부를 알 수 있다는 것이다.

5) 사슴은……먹는다 : ≪莊子≫ 〈齊物論〉에 나오는 구절이다.

부족하고, 성의 구역은 넓지만 백성이 적으면 그런 백성으로는 성을 지키기에 부족하며, 궁궐의 규모는 크지만 궁실의 수가 적으면 그런 궁실로는 궁궐을 채우기에 부족하고, 궁실은 많은데 사람의 수가 적으면 그런 사람으로는 궁실에 머물기에 부족하며, 창고는 적은데 누대와 정자가 많으면 창고에 저장된 것으로 그 비용을 대기에 부족하다. 그러므로 말한다. "군주에게 축적된 재물은 없는데 궁실만 아름답고, 민가에 축적된 재물은 없는데 의복만 멋지며, 수레를 타는 사람들이 수레의 외관을 멋지게 장식하고, 걸어 다니는 자들이 옷을 화려하게 치장하며, 기본적인 재물은 적은데 말단적인 소모품만 많으면, 이런 나라는 사치스러운 나라의 풍속이다."

夫國城大而田野淺狹者는 **其野不足以養其民**이요 **城域大而人民寡者**는 **其民不足以守其城**이요 **宮營大而室屋寡者**는 **其室不足以實其宮**이요 **室屋衆而人徒寡者**는 **其人不足以處其室**이요 **囷倉寡而臺榭繁者**는 **其藏不足以共其費**①라 **故曰 主上無積而宮室美**하고 **氓家無積而衣服修**②하며 **乘車者飾觀望**하고 **步行者雜文采**하며 **本資少而末用多者**③는 **侈國之俗也**라

① 囷倉寡而臺榭繁者 其藏不足以共其費 : 창고에 저장된 것으로는 누대와 정자의 비용을 공급하기에 부족하다.
囷倉所藏은 不足以供臺榭之費라

② 氓家無積而衣服修 : '氓家'는 민가를 말한다.
氓家는 謂民家也라

③ 本資少而末用多者 : '本資'는 곡식과 비단을 가리킨다.
本資는 謂穀帛이라

나라가 사치하면 소비가 많아지고, 소비가 많아지면 백성이 가난해지며, 백성이 가난하면 간교한 꾀가 생겨나고, 간교한 꾀가 생겨나면 사특한 속임수가 일어난다. 그러므로 간교함과 사특함이 생겨나게 되는 것은 결핍과 부족에서 나오고, 결핍과 부족이 생겨나는 것은 사치에서 나오며, 사치가 생겨나는 것은 절도 없는 생활에서 나온다. 그러므로 말하길 "도량의 기준을 살피고 의복을 절제하며, 재물 사용을 아끼고 사치와 낭비를 금지하는 것이 치국의 시급함이다. 이러한 계산에 통달하지 않은 자는 나라를 경영할 수 없다."라고 하였다. 그러므로 "나라의 도읍에 들어가 궁궐을 보고 수레와 의복을 살펴보면, 사치스러운 나라인지 검소한 나라인지 알 수 있다."라고 말하는 것이다.[6)]

國侈則用費하고 **用費則民貧**하며 **民貧則姦智生**하고 **姦智生則邪巧作**이라 **故姦邪之所生**은 **生于匱不足**하고 **匱不足之所生**은 **生于侈**하며 **侈之所生**은 **生于毋度**라 **故曰 審度量**하고 **節衣服**하며 **儉財用**하고 **禁侈泰**는 **爲國之急也**라 **不通于若計者**①는 **不可使用國**이라 **故曰 入國邑**하여 **視宮室**하고 **觀車馬衣服**이면 **而侈儉之國**을 **可知也**라

① 不通于若計者 : '이러한 계산'은 "도량형을 살핀다" 이하를 말한다.
若計는 謂審度量以下라

흉년의 기근 상황을 살피고 군대의 복무 상황을 조사하며 누대와 정자를 관찰하고 국가의 〈재정의〉 소비를 헤아리면, 실속 있는 나라인지 부실한 나라인지 알 수 있다.

課凶饑하고 **計師役**하며 **觀臺榭**하고 **量國費**하면 **而實虛之國可知也**라

무릇 만 가구의 인구를 먹여 살릴 수 있는 田野의 면적은 사방 50리면 충분할 것이다. 만 가구 이하의 경우는 산지와 늪지에 들어가도 되지만, 만 가구 이상의 경우는 산지와 늪지에 들어가지 않는 게 좋다. 저 들판이 모두 개간되었는데도 백성에게 쌓인 곡식이 없다면, 이는 나라의 영토가 작고 농사지어 먹을 수 있는 땅이 협소하기 때문이다. 들판이 절반만 개간되었는데도 백성에게 여유가 있고 곡식이 많다면, 이는 나라의 영토가 크고 농사지어 먹을 수 있는 땅이 넓기 때문이다. 나라의 영토가 큰데도 들판이 개간되지 않는다면, 이는 군주가 재화를 좋아하고 신하가 이익을 좋아하기 때문이다. 개간된 땅이 넓은데도 백성의 삶이 부족하다면, 이는 위에서 부과하는 세금이 무거워 백성의 저장된 재화가 흩어지기 때문이다. 그러므로 "곡식이 3백 리 밖까지 운반되면 나라에는 1년 치의 양식 저장도 없고, 곡식이 4백 리 밖까지 운반되면 나라에는 반년 치의 양식 저장도 없으며, 곡식이 5백 리 밖까지 운반되면 백성들의 얼굴에는 굶주린 기색이 있게 된다."라고 말한다.

凡田野에 **萬家之衆可食之地**는 **方五十里**면 **可以爲足矣**라 **萬家以下則就山澤可矣**①요 **萬家以**

---

6) 이상은 세 번째 '觀'이다. 도읍에 들어가 궁궐과 수레와 의복의 상태를 관찰함으로써 그 나라의 사치 여부를 알 수 있다는 것이다.

上則去山澤可矣②라 **彼野悉辟而民無積者**는 **國地小而食地淺也**요 **田半墾而民有餘食而粟米多者**는 **國地大而食地博也**요 **國地大而野不辟者**는 **君好貨而臣好利者也**③요 **辟地廣而民不足者**는 **上賦重**하여 **流其藏者也**④라 **故曰 粟行於三百里**⑤**則國毋一年之積**하고 **粟行於四百里則國毋(二)〔半〕年之積**[7]하며 **粟行於五百里則衆有饑色**이라

① 萬家以下則就山澤可矣 : 만 가구 이하는 그 인구가 적으므로, 산지와 늪지로 들어가서 편리함을 추구할 수 있다.
萬家以下는 其人少이니 可以就山澤하여 逐便利라

② 萬家以上則去山澤可矣 : 만 가구 이상은 그 인구가 많으므로 산지와 늪지를 떠나 평지로 가게 하며, 산지와 늪지는 금지한다.
萬家以上은 其人多니 則去山澤就原陸하며 而山澤有禁也라

③ 國地大而野不辟者 君好貨而臣好利者也 : 군주와 신하가 재화와 이익을 좋아하면 농사일에 방해가 되니, 그러므로 들판이 개간되지 않는다.
君臣好貨利하면 則妨農功하니 故其野不辟이라

④ 上賦重 流其藏者也 : 위에서 부과하는 세금이 무거우면 백성이 저장한 재화가 흩어진다.
上賦重하면 則人藏流散也라

⑤ 粟行於三百里 : 세금이 무거우면 곡식값이 낮으니, 그러므로 백성들이 멀리까지 나가 곡식을 팔거나 혹은 멀리 있는 사람들이 와서 곡식을 사간다.
賦重則粟賤하니 故人遠行而糶之라 或은 遠人來糴也라

농작물의 3분의 1이 줄어든 것을 '小凶'이라 하고, 소흉이 3년간 지속되면 '大凶'이다. 대흉이 들게 되면 백성 중 길거리에서 굶어 죽은 사람들이 있게 된다. 10분의 1의 조세가 통상적인 세법인데, 10분의 3의 세를 거두어가면 농사를 지을 수 없게 된다. 그러므로 농작물이 3분의 1이 줄게 된다. 농작물이 3분의 1이 줄었는데 이전에 비축한 식량이 없으면 도로에 몸이 마르고 수척한 사람들이 있게 된다. 10분의 1의 조세를 3년 동안 유지하였는데도 식량에 여유가 없으면, 백성 중에는 자식을 팔아먹는 사람도 생기게 될 것이다.

7) 粟行於三百里……則國毋(二)〔半〕年之積 : 저본대로 해석하면 의미가 통하지 않는다. 따라서 주석가들은 여러 의견들을 제시하였다. 우선 戴望(淸)은 '一年之積'과 '二年之積'에서 '一'과 '二'가 서로 뒤바뀌어졌다고 본다.(≪管子校正≫) 陶鴻慶(淸)도 이에 동의한다.(≪讀管子札記≫) 한편 郭沫若(中)은 '二年之積'에서 '二'는 '半'으로 수정되어야 한다고 본다. '二'는 '半'의 훼손된 글자라고 보기 때문이다.(≪管子集校≫) 이들 두 견해 중 역자는 후자의 의견에 의거하여 해석하였다.

其稼亡三之一者를 **命曰小凶**①이요 **小凶三年而大凶**②이니 **大凶則衆有(大)遺苞矣**③[8]라 **什一之師**에 **什三**하면 **毋事**니 **則稼亡三之一**④[9]이라 **稼亡三之一**로되 **而非有故(蓋)積也**[10]면 **則道有損瘠矣**⑤요 **什一之師三年不解**에 **非有餘食也**면 **則民有鬻子矣**⑥라

① 其稼亡三之一者 命曰小凶 : 통상적인 해의 수확물을 3등분하여, 그 중 1이 줄어든 것은 그 해에 재해가 있었기 때문이다. 그러므로 '小凶'이라 한다.
三分常稼하여 而亡其一은 時有凶災故也라 故謂小凶也라

② 小凶三年而大凶 : 3년 동안 계속 곡식이 익지 않았으므로 '大凶'이라 한다.
比三年不孰하니 故曰大凶也라

③ 大凶則衆有(大)遺苞矣 : 시절이 이미 큰 흉년이 들고 축적된 곡식도 없으니, 비록 서로 구제하려고 해도 단지 소량의 곡식을 싸서 서로에게 보낼 뿐이다.
時旣大凶하고 無復蓄積하니 雖相振濟라도 但苞裹升斗以相遺也라

④ 什一之師……則稼亡三之一 : '師'는 '法'이다. 10분의 1의 세금은 周禮의 통상적인 세법이다. 그런데 올해 10분의 3의 세금을 거두어가고 전해에 농사를 제대로 짓지 못하였으니, 농작물이 3분의 1이 줄어드는 것이다.
師는 法也라 十一而稅는 周禮之通法이라 今乃十三而稅하여 無事於舊하니 稼亡三之一也라

⑤ 稼亡三之一……則道有損瘠矣 : 이미 3분의 1이 줄어들었는데 또 이전에 쌓아둔 것도 없으니, 길을 가는 사람들 중에는 몸이 훼손되고 마른 사람들이 있다.
旣已亡三之一한대 又無故積하니 則道行之人에 有毁損羸瘠者也라

---

8) 大凶則衆有(大)遺苞矣 : 저본에는 '大'가 있으나, 洪頤煊(淸)의 견해에 의거하여 衍文으로 처리하였다. 아래 문장에서도 "衆有遺苞"로 되어 있으므로, '大'는 앞에 나오는 '大'로 인해 잘못 끼어들었다는 것이다. 한편 그는 고대에 '包'와 '孚'는 통용되어 '遺苞'를 '遺莩'로 읽어야 한다고 보았다. 이때 '莩'의 의미는, ≪맹자≫에 나오는 "途有餓莩"에 대한 趙岐의 注에 "餓死者曰 莩"라고 되어 있으므로, '굶어죽은 사람'이 된다고 보았다. 따라서 尹知章의 注는 옳지 않다는 것이다.(≪管子集校≫) 王念孫(淸)도 이에 동의하였으며, 역자 또한 이러한 견해에 의거하여 해석하였다.

9) 什一之師……則稼亡三之一 : 이 구절의 의미에 대해 劉績은 다음과 같이 풀이하였다. "앞에서 '計師役'이라 하였으니 이곳의 '師'는 바로 '師役' 즉 '군복무'의 의미이다. 10분의 1을 군복무에 동원하면 따르며 실천하는 자가 많다. 그러나 30퍼센트로 한다면 이는 10분의 3분이 농사에 종사하지 못하는 것이며 세금의 3분의 1이 줄어들게 된다.〔前作計師役 則此師乃師役也 謂興師役一分 則相逮者衆 而爲三分 是十分中有三分無事農之人 而亡稅三之一矣〕" 劉績의 이상과 같은 풀이는 舊注의 해석과 다르다. 舊注에서는 '師'를 '法'으로 해석하여, '什一之師'를 '10분의 1에 해당하는 세법'으로 풀이하였다. 역자는 舊注에 의거하여 번역하였다.

10) 而非有故(蓋)積也 : 저본에는 '蓋'가 있으나, 許維遹(中)의 견해에 의거하여 衍文으로 처리하였다. "非有故積也"는 아래의 "非有餘食也"와 句法이 동일하며, 尹知章의 注에도 "又無故積"으로 되어 있는 것으로 볼 때 윤지장이 본 판본에도 본래 '蓋'자가 없었을 것이 분명하다는 것이다.(≪管子集校≫)

⑥ 什一之師三年不解……則民有鬻子矣 : 이미 10분의 1의 세금을 3년 동안 유지하였다면, 마땅히 식량에 여유가 있어야 한다. 그런데도 여유가 없다면 이는 흉년을 만났기 때문이다. 때문에 사람들 중에는 자식을 파는 자가 있게 되는 것이다.
既師十一을 三年而不解면 此當有餘食이라 而不餘면 則以遇歲凶故也라 所以人有鬻子者라

그러므로 산림이 비록 가깝고 초목이 비록 보기 좋아도, 궁실의 건축에는 반드시 일정한 법도가 있어야 하고, 금지와 허가에는 반드시 일정한 때가 있어야 한다. 어째서인가? 큰 나무는 혼자서 벌목할 수 없고, 큰 나무는 혼자서 들 수 없으며, 큰 나무는 혼자서 운반할 수 없고, 큰 나무는 얇은 담장 위에 올릴 수 없기 때문이다. 그러므로 "산림이 비록 넓고 초목이 비록 보기 좋아도 산림의 출입의 금지와 허가에는 반드시 일정한 때가 있어야 한다."고 말한다. 국고가 비록 가득 차 있고 금과 옥이 비록 많아도 궁실을 짓는데는 일정한 법도가 있어야 하며, 江海가 비록 광대하고 연못과 늪지가 비록 넓고 물고기와 자라가 비록 많아도 그물로 물고기를 잡는데는 반드시 일정한 기준이 있어야 한다. 배와 그물로 물고기를 잡는 사람도 한 가지 수입원만으로 살아가게 해서는 안 된다. 이는 군주가 초목을 사적으로 소유하고 물고기와 자라를 아껴서가 아니다. 백성이 곡식을 생산하는 일을 폐하는 것을 싫어하기 때문이다.

(故曰)[11] **山林雖近**하고 **草木雖美**라도 **宮室必有度**하고 **禁發必有時**이 **是何也**오 **曰 大木不可獨伐也**요 **大木不可獨擧也**요 **大木不可獨運也**요 **大木不可加之薄牆之上**①이라 **故曰 山林雖廣**하고 **草木雖美**라도 **禁發必有時**라 **國雖充盈**하고 **金玉雖多**라도 **宮室必有度**요 **江海雖廣**하고 **池澤雖博**하고 **魚鱉雖多**라도 **罔罟必有正**②이라 **船網不可一財而成也**③니 **非私草木愛魚鱉也**라 **惡廢民於生穀也**라

① 大木不可加之薄牆之上 : 무릇 이 일들은 반드시 여러 사람들의 힘을 빌려야 하므로 농사를 방해한다. 그러므로 궁궐의 규모에는 일정한 법도가 있어야 하고, 〈산림 출입의〉 금지와 허가에는 일정한 때가 있어야 한다.
凡此는 必資衆力하니 則妨農事라 故宮室須有度하고 禁發須有時也라

② 罔罟必有正 : 〈물고기를 잡을 때〉 어느 정도의 양을 잡을 것인지, 그리고 어느 정도 크

---

11) (故曰) : 저본에는 '故曰'이 있으나, 陶鴻慶(淸)의 견해에 의거하여 衍文으로 처리하였다. 전후 문맥상으로 볼 때 '故曰' 두 글자는 불필요하다.(≪讀管子札記≫)

기로 잡을지에 대한 바른 기준이다.
多少小大之正이라

③ 船網不可一財而成也 : 〈백성은〉 반드시 재물이 많아야 생활이 이루어진다.
必多財然後成이라

그러므로 말하길, "선왕은 산지와 택지에서 일하는 자들을 제한하고 곡물 생산에 종사하는 백성들을 많게 한다."라고 하였다. 저 백성들은 곡물이 아니면 먹고살지 못하고, 곡물은 토지가 없으면 생산되지 않으며, 토지는 백성이 아니면 곡물 생산의 작용을 하지 못하고, 백성은 힘쓰지 않으면 재물을 얻지 못한다. 천하에서 생산되는 것들은 백성이 힘을 쓰는 데서 생겨 나오고, 백성이 힘을 써서 생겨나오는 것들은 백성의 몸을 수고롭게 하는 데서 생겨 나온다. 그러므로 군주가 재물 사용에 끝이 없으면 백성이 쉬지 못하고 계속 힘을 쓰게 된다.

故曰 先王之禁山澤之作者하고 **博民于生穀也**라 **彼民非穀不食**하고 **穀非地不生**하며 **地非民不動**①하고 **民非作力**이면 **毋以致財**라 **天下之所生**니 **生於用力**②하고 **用力之所生**은 **生於勞身**이라 **是故主上用財毋已**면 **是民用力毋休也**③라

① 地非民不動 : '動'은 곡물을 기르는 것을 말한다.
動은 謂發生穀物이라

② 天下之所生 生於用力 : 천하 사람들이 자기 생명을 보존하게 되는 것은, 각자 힘을 쓰는 데에서 말미암는다.
天下所以存其生은 各由用力也라

③ 是故主上用財毋已 是民用力毋休也 : 재물은 힘을 통해 생겨난다. 그러므로 재물 사용에 끝이 없으면 힘쓰는 일을 멈추지 못한다.
財는 從力生이라 故用財不已면 則用力不休也라

그러므로 말하길, "누대와 정자가 〈많아〉 서로 바라볼 정도이면 위아래가 서로 원망하게 된다."라고 하였다. 백성에게 여분의 비축이 없으면 〈도둑질을〉 금지해도 반드시 멈춰지지 않고, 백성 중 길거리에서 굶어 죽은 사람들이 있게 되면 전쟁에서 반드시 이기지 못하며, 길거리에 몸이 훼손되고 수척해진 사람이 있으면 그 지킴이 반드시 견고하지 못하다. 그러므로 명령을 내려도 반드시 실행되지 않고 금지해도 반드시 멈춰지지 않고 전쟁하면 반드시 승리하지 못하고 지키면 반드

시 견고하지 못하면, 머지않아 나라가 위태로워지고 망하게 될 것이다. 그러므로 "흉년의 기근 상황을 살피고 군대의 복무 상황을 조사하며 누대와 정자를 관찰하고 국가의 비용을 헤아리면, 실속 있는 나라인지 부실한 나라인지 알 수 있다."라고 말하는 것이다.[12)]

故曰 臺榭相望者는 **其上下相怨也**①라 **民毋餘積者**는 **其禁不必止**②요 **衆有遺苞者**는 **其戰不必勝**③이요 **道有損瘠者**는 **其守不必固**④라 **故令不必行**하고 **禁不必止**하고 **戰不必勝**하고 **守不必固**하면 **則危亡隨其後矣**라 **故曰 課凶饑**하고 **計師役**하며 **觀臺榭**하고 **量國費**면 **實虛之國**을 **可知也**라

① 其上下相怨也 : 윗사람은 아랫사람이 〈많은 재물을〉 바치지 않는 것을 원망하고, 아랫사람은 윗사람이 많은 세금을 매기는 것을 원망한다.
上怨下不供하고 下怨上多稅라

② 民毋餘積者 其禁不必止 : 백성이 굶주리고 가난하면 도둑질하게 되니, 그러므로 〈도둑질을〉 금지해도 멈춰지지 않는다.
民饑貧則爲盜賊하니 故禁不止也라

③ 衆有遺苞者 其戰不必勝 : 병사가 굶주리면 힘을 쓸 수 없다. 그러므로 전쟁에서 이기지 못한다.
戰士饑則力屈하니 故戰不勝이라

④ 道有損瘠者 其守不必固 : 몸이 훼손되고 수척해지면 죽을 날이 다가온다. 그러므로 지킴이 견고하지 못하다.
損瘠則死期將至하니 故守不固也라

고을로 들어가 관습과 풍속을 관찰하고 백성이 윗사람에게 교화되는 정황을 들어보면 다스려지는 나라인지 어지러운 나라인지 알 수 있다.

入州里하여 **觀習俗**하고 **聽民之所以化其上**①이면 **而治亂之國**을 **可知也**라

① 聽民之所以化其上 : 군주가 행동하면 백성들이 서로 본받는다. 그러므로 백성들 중 윗사람에게 교화되지 않는 사람이 없다.
君斯作矣면 人胥效矣라 故人莫不化上이라

12) 이상은 네 번째 '觀'이다. 기근이 드는 상황, 군대의 복무 상황, 그리고 국가에서 쓰는 비용 상황을 관찰함으로써 그 나라의 실속 여부를 알 수 있다는 것이다.

고을 사이에 막힘이 없고 마을 문이 설치되어 있지 않아 수시로 출입할 수 있고, 이른 아침과 늦은 밤에 통행에 제한이 없으면, 노략질하는 도적들과 사람을 공격하고 해치는 자들을 감당해낼 길이 없을 것이다. 계곡의 물을 마시고 마을에 우물을 파고, 집집마다 마당이 인접해 있고 수목이 무성하고 담장이 훼손되어 있고 대문이 닫혀 있지 않아 안팎의 사람들이 쉽게 오가면, 남녀 사이의 구별을 바르게 할 길이 없을 것이다. 마을에 什長[13]과 游宗[14]이 없고, 里尉(마을의 하급관리)가 머무는 관사가 없고, 계절마다 열리는 집회가 없고, 장례나 겨울제사에도 사람들이 모이지 않고, 금지와 처벌이 엄격하지 않으면, 연장자들 사이의 친목이 생겨날 길이 없을 것이다.

州里不鬲①하고 **閭閈不設**하여 **出入毋時**하고 **早晏不禁**이면 **則攘奪竊盜攻擊殘賊之民**을 **毋自勝矣**②라 **食谷水**하고 **巷鑿井**③하고 **場圃接**④하고 **樹木茂**⑤하고 **宮牆毀壞**하고 **門戶不閉**하여 **外內交通**이면 **則男女之別**을 **毋自正矣**라 **鄕毋長游**⑥하고 **里毋士舍**⑦하고 **時無會同**⑧하고 **喪烝不聚**⑨하고 **禁罰不嚴**이면 **則齒長輯睦**이 **毋自生矣**⑩라

① 州里不鬲 : 막음이 없다.
無阻鬲也라

② 毋自勝矣 : '自'는 '말미암다'는 의미이다. 이미 대비를 갖추지 않으면 도적을 감당해낼 길이 없다.
自는 從也라 旣不設備면 則盜賊無從而勝이라

③ 食谷水 巷鑿井 : 계곡의 물과 마을의 우물은, 물을 긷는 사람들이 음탕함과 방탕함을 일으키는 곳이다.
谷水와 巷井은 則出汲者가 生其婬放이라

④ 場圃接 : 이웃집 자녀들이 쉽게 오갈 수 있다.
隣家子女가 易得交通이라

⑤ 樹木茂 : 음탕함과 나쁜 짓이 쉽게 행해진다.
婬非者易爲라

⑥ 鄕毋長游 : 什長과 游宗이다.
什長과 游宗也라

⑦ 里毋士舍 : '士'는 里尉(마을의 하급관리)이다. 마을마다 관사를 설치하여 里尉를 머물게

13) 什長 : 열 집 단위로 조직된 민가의 우두머리를 이른다.

14) 游宗 : 춘추시대 제나라 鄕職의 하나인 游의 우두머리로, 里尉의 속관이다.

한다.

士는 謂里尉라 每里當置舍하여 使尉居焉이라

⑧ 時無會同 : 마을에서는 계절마다 모임을 가졌으니, 이는 〈마을 사람들 사이의〉 친목을 결속하기 위함이다.

鄕里는 每時當有會同하니 所以結恩好也라

⑨ 喪烝不聚 : '蒸'은 겨울제사의 이름이다.

蒸은 冬祭名이라

⑩ 則齒長輯睦 毋自生矣 : 마을 사람들 사이의 위아래 관계는 마땅히 나이순으로 해야 한다.

鄕里의 長弟는 當以齒也라

그러므로 혼례 의식이 근엄하지 않으면 백성들이 행실을 청렴하게 하지 않고, 현명한 인재를 선발하여 향리에서 천거하지 않으면 선비들이 행실을 바르게 하지 않으며, 나라에 뇌물이 성행하면 관청에서 법령이 무너지고, 위에서 청탁이 통하면 아래에서 당파가 형성되며, 지방관이 法制를 준수하지 않으면 백성과 무리들이 따르지 않게 된다. 이런 것들이 나라가 망하고 군주가 시해되는 원인이다. 그러므로 "고을로 들어가 관습과 풍속을 관찰하고 백성이 윗사람에게 교화되는 정황을 들어보면 다스려지는 나라인지 어지러운 나라인지 알 수 있다."라고 말하는 것이다.[15)]

故昏禮不謹이면 **則民不修廉**하고 **論賢不鄕擧**면 **則士不及行**하며 **貨財行於國**이면 **則法令毁於官**하고 **請謁得於上**이면 **則黨與成於下**하며 **鄕官毋法制**면 **百姓群徒不從**이니 **此亡國弑君之所自生也**라 **故曰 入州里**하여 **觀習俗**하고 **聽民之所以化其上**이면 **而治亂之國可知也**라

조정에 들어가 군주 좌우의 측근들과 중신들을 살펴보고, 윗사람과 아랫사람들이 귀하게 여기고 천하게 여기는 바를 따져보면, 강한 나라인지 약한 나라인지 알 수 있다.

入朝廷하여 **觀左右本(求)朝之臣**[①16)]하고 **論上下之所貴賤者**면 **而强弱之國**을 **可知也**라

---

15) 이상은 다섯 번째 '觀'이다. 고을의 관습과 풍속 및 교화되는 상황을 관찰함으로써 그 나라의 治亂 여부를 알 수 있다는 것이다.

16) 入朝廷 觀左右本(求)朝之臣 : 洪頤煊(淸)은 '本求朝之臣'을 '本朝之臣'으로 고쳐야 한다고 주장하였다. 그는 그 근거로 본서의 〈重令〉에 "不逆於本朝之事"라는 표현이 있고, ≪荀子≫, ≪淮南子≫ 등에도 '本朝之臣'이라는 표현이 있다는 점을 들었다. 이러한 사실에

① 入朝廷 觀左右本(求)朝之臣 : 조정의 득실을 근본적으로 깊이 탐구해본다는 의미이다. 謂原本尋求朝之得失이라

공이 많기로 따지면 위인데 그에 대한 봉록과 상이 낮으면, 공로를 쌓은 신하들이 온 힘을 다해 힘쓰지 않는다. 행적을 따지면 위인데 그에 대한 작위가 낮으면, 뛰어난 인재들과 재능 있는 신하들이 재능을 다 발휘하지 않는다. 총애받는 측근들이 공과 능력에 상관없이 작위와 봉록을 받게 되면, 백성들은 군주를 미워하고 원망하고 비난하고 작위와 봉록을 가볍게 여기고 천시하게 된다. 금과 옥 같은 재화가 많은 상인들이 그들의 지조와 행실에 상관없이 작위와 봉록을 소유하게 되면, 군주의 명령은 경시되고 法制는 훼손된다. 권세가 무거운 사람이 재능에 상관없이 높은 지위를 얻게 되면, 백성들은 자국의 대열을 등지고 외부 세력을 찾아가게 된다.

功多爲上이로되 **祿賞爲下**면 **則積勞之臣**이 **不務盡力**①하고 **治行爲上**이로되 **爵列爲下**면 **則豪桀材臣不務竭能**이라 **便辟左右**를 **不論功能而有爵祿**이면 **則百姓疾怨非上**하고 **賤爵輕祿**②이요 **金玉貨財商賈之人**을 **不論志行而有爵祿也**③면 **則上令輕**하고 **法制毁**요 **權重之人**을 **不論才能而得尊位**면 **則民倍本行而求外勢**[17]라

① 功多爲上……不務盡力 : 전쟁의 공이 날로 많아지는 사람을, '공로를 쌓은 신하'라고 한다. 〈그들은〉 공이 많기로 따지면 뭇 사람들의 위인데, 봉록과 상을 행할 때는 다른 사람들의 아래에 놓이게 된다. 그러므로 온 힘을 다해 힘쓰지 않게 되는 것이다. 戰功日多를 謂積勞之臣이라 論其功多면 則居於衆上인데 及行祿賞翻在衆下라 故不務盡力也라

② 便辟左右……賤爵輕祿 : 〈군주의〉 좌우 측근들이 능력에 상관없이 작위와 봉록을 받는다면, 백성들은 싫어하고 원망할 뿐만 아니라 군주를 비난하고 작위와 봉록을 천시하게 된다. 左右不論能而有爵祿이면 則百姓非但疾怨이언 又非上輕賤爵祿也라

입각하여 그는 尹知章의 舊注가 옳지 않다고 보았다.(≪管子集校≫) 역자도 이에 의거하여 번역하였다.

17) 民倍本行而求外勢 : 戴望(淸)은 아래에 나오는 舊注 "人旣倍本求外 則國之情僞盡在於敵矣"에 근거하여 '行'을 衍文으로 처리해야 한다고 주장하였다.(≪管子校正≫) 그러나 郭沫若(中)이 지적하였듯이, 아래 문장에서도 이 "民倍本行而求外勢" 문장이 다시 나오는 것으로 볼 때, '行'을 衍文으로 처리하는 게 타당하지 않다. 곽말약은 '行'을 '軍行之行'의 '行', 즉 '대오'로 보았다.

③ 不論志行而有爵祿也 : 그 사람의 지조와 덕행과는 무관하게 그를 작위와 봉록이 있는 지위에 둔다.
不論志行하고 使之在爵祿之位也라

저 공로를 쌓은 사람들이 온 힘을 다해 힘쓰지 않으면 병사들이 싸우지 않게 되고, 뛰어난 인재와 재능 있는 사람들이 자신들의 재능을 다 발휘하지 않으면 국내의 다스림에 분별이 없게 되며, 백성들이 군주를 미워하고 원망하고 비난하고 작위와 봉록을 가볍게 여기고 천시하면 군주는 대중을 권면할 수단이 없게 되고, 군주의 명령이 가볍게 여겨지고 法制가 훼손되면 군주는 신하를 부릴 수단이 없고 신하는 군주를 섬길 방법이 없게 되며, 백성이 자국의 대열을 등지고 외부 세력을 찾아가게 되면, 국내의 내부사정이 모두 적국에게 알려지게 된다. 그러므로 "조정에 들어가 군주 좌우의 측근들과 중신들을 살펴보고, 윗사람과 아랫사람들이 귀하게 여기고 천하게 여기는 바를 따져보면, 강한 나라인지 약한 나라인지 알 수 있다."라고 말하는 것이다.[18)]

彼積勞之人이 **不務盡力**이면 **則兵士不戰矣**요 **豪桀材人**이 **不務竭能**이면 **則內治不別矣**요 **百姓疾怨非上**하고 **賤爵輕祿**이면 **則上毋以勸衆矣**요 **上令輕**하고 **法制毁**면 **則君毋以使臣**이고 **臣毋以事君矣**요 **民倍本行而求外勢**면 **則國之情僞竭在敵國矣**①라 **故曰 入朝廷**하여 **觀左右本(求)朝之臣**하고 **論上下之所貴賤者**면 **而强弱之國可知也**라

① 民倍本行而求外勢 則國之情僞竭在敵國矣 : 사람이 이미 근본(자기 나라)를 등지고 외부에서 구하면, 국내의 내부사정이 모두 적국의 수중에 있게 된다. '竭'은 '다하다'는 의미이다.
人旣倍本求外하면 則國之情僞盡在於敵矣라 竭은 盡也라

법을 설치하여 명령을 내리고 대중에 임하여 백성을 부릴 때 〈군주의〉 위엄과 은혜를 살펴보면, 백성에게 군주의 명령이 제대로 시행되고 있는지 아닌지를 알 수 있다.

置法出令하고 **臨衆用民**에 **計其威嚴寬惠**면 〔**而**〕**行於其民與不行於其民**[19)]을 **可知也**라

---

18) 이상은 여섯 번째 '觀'이다. 조정에서 일이 이루어지는 상황을 관찰함으로써 그 나라의 강약을 알 수 있다는 것이다.

법이 허울로만 세워져 소원한 사람을 해치기나 하고, 명령이 한번 반포되어도 그것을 따르지 않는 자가 온전하며, 작위와 봉록을 천시하고 공이 없는 자가 부유해진다면, 대중은 반드시 군주의 명령을 가볍게 여기고 군주의 지위가 위태롭게 된다. 그러므로 말하길, "좋은 농지가 戰士에게 주어지지 않으면 3년이 지나지 않아 군대가 약해지고, 상벌이 원칙대로 시행되지 않으면 5년이 지나지 않아 나라가 무너지며, 위에서 관직과 작위를 팔아먹으면 10년이 지나지 않아 나라가 망하고, 군주가 인륜을 배반하고 금수와 같은 행위를 하면 10년이 지나지 않아 나라가 사라진다."고 하였다.

法虛立而害疏遠①하고 **令一布而不聽者存**②하며 **賤爵祿而毋功者富**③면 **然則衆必輕令而上位危**④라 **故曰 良田不在戰士**면 **三年而兵弱**⑤하고 **賞罰不信**이면 **五年而破**하며 **上賣官爵**하면 **十年而亡**하고 **倍人倫而禽獸行**이면 **十年而滅**이라

① 法虛立而害疏遠 : 법을 세우는 것이 단지 소원한 사람들을 해칠 뿐, 자기와 가까운 사람들에게는 법이 적용되지 않는 것을 말한다. 그러므로 '허울로만 세워진다'고 말하는 것이다.
謂其立法이 但能害疏遠이언 而不行親近이라 故曰虛立也라

② 令一布而不聽者存 : 법령을 따르지 않는 자가 온전하다는 것은, 법령이 제대로 시행되지 않는 것이다.
不聽者存은 是令不行이라

③ 賤爵祿而毋功者富 : 공이 없는 자가 부유해진다면, 공이 있는 자가 가난해진다.
無功者富면 則有功者貧也라

④ 然則衆必輕令而上位危 : 명령을 가볍게 여긴다면 이는 군주를 업신여기는 마음을 지니고 있는 것이다. 그러므로 군주의 지위가 위태롭게 된다.
輕令하면 則有無君之心이라 故上位危라

⑤ 良田不在戰士 三年而兵弱 : 좋은 농지는 戰士에게 상을 주는 것이다. 〈전사에게〉 상을 주지 않으면 전사는 싸울 의지가 없게 된다. 그러므로 군대가 약해지는 것이다.
良田은 所以賞戰士라 不賞하면 則士無戰志라 故兵弱也라

전쟁에서 이기지 못하면 나라가 약해지고, 영토가 사방에서 깎여 다른 제후의

19) 計其威嚴寬惠 〔而〕行於其民與不行於其民 : 저본에는 '而'가 없으나, 아래의 동일한 문장에 의거하여 보충하였다.

영역으로 편입되면 나라가 무너지며, 본국을 떠나 다른 곳으로 도읍을 옮겨가면 나라가 망하고, 나라를 소유한 자가 다른 姓의 사람이면 나라가 사라진다. 그러므로 "법을 설치하여 명령을 내리고 대중에 임하여 백성을 부릴 때 〈군주의〉 위엄과 은혜를 살펴보면, 백성에게 군주의 명령이 제대로 시행되고 있는지 아닌지 알 수 있다."라고 말하는 것이다.[20)]

戰不勝하면 **弱也**요 **地四削**하여 **入諸侯**면 **破也**요 **離本國**하여 **徙都邑**이면 **亡也**요 **有者異姓**이면 **滅也**①라 **故曰 置法出令**하고 **臨衆用民**하여 **計〔其〕威嚴寬惠**[21)]에 **而行於其民不行於其民**을 **可知也**라

① 有者異姓 滅也 : 그 나라를 소유한 자가 다른 姓의 사람이면 종묘사직이 사라진다. 有其國者가 異姓之人이면 則宗廟滅也라

적국과 동맹국의 상황을 파악하고, 군주의 뜻을 헤아리고, 국가의 근본을 살피고, 백성의 생산이 넉넉한지 부족한지를 관찰하면 나라가 망할지 보존될 지를 알 수 있다.

計敵與하고 **量上意**하고 **察國本**하고 **觀民産之所有餘不足**에 **而存亡之國**을 **可知也**라

적국이 강하고 동맹국이 약하며, 간언하는 신하가 죽임을 당하고 아첨하는 신하가 존귀해지며, 사사로운 정이 통하고 공법이 무너진다면, 동맹국은 나의 친함을 믿지 않고, 적국은 나의 강함을 두려워하지 않으며, 뛰어난 인재들은 자기 자리를 편안히 여기지 않고, 공로를 쌓은 사람들은 자신들의 녹봉에 만족하지 않는다. 군주가 상업을 좋아하고 근본이 되는 재화에 힘쓰지 않으면 백성들은 구차하게 안주할 뿐 곡식을 쌓는 일에 종사하지 않는다. 뛰어난 인재들이 자기 자리를 편하게 여기지 않으면 훌륭한 신하들이 물러나고, 공로를 쌓은 사람들이 자신들의 녹봉에 만족하지 않으면 병사들을 제대로 사용하지 못하며, 백성들이 구차하게 안주하면서 곡식 쌓는 일에 종사하지 않으면 마을 창고가 텅 비게 된다.

---

20) 이상은 일곱 번째 '觀'이다. 법령이 설치되고 그것이 시행되는 상황을 관찰함으로써 군주의 통치 능력을 알 수 있다는 것이다.

21) 計〔其〕威嚴寬惠 : 저본에는 '其'가 없으나, 앞의 동일한 문장에 의거하여 보충하였다.

敵國强而與國弱하고 **諫臣死而諛臣尊**하며 **私情行而公法毁**면 **然則與國不恃其親**①하고 **而敵國不畏其彊**②하며 **豪傑不安其位**하고 **而積勞之人不懷其祿**이라 **悅商販而不務本貨**하면 **則民偸處而不事積聚**하고 **豪傑不安其位**하면 **則良臣出**하고 **積勞之人不懷其祿**하면 **則兵士不用**하며 **民偸處而不事積聚**하면 **則閈倉空虛**라

① 與國不恃其親 : 동맹국은 나를 친한 것으로 믿지 않는다는 말이다.
謂黨與之國不恃己以爲親也라
② 敵國不畏其彊 : 적국은 나를 두려워할 만큼 강하게 여기지 않는다.
寇敵之國은 不畏己以爲强也라

이와 같은데도 군주가 변하지 않으면, 노략질하고 도둑질하고 남을 해치고 권력을 찬탈하려는 자들이 일어나게 된다. 안으로 조정에는 훌륭한 신하가 없고 병사들을 쓰지 못하며 창고가 텅 비어 있고 밖으로는 강한 적에 대한 근심이 있으면, 나라는 앉아서 스스로 무너진다. 그러므로 "적국과 동맹국의 상황을 파악하고, 군주의 뜻을 헤아리고, 국가의 근본을 살피고, 백성의 생산이 넉넉한지 부족한지를 관찰하면, 나라가 망할지 보존될 지를 알 수 있다."라고 말하는 것이다.[22)]

如是而君不爲變①이면 **然則攘奪・竊盜・殘賊・進取之人起矣**라 **內者廷無良臣**②하고 **兵士不用**③하며 **閈倉空虛**④하고 **而外有强敵之憂**면 **則國居而自毁矣**⑤라 **故曰 計敵與**하고 **量上意**하고 **察國本**하고 **觀民産之所有餘不足**하면 **而存亡之國**을 **可知也**라

① 如是而君不爲變 : 기존의 태도를 바꾸어 변화하지 못한다.
不改常而更化라
② 內者廷無良臣 : 뛰어난 인재들이 자기 자리를 편안하게 여기지 않는다.
豪傑이 不安其位라
③ 兵士不用 : 공로를 쌓은 사람들이 자신들의 녹봉에 만족하지 않기 때문이다.
積勞之人이 不懷其祿故也라
④ 閈倉空虛 : 백성들이 구차하게 안주하면서 곡식을 쌓고 모으는 일에 종사하지 않기 때문이다.
民偸處而不事積聚故也라

---

22) 이상은 여덟 번째 '觀'이다. 국제 관계 및 국내 상황을 관찰함으로써 그 나라의 존망을 알 수 있다는 것이다.

⑤ 國居而自毁矣 : 앉은 채로 스스로 멸망에 이르게 된다.
居然自致滅毁라

그러므로 이상의 여덟 가지로 군주의 나라를 관찰하면, 군주는 그 나라의 실정을 숨기지 못한다.

故以此八者로 **觀人主之國**에 **而人主毋所匿其情矣**라

제14편 법금 法禁

외언 5 外言 五

*이 편에서는 신하들이 함부로 권세를 누려 군주의 권력을 손상시키는 행위들을 경계하고 있다. 특히 신하들이 사적으로 백성들의 환심을 사고 붕당을 형성하여 군주의 통치력을 훼손하는 것을 경계하였다. 이를 위해 우선 서두에서 법과 제도의 체제를 명확히 할 것을 주문하고 있다. 그리하여 간신들이 법을 농락하고 관직 인사권을 전횡하는 것을 막아야 한다는 점을 역설한다. 다음으로 간신들이 범하기 쉬운 다양한 사례들을 하나씩 제시하면서, 고대의 聖王은 그런 행위들을 결코 용납하지 않았다는 점을 강조하고 있다.

法制에 대해 백성들이 〈이러쿵저러쿵〉 의론하지 않으면, 백성들은 서로 사적인 것을 도모하지 않게 된다. 〈잘못이 있을 때〉 형벌과 사형에 처하여 용서하지 않으면, 백성들은 선을 행함에 있어 구차해 하지 않는다. 작위와 봉록을 함부로 내리지 않으면 아랫사람들이 윗사람에게 난리를 일으키지 않는다. 이 세 가지의 사용 권한이 관청에 있으면 나라에 법이 제대로 시행되고, 나라에 시행되면 풍속이 온전히 이루어지게 된다. 그 나머지는 억지로 시키지 않아도 잘 다스려질 것이다.

法制不議면 **則民不相私**①요 **刑殺毋赦**면 **則民不偸於爲善**②이요 **爵祿毋假**면 **則下不亂其上**③이라 **三者藏於官則爲法**이요 **施於國則成俗**이니 **其餘**는 **不强而治矣**④라

① 法制不議 則民不相私 : 군주가 法制를 내놓았을 때 아랫사람들이 감히 〈이러쿵저러쿵〉 의론하지 않으면, 사람들은 공적인 것을 받들 뿐 서로 사적인 것을 도모하지 않는다.
君出法制에 下不敢議하면 則人奉公而不相與爲私라

② 刑殺毋赦 則民不偸於爲善 : 잘못이 있을 때 반드시 죽이면 선과 악이 분명해진다. 그러므로 사람들이 구차한 선을 행하지 않는다.
有過必誅면 則善惡明이니 故不爲苟且之善이라

③ 爵祿毋假 則下不亂其上 : 벼슬은 반드시 덕이 있는 사람에게 내리고 녹봉은 반드시 공을 세운 사람에게 주어, 사람들에게 함부로 벼슬과 녹봉을 내리지 않으면, 사람들은 군주가 반드시 어질고 유덕하다는 것을 안다. 그러므로 〈아랫사람이〉 윗사람에게 난

리를 일으키지 않는다.

爵必有德하고 祿必有功하여 不妄假人이면 則人知君我者必賢德이라 故不亂於上이라

④ 三者藏於官則爲法……不强而治矣 : '세 가지'는 곧 '법'·'형벌'·'벼슬'이다. '藏於官'은 아랫사람들이 그것들을 제멋대로 하지 못한다는 의미이다. 이와 같으면 법이 시행되고 풍속이 이루어지며, 그 나머지는 비록 억지로 권면하지 않아도 모두 다스려지게 될 것이다.

三者는 卽法刑爵也라 藏於官은 謂下不得擅其用이라 如此則法施俗成하고 自斯之外는 雖不勉彊이라도 莫不從理矣라

군주가 儀則[1] 적용을 일관되게 하면 관리들은 그 법을 지키며, 군주가 法制를 분명하게 진술하면 아랫사람들은 모두 그 法度를 이해한다. 〈그러나〉 군주가 儀則 적용을 일관되게 하지 않으면, 아랫사람들이 법을 위반하고 사사로운 도리를 세우는 자가 반드시 많아질 것이다. 이로 인해 사람들은 사사로운 도리를 적용해 군주의 法制를 폐하고, 각자 자신이 들은 바를 말하게 된다. 그러므로 아래의 서민들은 관리와 법 해석을 달리하고, 위의 權臣들은 군주와 권력을 나누게 되니, 국가의 위기는 반드시 여기서부터 생겨나게 될 것이다.

君壹置其儀면 **則百官守其法**하고 **上明陳其制**면 **則下皆會其度矣**라 **君之置其儀也不一**이면 **則下之倍法而立私理者必多矣**라 **是以人用其私**하고 **廢上之〔法〕制**하며 **而道其所聞**[2]①이라 **故下與官列法**하고 **而上與君分威**니 **國家之危 必自此始矣**②라

① 廢上之〔法〕制 而道其所聞 : 이미 군주의 법제를 폐하니, 자신이 들은 바를 앞다투어 말하면서 자신의 사적인 욕심이 이루어지기를 기대한다.

旣廢上之制하니 故競道其所聞하여 冀遂其私欲이라

② 下與官列法……必自此始矣 : '下'는 서민을 가리키고, '上'은 權臣을 가리킨다. '列'은 이 또한 '分(나누다)'의 의미이다.

下는 謂庶人이요 上은 謂權臣이라 列은 亦分也라

---

1) 儀則 : 원문 '儀'에 대한 번역이다. 전후 문맥상으로 보면, 위에서 언급된 '法制'의 하부 細則으로 이해된다.

2) 廢上之〔法〕制而道其所聞 : 저본에는 '法'이 없으나, 許維遹(中)의 견해에 의거하여 보충하였다. 그는 "'之'아래에 '法'자가 탈락된 것 같다. 아래 문장에서 말하는 '廢上之法制者 必負以恥'는 이 문장을 받아 하는 말이다. 또한 '常反上之法制以成群于國者'라고 말하고 있으니, 모두 '法制'라는 용어를 쓰고 있음을 알 수 있다."라고 하였다.(≪管子集校≫)

옛날에 聖王이 백성을 다스릴 때는 그렇지 않았다. 군주의 法制를 폐하는 자는 반드시 치욕을 당하게 하였다. 〈그리고〉 재물을 후하게 뿌리고 은혜를 널리 베풀어 사사로이 백성에게 친하게 다가서는 자는 예의 도리를 바로잡아 보여주었고, 〈그러면〉 사람들이 저절로 바르게 되었다.[3] 나라의 도를 어지럽히고, 나라의 常道를 바꾸고, 자기 멋대로 상을 내리는 것은 聖王이 금지하였다.

昔者에 **聖王之治其民也不然**이라 **廢上之法制者**는 **必負以恥**①요 **財厚博惠以私親於民者**는 **正經而自正矣**②[4]라 **亂國之道**하고 **易國之常**하고 **賜賞恣於己者**는 **聖王之禁也**③[5]라

① 廢上之法制者 必負以恥 : '負'는 '被(당하다)'와 같다. 법제를 폐하는 자는 반드시 치욕을 당하게 하였다.
負는 猶被也라 廢法制者는 必被之以恥辱也라

② 財厚博惠以私親於民者 正經而自正矣 : 신하가 〈백성들에게〉 재물을 후하게 뿌리면서 '복'을 짓고 있으면,[6] 예의 도리를 바로 잡아 신하들에게 보여준다. 〈그러면〉 그 사람들은 저절로 바르게 될 것이다.
臣厚財而作福하면 則正禮經以示之라 其人自正矣라

③ 賜賞恣於己者 聖王之禁也 : 상을 하사하는 것은 군주만이 사용할 수 있는 행위이다. 신하가 군주의 일을 행하므로 금지시켜야 한다.
賜賞者는 人君所獨用也라 臣爲君事하니 故須禁之也라

聖王이 사라지자 뒤를 이은 군주들의 덕이 쇠하였다. 백성을 다스리는 자가 군

---

3) 재물을……되었다 : 이상의 번역문은 舊注에 의거한 해석이다. 원문에 오탈자가 있어 의미 풀이가 순조롭지 않다.

4) 財厚博惠以私親於民者 正經而自正矣 : "財厚博惠以私親於民者"와 "正經而自正矣"은 그 의미가 순조롭게 연결되지 않는다. 따라서 王念孫(淸)은 이 두 구절 사이에 탈락된 문장이 있는 것으로 의심하였다.(≪讀書雜志≫) 이 점에 대해 張佩綸(淸) 및 郭沫若(中)도 동의하였고, 특히 곽말약은 舊注 등에 근거하여 본래의 문장은 "厚財博惠以私親於民者 必正以禮 禮正而人自正矣"였을 것으로 추정하였다.(≪管子集校≫) 역자 또한 이 구절에 일정한 오류가 있을 것이라는 점을 인식하지만, 그것의 본래의 모습을 정확히 알 길이 없으므로 저본과 舊注에 의거하여 번역하였다.

5) 亂國之道……聖王之禁也 : 이 문장은 앞의 글과 의미가 순조롭게 연결되지 않는다. 때문에 丁士涵(淸)은 이 문장을 착간으로 보고, 아래에 나오는 "擅國權以深索於民者 聖王之禁也" 문장 앞으로 옮겨야 한다고 주장하였다.(≪管子校本≫)

6) '복'을……있으면 : 일종의 비유적 표현이다. 백성에게 재물을 베풀어 그들의 인심을 사는 행위를 말한다. 그러므로 아래의 舊注에서 "신하가 복을 지어 구하는 바는, 사람들의 마음이 반드시 자기에게 귀의하게 하는 것이다"라고 말한다.

주의 도를 세워 나라의 근본을 삼는 법을 알지 못하면, 大臣들이 아랫사람들에게 주제넘는 짓을 행하여 사람들의 마음에 투합하는 자들이 반드시 많아질 것이다. 군주가 신중히 법을 세워 아래를 제어할 수 없으면, 백성들이 사사로운 규율을 세워 부당하게 이익을 취하는 자들이 반드시 많아질 것이다.

聖王旣歿하니 **受之者衰**①라 **君人而不能知立君之道以爲國本**이면 **則大臣之贅下而射人心者必多矣**②요 **君不能審立其法以爲下制**면 **則百姓之立私理而徑於利者必衆矣**③라

① 聖王旣歿 受之者衰 : 뒤를 잇는 군주들이 덕이 없다.
嗣君不德이라

② 君人而不能知立君之道以爲國本 則大臣之贅下而射人心者必多矣 : 직책을 뛰어넘어 은혜를 베푸는 것을 '贅(췌)'라 한다. 아랫사람에게 복을 내려주는 것은 군주의 일이다. 지금 신하가 〈군주의 일을〉 하므로 '贅'라고 말하는 것이다. 신하가 복을 내려 바라는 바는, 사람들의 마음에 투합하여 자기에게 귀의하게 하는 것이다.
越職行恩을 曰贅라 福下者는 君之事也라 今臣爲之하니 故曰贅라 臣之作福所邀는 射人心必使歸己也[7]라

③ 百姓之立私理而徑於利者必衆矣 : '徑'은 쉽고 빠른 길로 빨리 달려가는 것을 말한다.
徑은 謂邪行以趣疾也라

옛날에 聖王이 사람들을 다스릴 때는 널리 배운 사람을 귀하게 여기지 않고, 사람들이 서로 화합하고 협동하여 명령을 잘 따르도록 하였다. 〈泰誓〉[8]에서 말하길, "紂임금에게는 억만 명의 신하가 있었지만 또한 억만 개의 마음이 있었고, 武王에게는 〈단지〉 3천 명의 신하가 있었지만 마음은 하나였다."고 하였다. 그러므로 紂는 억만 개의 마음으로 인해 망했고, 武王은 한마음으로 인해 보존되었다. 따라서 나라를 소유한 군주가 진실로 사람들의 마음을 하나로 모으지 못하고, 나라의 위엄을 통일하지 못하고, 선비들의 뜻을 통합하지 못하고, 군주의 다스림을 통하게 하여 아래 백성들의 법으로 삼지 못하면, 비록 넓은 영토와 많은 백성이 있더라도

---

7) 臣之作福所邀 射人心必使歸己也 : 劉績은 "다른 판본의 注에는 '君旣失德 則大臣必作福作威以射人心使之歸己也(군주가 이미 덕을 잃으면, 대신이 반드시 복을 짓고 위엄을 세워, 이를 통해 사람들의 마음을 자기에게 귀의하게 한다.)'로 되어 있다."라고 하였다.

8) 泰誓 : ≪書經≫ 〈周書〉에 실린 하부 편명으로, 周나라 武王이 殷나라 紂임금을 칠 때 제후들 앞에서 선언한 서약을 담고 있다.

오히려 나라를 안정시킬 수 없다.

昔者聖王之治人也에 **不貴其人博學也**요 **欲其人之和同以聽令也**①라 **〈泰誓〉曰 紂有臣億萬人**이나 **亦有億萬之心**이요 **武王有臣三千**이나 **而一心**이라 **故紂以億萬之心亡**하고 **武王以一心存**이라 **故有國之君**이 **苟不能同人心 一國威 齊士義 通上之治以爲下法**이면 **則雖有廣地衆民**이라도 **猶不能以爲安也**라

① 不貴其人博學也 欲其人之和同以聽令也 : 널리 배우고서 명령을 듣지 않는 자는 간교한 무리의 우두머리이다.
博學而不聽令은 姦人之雄也라

군주가 도를 잃으면 大臣들은 권력자들과 가까이하면서 서로를 나라에 추천하고, 小臣들은 반드시 이익을 좇아 서로 나아간다. 그러므로 온 나라의 선비들이 나라를 망치는 당파를 만들어, 공적인 일을 수행하면서 사적인 혜택을 도모한다. 조정에 나아가서는 군주에게 서로를 추천하고 물러나서는 백성에게 서로를 칭찬하며, 각자 자기 몸만 편하게 하고 社稷은 잊어버리며, 자기 거처를 넓힘으로써 도당을 모아 무리를 형성하니, 위로는 군주를 가리고 아래로는 백성들을 자기 편으로 끌어모은다. 이 모든 것들은 군주를 약하게 하고 나라를 어지럽히는 길이다. 그러므로 나라가 위태로워진다.

君失其道하면 **則大臣比權重**①**以相擧於國**하고 **小臣必循利以相就也**라 **故擧國之士以爲亡黨**②하고 **行公道以爲私惠**③라 **進則相推於君**하고 **退則相譽於民**하며 **各便其身而忘社稷**하며 **以廣其居**④하여 **聚徒(威)〔成〕群**⑤[9]하니 **上以蔽君**하며 **下以索民**⑥이니 **此皆弱君亂國之道也**라 **故國之危也**라

① 君失其道 則大臣比權重 : 권력이 무거운 자와 서로 가까이한다.
與權重者와 相比라

② 擧國之士以爲亡黨 : 나라를 배반하고 망하게 하는 당파가 된다.
爲叛亡之黨也라

9) 聚徒(威)〔成〕群 : 洪頤煊(淸)의 견해에 의거하여 '威群'을 '成群'으로 수정하였다. 그는 그 근거로 아래에 "常反上之法制以成群於國"이라는 표현이 나오고, 〈法法〉에서도 "則人臣當而成群"이라는 표현을 찾아 볼 수 있다는 점을 든다.(≪管子集校≫) 許維遹(中)도 이에 동의하면서, ≪荀子≫ 〈宥坐〉에도 "聚徒成群"이라는 말이 나온다는 점을 제시하였다.(≪管子集校≫) 따라서 역자는 본 구절의 해석에 있어 舊注를 따르지 않았다.

③ 行公道以爲私惠 : 공적인 비용을 써서 사적인 이익을 꾀한다.
費公하여 以樹私也라

④ 以廣其居 : 수용하는 것이 넓다.
容受博也라

⑤ 聚徒(威)〔成〕群 : 도당을 모아 〈상대의〉 무리를 위협한다.
蓄黨以威衆

⑥ 上以蔽君 下以索民 : 자신에게 영합하는 사람들을 구한다.
求人附己라

국가 권력을 마음대로 휘두르면서 백성들을 자기 편으로 끌어모으는 것은 聖王이 금지하였다. 자기 몸을 조정의 벼슬에 맡기지 않는 〈隱士나 流民과 같은〉 사람들은 성왕이 금지하였다. 나아가면 군주에게 봉록을 받고 물러나면 집안에 봉록을 저장하며, 맡은 직책의 일을 열심히 하지 않고 단지 사적인 일에만 힘쓰고 왕의 관리가 사적인 일에 종사하면 군주의 일이 버려진다. 마땅한 사람이 아니면서 사적인 행위만 일삼는 것은 성왕이 금지하였다. 행실을 닦을 때는 효도를 근본으로 삼지 않고, 일을 행할 때는 관직 업무를 중심으로 하지 않으며, 무능한 자를 천거하고 공이 없는 자를 벼슬길에 나아가게 하는 것은 성왕이 금지하였다.

擅國權以深索於民者는 **聖王之禁也**요 **其身毋任於上者**는 **聖王之禁也**[10)]요 **進則受祿於君**하고 **退則藏祿於室**하며 **毋事治職**하고 **但力事屬私**①**王官私**면 **君事去**②라하며 **非其人而人私行者**[11)]는 **聖王之禁也**③요 **修行則不以親爲本**④하고 **治事則不以官爲主**⑤하며 **擧毋能進毋功者**는 **聖王之禁也**라

① 但力事屬私 : 그가 힘써 일삼는 바는 단지 사적인 것에 뜻을 두는 것일 뿐이다.

---

10) 其身毋任於上者 聖王之禁也 : 이 구절에 대한 해석은 주석가들마다 의견이 제각각이다. 우선 張佩綸(淸)은 '毋'는 '慣'으로 '任'은 '佞'이 되어야 한다고 보았다. 이 경우 "毋任於上者"는 "윗사람에게 습관적으로 아첨하는 것"으로 해석된다.(≪管子學≫) 한편 許維遹(中) '毋'는 '貫'으로 읽고 '任'은 '勝'과 통한다고 보았다. 따라서 이 경우 "毋任於上者"는 "습관적으로 윗사람을 능멸하는 것"으로 해석된다.(≪管子集校≫) 이에 비해 郭沫若(中)은 원문 자체에 대한 수정 없이 그대로 해석하면서, "其身毋任於上者"하는 부류를 隱士나 流民으로 보았다.(≪管子集校≫) 역자는 이들 중 곽말약의 견해에 의거하여 해석하였다.

11) 毋事治職……而人私行者 : 주석가들은 이 구절에 여러 개의 오탈자가 있다고 보고, 본래 문장 형태에 대해 다양한 의견들을 제시하면서 舊注의 풀이가 합당하지 않음을 지적하고 있다. 역자는 원문 자체가 불완전하고 舊注 역시 문제점을 지니고 있기는 하지만, 舊注에 의거하여 해석하도록 노력하였다.

其所勉力事務者는 但屬意於私라

② 王官私 君事去 : 왕의 관리가 사적으로 일을 행하면, 군주의 일을 경영하는 것은 버려진다.
王之官私事면 則營之君事는 則去之也[12)]라

③ 聖王之禁也 : 신하가 이미 마땅한 사람이 아니다. 그러므로 그런 사람은 단지 사적인 행위만 하므로 금지하는 것이다.
臣旣非其人이라 故其人但爲私行하니 所以禁之也라

④ 修行則不以親爲本 : 효도와 공경을 소홀히 한다.
簡孝敬也라

⑤ 治事則不以官爲主 : 헛된 명예를 바란다.
邀虛譽也라

아랫사람들과 교류할 때 그것을 자기가 내린 은혜로 여기게 하고, 사람을 천거할 때 그것을 자신의 공로로 여기게 하며, 어떤 사람에게 벼슬살이를 하게 하면서 그의 녹봉을 나누어 갖는 것은 聖王이 금지하였다. 이익에 통달한 사람들과 교류하여 〈그 결과〉 빈궁함에 이르게 하고, 백성에게 취하는 것은 가볍게 여기고 군주에게 바치는 것은 무겁게 여기며, 윗사람에게서 뜯어내어 아랫사람들에게 인심을 쓰고, 법을 왜곡함으로써 백성에게 환심을 구하는 것은 聖王이 금지하였다. 들이는 비용은 그 사람의 신분에 비해 적은데 그 집안의 家業은 부유하고, 봉록은 매우 적은데 재산이 매우 많은 것은 聖王이 금지하였다.

交人則以爲己賜①하고 **擧人則以爲己勞**②하며 **仕人則與分其祿者**③는 **聖王之禁也**요 **交於利通而獲於貧窮**④하고 **輕取於其民而重致於其君**⑤하며 **削上以附下**하고 **枉法以求於民者**⑥는 **聖王之禁也**요 **用不稱其人家富於其列**하고 **其祿甚寡而資財甚多者**⑦는 **聖王之禁也**라

① 交人則以爲己賜 : 〈나랏일로〉 신하가 혹 아랫사람들과 교류할 때, 그것을 자기가 내린 은혜라고 믿도록 한다.
臣或下交於人에 恃之以爲己之恩賜라

② 擧人則以爲己勞 : 나라를 위해 賢者를 천거할 때, 그것을 자신의 공로라고 믿게 한다.
爲國擧賢에 恃之以爲己之功勞라

③ 仕人則與分其祿者 : 사람을 천거하여 벼슬살이를 하게 하고, 그 사람이 얻은 봉록을 나

12) 王之官私事……則去之也 : 劉績은 "다른 판본의 주에는 '王官旣私 君事去矣(왕의 관리가 이미 사적이 되면, 군주의 일은 버려진다.)'로 되어 있다."라고 하였다.

누어 갖는 것이다.

薦人令仕하고 得祿與其分者라

④ 交於利通而獲於貧窮 : 신하가 함께 교류하는 자들이 모두 상업에서 재화와 이익을 얻으면, 농업과 잠업이 폐해진다. 그러므로 빈궁함을 얻게 된다.

臣所與交通者가 皆貨利末業하면 則農桑廢니 故獲於貧窮이라

⑤ 輕取於其民而重致於其君 : 아래로 백성에 취하는 것을 가볍게 여겨 어려워하지 않으며, 위로 군주에게 바치는 것을 거짓으로 꾸미며 무겁게 만든다.

下取於人을 輕然不難하고 上致於君을 僞飾成重이라

⑥ 削上以附下 枉法以求於民者 : 군주의 인척에게 쓰이는 비용을 깎아내어 그것을 아랫사람들에게 줌으로써 자신의 은혜가 되도록 하고, 군주의 公法을 왜곡하여 백성들의 사적인 환심을 구한다.

削上戚用하여 附下成恩하고 枉君公法하여 求人私悅也라

⑦ 用不稱其人家富於其列 其祿甚寡而資財甚多者 : '列'은 '業'이다. 신하가 들이는 비용은 적은데 家業이 부유하고, 녹봉은 적은데 재산이 많다면, 이는 법을 왜곡하여 백성들에게 착취하기 때문이다.

列은 業也라 臣有用少而家業富하고 祿寡而資財多면 則以枉法取於人故也라

세상의 법도를 어김으로써 행세하고, 윗사람을 비난함으로써 명성을 도모하고, 항상 군주의 法制를 반대함으로써 나라에서 무리를 형성하는 것은 聖王이 금지하였다. 가난하고 곤궁한 것처럼 꾸미고 부지런히 수고하는 척하면서 빈천한 자들에게 권세를 부리고, 자기 자신은 일정한 직업도 없고 집안은 일정한 생업도 없으면서, 위아래를 이간질하고 백성을 위하는 척 발언하는 것은 聖王이 금지하였다. 선비들을 모아 자신의 정치적 資産으로 삼고, 농지를 관리하여 자신의 본업으로 삼고, 자신을 위해 죽음을 불사하는 무리를 사적으로 기르고, 그런 다음에 심하게 거드름을 피우고 교만한 자세로 군주와 흥정을 벌이는 것은 聖王이 금지하였다.

拂世以爲行하고 **非上以爲名**하고 **常反上之法制**하여 **以成群於國者**①는 **聖王之禁也**요 **飾於貧窮而發於勤勞**하여 **權於貧賤**②하고 **身無職事**하고 **家無常姓**이요 **列上下之間**하고 **議言爲民者**는 **聖王之禁也**③요 (壺)〔壹〕**士以爲**(亡)〔己〕**資**하고 **修田以爲**(亡)〔己〕**本**④[13]하고 (**則生之養私不**

13) (壺)〔壹〕士以爲(亡)〔己〕資, 修田以爲(亡)〔己〕本 : 저본에는 "壺士以爲亡資 修田以爲亡本"으로 되어 있으나, 王念孫(淸)의 견해에 따라 '壺'는 '壹'로, '亡'은 '己'로 바로잡았다. '壺'는 宋本에도 '壹'로 되어 있고, '亡'은 '己'의 誤字라는 것이다. 이때 '壹'의 의미는 '聚'로 보았

死)〔**則私養必死之士**〕⑤[14]하고 **然後失矯以深與上爲**市者⑥[15]는 **聖王之禁也**라

① 拂世以爲行……以成群於國者 : 세상의 법도를 어기고 윗사람을 비방하고 法制를 위반함으로써 붕당을 결성하니, 또한 이른바 간사한 무리의 우두머리이다.

拂世非上하고 反違法制하여 以結連朋黨하니 亦所謂姦人之雄也라

② 飾於貧窮而發於勤勞 權於貧賤 : 속으로는 부유하지만 겉으로는 빈궁한 것처럼 꾸미고, 속으로는 안락하지만 겉으로는 수고하는 척하면, 세력을 형성하여 빈궁한 자들에게서 권세를 부릴 수 있다.

內富而外飾於貧窮하고 內逸而外發於勤勞하면 可以致勢而權於貧窮也라

③ 身無職事……聖王之禁也 : '姓'은 '生'이다. 자기 자신은 이미 직업도 없고 또 그 집안에는 일정한 生業도 없으면서 위아래의 사이에 스스로 자리하고, 그 의론할 때마다 매번 백성을 위한다고 하면서 이로써 명예를 구하니, 이런 것은 순순한 도가 아니다. 그러므로 聖王이 금지하였다.

姓은 生也라 身旣無職事하고 家又無常生한데 自列於上下之間하고 其有言議每輒爲人하여 以求名譽하니 非純粹之道라 故聖王禁之也라

④ (壺)〔壹〕士以爲(亡)〔己〕資 修田以爲(亡)〔己〕本 : 매번 그릇에 담은 음식으로 선비들을 먹여 살림으로써 망명의 바탕으로 삼으니 趙孟[16]의 경우와 같다. 또한 농지를 경영함으로써 망명의 근본으로 삼는다.

每以壺飧濟士하여 以爲亡去之資하니 若趙孟之爲라 又修營田業하여 以爲亡去之本也라

⑤ (則生之養私不死)〔則私養必死之士〕: 이미 미리 준비되어 있으면 사적으로 자기 생명을 기르니, 비록 망해도 죽지는 않는다.

旣有所備預면 則私養其生하니 雖亡而不死也라

다. 따라서 "壺士以爲亡資 修田以爲亡本"에 근거하여 그 의미를 풀이한 舊注는 모두 오류라고 보았다.(≪讀書雜志≫) 역자는 왕염손의 견해에 의거하여 번역하였다.

14) (則生之養私不死)〔則私養必死之士〕: 저본상의 "則生之養私不死" 구절 자체로는 의미가 통하지 않는다. 따라서 安井衡(日), 張佩綸(淸) 등 다수의 주석가들은 이 구절에 다수의 오탈자가 있는 것으로 보았다. 역자는 일단 許維遹(中)의 견해에 의거하여 이 구절을 "則私養必死之士"로 고쳐 번역하였다. '生'은 '士'의 誤字이고 '不'은 '必'의 誤字인데, 이 구절을 교정한 사람이 이 점을 모르고 문장을 뒤섞어 놓아 의미가 통하지 않게 되었다는 것이다.(≪管子集校≫)

15) 然後失矯以深與上爲市者 : 이 구절 자체로는 의미가 통하지 않는다. 이에 대해 金廷桂(中)는 '失'은 '佚'의 古字이고 '矯'는 '驕'와 통한다고 보았다.(≪管子參解≫) 역자도 이러한 김정계의 견해에 의거하여 舊注를 따르지 않았다.

16) 趙孟 : 춘추시대 晉나라의 신하 趙盾(조돈) 및 그의 후손 趙武·趙鞅·趙无恤을 말한다. 이들 趙씨는 대대로 晉나라 조정을 장악하면서 권세를 부렸다. ≪맹자≫ 〈告子 上〉에도 "조맹이 귀하게 한 것은 조맹이 천하게 할 수 있다.〔趙孟之所貴 趙孟能賤之〕"라고 하면서, 趙孟을 언급하고 있다.

⑥ 然後失矯以深與上爲市者 : 스스로 준비를 하고 있다가 군주가 실수하면 반드시 교정한다. 군주가 따르지 않는 점이 있으면, 군주에게 자리에 머물 것인지 물러날 것인지의 태도를 보이라고 요구한다. 그러므로 "군주와 흥정을 한다."고 말한다.
自恃其備하고 然後君失必矯라 其有不從이면 則示之以去就之形而要之라 故曰與上爲市라

사소한 절개를 과장되게 꾸며 백성들에게 보이고, 때로 거창한 일을 말함으로써 윗사람을 깜짝 놀라게 하고, 멀리 있는 사람들과 교류함으로써 무리들을 압도하고, 〈높은〉 벼슬을 빌려 조정에 군림하는 것은 聖王이 금지하였다. 몸을 낮춰 잡다한 무리와 어울리고, 자신의 행위를 숨겨 자신이 의지하는 바를 숨기고, 〈다른 나라에〉 몰래 잠입하여 외부의 〈간사한〉 사람을 맞이하고, 윗사람의 눈을 피하고 백성의 눈을 피하는 것은 聖王이 금지하였다. 풍속을 위반하고 예를 달리하고, 〈자신의 행위를〉 과장되게 말하여 본받을 만한 행위로 여기게 하고, 〈사람들이〉 자신이 행하는 바를 어렵게 여기게 하여 스스로를 높은 위치에 두는 것은 聖王이 금지하였다.

審飾小節以示民①하고 **時言大事以動上**②하고 **遠交以踰群**하고 **假爵以臨朝者**③는 **聖王之禁也**요 **卑身雜處**④하고 **隱行辟倚**⑤하고 **側入迎遠**⑥하고 **遁上而遁民者**⑦는 **聖王之禁也**요 **詭俗異禮**하고 **大言法行**⑧하고 **難其所爲而高自錯者**⑨는 **聖王之禁也**라

① 審飾小節以示民 : 허황된 명예를 꾀하여 얻다.
釣虛譽也라

② 時言大事以動上 : 군주에게 예측하지 못한 점을 보인다.
示君以不測也라

③ 遠交以踰群 假爵以臨朝者 : 멀리 사방의 이웃들과 교류함으로써 뭇 붕당들을 압도하고, 허황되게 고위 벼슬을 빌려 조정에 위협적으로 군림한다.
遠交四隣하여 以越群黨하고 虛假高爵하여 威臨本朝也라

④ 卑身雜處 : 부류를 가리지 않는다.
不簡儔類라

⑤ 隱行辟倚 : '倚'는 '의지하다'는 의미이다. 스스로 그 행위를 숨김으로써 자신이 의지하는 바를 숨긴다.
倚는 依也라 自隱其行하여 以避所依也라

⑥ 側入迎遠 : 〈다른 나라에〉 몰래 잠입하고, 국경 밖으로 나가 멀리 외부에서 오는 사람을 맞이한다.
側身而入閾하고 挺出而迎遠이라

⑦ 遁上而遁民者 : 몸을 낮추어 잡된 무리와 섞이는 것은 윗사람의 눈을 피하기 위함이고, 자기 행위를 숨겨 의지하는 바를 숨기는 것은 백성의 눈을 피하기 위함이다.
卑身雜處는 所以遁上이요 隱行辟倚는 所以遁民이라

⑧ 大言法行 : 〈자신의 행위를〉 과장되게 칭찬함으로써 본받을 만한 것으로 여기게 하여, 사람들이 그의 행위를 따르게 한다.
大爲言譽以爲法하여 使人遵行也라

⑨ 難其所爲而高自錯者 : '錯'은 '두다'는 의미이다.
錯은 置也라

축적한 재물을 지키면서 한가로이 거처하고, 재물을 널리 나누어 줌으로써 무리를 모으고, 부지런히 몸을 움직여 일을 수행하고, 재물로써 사람들의 환심을 사고, 사람들을 구제함으로써 명예를 사고, 그 자신은 매우 조용히 머물면서도 사람들이 그를 찾아오게 하는 것은 聖王이 금지하였다. 행동은 편벽되면서 완고하고, 말은 궤변을 늘어놓으면서 그럴듯하게 변론하고, 부리는 술수는 그릇되면서도 잡박하고, 〈습관적으로〉 나쁜 짓을 따르면서도 그것을 그럴듯하게 꾸미는 것은 聖王이 금지하였다. 붕당을 친구로 여기고, 악을 은폐하는 것을 어짊〔仁〕으로 여기고, 자주 변하는 것을 지혜로 여기고, 세금을 많이 거둬들이는 것을 충성으로 여기고, 분노를 드러내는 것을 용기로 여기는 것은 聖王이 금지하였다. 나라의 근본을 가로막고, 그 자신은 군주에게 다가가 군주를 위해 힘쓰는 척하면서 은밀히 외부의 제후들에게 빌붙는 것은 聖王이 금지하였다.

守委閑居하고 **博分以致衆**①하고 **勤身遂行**하고 **說人以貨財**②하고 **濟人以買譽**③하고 **其身甚靜而使人求者**④는 **聖王之禁也**요 **行辟而堅**하고 **言詭而辯**하고 **術非而博**하고 **順惡而澤者**⑤는 **聖王之禁也**요 **以朋黨爲友**하고 **以蔽惡爲仁**⑥하고 **以數變爲智**하고 **以重斂爲忠**하고 **以遂忿爲勇者**는 **聖王之禁也**요 **固國之本**[17)]하고 **其身務往於上**하여 **深附於諸侯者**⑦는 **聖王之禁也**라

① 守委閑居 博分以致衆 : 축적한 재물을 지키면서 한가로이 거처하고, 그 재물을 널리 나눔으로써 무리를 끌어모은다.
守其委積以閑居하고 博分其財以致衆이라

---

17) 固國之本 : 安井衡(日)은 '固'를 '錮'로 읽어 '가로막다'로 풀이하였다.(≪管子纂詁≫) 반면에 張佩綸(淸)은 '固' 앞에 '不'이 잘못 탈락되었다고 보았다.(≪管子學≫) 이들 중 역자는 안정형의 견해를 따랐다.

② 勤身遂行 說人以貨財 : 자신의 몸을 부지런히 수고롭게 함으로써 일을 수행하고, 재물을 베풀어 줌으로써 사람들의 환심을 산다.
勤勞其身以遂其行하고 施其貨財以悅於人이라

③ 濟人以買譽 : 재물을 베풀어 사람들을 구제하는 것은 명예를 사기 위함이다.
濟施人貨財는 所以買其聲譽라

④ 其身甚靜而使人求者 : 〈그 자신은〉 고요히 머물러 있지만 재물이 많으므로 사람들이 그를 찾아온다.
靜而多財이니 故人求之라

⑤ 順惡而澤者 : 습관적으로 따르는 것이 나쁜 짓인데도 그것을 잘 꾸며서 광택이 나게 한다.
所順習者惡事이나 善潤飾之令有光澤이라

⑥ 以朋黨爲友 以蔽惡爲仁 : 붕당에 악이 있으면 서로 은폐해 주고, 그런 행위를 仁으로 여긴다.
朋黨有惡이면 相爲隱蔽하고 用此爲仁이라

⑦ 固國之本……深附於諸侯者 : 나라마다 스스로 그 근본이 있으며 신하는 나라 밖의 사람들과 교류하지 않는다. 그런데 지금 비록 몸은 힘써 윗사람에게 귀의하는 듯하지만, 마음은 다른 곳에 의탁하여 밖으로 다른 제후들에게 은밀히 빌붙는다.
每國自有其本하며 臣無境外之交라 今雖身務歸於上이나 而心有異託하여 外深附於諸侯라

聖王이 직접 세상을 다스릴 때는 德行은 반드시 옳은 바가 있었고, 道義는 반드시 밝은 바가 있었다. 그러므로 선비들은 아무도 감히 풍속을 위반하고 예를 달리 함으로써 자신을 나라에 드러내지 않았고, 아무도 감히 은혜를 베풀고 은밀히 백성을 기르고 위아래와 교제를 닦음으로써 백성과 사적으로 친하지 않았으며, 아무도 관직의 등급을 뛰어넘고 군주의 이익을 낚거나 功을 〈실제보다〉 부풀림으로써 군주의 관심을 얻지 않았다.

聖王之身이 **治世之時**에 **德行必有所是**하고 **道義必有所明**이라 **故士莫敢詭俗異禮**하여 **以自見於國**하고 **莫敢布惠緩行**하고 **修上下之交**하여 **以(和)〔私〕親於民**①[18]하며 **(故)**[19]**莫取超等踰**

18) 以(和)〔私〕親於民 : 저본에는 '和'로 되어 있으나, 王念孫(淸)의 견해에 의거하여 '私'로 바로잡았다. 앞에서 나온 "財厚博惠 以私親於民" 구절이 그 증거라는 것이다.(≪讀書雜志≫)

19) (故) : 저본에는 '故'가 있으나, 安井衡(日)의 견해에 의거하여 衍文으로 처리하였다.(≪管子纂詁≫)

官하고 **漁利蘇功**하여 **以取順其君**②이라

① 莫敢布惠緩行……以(和)〔私〕親於民 : 조용히 백성을 은밀히 기르는 것을 '緩行'이라 한다.
從容養民을 謂之緩行이라

② 漁利蘇功 以取順其君 : 속임수를 꾸밈으로써 군주의 이익을 낚는 것을 '漁利'라 한다. 적은 것에 말미암아 많은 것을 끌어당기는 것을 '蘇功'이라 한다. '蘇'은 '낳아 증식시킨다'는 의미이다.
飾詐以釣君利를 謂之漁利라 因少搆多를 謂之蘇功이라 蘇는 生息也라

聖王이 백성을 다스릴 때는 관직에 나아가서는 그 관직으로 인해 얻는 이익이 없게 하였고, 관직에 물러나서는 그 관직으로 인해 받게 되는 피해를 피하지 못하게 하였다. 〈그리하여 관리들이〉 반드시 자기 자리에 편안함을 느끼게 하고 무리 사이에서 즐겁게 지내게 하고 자기 직책에 힘쓰게 하고 자기 이름을 영예롭게 한 이후에 멈추었다. 그러므로 관직을 뛰어넘고 무리를 벗어나는 자는 반드시 피해를 입게 하였고, 자기 일을 제대로 하지 못하여 자기 직책을 잃은 자는 반드시 부끄러움을 느끼게 하였다. 이 때문에 聖王이 백성을 가르칠 때는, 仁으로 어루만지고 부끄러움으로 부리며, 각자 능한 바를 닦아 성취함에 도달한 이후에 멈추었다. 그러므로 말하길, "〈삿되고 치우친 것을〉 끊은 이후에 나라가 안정되고, 〈군주의 마음이〉 고요한 상태가 된 이후에 백성을 다스릴 수 있으며, 〈정국이〉 안정된 이후에 군주의 존엄을 유지할 수 있다."고 말한다. 행동거지에 흔들림이 없는 것이 聖王의 도이다.

聖王之治民也에 **進則使無由得其所利**하고 **退則使無由避其所害**하고 **必使反乎安其位**하고 **樂其群**하고 **務其職**하고 **榮其名而後止矣**①라 **故踰其官而離其群者**는 **必使有害**하고 **不能其事而失其職者**는 **必使有恥**라 **是故聖王之敎民也**에 **以仁錯之**하고 **以恥使之**하며 **修其能**하여 **致其所成而止**라 **故曰 絶而定**②하고 **靜而治**하며 **安而尊**이라 **擧錯而不變者**는 **聖王之道也**라

① 必使反乎安其位……榮其名而後止矣 : 위와 같이 할 수 있으면 멈추고 상규를 따랐다.
能如上事하면 則止而循常也라

② 絶而定 : 삿되고 치우친 것을 끊는다.
絶邪僻이라

제15편 중령 重令
외언6 外言 六

*이 편에서는 명령의 엄숙성과 중요성에 대해 말하고 있다. "명령이 엄중하면 군주가 존엄하고, 군주가 존엄하면 나라가 안정된다."고 보기 때문이다. 따라서 명령은 오직 군주에게서 나와야 하고, 일단 명령이 내려지면 그것이 엄정하게 집행되어야 한다는 점을 강조한다. 특히 저자는 명령의 위엄이 군주의 측근들이나 아랫사람들에 의해 농락당할 가능성에 대해 여러 측면으로 경계한다. 이러한 重令論은 법치를 중시하는 管子 사상의 일면을 반영하고 있다.

무릇 나라를 다스리는 중요한 도구에 있어 명령보다 더 중요한 것이 없다. 명령이 엄중하면 군주가 존엄하고, 군주가 존엄하면 나라가 안정된다. 〈그러나〉 명령이 경시되면 군주가 비천하고, 군주가 비천하면 나라가 위태롭다. 그러므로 나라를 안정되게 하는 것은 군주를 존엄하게 하는 데 있고, 군주를 존엄하게 하는 것은 명령이 시행되게 하는 데 있고, 명령이 시행되게 하는 것은 형벌을 엄격하게 하는 데 있다. 형벌이 엄격하고 명령이 시행되면 뭇 관리들이 모두 두려워하게 된다. 〈반면에〉 형벌이 엄격하지 않고 명령이 시행되지 않으면 뭇 관리들이 모두 희기뻐하게 된다.

凡君國之重器는 **莫重於令**이니 **令重則君尊**하고 **君尊則國安**이요 **令輕則君卑**하고 **君卑則國危**라 **故安國在乎尊君**하고 **尊君在乎行令**하며 **行令在乎嚴罰**이라 **罰嚴令行**이면 **則百吏皆恐**하고 **罰不嚴令不行**이면 **則百吏皆喜**라

그러므로 현명한 군주는 백성을 다스리는 근본으로 명령보다 중요한 게 없다는 것을 통찰한다. 그러므로 "명령을 훼손한 자는 사형에 처하고, 명령을 보탠 자는 사형에 처하고, 명령을 시행하지 않은 자는 사형에 처하고, 명령 시행을 유보한 자는 사형에 처하고, 명령을 따르지 않은 자는 사형에 처한다."고 말한다. 이 다섯

가지를 범한 자를 사형에 처하고 용서하지 않으면, 〈백성들은〉 오직 명령만 살피게 된다. 그러므로 "명령이 엄중하면 아랫사람들이 두려워한다."고 말하는 것이다.

故明君察於治民之本이 (本)**莫要於令**[1]이라 **故曰 虧令者死**하고 **益令者死**①하고 **不行令者死**하고 **留令者死**②하고 **不從令者死**라 **五者死而無赦**면 **惟令是視**③라 **故曰 令重而下恐**이라

① 虧令者死 益令者死 : 명령을 더하고 보탠 자는 죽이고 용서하지 않는다.
  增益令者는 殺無赦라
② 不行令者死 留令者死 : 명령이 마땅이 시행되어야 하는데, 고의적으로 유보하였기 때문이다.
  令當行인데 而故留之라
③ 五者死而無赦 惟令是視 : 명령을 내리는 자는 이 다섯 가지 사형에 해당하는 자를 반드시 용서하지 않는다.
  設令者는 必不赦此五死也라

군주된 자가 현명하지 못하면, 명령이 비록 군주로부터 나와도 아랫사람들이 그것의 시행 여부를 논의한다. 무릇 〈아랫사람들이〉 군주의 명령을 어기는 것으로 자신들의 위엄으로 삼는다면, 〈아랫사람들이〉 제멋대로 행하면서 사사로운 짓을 행할 것이니, 뭇 관리들이 어찌 이를 즐거워하지 않겠는가? 또한 명령이 비록 군주에게서 나와도 그것의 시행 여부를 아랫사람들이 논의한다면, 이는 위엄이 아랫사람들에게 매여 있는 것이다. 위엄이 아랫사람들에게 매여 있으면서 군주가 위태롭지 않기를 바란다는 것은 가능하지 않다.

爲上者不明이면 **令出雖自上**이라도 **而論可與不可者在下**①라 **夫倍上令以爲威**면 **則行恣於己以爲私**니 **百吏奚不喜之有**②리오 **且夫令出雖自上**이라도 **而論可與不可者在下**면 **是威下繫於民也**③니 **威下繫於民**이요 **而求上之毋危**는 **不可得也**④라

① 爲上者不明……而論可與不可者在下 : 현명하지 못한 군주는 비록 날마다 명령을 내려도, 그 명령의 시행 여부는 반드시 아랫 사람들이 논의한 이후에 정해진다. 이와 같으면 신하가 오히려 군주를 제어하게 되는 것이니, 어찌 명령이 집행되겠는가?

---

1) 明君察於治民之本(本)莫要於令 : 郭沫若(中)의 견해에 따라 '本' 하나를 衍文으로 처리하였다.(≪管子集校≫) 葉適의 ≪習學記言≫ 45권 인용문에도 "明君察於治民之本 莫要於令"으로 되어 있다. 참고로, 許維遹(中)은 "治民之本" 다음에 '治民之'가 잘못 탈락된 것으로 보았다.(≪管子集校≫)

不明之君은 雖日出令이라도 至於可否는 必與下論而後定이라 如此者는 臣反制君이니 何令之爲리오

② 夫倍上令以爲威……百吏奚不喜之有 : 공적인 것을 위반하면 사사로운 짓을 할 수 있으니, 명령을 훼손하고 기뻐함이 또한 마땅하지 않은가?
倍公則得成私니 虧令而喜가 不亦宜乎아

③ 且夫令出雖自上……是威下繫於民也 : 명령의 시행 여부가 아랫사람들에게서 가부가 결정되면, 이는 위엄이 아랫사람에게 매여 있는 것이다.
可否定於下면 則是威下繫也라

④ 威下繫於民……不可得也 : 아랫사람들이 강하면 군주가 위태롭다.
下强則上危也라

명령이 내려졌는데도 그것을 시행하지 않고 유보한 자를 벌주지 않으면, 이는 〈군주의 명령을〉 백성이 받들지 않도록 가르치는 것이다. 명령이 내려졌는데 그것을 시행하지 않은 자를 벌주지 않고 시행한 자를 벌주면, 이는 모두 백성이 군주의 명령을 듣지 않도록 가르치는 것이다. 명령이 내려졌는데 그것의 시행 여부를 백관이 논의한다면, 이는 군주의 위엄이 아랫사람들에게 나누어진 것이다. 명령이 내려졌는데 그것을 더하거나 덜어낸 자들을 벌주지 않으면, 이는 백성이 삿된 길로 가도록 가르치는 것이다.

令出而留者無罪면 **則是教民不敬也**①요 **令出而不行者毋罪**하고 **行之者有罪**면 **是皆教民不聽也**②요 **令出而論可與不可者在官**이면 **是威下分也**③요 〔**令出而**〕**益損者毋罪**면 **則是教民邪途也**④[2]라

① 令出而留者無罪 則是教民不敬也 : 왕의 말이 '실'과 같더라도 그것이 입 밖으로 나오면 '밧줄'처럼 받아들이는 것이 이른바 '받듦〔敬〕'이다. 〈명령을 시행하지 않고〉 유보한 자를 죽이지 않으면, 이는 〈왕의 명령을〉 받들지 말도록 가르치는 것이다.
王言如絲라도 其出如綸이 所謂敬也라 留者不誅면 是教不敬이라

② 令出而不行者毋罪……是皆教民不聽也 : 명령을 시행하지 않는 자를 벌주지 않고 명령을 시행한 자를 도리어 죽인다면, 이는 백성이 명령을 듣지 않도록 군주가 가르치는 것이다.
不行無罪하고 行之反誅하면 人之不聽을 上教之然也라

③ 令出而論可與不可者在官 是威下分也 : '官'은 백관이다. 명령의 시행 여부가 백관에게서

---

2) 〔令出而〕益損者毋罪 則是教民邪途也 : 저본에는 '令出而'가 없으나, 張佩綸(淸)의 견해에 의거하여 보충하였다.(≪管子學≫) 앞에 나열된 문장들의 형태를 볼 때, 이 문장의 앞에도 '令出而' 3자가 있는 것이 마땅하다.

정해지면 이는 군주의 위엄이 아랫사람들에게 나누어진 것이다.

官은 謂百官이라 可否定於百官이면 則是威下分也라

④ 益損者毋罪 則是教民邪途也 : '益'은 명령을 덧붙이는 자이다. '損'은 명령을 덜어내는 자이다. 이 둘을 벌주지 않으면 백성이 삿된 길을 가도록 군주가 가르치는 것이다.

益은 謂增令者요 損은 謂虧令者라 二者不罪면 人爲邪途를 上教之然也라

이와 같으면 교활하고 아첨하는 사람들은 이것을 이용하여 사적인 이익을 이루고 〈이익이 되는 사람들과〉 교류하는 수단으로 삼을 것이고, 사적으로 어울리는 사람들은 이것을 이용하여 붕당을 형성하고 패거리를 모을 것이며, 탐욕스러운 사람들은 이것을 이용하여 재화를 모으고 재물을 취할 것이고, 나약한 사람들은 이것을 이용하여 권력자에게 아부하고 부유한 자를 섬길 것이며, 으스대길 좋아하는 사람들은 이것을 이용하여 명예를 사고 명성을 이룰 것이다. 그러므로 명령을 내린 다음 백성들에게 사악함에 이르는 다섯 가지 길을 보여주고서, 군주가 위태롭지 않고 아래 백성들이 어지럽지 않기를 바라는 것은 가능하지 않다.

如此則巧佞之人이 **將以此成私爲交**하고 **比周之人**이 **將以此阿黨取與**하며 **貪利之人**이 **將以此收貨聚財**하고 **懦弱之人**이 **將以此阿貴事富**하며 (便辟)**伐矜之人**이 **將以此買譽成名**[3)]①이라 **故令一出**하여 **示民邪途五衢**②요 **而求上之毋危**하고 **下之毋亂**은 **不可得也**③라

① 如此則巧佞之人……將以此買譽成名 : 무릇 이들은 모두 위에서 그 틈을 열어주면, 아래에서 그 틈으로 말미암아 간사함을 이룬다.

凡此는 皆上開其隙하면 則下得緣隙而成姦也라

② 示民邪途五衢 : '五衢'는 위에서 언급된 '다섯 가지 죽임'[4)]을 가리킨다. 그들을 죽이면 五衢가 막히고, 그들을 살려주면 五衢가 열린다.

五衢는 謂上之五死也라 死之則五衢塞하고 生之則五衢開라

---

3) (便辟)伐矜之人 將以此買譽成名 : 저본에는 '便辟'이 있으나, 丁士涵(清)의 견해에 의거하여 衍文으로 처리하였다. ≪管子≫에서 '便辟'은 대개 군주 가까이서 아첨을 떠는 小臣들을 가리키는데, 이러한 의미의 '便辟'은 '伐矜'과 어울리지 않고, 또한 아래에서 언급되는 '買譽成名'과도 연결되지 않는다는 것이다.(≪管子校本≫) 문장 형태로 볼 때도, 앞 문장에서는 '巧佞之人'·'比周之人'·'貪利之人'·'懦弱之人' 등으로 4글자로 표현되고 있는데, 여기서 갑자기 '便辟伐矜之人'의 6글자로 표현되는 것은 자연스럽지 않다.

4) 다섯 가지 죽임 : 앞에서 언급된 "명령을 훼손한 자는 사형에 처하고, 명령을 보탠 자는 사형에 처하고, 명령을 시행하지 않은 자는 사형에 처하고, 명령 시행을 유보한 자는 사형에 처하고, 명령을 따르지 않은 자는 사형에 처한다."라는 다섯 가지를 말한다.

③ 求上之毋危……不可得也 : 五衢가 열렸기 때문이다.
五衢開故也라

곡식이 부족한데도 상공업을 금지하지 않으면, 백성들이 반드시 굶주리게 된다. 그런데도 장인들이 화려하게 조각하고 아로새기는 것으로 서로 교만을 부린다면, 이런 것을 〈상황에〉 '역행한다'고 말한다. 옷감이 부족한데도 의복에 제한을 두지 않으면 백성들은 반드시 추위로 인해 상해를 입게 된다. 그런데도 여인들이 아름다운 옷에 화려한 수를 놓고 멋진 띠를 두르는 것으로 서로 잘난체한다면, 이런 것을 '역행한다'고 말한다. 萬乘의 병력을 보유한 나라인데도 병졸들이 전쟁터에서 적을 대적할 수 없으면 사직이 반드시 위태롭게 된다. 그런데도 선비들이 군역을 분담하지 않은 것으로 서로 교만을 부린다면, 이런 것을 '역행한다'고 말한다. 벼슬을 내림에 있어 능력을 살피지 않고 봉록을 내림에 있어 공을 살피지 않으면, 선비들이 法制를 행하지 않고 목숨 바쳐 충성하지 않는다. 그런데도 뭇 신하들이 기필코 외국과 내통하여 〈외국 군주를〉 알현하기를 청하고, 권모술수를 취하고 아첨을 떨어 부귀를 얻는 것을 영화롭게 여기면서 서로 교만을 부린다면, 이런 것을 '역행한다'고 말한다.

菽粟不足이어늘 **末生不禁**하여 **民必有饑餓之色**①이로되 **而工以雕文刻鏤相穉也**를 **謂之逆**②이요 **布帛不足**이어늘 **衣服毋度**하여 **民必有凍寒之傷**이로되 **而女以美衣錦繡綦組相穉也**를 **謂之逆**이요 **萬乘藏兵之國**이어늘 **卒不能野戰應敵**하여 **社稷必有危亡之患**로되 **而士以毋分役相穉也**를 **謂之逆**③이요 **爵人不論能**하고 **祿人不論功**이면 **則士無爲行制死節**④로되 **而群臣必通外請謁**하고 **取權道**하고 **行事便辟**하여 **以貴富**⑤**爲榮華以相穉也**를 **謂之逆**⑥이라

① 菽粟不足……民必有饑餓之色 : '末生'은 상공업으로 생계를 꾸려나가는 것을 말한다.
末生은 謂以末業爲生者也라

② 工以雕文刻鏤相穉也 謂之逆 : '穉'는 '교만을 부리다'는 뜻이다. 사람들이 굶주리는 데도 상공업을 금지시켜 죽이지 않고, 오히려 화려한 무늬를 새기면서 서로 교만을 부린다. 그러므로 이런 것을 '역행한다'고 말한다.
穉는 驕也라 人有饑色인데 不息末以殺之하고 反以雕文相驕라 故謂之逆이라

③ 萬乘藏兵之國……謂之逆 : 종묘사직이 위태로워 사람들마다 모두 죽음을 무릅써야 하는데, 지금 오히려 군역을 분담하지 않은 것으로 서로 교만을 부린다고 한다. 그러므

로 이런 것을 '역행한다'고 말한다.

社稷有危하여 人人皆當效死인데 今反以無分役相驕라 故謂之逆이라

④ 爵人不論能……則士無爲行制死節 : 벼슬을 내리면서 능력을 살피지 않으니 法制를 실행하지 않고, 봉록을 내리면서 공을 살피지 않으니 절의를 위해 죽지 않는다.

爵不論能하니 故不爲行制하고 祿不論功하니 故不爲死節也라

⑤ 行事便辟 以貴富 : 영합하여 섬기고 아첨을 떨면서 부귀를 얻는다.

諂事便辟以得貴富라

⑥ 以貴富爲榮華以相稺也 謂之逆 : 의롭지 않은 부귀는 뜻 있는 선비들이 부끄럽게 여기는 바인데, 오히려 그런 것을 영화롭게 여기면서 서로 잘난체한다. 그러므로 그런 행위를 '역행'으로 여기는 것이다.

不義富貴는 志士所以恥인데 反以爲榮華하여 而相驕하니 故以爲逆이라

조정에는 근간이 되는 신하[5)]가 있고, 나라에는 근간이 되는 풍속이 있으며, 백성에게는 근간이 되는 산업이 있다.

朝有經臣하고 **國有經俗**하며 **民有經產**①이라

① '經'은 '常'이다.

經은 常也라

어떤 사람을 '조정의 근간이 되는 신하'라 하는가? 자신의 능력을 살펴서 관직을 받을 뿐 군주를 속이지 않고, 엄격히 법과 명령에 근거하여 다스릴 뿐 사적인 붕당을 형성하지 않으며, 능력을 다하고 힘을 다할 뿐 〈구차하게〉 얻음을 추구하지 않고, 〈국가적인〉 어려움을 만나고 憂患에 닥쳐도 죽음을 회피하지 않으며, 봉록을 받을 때는 자신의 공을 초과하지 않고, 벼슬자리에 복무할 때는 자신의 능력을 넘어서지 않으며, 실질적인 공로가 없으면 헛되이 녹을 받지 않는 사람, 이런 사람이 조정의 근간이 되는 신하이다.

何謂朝之經臣고 **察身能而受官**하여 **不誣於上**①하고 **謹於法令以治**하여 **不阿黨**②하며 **竭能盡力而不尙得**③하고 **犯難離患而不辭死**④하며 **受祿不過其功**⑤하고 **服位不侈其能**⑥하며 **不以毋實**

---

5) 근간이……신하 : 원문 '經臣'에 대한 번역이다. 舊注에서 '經'을 '常'으로 풀이하였다. 여기서 '常'은 주변 환경이나 시세에 의해 좌우되지 않고 일정함을 유지하는 것을 의미한다. 따라서 역자는 문맥을 '常'을 '근간이 되다'라는 의미로 번역하였다.

虛受者[⑦]가 **朝之經臣也**라

① 察身能而受官 不誣於上 : 능력이 없으면서 관직을 받는 것을 '군주를 속인다'고 한다.
無能受官을 謂之誣上이라

② 謹於法令以治 不阿黨 : 법을 굽혀 사적인 것을 따르는 것을 '붕당을 형성한다'고 한다.
撓法從私를 謂之阿黨이라

③ 竭能盡力而不尙得 : 구차하게 얻는 것을 귀하게 여기지 않는다.
不貴苟得이라

④ 犯難離患而不辭死 : 몸을 바쳐 명령을 받든다.
致身受命이라

⑤ 受祿不過其功 : 적은 〈공로〉로써 많은 〈봉록을〉 구하지 않는다.
不以少求多也라

⑥ 服位不侈其能 : 작은 능력으로 큰 자리에 머물지 않는다.
不以小居大也라

⑦ 不以毋實虛受者 : 공로가 있은 이후에 봉록을 받는다.
有功勞而後受祿이라

어떤 것을 '나라의 근간이 되는 풍속'이라 하는가? 좋아하고 싫어하는 바가 군주의 뜻에 어긋나지 않고, 귀하게 여기고 천하게 여기는 바가 법령에 어긋나지 않으며, 군주의 뜻에 위배되는 일을 하지 않고, 아랫사람들에게 영합하는 말을 하지 않으며, 매우 사치스러운 삶을 영위하지 않고, 신분을 뛰어넘는 복장을 하지 않으며, 마을에서의 행위를 조심하고 조정의 일에 거역하지 않는 것, 이런 것들이 나라의 근본이 되는 풍속이다.

何謂國之經俗고 **所好惡不違於上**[①]하고 **所貴賤不逆於令**[②]하며 **毋上拂之事**[③]하고 **毋下比之說**하며 **毋侈泰之養**[④]하고 **毋踰等之服**[⑤]하며 **謹於鄕里之行**[⑥]하고 **而不逆於本朝之事者**[⑦]는 **國之經俗也**라

① 所好惡不違於上 : 군주의 바람에 따른다.
從君欲也라

② 所貴賤不逆於令 : 법제를 따른다.
遵法制也라

③ 毋上拂之事 : '拂'은 '위배되다'는 의미이다.
拂은 違也라

④ 毋侈泰之養 : 절도 있고 적합하다.
節而適也라
⑤ 毋踰等之服 : 예법에 맞게 법도에 따른다.
禮而度也라
⑥ 謹於鄕里之行 : 믿음이 있고 공손하다.
信而悌也라
⑦ 不逆於本朝之事者 : 군주의 명령을 실행한다.
行君令也라

어떤 것을 '백성의 근간이 되는 산업'이라 하는가? 가축을 기르고 나무를 심으며, 때에 맞춰 곡식을 재배하고, 농사에 힘쓰면서 초지를 개간하며, 말단적인 일들을 금지하는 것, 이런 것들이 백성의 근간이 되는 산업이다.

何謂民之經產고 **畜長樹蓺**①하며 **務時殖穀**하고 **力農墾草**하며 **禁止末事者**는 **民之經產也**라

① 畜長樹蓺 : '畜長'은 가축을 길러내는 것을 말한다.
畜長은 謂畜產也라

조정에서 근간이 되는 신하를 중시하지 않으면, 아첨하는 자들이 득세하고, 功이 없는 자들이 노력도 없이 봉록을 취하며, 간사한 자들이 행세하고, 능력 없는 자들이 군주와 통하게 된다. 나라에서 근간이 되는 풍속을 따르지 않으면, 신하들이 순종하지 않고 군주의 명령이 잘 실행되지 않는다. 백성들이 근간이 되는 산업인 〈농업에〉 힘쓰지 않으면, 곡식 창고가 텅 비고 사용할 재물이 부족하게 된다. 아첨하는 자들이 득세하고 공이 없는 자들이 노력 없이 봉록을 취하고 간사한 자들이 행세하고 능력 없는 자들이 군주와 통하게 되면, 대신들이 불화하게 된다. 신하들이 순종하지 않고 군주의 명령이 잘 실행되지 않으면, 갑작스러운 어려움에 대응하는 게 민첩하지 못하다. 곡식 창고가 텅 비고 사용할 재물이 부족하면, 나라를 굳건히 지킬 수단이 없다. 이들 세 가지 중 하나만 보여도 적국에게 제압당하게 될 것이다.

(故曰)[6] **朝不貴經臣**이면 **則便辟得進**하고 **毋功虛取**하며 **姦邪得行**하고 **毋能上通**①이라 **國不服**

6) (故曰) : 저본에는 '故曰'이 있으나, 문맥상 불필요한 글자들이므로 衍文으로 처리하였다.

經俗이면 **則臣下不順**하고 **而上令難行**②이요 **民不務經產**하면 **則倉廩空虛**하고 **財用不足**③이요 **便辟得進**하고 **毋功虛取**하고 **姦邪得行**하고 **毋能上通**이면 **則大臣不和**④요 **臣下不順**하고 **上令難行**하면 **則應難不捷**⑤이요 **倉廩空虛**하고 **財用不足**이면 **則國毋以固守**⑥니 **三者見一焉**이면 **則敵國制之矣**⑦라

① 朝不貴經臣……毋能上通 : 근간이 되는 신하를 천시하면 사악한 신하가 득세한다.
賤經臣하면 則邪臣進이라
② 國不服經俗……而上令難行 : 풍속에 일정함이 없기 때문이다.
俗無常故也
③ 民不務經產……財用不足 : 근본적으로 힘써야 할 것을 경시하기 때문이다.
輕本務故也
④ 便辟得進……則大臣不和 : 소인들이 일을 일으키기를 좋아하기 때문이다.
小人好事라
⑤ 臣下不順……則應難不捷 : 백성들의 마음이 하나가 되지 않기 때문이다.
人心不一이라
⑥ 倉廩空虛……則國毋以固守 : 백성들이 굶주리면 도망하고 흩어진다.
人饑면 則逃散也라
⑦ 三者見一焉 則敵國制之矣 : 하나만 보여도 제어당하는데, 하물며 둘 이상이 있는 경우에 있어서랴!
見一尙制인데 況兼有乎아

그러므로 나라는 저절로 존중받지 않고, 군대는 저절로 승리하지 않으며, 백성은 저절로 부려지지 않고, 명령은 저절로 실행되지 않는다. 무릇 나라가 존중받는 것은 반드시 군대가 승리한 이후이고, 무릇 군대가 승리하는 것은 반드시 백성을 부릴 수 있게 된 이후이며, 무릇 백성을 부리는 것은 반드시 명령이 실행된 이후이고, 무릇 명령이 실행되는 것은 반드시 가까이 있는 사람들이 승복하여야 명령이 실행된다.

故國不虛重하고 **兵不虛勝**하며 **民不虛用**하고 **令不虛行**이라 **凡國之重也**는 **必待兵之勝也而國乃重**하고 **凡兵之勝也**는 **必待民之用也而兵乃勝**하며 **凡民之用也**는 **必待令之行也而民乃用**하고 **凡令之行也**는 **必待近者之勝也而令乃行**①이라

① 必待近者之勝也而令乃行 : 먼저 가까이 있는 사람들을 승복시키면 명령이 곧 실행된다.
先勝服近習이면 令乃得行이라

그러므로 금령이 종친과 귀족에게 적용되지 않고, 형벌이 〈군주 주변의〉 아첨꾼들에게 시행되지 않고, 법령과 금령이 죄가 엄중한 자에게는 집행되지 않고 관계가 소원한 사람만 해치고, 상이 신분이 낮은 사람들에게는 베풀어지지 않는다면, 〈이런 상황에서〉 명령하면 반드시 실행되기를 바라는 것은 가능하지 않다. 〈이와 같으면〉 능력이 있어도 관직에 발탁되지 못하고, 봉록과 상을 받는 사람이 그에 합당한 공이 없으며, 명령이 민심에 역행하고, 군주의 행동이 시세의 변화에 어긋나며, 공이 있어도 반드시 상을 받는 것은 아니고, 죄가 있어도 반드시 벌을 받는 것은 아니며, 명령을 해도 반드시 실행되는 것은 아니고, 금지해도 반드시 지켜지는 것은 아니다.

故禁不勝於親貴하고 罰不行於便辟하고 法禁不誅於嚴重而害於疏遠하고 慶賞不施於卑賤二三而求令之必行은 不可得也라 能不通於官하고 受祿賞不當於功하며 號令逆於民心하고 動靜詭於時變하며 有功不必賞하고 有罪不必誅하며 令焉不必行하고 禁焉不必止라

윗자리에서 아랫사람들을 부릴 수 없으면서 백성을 반드시 부릴 수 있기를 바라는 것은 가능하지 않다. 장수가 위엄이 없고, 민심이 하나로 통일되지 않고, 진지의 병사가 목숨 바쳐 군령을 따르지 않고, 병졸들이 적을 가벼이 여기지 않으면서 군대가 반드시 승리하길 바라는 것은 가능하지 않다. 안으로 수비에 나서도 나라를 온전히 지킬 수 없고, 밖으로 공격에 나서도 적을 정복할 수 없고, 전쟁터에서는 적을 제압할 수 없고, 정벌에 나서도 이웃 나라들을 두렵게 할 수 없으면서 나라가 존중받길 바라는 것은 가능하지 않다. 약소국들에게는 덕이 미치지 못하고, 강대국들에게는 위엄을 발휘하지 못하고, 정벌에 나서도 천하를 복종시킬 수 없으면서 제후들을 제패하길 바라는 것은 가능하지 않다. 위엄에 있어 함께 양립하는 자가 있고, 군사력에 있어 함께 다투는 자가 있고, 덕으로 멀리 있는 나라들을 품을 수 없고, 명령으로 제후들을 하나로 통일시킬 수 없으면서, 천하에서 왕노릇하길 바라는 것은 가능하지 않다.

在上位無以使下로되 而求民之必用은 不可得也요 將帥不嚴威하고 民心不專一하고 陳士不死制하고 卒士不輕敵로되 而求兵之必勝은 不可得也요 內守不能完하고 外攻不能服하고 野戰不能制敵하고 侵伐不能威四隣로되 而求國之重은 不可得也요 德不加於弱小하고 威不信於

强大하고 **征伐不能服天下**로되 **而求霸諸侯**는 **不可得也**요 **威有與兩立**①하고 **兵有與分爭**②하고 **德不能懷遠國**하고 **令不能一諸侯**로되 **而求王天下**는 **不可得也**라

① 威有與兩立 : 아래에도 위엄을 세우는 자가 있다.
下亦有立威者라
② 兵有與分爭 : 정벌은 제후로부터 나온다.
征伐은 有自諸侯出[7]이라

영토가 크고 나라가 부유하며 백성이 많고 군대가 강한 것은 霸王의 근본이다. 그러나 이것은 또한 위태로움과 망함과 이웃하게 되는 원인이기도 하니, 이는 천도의 운수가 끝나고 인심이 변하기 때문이다. 천도의 운수는 바닥에 이르면 반대로 향하고 극성하면 쇠퇴하게 된다. 인심의 변화는 여유가 있으면 교만해지고, 교만해지면 늘어지고 나태해진다. 무릇 교만한 자는 제후들에게 교만하게 굴고, 제후들에게 교만하게 굴면 밖에서 제후들을 잃게 된다. 〈반면에〉 굼뜨고 게으른 자는 안에서 백성이 어지러워진다. 밖에서 제후들을 잃고 안에서 백성이 어지러워지게 되는 것은 천도니, 이는 곧 위태롭고 망하게 되는 때이다.

地大國富하고 **人衆兵强**은 **此霸王之本也**로되 **然而與危亡爲隣矣**니 **天道之數**[8]요 **人心之變**①이라 **天道之數**는 **至則反**②하고 **盛則衰**③요 **人心之變**은 **有餘則驕**④하고 **驕則緩怠**라 **夫驕者**는 **驕諸侯**하고 **驕諸侯者**는 **諸侯失於外**⑤요 **緩怠者**는 **民亂於內**⑥니 **諸侯失於外**하고 **民亂於內**는 **天道也**⑦니 **此危亡之時也**라

① 然而與危亡爲隣矣……人心之變 : 위태로움 및 망함과 이웃하게 되는 까닭은, 천도의 운수가 끝나고 인심이 변하기 때문이다.
所以與危亡爲隣은 則以天道數終하고 人心變易故也라
② 至則反 : 바닥까지 이른 것은 반대로 위로 향하게 된다.
終於下者는 則反於上이라
③ 盛則衰 : 해는 중천에 이르면 기울게 되고, 달도 차면 이지러지게 된다.

---

7) 征伐 有自諸侯出 : 본문 "兵有與分爭"과 연결되지 않는다. 이것은 오히려 앞에 나오는 "征伐不能服天下 而求霸諸侯"라는 구절에 대한 注로 보는 것이 보다 적절할 듯하다.

8) 天道之數 : 戴望(淸) 및 兪樾(淸)은 ≪爾雅≫ 〈釋詁〉에 의거하여 '數'를 '疾'의 의미로 보았다.(≪管子校正≫, ≪諸子平議≫) 참고할 만한 견해이기는 하나, 역자는 舊注에 의거하여 해석하였다.

日中則昃하고 月盈則蝕이라

④ 有餘則驕 : 부족한 사람은 반드시 겸손하다.

不足者는 必謙이라

⑤ 夫驕者……諸侯失於外 : 천자가 교만하면 제후들이 반란을 일으킨다.

天子驕면 則諸侯叛이라

⑥ 緩怠者 民亂於內 : 굼뜨고 게으르면 반드시 다스림을 경시한다. 그러므로 백성이 어지러워진다.

緩怠必輕於治하니 故民亂이라

⑦ 諸侯失於外……天道也 : 교만하고 게으른 자는 반드시 밖에서 잃고 안에서 어지러워지니, 이는 하늘의 도이다.

驕怠者는 必失外亂內니 此天之道라

비록 영토가 크다 할지라도 남의 영토를 겸병하지 않고 약탈하지 않는다면, 비록 백성이 많다 할지라도 굼뜨고 게으르지 않고 남을 얕보지 않는다면, 비록 나라가 부유하다 할지라도 사치하지 않고 방종하지 않는다면, 비록 군대가 강하다 할지라도 제후들을 경시하거나 깔보지 않는다면, 〈이상과 같이 한다면〉 백성을 움직이고 군대를 사용하여 반드시 천하를 바로 잡게 된다. 이것이 천하를 바르게 하는 근본이고 霸王이 되는 핵심이다.

若夫地雖大라도 **而不竝兼不攘奪**하고 **人雖衆**이라도 **不緩怠不傲下**하고 **國雖富**라도 **不侈泰不縱欲**하고 **兵雖彊**이라도 **不輕侮諸侯**하면 **動衆用兵**하여 **必爲天下政理**니 **此正天下之本**요 **而霸王之主也**라

무릇 先王이 나라를 다스리던 도구가 세 가지이고, 공격하여 무너뜨린 것이 여섯 가지이다. 현명한 왕은 〈여섯 가지에 대한〉 '공격'을 잘 할 수 있다. 그러므로 세 가지 도구에 더 이상 보태지 않아도 스스로 나라를 보유하고 천하를 바르게 한다. 〈그러나〉 어지러운 왕은 〈여섯 가지에 대한〉 '공격'을 잘 할 수 없다. 그러므로 세 가지 도구를 덜어내지 않아도 스스로 천하를 소유했다가도 잃어버리게 된다. 세 가지 도구는 무엇인가? 명령과 형벌과 상이다. 공격해야 할 여섯 가지는 무엇인가? 종친 · 귀족 · 재물 · 여색 · 아첨 · 노리개이다.

凡先王의 治國之器는 三이요 攻而毁之者는 六이라 明王은 能勝其攻이라 故不益於三者라도 而自有國正天下①라 亂王은 不能勝其攻이라 故亦不損於三者라도 而自有天下而亡②이라 三器者는 何也오 曰 號令也요 斧鉞也요 祿賞也라 六攻者는 何也오 曰 親也요 貴也요 貨也요 色也요 巧佞也요 玩好也라

① 明王……而自有國正天下 : 현명한 왕은 비록 세 가지 도구를 다루는 데에 뛰어나지만, 거기에 더 이상 다른 것들을 더하지 않아도 승리하게 되어 자기 나라를 보존하고 아울러 천하까지도 바르게 할 수 있다.
明王은 雖勝攻於三器이나 亦不加益卽勝하여 能自有其國하고 兼正天下라

② 亂王……而自有天下而亡 : 어지러운 왕은 이미 세 가지 도구를 다루는 데 뛰어나지 못한데, 스스로 〈이 세 가지를〉 훼손하고, 더욱이 〈공격하여 무너뜨려야 할 여섯 가지를〉 없애지 못한다. 〈처음에는〉 이 세 가지를 따름으로써 거대한 천하를 소유하지만, 마침내 멸망하게 된다.
亂王은 旣不能勝攻三器인데 自毁하고 更不滅이라 此三者縱하여 有天下之大이나 而遂滅亡也라

세 가지 도구의 쓰임은 무엇인가? 명령이 아니면 아랫사람들을 부릴 수 없고, 형벌이 아니면 대중에게 위엄을 세울 수 없으며, 賞이 아니면 백성을 권면할 수 없다. 공격해야 할 여섯 가지가 〈세 가지 도구를〉 망가뜨릴 수 있는 경우로는 어떤 것이 있는가? 첫째, 비록 군주의 말을 듣지 않아도 목숨을 보존할 수 있는 경우이다. 둘째, 비록 금령을 범해도 형벌을 면할 수 있는 경우이다. 셋째 비록 공이 없어도 부유함을 얻을 수 있는 경우이다.

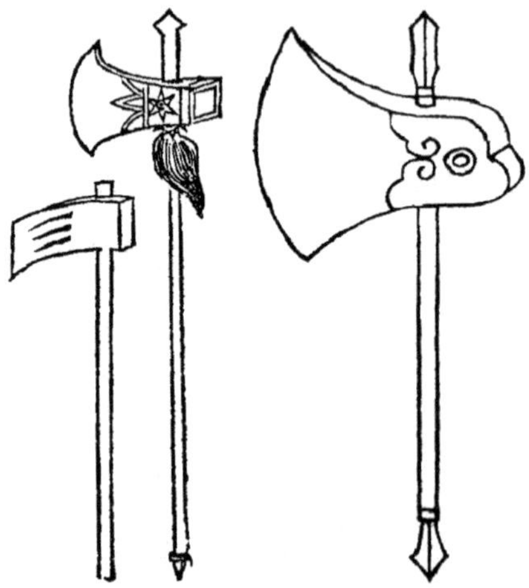
斧　鉞

三器之用은 何也오 曰 非號令이면 毋以使下요 非斧鉞이면 毋以威衆이요 非祿賞이면 毋以勸民이라 六攻之敗는 何也①오 曰 雖不聽而可以得存者②요 雖犯禁而可以得免者③요 雖毋功而可以得富者④라

① 六攻之敗 何也 : 공격해야 할 여섯 가지가 세 가지 도구를 망가뜨릴 수 있는 경우로는

어떤 것이 있느냐는 말이다.
言六攻能敗三器者는 謂何也오라

② 可以得存者 : 종친과 귀족을 가리킨다.
謂親貴也라

③ 可以得免者 : 재물과 여색을 가리킨다.
謂貨色也라

④ 可以得富者 : 아첨과 노리개를 가리킨다.
謂巧佞玩好也라

무릇 나라에 군주의 말을 듣지 않아도 목숨을 보존할 수 있는 자가 있으면 명령으로는 아랫사람들을 부리기에 부족하고, 금령을 범해도 형벌을 면할 수 있는 자가 있으면 형벌로는 대중에게 위엄을 세우기에 부족하며, 공이 없는데도 부유해질 수 있는 자가 있으면 상으로는 백성을 권면하기에 부족하다. 명령으로는 아랫사람들을 부리기에 부족하고, 형벌로는 대중에게 위엄을 세우기에 부족하고, 賞으로는 백성을 권면하기에 부족하다면, 백성들은 스스로 자기 힘을 쓰려고 하지 않을 것이다. 백성들이 스스로 자기 힘을 쓰려고 하지 않으면 전쟁에서 승리하지 못하고, 전쟁에서 승리하지 못하면 지키는 것이 견고하지 못하고, 지키는 것이 견고하지 못하면 적국에게 제압당하게 될 것이다.

凡國有不聽而可以得存者면 **則號令不足以使下**요 **有犯禁而可以得免者**면 **則斧鉞不足以威衆**이요 **有毋功而可以得富者**면 **則祿賞不足以勸民**이라 **號令不足以使下**하고 **斧鉞不足以威衆**하고 **祿賞不足以勸民**이라 **若此則民毋爲自用**이니 **民毋爲自用**[①]이면 **則戰不勝**하고 **戰不勝而守不固**하며 **守不固則敵國制之矣**라

① 民毋爲自用 : 이미 죄가 있는데도 죽임을 당하지 않고, 공이 있는데도 상을 받지 못한다. 그러므로 사람들은 스스로 자신의 힘을 쓰려고 하지 않는다.
旣有罪不誅하고 有功不賞이라 故人不自用其力也라

그러면 선왕은 어떻게 하였는가? 〈위의〉 여섯 가지 때문에 명령을 변경하지 않았고, 여섯 가지 때문에 형벌을 집행하는데 머뭇거리지 않았으며, 여섯 가지 때문에 상을 더하거나 덜지 않았다. 이와 같이 행하면 먼 곳 사람이나 가까운 사람이

나 모두 한 마음이 되고, 먼 곳 사람이나 가까운 사람이나 모두 한 마음이 되면 사람이 많든 적든 힘을 하나로 모으게 되며, 사람이 많든 적든 힘을 하나로 모으면 전쟁에서 반드시 승리할 수 있고 지키면 반드시 견고할 수 있다. 이는 군주가 다른 나라들을 합병하거나 빼앗기 위한 것이 아니라, 천하를 바르게 다스리기 위한 것이다. 이것이 천하를 바르게 하는 도이다.

然則先王은 將若之何오 曰 不爲六者變更於號令하고 不爲六者疑錯於斧鉞하며 不爲六者益損於祿賞이라 若此則遠近一心하고 遠近一心하면 則衆寡同力하며 衆寡同力이면 則戰可以必勝이요 而守可以必固라 非以幷兼攘奪也요 以爲天下政治也니 此正天下之道也라

附錄

1.≪管子 1≫ 參考書目

◇ 底本

• ≪管子≫, 唐房玄齡注, 浙江書局 二十二子本

◇ 底本 관련자료

• ≪宋本管子≫, 房玄齡(唐)注, 國學基本典籍叢刊, 國家圖書館出版社, 2018.
• ≪管子≫, 房玄齡(唐)註, 線裝1函6冊, 中華再造善本(唐宋編・子部), 北京圖書館出版社, 2004.
• ≪管子補注 : 子海精華編≫, 劉績(明) 補注, 姜濤點校, 鳳凰出版社, 2016.
• ≪管子榷(全3冊)≫, 朱長春(明), 江蘇大學出版社, 2018.
• ≪管子房注釋解≫, 陳慶照 李障天, 齊魯書社, 2001.
• ≪管子新注≫, 姜濤, 齊魯書社, 2006.
• ≪管子集校 : 郭沫若全集・歷史編 第5冊~第8冊≫, 郭沫若, 人民出版社, 1984.
• ≪管子輕重篇新詮(上・下) : 新編諸子集成≫, 馬非百, 中華書局, 1979.
• ≪管子全譯 : 中國歷代名著全譯叢書≫, 謝浩范 朱迎平, 貴州人民出版社, 1996.
• ≪管子今詮≫, 石一參, 中國書店影印, 1988.
• ≪管子校注(上・中・下) : 新編諸子集成≫, 黎翔鳳, 中華書局, 2004.
• ≪管子今註今譯(上・下)≫, 李勉, 臺灣商務印書館, 1988.
• ≪管子(全2冊) : 中華經典名著全本全注全譯≫, 李山 軒新麗, 中華書局, 2019.
• ≪管子 : 中國古典名著譯注叢書≫, 李遠燕 李文娟, 廣州出版社, 2006.
• ≪管子解說(上・下) : 中華傳統文化經典解說≫, 張小木, 華夏出版社, 2010.
• ≪管子通解(上・下)≫, 趙守正, 北京經濟學院出版社, 1989.
• ≪管子直解≫, 周瀚光 朱幼文 戴洪才, 復旦大學出版社, 2000.
• ≪新譯管子讀本(上・下)≫, 湯孝純, 三民書局, 1995.
• ≪管子逐字索引 : 先秦兩漢古籍逐字索引叢刊≫, 劉殿爵 編輯, 商務印書館(香港), 2001.

◇ 經部

- ≪論語集註大全≫, 朱熹 集註, 胡廣 等 編, 朝鮮 內閣本, 影印本, 學民出版社
- ≪孟子集註大全≫, 朱熹 集註, 胡廣 等 編, 朝鮮 內閣本, 影印本, 學民出版社
- ≪書傳大全≫, 蔡忱 集傳, 胡廣 等 編, 朝鮮 內閣本, 影印本, 學民出版社
- ≪說文解字≫, 許愼 撰, 文淵閣四庫全書, 臺灣商務印書館, 1986.
- ≪周易傳義大全≫, 程頤 傳, 朱熹 本義, 胡廣 等 編, 朝鮮 內閣本, 影印本, 學民出版社

◇ 子部

- ≪老子≫, 王弼(魏) 註, 文淵閣四庫全書, 臺灣商務印書館, 1986.
- ≪呂氏春秋≫, 呂不韋(秦), 高誘(漢) 註, 文淵閣四庫全書, 臺灣商務印書館, 1986.
- ≪淮南子≫, 劉安(漢), 高誘(漢) 註, 文淵閣四庫全書, 臺灣商務印書館, 1986.
- ≪論衡≫, 王充(漢), 文淵閣四庫全書, 臺灣商務印書館, 1986.

◇ 研究著 및 번역서

〔한국〕

- 김필수 외, ≪관자 : 경세의 바이블 한국 최초 완역 관자≫, 소나무, 2006.
- 류웨이화 외, 곽신환 옮김, ≪직하철학 : 직하학사≫, 철학과현실사, 1995.
- 류쩌화, 장현근 옮김, ≪중국정치사상사1 : 선진≫, 글항아리, 2019.
- 바이시, 이임찬 옮김, ≪직하학 연구 : 중국 고대의 사상적 자유와 백가쟁명≫, 소나무, 2013.
- 신동준, ≪관자 : 사상 최초의 정치경제학서≫, 인간사랑, 2015.
- 신동준, ≪관자 평전 : 일생에 한번은 관자를 만나라≫, 리더북스, 2017.
- 신창호, ≪관자 : 최고의 국가건설을 위한 현실주의≫, 살림, 2013.
- 신창호, ≪사람 하나를 심어 백을 얻어야 : 교육과 배려의 시선으로 읽는 관자≫, 서현사, 2009.
- 이석명, ≪노자와 황로학≫, 소와당, 2010.
- 정원명, 최대우 · 이경환 옮김, ≪중국황로학≫, 부크크, 2018.

〔중국〕

• 耿振東, ≪管子學史≫, 商務印書館, 2018.
• 龔　武　主編, ≪管學新論　1≫, 安徽人民出版社, 2018.
• 鞏曰國, ≪管子版本硏究≫, 齊魯書社, 2016.
• 郭　麗, ≪管子文獻學硏究≫, 中國海洋大學出版社, 2007.
• 郭　麗, ≪簡帛文獻與管子硏究≫, 方志出版社, 2015.
• 郭　麗, ≪管子版本硏究通論/管子通論叢書≫, 齊魯書社, 2019.
• 國光紅, ≪齊長城與管子：齊長城經濟文化考察≫, 文物出版社, 2019.
• 樂愛國, ≪管子的科技思想/中國科技思想硏究文庫≫, 科學出版社, 2004.
• 鄧加榮　張靖, ≪管子思想鉤沉≫, 中國社會科學出版社, 2015.
• 戴東雄, ≪管子的法律思想≫, 臺北中央文物供應社, 1985.
• 巫寶三, ≪管子經濟思想硏究≫, 中國社會科學出版社, 1989.
• 徐漢昌, ≪管子思想硏究：中國哲學叢刊≫, 臺灣學生書局, 1990.
• 邵先鋒, ≪管子與晏子春秋治國思想比較硏究≫, 齊魯書社, 2008.
• 蘇　暢, ≪管子城市思想硏究：中國城市營建史硏究書系≫, 中國建築工業出版社, 2010.
• 楊紀榮・孫繼成, ≪管子境外硏究通論：以歐美・東亞爲中心/"管子通論"叢書≫, 齊魯書社, 2019.
• 王京龍　等, ≪論管子：管子通論叢書≫, 齊魯書社, 2019.
• 王叔岷, ≪諸子斠證≫, 中華書局, 1985.
• 任繼亮, ≪管子經濟思想硏究：輕重論史話≫, 中國社會科學出版社, 2005.
• 袁　闖, ≪管子與中國文化：元典文化叢書≫, 河南大學出版社, 1998.
• 張固也, ≪管子硏究：中國典籍與文化硏究叢書≫, 齊魯書社, 2006.
• 張　力, ≪管仲評傳≫, 四川大學出版社, 2005.
• 張連偉, ≪管子哲學思想硏究：儒道釋博士論文叢書≫, 巴蜀書社, 2008.
• 張豔麗, ≪管子思想硏究概要：管子通論≫, 齊魯書社, 2019.
• 張友直, ≪管子貨幣思想考釋≫, 北京大學出版社, 2002.
• 戰化軍, ≪管子其人其書及管氏家族硏究：管子通論≫, 齊魯書社, 2019.
• 戰化軍, ≪管仲評傳≫, 齊魯書社, 2001.
• 周俊敏, ≪管子經濟倫理思想硏究≫, 岳麓書社, 2003.

• 池萬興, ≪先秦文化和管子研究≫, 人民出版社, 2015.
• 池萬興, ≪管子研究≫, 高等教育出版社, 2004.
• 陳鼓應, ≪管子四篇詮釋：稷下道家代表作解析≫, 商務印書館, 2006.
• 陳書儀, ≪管子大傳≫, 齊魯書社, 2008.
• 郝繼東, ≪清代管學文獻研究≫, 中國社會科學出版社, 2014.
• 胡家聰, ≪管子新探≫, 中國社會科學出版社, 1995.
• 胡家聰, ≪稷下爭鳴與黃老新學≫, 中國社會科學出版社, 1998.

〔일본〕

• 金谷治, ≪管子の研究：中國古代思想史の一面≫, 岩波書店, 1987.
• 遠藤哲夫, ≪管子(上中下)：新釋漢文大系≫, 明治書院, 1989~1992.
• 原宗子, ≪古代中國の開發と環境: 管子地員篇研究≫, 研文出版, 2001.
• 宣兆琦, ≪図説管子：生涯と功績≫, 國書刊行會, 2020.

〔서양〕

• Michael Loewe ed, Early Chinese Texts: A Bibliographical Guide, Institute of East Asian Studies, 1994.
• Allyn Rickett, Guanzi: Political, Economic, and Philosophical Essays from Early China, 2 vols, Princeton University Press, 1998.
• Dan G. Reid, The Thread of Dao: Unraveling early Daoist oral traditions in GuanZi's Purifying the Heart-Mind(Bai Xin), Art of the Heart-Mind(Xin Shu), and Internal Cultivation (Nei Ye), Center Ring Publications, 2019.
• Harold D. Roth, Original Tao: Inward Training (Nei-yeh) and the Foundations of Taoist Mysticism, Columbia University Press, 2004.

2. ≪管子 1≫ 參考圖版 目錄 및 出處

(22)〈斛〉, 王圻(明) 撰, ≪三才圖會≫ / 148

(23)〈轆轤〉, 王圻(明) 撰, ≪三才圖會≫ / 149

(24)〈社稷〉, 永瑢(清) 撰, ≪欽定周官義疏≫ / 154

(25)〈四輔〉, 焦竑(明) 編, ≪養正圖解≫ / 192

(26)〈獺〉, 王圻(明) 撰, ≪三才圖會≫ / 193

(27)〈劍〉, 永瑢(清) 撰, ≪欽定周官義疏≫ / 201

(28)〈矛〉, 王圻(明) 撰, ≪三才圖會≫ / 218

(29)〈戟〉, 王圻(明) 撰, ≪三才圖會≫ / 220

(30)〈鉞〉, 松本愚山(日) 輯, ≪五經圖彙≫ / 340

(31)〈斧〉, 寺島良安(日) 撰, ≪和漢三才圖會≫ / 340

3. ≪管子≫ 總目次

管子 6卷

제16편 법법 法法 외언7 外言 七
제17편 병법 兵法 외언8 外言 八

管子 7卷

제18편 대광 大匡 내언1 內言 一

管子 8卷

제19편 중광 中匡 내언2 內言 二
제20편 소광 小匡 내언3 內言 三
제21편 왕언 王言 내언4 內言 四 (亡)

管子 9卷

제22편 패형 霸形 내언5 內言 五
제23편 패언 霸言 내언6 內言 六
제24편 문 問 내언7 內言 七
제25편 모실 謀失 내언8 內言 八 (亡)

管子 10卷

제26편 계 戒 내언9 內言 九
제27편 지도 地圖 단어1 短語 一
제28편 참환 參患 단어2 短語 二
제29편 제분 制分 단어3 短語 三
제30편 군신 상 君臣 上 단어4 短語 四

管子 11卷

제31편 군신 하 君臣 下 단어5 短語 五
제32편 소칭 小稱 단어6 短語 六

管子 17卷

제52편 칠신칠주 七臣七主　　잡편3 雜篇 三
제53편 금장 禁藏　　잡편4 雜篇 四

管子 18卷

제54편 입국 入國　　잡편5 雜篇 五
제55편 구수 九守　　잡편6 雜篇 六
제56편 환공 桓公　　잡편7 雜篇 七
제57편 탁지 度地　　잡편8 雜篇 八

管子 19卷

제58편 지원 地員　　잡편9 雜篇 九
제59편 제자직 弟子職　　잡편10 雜篇 十
제60편 언소 言昭　　잡편11 雜篇 十一　(亡)
제61편 수신 修身　　잡편12 雜篇 十二　(亡)
제62편 문패 問霸　　잡편13 雜篇 十三　(亡)
제63편 목민해 牧民解　　관자해1 管子解 一　(亡)

管子 20卷

제64편 형세해 形勢解　　관자해2 管子解 二

管子 21卷

제65편 입정구패해 立政九敗解　　관자해3 管子解 三
제66편 판법해 版法解　　관자해4 管子解 四
제67편 명법해 明法解　　관자해5 管子解 五
제68편 신승마 臣乘馬　　관자경중1 管子輕重 一
제69편 승마수 乘馬數　　관자경중2 管子輕重 二
제70편 문승마 問乘馬　　관자경중3 管子輕重 三　(亡)

管子 22卷

제71편 사어 事語 관자경중4 管子輕重 四
제72편 해왕 海王 관자경중5 管子輕重 五
제73편 국축 國蓄 관자경중6 管子輕重 六
제74편 산국궤 山國軌 관자경중7 管子輕重 七
제75편 산권수 山權數 관자경중8 管子輕重 八
제76편 산지수 山至數 관자경중9 管子輕重 九

管子 23卷

제77편 지수 地數 관자경중10 管子輕重 十
제78편 규탁 揆度 관자경중11 管子輕重 十一
제79편 국준 國准 관자경중12 管子輕重 十二
제80편 경중 갑 輕重 甲 관자경중13 管子輕重 十三

管子 24卷

제81편 경중 을 輕重 乙 관자경중14 管子輕重 十四
제82편 경중 병 輕重 丙 관자경중15 管子輕重 十五 (亡)
제83편 경중 정 輕重 丁 관자경중16 管子輕重 十六
제84편 경중 무 輕重 戊 관자경중17 管子輕重 十七
제85편 경중 기 輕重 己 관자경중18 管子輕重 十八
제86편 경중 경 輕重 庚 관자경중19 管子輕重 十九 (亡)

責任飜譯

李錫明

高麗大學校 哲學科 博士(東洋哲學專攻)
泰東古典硏究所 漢文硏修課程 修了
中國 北京大學校 博士後科程 修了
全北大學校 HK教授 歷任
江原大學校 哲學科 出講(現)
고전&人 硏究所 所長(現)

論文 및 譯書

論文 〈淮南子의 無爲論 硏究〉(박사학위논문) 〈吳澄의 ≪道德眞經注≫에 나타난 '以儒解老'의 해석경향과 그 철학적 특징〉 〈蘇轍의 ≪老子解≫에 나타난 '以儒解老'의 해석과 그 정치철학적 의미〉 〈王安石의 ≪老子注≫ 및 「論老子」에 나타난 '以儒解老'의 해석경향과 그 정치철학적 의미에 관한 연구〉 〈杜光庭의 "心寂忘境"의 수양론〉 〈성현영 ≪道德經開題序決義疏≫의 道佛〉융합적 수양론과 一中無爲〉 〈≪여씨춘추≫의 양생론과 황로학〉 〈≪여씨춘추≫의 '帝者同氣'의 정치철학과 時令사상〉 〈≪노자지귀≫의 비판정신과 무위정치론〉 〈≪회남자≫의 時令사상과 음양오행론〉 〈≪老子想爾注≫를 통해 본 노자사상의 종교화 작업〉 〈≪老子道德經河上公章句≫의 長生不死사상과 그 도교적 맹아〉〈解老・喩老〉의 황로학적 성격과 그 사상사적 의미〉 〈≪抱朴子外篇≫에 나타난 葛洪의 사회정치사상〉 등

著書 ≪노자와 황로학≫ ≪회남자-한대지식의 집대성≫ ≪노자, 비움과 낮춤의 철학≫ ≪장자, 나를 깨우다≫ 등

譯書 ≪文子≫ ≪노자도덕경사상공장구≫ ≪회남자≫ ≪노자≫ 등

共同飜譯

金帝蘭

高麗大學校 哲學科 博士(東洋哲學專攻)
泰東古典硏究所 漢文硏修課程 修了
高麗大學校 哲學硏究所, 東國大學校 佛敎文化硏究院 硏究敎授 歷任
高麗大學校 哲學科 講義敎授(現)

論文 및 譯書

論文 〈熊十力 哲學思想 硏究〉(박사학위 논문) 〈한・중・일 근대불교의 사회진화론에 대한 대응양식 비교〉 〈송대유학에 미친 불교의 영향〉 〈당군의 철학에 나타난 동서융합의 논리- 유학, 헤겔철학과 화엄불교의 융합〉 등

著書 ≪한마음, 두 개의 문, 원효의 대승기신론 소・별기≫ ≪쉽게 읽히는 동양철학 이야기≫

譯書 ≪신유식론(新唯識論)≫(上・下), ≪심체와 성체≫(共譯)

東洋古典譯註叢書 141

譯註 管子 1　　　　　정가 36,000원

2021년 11월 30일 초판 발행
2024년 10월 31일 초판 3쇄

責任飜譯　李錫明
共同飜譯　金帝蘭
企劃編輯　東洋古典飜譯編輯委員會
常任原文校閱 吳圭根
飜譯研究管理 南賢熙
潤　文　朴相水
校　訂　朴相水
裝　幀　김진디자인

發 行 人　金 炫

發 行 處　社團法人 傳統文化研究會
등록 : 1989. 7. 3. 제1-936호
서울 종로구 삼봉로 81 두산위브파빌리온 1332호
전화 : (02)762-8401　전송 : (02)747-0083
전자우편 : juntong@juntong.or.kr
홈페이지 : juntong.or.kr
사이버書堂 : cyberseodang.or.kr
온라인서점 : book.cyberseodang.or.kr

인쇄처 : 한국법령정보주식회사(02-462-3860)
총　판 : 한국출판협동조합(070-7119-1750)

ISBN 979-11-5794-488-0 94150
978-89-85395-71-7 (세트)

※이 책은 2021년도 교육부 고전문헌 국역지원사업 지원비에 의해 초판(비매품) 간행.

전통문화연구회 도서목록

新編 基礎漢文敎材·漢文讀解捷徑

新編 四字小學·推句	고전교육연구실 編譯	11,000원
新編 啓蒙篇·童蒙先習	고전교육연구실 編譯	11,000원
新編 明心寶鑑	李祉坤·元周用 譯註	15,000원
新編 擊蒙要訣	咸賢贊 譯註	12,000원
新編 註解千字文	李忠九 譯註	13,000원
新編 原文으로 읽는 故事成語	元周用 編譯	15,000원
新編 唐音註解選	權卿相 譯註	22,000원
漢文독해 기본패턴	고전교육연구실 著	15,000원
四書독해첩경	고전교육연구실 著	20,000원
한문독해첩경 文學篇	朴相水 李和春 李祉坤 元周用 著	17,000원
한문독해첩경 史學篇	朴相水 李和春 李祉坤 元周用 著	17,000원
한문독해첩경 哲學篇	朴相水 李和春 李祉坤 元周用 著	17,000원

東洋古典國譯叢書

大學·中庸集註 - 개정증보판	成百曉 譯註	10,000원
論語集註 - 개정증보판	成百曉 譯註	27,000원
孟子集註 - 개정증보판	成百曉 譯註	30,000원
詩經集傳 上·下	成百曉 譯註	各 35,000원
書經集傳 上·下	成百曉 譯註	各 35,000원
周易傳義 上·下	成百曉 譯註	各 40,000원
小學集註	成百曉 譯註	30,000원
古文眞寶 後集	成百曉 譯註	32,000원

五書五經讀本

論語集註 上·下	鄭太鉉 譯註	各 25,000원
孟子集註 上·下	田炳秀·金東柱 譯註	各 30,000원
大學·中庸集註	李光虎·田炳秀 譯註	15,000원
小學集註 上·下	李忠九 外 譯註	各 25,000원
詩經集傳 上·中·下	朴小東 譯註	各 30,000원
書經集傳 上·中·下	金東柱 譯註	各 30,000원
周易傳義 元·亨·利·貞	崔英辰 外 譯註	各 30,000원
詳說古文眞寶大全後集 上·下	李相夏 外 譯註	各 32,000원
春秋左氏傳 上·中·下	許鎬九 外 譯註	各 36,000원~38,000원
禮記 上·中·下	成百曉 外 譯註	各 30,000원

東洋古典譯註叢書

〈經部〉

十三經注疏		
周易正義 1~4	成百曉·申相厚 譯註	各 32,000원~44,000원
尙書正義 1~7	金東柱 譯註	各 25,000원~46,000원
毛詩正義 1~8	朴小東 外 譯註	各 32,000원~40,000원
禮記正義 1~3, 中庸·大學	李光虎 外 譯註	各 20,000원~30,000원
論語注疏 1~3	鄭太鉉·李聖敏 譯註	各 35,000원~44,000원
孟子注疏 1~4	崔彩基·梁基正 譯註	各 29,000원~33,000원
孝經注疏	鄭太鉉·姜珉廷 譯註	35,000원
周禮注疏 1~4	金容天·朴禮慶 譯註	各 27,000원~34,000원
春秋左傳正義 1~2	許鎬九 外 譯註	各 27,000원~32,000원
春秋公羊傳注疏 1	宋基采 外 譯註	37,000원
春秋左氏傳 1~8	鄭太鉉 譯註	各 28,000원~35,000원
禮記集說大全 1~6	辛承云 外 譯註	各 25,000원~40,000원
東萊博議 1~5	鄭太鉉·金炳愛 譯註	各 25,000원~38,000원
韓詩外傳 1~2	許敬震 外 譯註	各 29,000원~36,000원
說文解字注 1~5	李忠九 外 譯註	各 32,000원~38,000원

〈史部〉

思政殿訓義 資治通鑑綱目 1~23	辛承云 外 譯註	各 18,000원~37,000원
通鑑節要 1~9	成百曉 譯註	各 18,000원~44,000원
唐陸宣公奏議 1~2	沈慶昊·金愚政 譯註	各 35,000원~45,000원
貞觀政要集論 1~4	李忠九 外 譯註	各 25,000원~32,000원
列女傳補注 1~2	崔秉準·孔勤植 譯註	各 30,000원~38,000원
歷代君鑑 1~4	洪起殷·全百燦 譯註	各 30,000원~38,000원

〈子部〉

孔子家語 1~2	許敬震 外 譯註	各 39,000원/40,000원
管子 1~4	李錫明·金帝蘭 譯註	各 29,000원~33,000원
近思錄集解 1~3	成百曉 譯註	各 35,000원~36,000원
老子道德經注	金是天 譯註	30,000원
大學衍義 1~5	辛承云 外 譯註	各 26,000원~30,000원
墨子閒詁 1~6	李相夏 外 譯註	各 32,000원~53,000원
說苑 1~2	許鎬九 譯註	各 25,000원
世說新語補 1~5	金鎭玉 外 譯註	各 29,000원~42,000원
荀子集解 1~7	宋基采 譯註	各 30,000원~42,000원
心經附註	成百曉 譯註	35,000원
顔氏家訓 1~2	鄭在書·盧噪熙 譯註	各 22,000원/25,000원
揚子法言 1	朴勝珠 譯註	24,000원
列子鬳齋口義	崔秉準·孔勤植·權憲俊 共譯	34,000원
二程全書 1~6	崔錫起·姜導顯 譯註	各 32,000원~44,000원
莊子 1~4	安炳周·田好根 共譯	各 31,000원~39,000원
政經·牧民心鑑	洪起殷·全百燦 譯註	27,000원
韓非子集解 1~5	許鎬九 外 譯註	各 32,000원~40,000원
武經七書直解		
孫武子直解·吳子直解	成百曉·李蘭洙 譯註	45,000원
六韜直解·三略直解	成百曉·李鍾德 譯註	45,000원
尉繚子直解·李衛公問對直解	成百曉·李蘭洙 譯註	45,000원
司馬法直解	成百曉·李蘭洙 譯註	45,000원

〈集部〉

古文眞寶 前集	成百曉 譯註	30,000원
唐詩三百首 1~3	宋載卲 外 譯註	各 33,000원~39,000원
唐宋八大家文抄 韓愈 1~3	鄭太鉉 譯註	各 22,000원/28,000원
〃 歐陽脩 1~7	李相夏 譯註	各 25,000원~35,000원
〃 王安石 1~2	申用浩·許鎬九 共譯	各 20,000원/25,000원
〃 蘇洵	李章佑 外 譯註	25,000원
〃 蘇軾 1~5	成百曉 譯註	各 22,000원
〃 蘇轍 1~3	金東柱 譯註	各 20,000원~22,000원
〃 曾鞏	宋基采 譯註	25,000원
〃 柳宗元 1~2	宋基采 譯註	各 22,000원
明清八大家文鈔 1 歸有光·方苞	李相夏 外 譯註	35,000원
〃 2 劉大櫆·姚鼐	李相夏 外 譯註	35,000원
〃 3 梅曾亮·曾國藩	李相夏 外 譯註	38,000원
〃 4 張裕釗·吳汝綸	李相夏 外 譯註	50,000원

東洋古典新譯

당시선	송재소·최경렬·김영죽 편역	24,000원
손자병법	성백효 역주	14,000원
장자	안병주·전호근·김형석 역주	13,000원
고문진보 후집	신용호 번역	28,000원
노자도덕경	김시천 역주	15,000원
고문진보 전집 上·下	신용호 번역	각 22,000원
신식 비문척독	박상수 번역	25,000원
안씨가훈	김창진 편역	근간

동양문화총서

동양사상 해설과 원전	정규훈 外 저	22,000원
화합의 길 《중용》 읽기	금장태 저	20,000원
호설과 시장	신용호 저	20,000원
어느 노학자의 젊은 시절 - 《고문진보》 選譯	심재기 저	22,000원

문화문고

경전으로 본 세계종교 그리스도교	이정배 편저	10,000원
〃 도교	이강수 편역	10,000원
〃 천도교	윤석산·홍성엽 편저	10,000원
〃 힌두교	길희성 편역	10,000원
〃 유교	이기동 편저	10,000원
〃 불교	김용표 편저	10,000원
〃 이슬람	김영경 편역	10,000원
논어·대학·중용 / 맹자	조수익·박승주 공역	각 10,000원
소학	박승주·조수익 공역	10,000원
십구사략 1~2	정광호 저	각 12,000원
무경칠서 손자병법·오자병법	성백효 역	10,000원
〃 육도·삼략	성백효 역	10,000원
〃 사마법·울료자·이위공문대	성백효 역	10,000원
당시선	송재소·최경렬·김영죽 편역	10,000원
한문문법	이상진 저	13,000원
한자한문전통교재	조수익·이성민 공역	13,000원
士小節 선비 집안의 작은 예절	이동희 편역	12,000원
儒學이란 무엇인가	이동희 저	10,000원
동아시아의 유교와 전통문화	이동희 저	13,000원
현대인, 동양고전에서 길을 찾다	이동희 저	10,000원
100자에 담긴 한자문화 이야기	김경수 저	12,000원
우리 설화 1~2	김동주 편역	각 10,000원
대한민국 국무총리	이재원 저	10,000원
백운거사 이규보의 문학인생	신용호 저	14,000원